近世寺社参詣の研究

原淳一郎著

思文閣出版

近世寺社参詣の研究　目次

近世寺社参詣の研究

序章

本書の目的は、近世における広汎な寺社参詣隆盛の背景と、その実態を把握することである。より具体的に述べるならば次の通りである。

一、寺社側から、寺社参詣興隆の要因と、そこに介在する宗教者の対社会的機能を考察すること。

二、参詣者側から、寺社参詣興隆の要因とその実態を、人類学・民俗学の成果を取り入れつつ、文化史的手法で検討すること。具体的には一元的に論じられる傾向にある行動文化論に階層差という視点を導入し、より実態に迫ること。

三、実際の参詣行動に着目し、道中日記分析など宗教地理学的手法を取り入れ、なぜそのような行動をとるのか、近世社会に内在する要因を追究すること。その上で、文化史において論じられてきた近世における「文化の大衆化」について寺社参詣史の立場から再考すること。

近世寺社参詣史は、新城常三氏の『新稿社寺参詣の社会経済史的研究』（塙書房、一九八二年）が世に出てから長らく停滞期に入っているといわれる。同書が、寺社参詣史の大きな到達点であることは疑いもない事実である。ある意味、後学においては同書の細かい部分での検証を余儀なくされているといっても過言ではない。それだけ同書の持つ意義は大きい。反面、個別論文は林立しても、民衆の思想や行動形態を総体的に概括しようという試みが少ない。それは、「寺社参詣」あるいは「寺社参詣史」と銘打って発表される論文・著書がほとんどないことにも表れている。そもそも寺社参詣史という分野が確立されているのかもはなはだ心許ない。現状でいえば、民俗学や歴史学、地理学、国文学、宗教史、文化人類学など多様な分野において、寺社参詣に関わる諸相が別個に集積されているというのが真相である。さらに根本的欠陥として、寺社参詣史という概念規定も等閑視されているのではないだろうか。

本書では、このような研究状況をふまえて、寺社参詣という行動様式そのものを研究対象の根本に据え、思想史、文化史的立場から読みとり、冒頭に述べた目的を達成することを目指している。ただし、現今の研究状況に鑑み、日本列島全土を対象とするよりも、むしろ関東地域を対象地域に設定していく方が適切であると考えた。大都市江戸を有し、そこから方円状に諸山岳宗教の聖地を配する関東の地理的特性から、より信仰の浸透・受容が把握しやすいのではないかと考える。その上で、宗教史の中で完結するのではなく、当該期の社会的状況、文化的潮流などにも目を配りながら、近世史に位置付けていきたい。

第一節　戦後宗教史の流れと近世寺社参詣史

(一)近世寺社参詣史

寺社参詣史とは、人が聖地に赴く行為を、歴史学的手法によって解明しようとするものである。したがって、参詣行為自体のみならず、参詣者の周辺に渦巻く寺社の思惑なり、橋渡し役でもある御師《おし》や民間宗教者の活動実態までも視野に入れなければならない。つまり、寺社側の動向及び参詣者の相互規定の中において論ぜられることが重要であるといえよう。ここでは、戦後の宗教史の大きな流れを振り返るとともに、寺社参詣史を取り巻く、民俗学・地理学などの成果をまとめてみたい。なお、研究史は数多くの文献でなされていることもあり、一九九〇年以前のものは主要なものにとどめた。

寺社参詣史なるものが現れる以前、寺社参詣にまつわる研究は民間信仰研究・宗教民俗学により包括されていた。戦前すでに柳田國男氏ら民俗学者が先鞭をつけ、引き続いて加藤熊一郎氏(1)が民間信仰にまつわる諸宗教現象を取り上げた。加藤氏の叙述した範囲は広く、神話、仏教・陰陽道など外来文化の伝来とその影響、やがて民俗化していく神道思想、修験道、性観念、暦観念など多様な民間信仰に触れている。柳田・加藤の両氏には、日本民族の固有なる精神の本源を見出そうとする姿勢が看取できる。

戦後、歴史学的手法によって解明しようとしたのが堀一郎氏である。従来の民間信仰研究の体系化と理論化を試みた『民間信仰』(2)に続く『我が国民間信仰史の研究』(二)宗教史編は、戦前姉崎正治氏が古代の自然崇拝に仏教など成立宗教が混交し、それが民間化した信仰に着目して名付けた「民間信仰」研究を継承し、念仏聖・修験・先達・御師・陰陽師・巫女・比丘尼・三昧聖・勧進聖など遍歴する遊行宗教者の類型化と、それらが民間信仰形成に果たした機能・役割を考察した。(3)そこでは山中他界観や祖霊信仰なども扱われている。堀氏が提唱した民間信仰を研究する宗教民俗学は、地域社会における外来宗教と土着の習俗・民俗との関係性を民俗学の視点から捉え、姉崎・堀の両氏の民間信仰研究を最もオーソドックスに受け継いだ桜井徳太郎氏、(4)仏教の民俗化に着目して仏教民俗学を提唱し、無名の僧研究隆盛の端緒となった五来重氏、(5)新宗教成立の源流として民間信仰を捉えた池上廣正氏(6)などの研究に発展していった。

修験道研究は、すでに修験道研究を実証的な歴史学的手法により開始していた和歌森太郎氏、(7)戸川安章氏、(8)宮家準氏(9)らに引き継がれ、こちらも膨大な蓄積がなされている。(10)その他神仏習合・本地垂迹説の歴史的展開と陰陽道史に先駆的業績をあげた村山修一氏、(11)日中の宗教交渉史という観点から庚申信仰、道教において大きな足跡を残し、沖縄、奄美地方の民間信仰研究にも成果を上げた窪徳忠氏[12]も忘れてはならない。このように現在民俗学の業績とくくられる傾向にある諸研究は、その多くが東京大学・京都大学ないしはそれを継承する東京文理（教育）大学の国史学科出身者であったことを付け加えておきたい。なお、宮家準氏は、修験道研究のかたわら宗教民俗学の理論化に努めている。「民間信仰」という言葉の使い方の批判、宗教民俗学の理論の精緻化から、先行研究の体系化に大きな功績を残している。[13]

このうち桜井氏の『講集団成立過程の研究』の後学への影響力は大きい。[14]桜井氏は、戦前において民俗学の竹内利美氏、[15]法制史の三浦周行氏、[16]中田薫氏[17]らにより培われるも、分野により方法論も異なりやや散漫であった講集団研究をはじめて体系化した。講集団の形態と機能に基づく類型化、それらが地域社会へ浸透し発展していく歴史的過程を追った。民俗学と歴史学に社会学をも包括したスタイルはもちろんのこと、今日の地域社会論的宗教史にもたらしたものは豊夥である。

寺社参詣史を振り返る上で忘れてはならないのが、五来重氏監修による『山岳宗教史研究叢書』[18]であろう。一九七五年から一九八四年までかけて全一八冊刊行された。第一期は総論ともいうべきもので、比叡山、高野山、吉野・熊野、出羽三山の既発表論文により構成され、山岳宗教の歴史的展開を跡付けた。第二期は、地方の山岳霊場を対象とした、在地の研究者による論考が収められた。また随時修験道関連の史料が収録されたほか、それに漏れた寺社史料と個人所蔵史料が史料集としてまとめられ、伝承、文化、芸能、美術品に関する論考を収録した編も刊行された。

交通史において寺社参詣を議論の俎上に載せたのが新城常三氏である。その著書『社寺参詣の社会経済史的研究[19]』は、一度一九六四年に刊行されたものの中世までの寺社参詣が論の骨格を成していた。その後近世部を大幅に加筆した『新稿社寺参詣の社会経済史的研究』（塙書房、一九八二年）を世に問うた。これにより中世末期から近世にかけて参詣の民衆化・物見遊山化の実態が大枠提示されることとなった。そしてこの頃から寺社参詣史は長い停滞期に入った。現在においてもなお『山岳宗教史研究叢書』収載の諸論考と『新稿社寺参詣の社会経済史的研究』が高い壁としてそびえ立っているといっても過言ではない。無論それまでも主流であった信仰民俗史や宗教史などの見地からの事例報告は枚挙に暇がなく、豊富な蓄積がなされていることはいうまでもない。[20]戦前にも井野辺茂雄氏の『富士の信仰』[21]など現在でも基本的文献とされる著書が刊行されてはいるが、各地山岳信仰、平地寺社の基本的文献となる研究書が続々と刊行されるのは一九七〇年以降のことである。ちなみに山岳信仰に関しては、先の山岳宗教史研究叢書の第六巻『山岳宗教と民間信仰の研究』[22]に「山岳宗教文献目録」として一九七五年までの著書・論文名が収載されている。

しかしながら、こうした研究は全国的な視野の元に執筆されることは少なく、一山史で完結する形貌を採るものが多い。それは寺社史料の保存形態の特異性によるところが大きい。したがって寺社史、寺社史料集の編纂・刊行が寺社側の煽動・主導のもと行われるという構図にはめ込まれざるを得ない。仏教史はまだしも神道史はこの弊害を被っていたと思われる。全国的にみて寺社史料集は相当数刊行されているものの、[23]古代・中世に比べれば絶対的に研究書の数が寡少である。[24]結局神道史は、その思想史的意義において評価されるに止まっていたのも当然であったといえる。ただし早くから民間宗教者に着目してきた宗教民俗学によって、とくに山岳宗教を対象とする研究が進展した。

秋山典夫氏は、輪王寺宮を中心として結集した祭祀集団としての日光山が、幕府による庇護を受けながらも、その実想像もできないほど窮乏にあえいでいた実態を明らかにした。将軍権力の象徴ともいうべき東照宮が、困窮打開のため大名貸や富突興行を行い、実態としては、一般民衆の参詣に大きく依存していた。[25]また宿坊と町方による参詣者争奪にも触れている。このように、山岳宗教を扱う場合、一つの山岳信仰を対象とし、その歴史的変遷を掘り起こすとともに、修験・御師等の宗教者、信仰圏、山岳宗教集落、講集団、幕藩権力との関係、本末など多様な主題を織り交ぜて、総合的にその山岳宗教の実態を明らかにしようとする研究方法が多く見られるようになった。元来宮地直一氏の『熊野三山の史的研究』[26]に見られるように、熊野三山信仰を多角的に捉えつつも、朝廷や政治権力による影響のみならず一般民衆の信仰、俗信、修験道、仏教などとの関係性の中で歴史叙述がなされることが理想であろうが、より学際的になりつつも一山史として完結してしまっている傾向が強い。

またその編集の形態から、宗教学、民俗学、教理史・教団史、文化人類学など多岐にわたるが、雄山閣出版より第一期から第三期まで計三〇巻刊行された民衆宗教史叢書も、とかく地域別、霊地別の研究が積羽沈舟なるも、横を貫く試みが少ない現状にあって、画期的な編集であった。一九八二年の第九巻『観音信仰』から始まり、一九九九年の第三二巻『太子信仰』まで出版されている。

さらに一九九〇年以降では、西海賢二[27]、広渡正利[28]、岩鼻通明[29]、菅原壽清[30]、福江充[31]の各氏による地方の諸山岳信仰を舞台とした研究が積み重ねられている。法政大学多摩図書室による史料調査と共同研究の成果をまとめた『近世高尾山史の研究』[32]もその一つである。望月真澄氏の日蓮宗の庶民信仰からの考察もある。[33]望月氏は、日蓮宗の祖師信仰と守護神信仰を媒体に、時代変遷とともに、諸階層間、性別、年齢によって信仰の内容に違いがあるとした。多角的な史料を用いて、階層性を導入した点が独創的である。

佐藤栄一氏は、近江国甲賀、伊勢・志摩地域を事例に、富士信仰が受容された各地域社会における富士信仰の受容の形態とその後の変容の実態、地域における役割・機能について論じた。[34]その習俗には、修験的要素を残し、村山修験の影響下で信仰の受容がなされたが、近世末期以降村山修験の衰退に伴い、直接的な関係が途絶えたことにより、それぞれの地域において富士信仰の機能がいかに変容したかという視点は興味深い。

根井浄氏は、近世初期における雲仙岳の温泉山修験の実証的研究を積み重ね、その中で温泉山修験とキリシタンとの葛藤を描き[35]、その後補陀落信仰研究の体系化へと展開させている[36]。久田松和則氏は、肥後国、筑後国において中世後期から急速に芽生えた伊勢信仰を、この地域を旦那とした伊勢外宮の御師橋村家、藤井家の二家の文書から、その師檀関係、参詣の実態を明らかにした[37]。長崎、平戸、肥前国大村領など西北九州という土地柄、キリシタンとの対峙する姿が描かれており、興味深い伊勢信仰史像を提示しているといえる。かかる研究に見られるように、特定の信仰がいかに地域社会へ浸透し受容されるか、実証的な研究が目立つ。柳田・姉崎・堀の各氏がまいた種は着実に実を結んでいるといえよう。

また青柳周一氏は、「観光地域史」を標榜し、近世において旅人が聖地・名所を訪れることで地域社会にいかなる変容がもたらされるかという問題意識で、富士山山麓の村落間、登山口間の各種争論を取り扱った[38]。旅人をめぐる地域間争論は全国的に見受けられるものであり、村落論としては決して目新しいものではない。そのため、出版文化など情報伝播の問題も含めて[39]、観光を地域社会論的立場から見ようとする青柳氏の今後の展開が待たれるところである。地理学の廣本祥己氏の研究[40]もこの延長に位置付けられよう。かかる動向は、バレーン・スミス氏らのホスト・ゲスト論[41]に感化を受けたものとも思われるが、観光と巡礼の差異を明確にせずに論じているスミス氏らの欠陥をいかに踏まえていくかも課題として残されている。

（2）戦後宗教史と宗教統制・組織編成論

一方、宗教史では、辻善之助氏の『日本佛教史』に示された近世仏教堕落論の克服が使命であった。そのため、宗教史は、仏教史を骨格となして進められた。辻氏には、「僧侶が奢侈に耽り、富を蓄へ、利殖に汲々たるは当時の通弊であつた[42]」と述べるように、仏教が国家権力により形式化し、その結果仏教が麻痺状態に陥ったものとする考えがあった。それは左記の結語に端的に表されている。

江戸時代になつて、封建制度の立てられるに伴ひ、宗教界も亦その型に嵌り、更に幕府が耶蘇教禁制の手段として、仏教を利用し、檀家制度を定むるに及んで、仏教は全く形式化した。之と共に本末制度と階級制度とに依つて、仏教はいよいよ形式化した。寺院僧侶の格式は固定し、尊卑の階級煩はしく、元来平民的に起つた各宗派も、甚しく階級観念に因はれ、僧侶は益々貴族的になり、民心は仏教を離れ、排仏論は凄まじく起つた。仏教は殆ど麻痺状態に陥り、寺院僧侶は惰性に依つて、辛うじて社会上の地位を保つに過ぎなかつた。(43)

このような辻氏の結論は、宗教のある一面を照らしているが、本論文の関心からすれば、日本文化の発展について「仏教のみは、江戸時代に惰眠を貪り、為めに一般社会の進運に伴はなかつた」(44)とし、例えば勧進や富突を「多少堕落の傾向」(45)とする点は今更ながら違和感を覚えざるをえない。現今かかる認識はほとんど払拭されているが、辻氏の「堕落」「麻痺」などの言葉遣いを除けば、宗教の変容形態の本質を照らしたものといえよう。

教団史においては、特に日本宗教史上際立った特色を持つことから浄土真宗の研究が進展した。真宗本願寺教団の形成と発展(46)、そして一向一揆研究(47)の先鞭を付けた笠原一男氏の著作にも、近世への言及が見られるが、そこでは幕藩権力の宗教統制に遭い、権力にすり寄る真宗像が提示されるなど衰退のイメージとして捉えられていた。(48)辻・笠原両氏のように中世仏教に比べ独自な思想展開が欠如したと評価されるのに対し、近代仏教の淵源を見ようとしたのが柏原祐泉氏(49)である。一方で地域史的に各地方における教団構造の解明を行ったのが千葉乗隆(50)、森岡清美(51)の各氏である。また寺院史料のみならず地方史料を素材に、末寺あるいは門徒レベルの真宗信仰の実態を解明しようという児玉識(52)、奈倉哲三(53)、引野亨輔の各氏の研究もある。いずれも真宗優勢地帯を研究対象とするものだが、そこから発展して、真宗優勢地帯における非真宗的要素の解明へと論を展開した引野氏が注目される。(54)また奈倉氏の信仰をともなう門徒の行動を、在地史料から解明することによって思想史的事実を導き出そうとする研究方法は大いに共感するところである。

大桑斉氏は、一般近世史の展開と突き合わせつつ、近世仏教の研究史を整理した。[55] 氏は、(一)近代性論、(二)仏教構造論・宗学史、(三)近世仏教本質論と三段階に区分した上で、当時主流となった幕藩制国家論の潮流を睨み、国家論との関わりで近世仏教を考察しようとする四段階目を主張した。大桑氏は中世仏教の終焉につづく近世仏教の教団仏教を自律的形成と捉え、幕藩権力はそれを追認的に制度化したとする。その上で近世仏教を「幕藩制仏教」と規定し、日本思想史の展開と連関させながら解き明かし、それを幕藩制国家論の中に位置付けようとした。具体的には、民衆を「自立的人間」と捉え、それを根底から支える理念として近世仏教思想を位置づけようとしたことにある。

教団史においては、遊行聖《ひじり》など遍歴する宗教者への研究も着実に進展している。独創的な思考と発想で宗教史の新境地を切り拓いた五来重氏は、その後柳田國男氏の影響を受けて高野聖研究に着手し、無名聖研究の重要性を訴えた。[56] 修験については上述のごとくだが、その他に聖仏教の総括的研究を大成した伊藤唯真氏、[57] 浄土宗の信仰と教化的側面、そのなかにおける念仏聖の機能に着目し、そのうち東北地方で活躍した「捨世派」系念仏聖無能の足跡と民衆信仰との関わりを捉えた長谷川匡俊氏、[58] 木喰観正ら相模国周辺で活躍した木食上人の実態を明らかにした西海賢二氏が挙げられよう。[59] さらには喜田貞吉氏[60]や柳田國男氏、[61] 堀一郎氏[62]などの著作で取り上げられながらなかなか研究が進んでいなかった三昧聖・隠亡研究の体系化を目指した細川涼一編『三昧聖の研究』[63]も欠かすことのできない成果である。

幕藩権力による宗教統制論も辻善之助氏にはじまる。圭室文雄氏は、辻氏の宗教統制論を踏まえつつ、幕藩権力による宗教統制、寺請制度の枠組では抑えきれないほどに民衆の信仰が祈禱寺院を志向したとする。[64] さらに圭室氏は、こうした権力を背景とした仏教教団が民衆の信仰心まで把握しえなかったとする問題意識から、民衆信仰の研究へと展開させ、[65] 相模大山などの霊場信仰の先駆的業績[66]も残している。

檀家制度についても、やはり辻善之助氏にはじまる。近世の寺檀関係について「仏教の形式化[67]」と呼んだ辻氏に対して、竹田聴洲氏[68]は、近世の寺檀制度は、小家族経営、直系型家族あるいは「家」の成立に連動して制度化以前に構築されており、幕藩権力はそれを制度化するのみであったとした。竹田氏の基本的問題意識は、近世寺院が地域社会との関わりでいかなる役割を担っていたかという機能論であり、地域における檀家制度も幕藩権力から一方的に押し付けられたものではなく、「家」の成立も含め、民衆の側からの要望という一定の規定性を孕んでいたとする。いわば生活史としての仏教史を主張したのである。大桑斉氏は同じく辻説を批判し、幕藩制国家が、近世民衆の一定の自律性を規定に成立しているとの認識から、自律的に教派を形成し本末制度を志向した教団側の要請を受け、幕藩権力が具体的に制度化したものとした。[69] いずれにしろ近世仏教が本末制度と檀家制度を根幹とし、幕藩制国家を支える基本構造と捉えつつも、教団・地域・民衆の自立性を重視する立場といえよう。こうした傾向は、近年の朴澤直秀氏にも受け継がれている。

朴澤氏は、藩による宗門改を含む寺檀関連の法令は、宗旨人別帳作成の現場や教団組織をめぐるそれぞれ思惑が絡み合いながら施行されていたとする。[70] さらに、無住寺院の経営において村役人や檀家が持ち得た権利や関与の実態、[71] 畿内において顕著に見られた寺元慣行[72]を扱うなど、朴澤氏には、近世社会における寺檀関係の存在意義を問おうとする問題意識と、寺院や檀家の自律性を重んじる立場から、竹田聴洲氏、大桑斉氏の影響が色濃く見られる。また安房国における真義真言宗の寺院の組織編成[73]への言及をしており、教団構造論への意識も見られる。ちなみに檀家制度については、竹田聴洲氏をあげた以上、社会学・民俗学の有賀喜左衛門氏、[74] 原田敏明氏、[75] 米地実氏[76]の成果も忘れてはならないが、歴史学においてこのような成果を取り入れたものはほとんど見受けられない。

このように、幕藩権力による仏教統制、教団史が長らく主流を占めていた。これに対して新たに登場したのが身分制論からの宗教者研究である。その大きな特徴は地域における民間宗教者の実態解明と、幕藩権力、天皇、朝廷、公家までも含めた宗教者の支配統制との二局面から近世身分制に宗教者を位置づけようというところにあった。

高埜利彦氏は、従来の仏教史偏重への反省を促しつつ、神社・神職・山伏・陰陽師などの諸集団に着目し、[77]本山や公家による間接的支配は、幕府により権威が裏付けられていたとした。[78]つまり、本末体制は単なる統属関係を確立するだけでなく、身分制維持機能を果たしていたと指摘する。[79]かかる動向は、朝幕関係をも包括した一九七〇年以降の幕藩制国家論を押し進め、近世国家権力の特質を明らかにしようとする方向性の中で示された一つの到達点であった。これによって宗教史との接近が図られ、門跡、本所を通じて行われた、幕藩権力による修験者・山伏、神職、陰陽師などの宗教者統制、組織編成研究の流れが作られた。その後「身分的周縁」論に後押しされる形でかかる諸宗教者集団とその活動の実態解明が飛躍的に進展することとなった。その中心をなしたのは、支配編成論である。高埜氏は、宗教者の支配編成という枠組みを提示したものの、これら周辺に位置する人々をいかに把握するかという身分論的関心があったために、上からの編成論に止まらざるを得なかった。幕府だけでなく、藩権力の観点から宗教者統制を検討する試みも行われた。田中秀和氏は、北東北の藩権力による宗教者統制を対象とした。[80]藤田定興氏は、東北南部地域を事例に、近世・近代の寺社組織編成を取り上げた。[81]具体的には会津藩の寺院・社家統制と、信達地方における各宗の本末形成、中世末に形成される社家組織と、その社家が伊勢、吉田家と結びつく経緯を追った。また土岐昌訓、[82]間瀬久美子[83]の両氏による吉田家と白川家の神職支配と両家間の争論などを扱って口火を切った本所研究は、その後井上智勝氏による神祇道本所吉田家、[84]木場明志氏、[85]高埜利彦氏、[86]梅田千尋氏[87]らによる陰陽道本所土御門家の支配解明へと結実している。

こうした上からの宗教統制論に対し、すでに藤田氏、井上氏の論考においても提起されていたが、地域社会側から宗教者編成像に迫る試みがなされることとなった。かかる点への着目は、早くも一九六〇年代に土岐昌訓氏が地域的神職集団に着目していたもの の[88]、着実に成果が報告され深められていくのは一九九〇年以降のことである。井上智勝氏は、吉田家による宗源宣旨の授与の分析を通じて、地域社会と朝廷との接近が図られ、近代天皇制の前提を構築したと論じた[89]。その他、甲斐国の神職が、府中八幡宮の勤番制度と、京都吉田家の進出をめぐって早くから身分確定を達成し、自立を深めたとする西田かほる氏[90]、村役人層の神職兼帯が広く見られる遠江国西部では、百姓身分までも神職として取り込むことで、吉田家は神職編成を押し進めたとする小野将氏[91]、安芸国という真宗優勢地帯における非浄土真宗的要素の解明に取り組み、本所吉田家による神職組織の編成過程を追った引野亨輔氏[92]、奥羽国伊達郡における修験、社家、羽山先達の編成と、これら宗教者を含めた地域社会における位置付けを行った菅野洋介氏[93]など、いずれも一地域を対象としながらも広い視野に立った、優れた業績である。必ずしも組織編成論ではないが、武蔵国氷川神社の神主・神職の多角的な実態を明らかにしている靱矢嘉史氏の研究[94]もある。

かかる研究は、地域社会論への志向も多分に持ち合わせている。当然の流れとして、宗教的社会関係から地域社会の構造的把握を図ろうとする宗教社会史も立ち現れた。有元正雄氏は、近代化の担い手である主体形成の程度を確認しようとし、宗教や思想が一般民衆の行動様式にいかなる影響を与えたかという宗教社会史的視点から迫った[95]。澤博勝氏は、一九九〇年代以降の身分制論、支配編成論にも依拠しながら、取りあえず思想史的考察は排除し、もっぱら地域の宗教的社会関係を論点に据えている[96]。宗教組織の末端にある宗教施設や宗教者の存在を通じて、宗教を媒介として取り結ばれた社会的関係の構造的分析という手法は斬新なもので、仏教史と、身分制論に端を発する神道等の諸宗教史との結節点を見出そうとした点が高く評価できる。また真宗地帯越前において、本山、坊、道場などに加えて広範囲に形成された講も徹頭徹尾宗教的社会関係で考察がなされていることも興味深い点である。だが、それを理解した上でも、なお「信仰」的要素が排除されていることに若干の違和感を覚えざるを得ない。これは澤氏だけの問題ではなく、民俗学との距離をいかに保持しながら、歴史学において信仰的・思想的要素を分析していくか、今後の歴史学における宗教史研究の共通課題でもあろう。とはいえ、宗教社会史は、澤氏によって、方法論としてはひとまず議論は到達したものと思われる。(97)

その他斎藤悦正氏は三方領地替という非常事態に際して、寺院が果たした役割を分析した。(98) 出火・犯罪などの罪科による入寺慣行に着目した佐藤孝之氏の一連の研究成果(99)も、村落における寺院の新たな役割を解明したものである。氏は、平泉澄氏、(100) 網野善彦氏(101)らのアジール研究を継承し、そのアジール性の近世における残存として縁切寺を研究した高木侃氏(102)に対し、寺院のアジール性が近世的に変容した独自な形態であるとして、いわば「入寺」をアジールとは断絶したものと捉えている。吉田正高氏は、御府内内外における町・村の「鎮守」の役割に着目した。(103) 宗教史や文化史としてではなく、あくまでも宗教社会史的立場から考察し、「鎮守」という一つの機能的「場」を通して近世社会を見つめ直そうとした点に特色がある。結果、祭礼や鎮守管理者など多様な分析対象を可能としている。これにより、大名屋敷内鎮守の文化史的側面のみならず、(104) 御府内の町内「鎮守」の管理者としての「修験」の需要と、町民との人間的繋がりを持たないがため、便利性が重視されたという都会ならではの鎮守管理者の存在形態などが明らかとなった。(105) これは吉田氏が従来行っていた内藤新宿に隣接する角筈村鎮守の熊野十二社の分析との対比となり、興味深いものである。吉田氏の研究は、正面切って寺社参詣を扱ったものではないが、寺社参詣史にも刺激を与えてくれるものである。

しかし、個別具体的事例の蓄積が行われ、多彩な社会集団の実態が明らかにされつつあるものの、統一的な議論の方向性はいまだ見えてこないというのが実状ではないだろうか。周辺身分への着目から新たな近世史像の獲得を達成しようという試みは、いかに地域社会の側から核心に迫ろうとしても、そもそも身分論的関心から出発している分、組織編成論の枠を脱却する目処は立たないのではないかと考える。その理由は二つある。(一)民間信仰は、民衆の切実な願望を満たすところに基盤があり、そこから民衆の世界観が把握され、またその民衆が暮らす社会の課題を如実に写し出すものでもあるから、この点に着目せずしてはどこまで行っても幕藩権力による宗教統制論の枠を跳び越えることはできない。(二)さらに、村落における宗教者研究が、必ずしも信仰の拡大や講集団の派生などを念頭においていないためである。あくまでも村落共同体内における寺檀関係を含めた宗教者の役割などに着目したものであるため、宗教本来の意義の理解が一面的すぎるのではないだろうかということである。近世宗教を「堕落」ではなく「変容」と捉えるならば、歴史学において「信仰」的役割も検討されなければならないだろう。無論、澤氏[106]や井上氏[107]が指摘されるように、安易な民俗学の援用は、避けられなければならない。

(3)都市文化史における寺社参詣史

都市祭礼に関する研究もまた近年多様化しつつある。なかでも、東照宮・東照大権現が幕府、藩にとっていかなる意義を有していたか、幕藩制国家論の高まりの中で家康の神格化の特質に着目した研究が多い[108]。また東照宮の個別的事例の蓄積も豊富となってきた[109]。この流れを受け継ぎ、東照宮祭礼の実態的解明を行ったのが中野光浩氏である。全国の東照宮の調査・分析をもとに、東照宮が各地に勧請された政治的背景を藩政史レベルから丹念に掘り起こし、その祭礼の実態的類型化を試みている[110]。なおかつ民衆の受容をも視野に入れ、その程度が地域的にも民衆諸階層によっても相当な差違があることを指摘している[111]。

かかる東照宮研究は、その内在する政治的・イデオロギー的特質において、幕藩制国家論における位置づけを容易としたことは当然である。城下町祭礼の研究も進展しつつある。久留島浩氏は、領主による城下町祭礼を領主権力と民衆との交流の場と捉え、祭礼行列の分析を行っている。[112]東照宮祭礼に限らず、幕藩制における領主権力構造の解明の一つの手掛かりとして、寺社祭礼、寺社参詣が研究領域に取り込まれているといった印象がある。これに対して、地方都市の祭礼執行のあり方から、その地域社会の特性、変容、構造などを導き出そうとする高牧實氏、[113]渡辺康代氏[114]の研究がある。

一方、都市の寺社参詣史は、もっぱら都市文化史と都市民俗学の融合との狭間で行われてきた。特に西山松之助氏や宮田登氏[115]らの研究により、江戸研究が先行することとなった。西山氏は、江戸都市民に特徴的な文化的行動の形態を「行動文化」と呼び、「自己解放」の概念を含めて「行動文化論」を提唱した。[116]この理論は、のちに多大な影響を与えており、文化史に関わる研究はすべて西山理論を前提としているといっても過言ではない。ところが、西山氏は本来その根幹をなすべき寺社参詣については、ほとんど足を踏み入れることはなかった。この行動文化論は、江戸町人を総体的に扱っており、したがって自己解放の理論そのものもいまだ充分とはいえない。しかし、その後のいずれの研究者も、この西山の理論を深めることはできなかった。

本格的に名所記・名所案内記の研究に着手したのは水江漣子氏[117]であろうが、これを継承しつつ進暢させた鈴木章生氏は、『江戸名所記』と『江戸名所図会』の比較を行い、名所と認識される地域が拡大していることを明らかにした。都市的な信仰形態はもちろんだが、田舎の自然に触れ、日常生活における知的充足感を味わうためのものであると結論づけた。[118]この論文も、西山理論を前提としている。その後、博物館・資料館などの紀要において、江戸の従属地域としてではなく、一地域史の視点から、都市近郊の名所、寺社参詣を扱った論考が相次いで発表されたが、[119]いずれもおおむね西山氏や鈴木氏の理解に沿ったものであった。

鈴木論文に示された都市拡大の背景は、羽賀祥二氏の史蹟論[120]と繋がるものである。羽賀氏は、十九世紀に顕著となった史蹟記念碑、郷土史、祖先回帰、祖先顕彰、地誌編纂などの潮流は、歴史的史蹟や遺物への関心の高まりと歴史意識の活性化によるものであり、歴史を含んだ自然への敬礼は、永遠の価値としての天皇の存在として認識させ、近代天皇像の形成を促したとする。自然への憧憬、過去への回帰という現象は、十九世紀のある種文化イデオロギーとして存在したことは、西山、鈴木両氏の議論でも充分証明することができよう。しかしながら、注意しておかなければならないのは、両氏共に近代日本への批判意識を前提とし、近世における人間と自然との関わり方を理想的なものとする考え方が底流にあることである。一方、羽賀氏は近代につながる文化構造の原型を見ようとしており、この点で差があるように思われる。近世文化史全般に、近世への郷愁感が漂っているように思われるが、今後は近代との均質性という視点も決して捨象してはならないだろう。

寺社参詣の隆盛の過程で生み出された宗教文化に対する考察も進んでいる。無論、そこには幕府の宗教政策の一環として考察する、従来の仏教史的方法も介在している。特に飛躍的に進展したのが、開帳である。比留間尚氏は、寺社奉行の「開帳御許帳」をもとに、「開帳年表」を作成した。(121)またその分析を通じて、江戸において開帳を行った寺社ごとの回数、開帳場などを数量的に分析した上で、開帳の実態を明らかにした。(122)さらには、開帳がもたらす信仰面、経済面、文化面での影響をも考察し、総合的かつ詳細な研究を行った。小倉博氏は、成田山新勝寺の江戸出開帳の実態を詳細に復元して見せ、(123)北村行遠氏は、日蓮宗寺院の開帳を分析しており、(124)その後重要なテーマとして各所で報告がなされている。(125)鈴木良明氏は、開帳とならび寺社の募縁活動のひとつである勧化を国家権力たる幕府の寺社政策に位置づけ、さらに勧化が来訪した際の地域社会の対応を取り上げた。(126)また古くから文化史の一つでもあった富籤や千社札の研究レベルを引き上げているのが滝口正哉氏である。(127)社寺境内で催された諸興行、盛り場的様相の研究も一九七〇年以降の都市史の急速な進展に伴い、大いに発展を遂げてる。(128)こうした研究は、芸能の近世社会における機能を分析する手段として「興業」に着目し、極めて歴史学的な手法により近世社会史の俎上に乗せ、芸能の遊芸化・商品化を近世の特質として捉える守屋毅、(129)竹下喜久男、(130)神田由築(131)

の各氏に代表される芸能興行史とも連動し、身分的周縁論において芸能を取り巻く諸職業・諸身分の人々の実態を明らかにしている。また地理学からのアプローチも試みられている。[132]

（4）道中日記研究と巡礼研究

筆者は、基本的に「日本的巡礼」と「参詣」とは異質のものと考えている。なぜなら四国遍路、西国巡礼の人々は特定の場所を遍路する。そしてその聖地すべてに宗教的意義が冠されているからである。一方、「参詣」の場合複数箇所の参詣行動が一般的だが、そのすべてに宗教的意味を見出せるかといえば、必ずしもそうではない。「巡礼」と「参詣」の違いはなかなか難しい問題で、双方とも含めて「巡礼」とする主張（星野英紀氏、青木保氏など）、逆にいずれも「参詣」とするべきとする主張（真野俊和氏）など、諸々の説がある。伊勢参宮と西国巡礼が並存する実態をいかに考えるのかが鍵となろうが、それ以前に「参詣」研究の体系化がなされていない現状にあって、「参詣」と「巡礼」の差異を云々するのは得策ではない。また現在のところ筆者も西国巡礼、四国遍路については本格的に取り組んだこともなく、いわば門外漢である。そのため今回は「参詣」に絞り、巡礼研究は最小限度にとどめることとする。ただし「巡礼」については、本論文でいう「参詣」を包括して議論しているものもあるので、随時反映させていく。

ここまで述べた歴史学における寺社参詣史の現状に対して、大きな成果を上げているのが道中日記研究である。宗教地理学と連携する形で、道中日記の数量的分析に基づく経路復元に主眼が置かれていた。かかる動向は一九八〇年代中盤より急速に関心が高まってきたものである。それより以前は、もっぱら旅の経費等を割り出すという社会経済史的関心に基づくものであった。[133]ところが、自治体史の編纂と連動して各地の道中日記の報告が蝟聯すると、交通史、国文学、地理学などとの連携において高漲してきたのである。

参詣経路の復元研究は、主に関東地方・東北地方など東日本からの伊勢参宮経路に研究が集中した。中でも、山本光正[134]、小松芳郎[135]、桜井邦夫[136]、小野寺淳[137]の各氏の研究によって、「モデル・ルート論」が提唱された。小野寺氏は、豊富な史料分析を基に、小松氏、桜井氏が行った類型化をさらに押し進め、「伊勢＋西国巡礼ルート」「伊勢参宮モデルルート」という大類型を、さらに「基本型」「普及型（金比羅経由）」「拡張型（岩国又は四国経由）」に分類して分析した。一八〇〇年前後から二大類型共に、「基本型」から「普及型」へと変化しており、一八〇〇年前後が寺社参詣が娯楽の旅へと変化していく転換期であったと結論付けた。これにより、十八世紀末頃より、次第に伊勢参宮・西国巡礼に加えて、金比羅参詣、さらには厳島や出雲大社など遠方まで足を伸ばしていく姿が実証的に浮き彫りとなった。だが、かかる諸研究はいずれもルートの拡大を物見遊山化によるものであるという前提で論理が展開されているため、この点でのちに岩鼻通明氏らの批判を浴びた[138]。岩鼻氏の議論は、巡礼へ心身を投入する意義や巡礼路への着目により巡礼研究の新たな扉を開いたヴィクター・W・ターナー[139]、山口昌男[140]、真野俊和[141]、星野英紀[142]の各氏の議論の継承とも受け取れるが、その将来への有効性はともかくとして、従来の道中日記研究が近世の旅をあまりにも明るいイメージとして描きすぎるきらいがあったことに対する警鐘として充分であった。ただし、近世においてもなお聖性を維持しているか否かについては、統一的な議論よりもむしろ、個別的にどういう側面では聖性を維持し、どういう側面で俗化したのかに着目し、それが近世社会といかに連動したものであるかというところへ論点を移す必要があると考える。

田中智彦氏は、伊勢参宮の事例があまりに東北地方、関東地方に限られているとして、関東・東北への偏重の是正を訴えた[143]。田中氏は、徹底した踏襲調査と資料収集により極めてミクロに西国巡礼路を復元した。この西国巡礼路復元は、さらには中山道[144]、四国遍路[145]、瀬戸内航路[146]にまで及ぶこととなった。なかでも、金比羅参詣路の解明は、大坂・丸亀の旅籠屋と連動した船宿の実態を明らかにして、瀬戸内渡海史の新たな手法の可能性を示したものだった。さらに田中氏は、近畿地方における寺社参詣史にも力を入れ、対象寺社・経路の体系的把握を行おうとした。[147] 関東に比べ、文化的側面・宗教的環境の研究が薄い大坂研究の現状を鑑み、道中日記研究で培った研究方法によって、距離・所要時間の問題を持ち込み、江戸研究のそれよりも具体的な数字を提示した。しかしながら、参詣地の範囲、距離と方角の偏りを提示するものの、その現象の背景説明が欠如していた点で課題が残った。今後の大坂研究の成果が待たれるところであるし、都市の拡大の条件を比較する上でも恰好な対象となろう。田中氏の問題意識の中には、複数参詣する現象をいかに捉えるかというものがあり、これは巡礼研究・寺社参詣研究の大きな課題の一つであり、先の物見遊山と信仰の問題もここから派生したものである。このような流れの中で、ようやく東海から西日本を舞台とした道中日記研究も現れ始めている。[148]

伊勢参宮に遅れながらも、地域的参詣対象の参詣路復元も行われている。岩鼻通明氏は、出羽三山参詣などの経路復元を行い、往路と復路を違える循環的行程をとる要因を探った。[149] 参詣者は常に前進して聖性を維持しなければならず、結果として聖なる循環の輪をたどることになったとした。他に小田匡保氏による大峰入峰ルートの解明、[150] 渡辺和敏氏による秋葉ルートの解明がなされている。[151] 近世にあっては参詣路とはいえないが、近世箱根における旅人の行動の歴史的変遷を、道中記類に基づき明らかにした研究もある。[152]

伊勢参宮者・西国巡礼者が立ち寄る諸都市での行動を分析したものも大きな成果をあげているといえる。その端緒となったのは山本光正氏である。[153] 山本氏は、他地域への参詣の通過地点としての「江戸」を取り上げ、「江戸めぐり」を総体的に把握した。桜井氏[154]や小野寺氏[155]の論文もその延長線上にあるものと理解できる。これに対して、「江戸めぐり」そのものを主目的としたのが、鈴木章生氏である。[156] 鈴木氏は、従来の視点による江戸巡りの形態を「短期滞在型」「短期通過型」とし、これに対して江戸に長期滞在して江戸めぐりを行ったものを「長期滞在型」として、これを分析した。信州田沢村百姓と尾張藩士のわずか二事例ではあったが、道中日記研究の都市史への援用の可能性を探ったものとして評価できる。また大坂を対象としたものに内田九州男、[157]田中智彦、[158]北川央、[159]奈良のものとして山田浩之[160]の各氏の論考があるが、高橋陽一氏は、東北地方からの畿内への旅行者の道中日記から、京都内での行動、札所への参詣状況を明らかにすると共に、京都内において際立つ禁裏参りの詳細を再現した。[161]このように、人間行動に着目しながら名所論を展開するのが一般的だが、行動文化と強く関連づけているため名所観の把握に偏りが生じており、また江戸名所論をもって普遍化する危険を指摘した上杉和央氏の三都の名所案内記研究[162]もある。先述の田中智彦氏をはじめ上杉和央氏、山近博義氏[163]らの成果は、江戸研究に比して総体化の方向性を打ち出すというところまで達していないという現状を鑑みると、その意義は大きい。

以上のような、経路復元の他に、前田淑、[164]柴桂子、[165]深井甚三[166]の各氏による女性の旅に着目した研究も出ている。柴桂子氏は、女性の旅を時代、年齢別、階級・階層別に分類して、経済力と家庭内における女性の地位の向上が女性の行動の自由につながっていたと説くなど、女性独特の観点から、独創的な研究を発表している。[167]道中日記研究は、今や主要な論題の一つとなったが、一方で逼塞した感もあるのが現状であろう。ここで参考となるのが女性旅行史である。道中日記の筆者個人の社会経済的地位から叙述しようと試みる女性旅行史は、今後の方向性を示唆しているものと思われる。道中日記の数量的分析を主軸としてきた従来の研究も転換の時期を迎えているのかもしれない。あまりにも統計データに頼り、その行動様式の普遍化と無意識レベルの構造論にのみ固執してきたため、「人間」への興味が欠けていた点は否めないだろう。このこと自体は今後も継続されるべきだが、聖俗論を含めた構造主義的考察と共に今一度人間自体への「まなざし」に立ち返ることも必要である。道中日記を必ずしも旅だけでなく他分野解明の一助とする試みもあって良いだろう。具体的にいえば、人と物を含めた社会的、経済的、文化的交流、あるいは交通組織の構造解明などである。その意味では、田中智彦氏の金毘羅渡海の論考、[168]手荷物の一時預けを解明した桜井邦夫氏[169]などの研究が代表的なものであろう。また道中日記の記載事項から思想文化史的分析を行う試みもなされなければならない。道中日記に記された東海道の各宿場町に対する景観イメージを読み取った小野寺淳氏の論考が[170]、かかる指向性を持ったものといえる。科学として使命を果たすためには、いまだ多くの艱難が立ちはだかっており、その分析手法は模索段階といえる。

巡礼研究も一九八〇年代半ばよりかかる研究動向と不可分な関係にある。その一方で、道中日記研究とは別に民俗学や社会学の立場から巡礼や遍路研究に取り組んでいるものもある。西国三十三カ所巡礼、四国遍路研究は、新城常三氏[171]、速水侑氏[172]ならびに前田卓氏[173]らによって始まり、大いに前進した。その他真野俊和[174]、星野英紀[175]、田中智彦[176]、佐藤久光[177]、中山和久[178]、浅川泰宏[179]、森正人[180]の各氏に受け継がれている。大まかに分類して巡礼の成立と発展過程あるいは巡礼路の復元を実証的に解明しようとする歴史学的手法（速水氏、田中氏）、巡礼者数、巡礼者の出身地、巡礼の時期などを過去帳や納札から弾き出し、巡礼の実態に迫ろうとする社会学的手法（前田氏、佐藤氏）、さらには巡礼者が巡礼に心身を投ずることの意義を考察しようとする文化人類学的手法（真野氏、星野氏）である。このうち近世史を中核として考察されているのは田中智彦氏[181]のみである。もちろん他の研究書も近世への視座を持たないわけではないが、その多くは現代巡礼へのアプローチが主体となっている[182]。ちなみに小嶋博巳氏は巡礼者のなかでも特殊な三十三度行者に着目している[183]。なお、巡礼研究の体系化の試みとして真野俊和編『講座日本の巡礼』（全三巻）[184]、巡礼研究会編『巡礼論集一　巡礼研究の可能性』[185]が刊行されている。後者は日本的巡礼だけでなく、欧米の巡礼や宗教的遍歴民を取り上げるなどバラエティに富んでいる。

（5）歴史地理学における寺社参詣史

地理学においては、信仰圏、宗教集落の問題も早くから取り上げられてきた。信仰圏論は、柳田國男氏の『蝸牛考』による方言周圏論に端を発する。だが、実質的には宮田登氏が同心円的信仰圏のモデルを提示したことから始まる。[186] 宮田氏は、岩木山を対象にして、可視の有無など地理的条件と、信仰形態の差から、三つの同心円的信仰圏を形作るとした。この宮田氏のモデルを出発点とし、複数の分野においてその批判、深化が行われている。民俗学では、牧雅子氏が、筑波山周辺地域において、居住空間を中心とした諸山岳への序列意識を指摘している。[187] 鈴木章生氏は、相模大山を対象にして、地理的立地により必ずしも同心円的分布はみせないとしながらも、三つの信仰圏の枠組みで、それぞれの信仰圏の特徴を問い直した。[188] 小山隆秀氏は、宮田氏と同じく岩木山を対象として宮田モデルの検証を行い、宮田氏の設定した信仰圏内部にも信仰習俗の地域差が見られることを指摘した。[189] このように民俗学における信仰圏論は、信仰が拡大するにつれ信仰形態が変化することに主たる関心があった。そのため、信仰圏モデルの設定は、信仰拡大の歴史的変遷を読み取るための、副次的な作業であり、信仰圏の設定方法も各自の問題関心に引きつけて行われていた。

これに対し、地理学において民俗学の空間モデルを批判的に継承したのが岩鼻通明氏である。民俗学の信仰圏モデルが統一感に欠けるとして、空間モデルの精緻に努め、膨大なデータと詳細な条件設定に基づく三つの信仰圏を提示した。[190] これ以降、地理学における信仰圏研究は現在とくに高まりをみせている主題の一つとなっている。松井圭介氏は、山岳宗教ではない事例として笠間稲荷神社を取り上げ、岩鼻氏と同じく同心円的な信仰圏を見出した。[191] 金子直樹氏は、宮田氏と同じ岩木山を取り上げ、津軽藩による影響など歴史的背景も加味して、その同心円的な信仰圏の構造分析を行った。[192]

信仰圏の時代的変化にも留意しつつ発表されたのが、羽黒修験の信仰圏を明らかにした古田悦造氏、[193] 小豆島における写し霊場の成立過程から明らかにした小田匡保氏である。[194] こうした流れを継承し那須岳白湯山・高湯山を事例に成果を発表されたのが、廣本祥己氏である。[195] 阪野祐介氏は、近世末期以降に発展を遂げた八海山を事例に、その信仰圏を示した上で、木曾御嶽信仰との関連性が指摘される霊神碑の分布、講の分布を図示し、かかる過程を経て八海山信仰の歴史的展開をまとめた[196]。筒井裕氏は、国幣中社大物忌神社を事例に、崇敬者団体（鳥海講）の創設過程と展開を、経営状況、聞き取り調査など学際的手法により、信仰圏論と絡めて明らかにした[197]。阪野、筒井両氏にみられるように、信仰圏研究は、急速にその手法が多様化し、民俗学・歴史学との接近が図られているのが現状であろう。

また信仰圏論を、信仰受容者とその地域性から読み解こうとする立場がある。この立場は、のちの構築主義的空間論、聖地景観論とも連動してくるものである。三木一彦氏は、信仰圏研究は、単純に信仰圏・講社の分布を示すだけでなく、信仰の浸透過程、講の形成要因は地域ごとに特色があり、地域ごとに分析される必要があるとした。そして、江戸材木商が三峰信仰の拡大に果たした役割が大きいことから、秩父地方からの材木流通システムに乗り、三峰信仰が拡大したことを明らかにした[198]。

かかる地理学における山岳信仰研究は、必ずしも積極的に他隣接分野との接近が試みられているわけではないが、その内実は歴史学や民俗学の手法とも差違はない。近年、地理学においても山岳信仰の聖地や巡礼地の形成と変容過程、空間認知の問題が取り上げられている。斉藤毅氏と古田悦造氏は、日本の沿岸部に数多く点在する島々に対して柳田國男氏が名付けた「地の島」の事例として、江ノ島を取り上げた[199]。この論文は、江ノ島への空間認知を主題としながら、近世に入り、江戸町人の参詣対象となるに及んで、中世までの「雨乞い」「豊漁祈願」「海上安全」から「商業神」へと信仰機能を変容させるという過程を追ったものであった。だが、この時点では「空間認知」というキーワードにこだわりつつも、論考を進める過程で「空間認知」から離れざるを得ず、なおかつ近世以降に至ってはその分析手法も、すでに宗教史で明らかになっていた現世利益の変遷過程を、特別に新たな分析材料を提示せずに論じたため、地理学的視点という独自性を打ち出すことができなかった。それでも、「空間認知」という課題を取り上げたことは、少なからずのちに影響を与えたものと思われる。川合泰代氏は、構築主義・文化地理学の立場から、富士講における富士山の風景の復原としての富士塚の研究を行った[200]。聖地を単なる認識論としてではなく、人為的に宗教的意義を帯びさせられることによって構築されるという立場を鮮明に打ち出している[201]。この聖地を社会的に構築されたものとみなす方向性は、松井圭介氏[202]、小田匡保氏[203]の論考にもその影響が見受けられる。

これに対して、都市と村落の両共同体における宗教的景観要素や祭祀施設、祭祀空間に着目した大城直樹[204]、今里悟之[205]、松井圭介[206]の各氏の論考も見受けられる。さらには、島津俊之氏は、空間の社会的構築という立場から、近世末期大和東山中に成立した地域的巡礼「新西国三十三所」が、村落間結合による広域的社会集団によって設定されたものであると論じた[207]。森正人氏は、近現代における四国遍路の変容過程を、当時の政治的・社会的関係の中で捉えている[208]。藤村健一氏は、越前における真宗「道場」が、江戸後期から現在に至るまで、その形態が、社会集団との関係の間で時代と共に大きく変化し続けている実態を明らかにした[209]。村落における堂庵など宗教施設と、藤村氏が社会集団と呼ぶ檀家組織との相互連関性への着目は、現在ようやく歴史学においても端緒についたばかりである宗教社会史の方向性と合致するものである。

第二節　寺社参詣史の定義

寺社参詣史を定義することは艱楚の極みである。なぜなら寺社参詣・社寺参詣を扱う視角も手法も多岐にわたり、多知が雑を為す状況にあるからである。だが、かかる現状と面対して歴史学なりの手法を模索するならば、寺社参詣の諸相を歴史学的に明らかにした上で、他分野の多恵を摂取するというごく当たり前の結論に至らざるを得ない。

次なる過程として「寺社参詣」「社寺参詣」とは何を指すのかを問わなければならない。古今の図書を広く見渡しても「社寺参詣」という語を冠した書物は、新城常三著『社寺参詣の社会経済史的研究』と、社寺曼荼羅を取り上げた研究書・図録数点以外にはないと思われる。寺社参詣を取り巻く研究、例えば現今「宗教民俗（学）」と題する書物が多いが、その題名の冠し方において歴然たる問題意識の差が介在する。また「○○信仰の○○」という題も山岳信仰、平地寺社を問わず稠夥だが、「参詣」「参詣者」に配慮した書物はごくわずかで、やはり隔意がある。「寺社参詣」とする以上、「人々が寺社へ赴く行為」が課題の中核に据えられなければならない。つまり「参詣行為」自体が問われなければならない。とするならば、『社寺参詣の社会経済史的研究』はまぎれもなく「社寺参詣史」なのである。ただし新城氏は冒頭「当初は、時代範囲もせいぜい古代・中世に限り、近世はその結論として付記する程度にとどめ、数年にして完成の予想であった」[210]と述べているように、もともと古代・中世が関心の大半を占めていたため「社寺参詣」という用語が使用されていると思われる。だが本書では近世を専弁しているため「寺社参詣」という語を用いる。いわば近世の社会的規定のようなものと考える。

次いで問題となるのはその対象範囲である。檀那寺・葬祭寺院や鎮守・氏神の扱い方であるが、柳田國男氏は、これに関し「参籠」と「参詣」を区別している。柳田氏は、「参詣」は「祭」が「祭礼」に変わる過程で発現した信仰形態のひとつとする。[211]「参る（マイル）」は元来祭に出仕し、ある時間その片端に伺候し、あるいは精進潔斎し籠ることが祭りの本位であったが、次第に「祭」の原初形態が、大勢の人が集う「祭礼」へと変容した。それに伴い、「参る」が一回の拝礼をもってただちに退出するという「参詣」という新しい信仰形態の価値観へと移行したとする。[212]この柳田氏のいう農耕のリズムを作る「祭」や葬祭寺院は、ここでは対象外である。その意味において、新城氏が「人々が生涯朝夕その生活に深いつながりをもつ氏神や菩提寺などのような郷土・近隣の社寺参詣を問題とするものではなく、交通行為としての参詣、即ちむしろ多くの人々にとり、人生の稀有な体験である遠隔社寺の参詣を研究対象[213]」と述べたことに賛同するものである。氏神や菩提寺が信仰的側面における役割を期待されていないことは明らかである。だが、その「祭」が他所人にとって「祭礼」となる場合は、当然対象の範疇に入る。やはり宗教やその施設云々よりも参詣する側の視点に立つ研究なのである。

島薗進氏は、民俗宗教の概念を「民間信仰的な基盤を濃厚に保持しながら、救済宗教の持続的な影響によって、救済宗教的な教義・活動・組織のある程度の浸透が見られる信仰体系で、宗教センター――民間宗教家―小地域の同信者集団の三項のゆるやかなつながりからなるもの」[214]としている。その具体的なものとして、A教派修験道のような伝統的民俗宗教、B江戸後期の大衆的民俗的宗教①大衆的群参（伊勢詣、四国遍路など）②大衆的山岳講（石鎚講、富士講、御岳講）③シャーマン的職能者信仰（金神祈禱者）、C農村を基盤とする幕末維新期の新宗教（金光教、天理教、丸山教、黒住教）をあげる。[215]このように島薗氏は、宗教民俗を若干構造化したものと捉えている。寺社参詣史は、次第に固定化・構造化の様相を呈する必然性を認めつつも、参詣者の自発性をより重んじるものである。無論B③、Cは対象外である。Aも寺社参詣の礎として活動する側面においてのみ対象に入るだろう。つまり、島薗説に従えば、B①②が寺社参詣の基本的形態として捉えられるだろう。ここまでのことを概括すれば、寺社参詣は、日常的空間を離れて寺社へ参詣することであり、その行動は徐々に構造化し、体系化していくものの、それでも参詣者に一定の自発性を認めるものといえよう。

ただし、人々が参詣する行為は、その分析のみで解決されるものではない。寺社側の動向も介在させる必要もあり、その意味において成立宗教、創唱宗教と必ずしも対立するものではない。また寺社参詣の過程で生ずる、社会的、経済的、文化的影響、逆に社会による規定性、寺社参詣を成立させる社会的状況など隣接する諸相も視野に入れる必要がある。

なお近世の寺社参詣には、新城常三氏が前掲著書全体で述べられているごとく、物見遊山化の高揚という問題がある。だが、かかる傾向は寺社参詣の変容の一形態として捉えていくのが妥当であろう。なぜなら、自然美や知的充足感の探究が最終的目的であろうとも、その対象の多くは寺社の域内に形成され、あるいはその過程に寺社参詣を並存させているからである。したがって完全に二元論として考察するよりも、いかに寺社参詣が変容し、いかなる側面で物見遊山的な要素が強まり、いかなる側面で信仰的要素が保持されあるいは逆に強められているのかを議論する方が有益であろう。

第三節　問題意識と研究視角

第一節で述べたように、歴史学における寺社参詣史は決して体系化されているとはいえない。民俗学との交流もままならず、宗教地理学からの積極的な提言と歴史学的手法の導入が目立ち、唯一巡礼論のみ文化人類学などの成果を摂取し、着実な進展を続けている。ただし宗教史においては、一九八〇年代までの仏教史偏重から一九九〇年以降神道・神職・修験・民間宗教者に注目した研究へと転回を遂げた。また宗教的社会関係から地域社会の構造的把握を図ろうとする宗教社会史も活発だが、日常の宗教的社会関係からだけでは幕府の宗教統制論の域を脱し得ない。やはり「信仰」の問題を排除しては宗教史としての意義が達成されないと考える。

近年の研究成果をみると民俗学として区分されているものの、なかには実は歴史学的手法を基盤としたもの、それを取り込んだものなどが実に多い。民俗学の将来性がとかく悲観される今日だからこそ、歴史学として民俗学の膨大なる成果をいかに摂取するか真剣に取り組む時期に来ているのではないか。これは「妥協」ではない。「弁証法」を示唆したものである。なぜなら信仰の受容されていく過程にこそ、宗教の在り方や時代時代の役割・意義が端的に現れるものであるからである。こうした方向性はすでに前節で触れたように、本来民間信仰研究・宗教民俗学が目指していたものであった。民間信仰研究は、堀一郎、和歌森太郎、桜井徳太郎、村山修一、高取正男の各氏に代表されるように、歴史学的手法による実証的研究に根ざしたものである。京都学派や文化史学の系譜を受け継ぐ旧東京教育大学系の学者の多いことが特徴だが、現在の宗教史では十分に消化されていないような気がする。これは筆者だけの感想であろうか。同じ構図は、現在の都市史における旧教育大系文化史の扱われ方にも同様な印象を受ける。

本書は、かかる問題意識を奥底に秘めているものの、取りあえず多岐亡羊としている寺社参詣史を体系化することを課題としている。これにより、数十年沈滞しているとされる寺社参詣史の復活の糸口を見出そうと考えている。無論このような目標でさえも、本書のみで一気に解決されるものではない。けれども、その指針程度は示したいと考えている。

手法としては寺社の宣伝戦略、現世利益の変容・寺社縁起・略縁起の創出、そして参詣者の意識、参詣行動の構造分析、参詣者の階層構造などを議論の俎上に載せ、できうる限り歴史学的手法で具体像を浮かび上がらせる。この点は堅持されなければならない。その上で、民俗学、文化人類学などの成果を取り入れ、歴史記述の新しい次元を切り開こうとするものである。なぜなら宗教や信仰、習俗などを課題とする場合、歴史学的手法だけでは限界があるからである。ただし本書では、成立宗教の伝播・浸透と、土着の自然宗教・習俗との相互作用という視点というよりも、寺社参詣という象徴的行為を通して、そこに関わる様々な人々の立場、その相互規定性のなかにおいて寺社参詣の気運がいかに上昇し、変容していったのかを見ようというのである。だが、寺社参詣史の実態を把握するだけでは意味がない。このような寺社参詣史上の変容をもたらす近世社会の特質は何かという問題意識を持つ必要があると考える。

第四節　本書の構成

第一章では、寺社と信者・檀家・参詣者との間を取り持つ役割を果たした御師の活動の実態と、それが共同体の宗教的環境に与えた影響の有無など、信仰の拡大と師檀関係の継続の実態を考察した。その際、宗教者の立場に固執することなく、信仰受容者との相互の関わり合いに充分配慮した。なぜならば、長年の宗教史の大勢を占めていた教団史・高僧史、さらには「仏教堕落論」を生み出す状況は払拭されたものの、いまだに寺社参詣史では、寺社側あるいは宗教者側による、上から見た宗教史に偏っているのが現状であり、信仰する側の視点に立つ研究が歴史学では皆無に等しいからである。本章では、江戸町人社会と最も密接な係わりをもった山岳宗教の一つである相模大山の大山御師を題材とした。分析方法は、大山御師の江戸における檀廻を、檀家帳・檀廻帳などの史料から具体的に復元した上で、すでに明らかになっている農村部における檀廻との比較分析を行った。その結果、流動性・個人性など都市社会が持つ特質を宗教史的立場から解明しつつ、都市社会における宗教・信仰の新規開拓、継続、消滅の実態を浮き彫りにすることができた。近世的寺社参詣が成立し、維持されていく過程において、御師の果たした役割は、現在共通認識されている以上に大きかったといえる。

第二章は、近世交通史または旅行史上欠かすことのできない史料である道中日記をもとに参詣と巡礼との違いについて考察した。道中日記が利用され始めたのは一九八〇年代半ば頃からであるが、そのほとんどが伊勢参宮と西国巡礼に偏り、いまだ研究の蓄積は薄い。まして関東の諸参詣地を対象とした道中日記分析は皆無である。そこで、相模大山参詣に関する旅日記を用いて、「近世の旅」をあらためて検討し直すことを試みた。ここでは大山参詣そのものの分析に主眼をおくのではなく、大山という一つの「場」に視点を落とし、そこに集った板東巡礼・伊勢参りなど諸参詣者の動向の分析を通じて、近世の寺社参詣史全体を捉え直すことを目的とした。そのなかで板東巡礼の頑固なまでに巡礼路を堅持して他の寺社参詣とは一線を画す姿などが浮かび上がった。

第三章では、文芸作品・地誌・道中記・道中案内記類などを素材として参詣者意識・現世利益の変容過程の分析を行った。関八州の外縁部に勃興した山岳信仰の聖地、なかでも相模大山は元来関東一円の農民・漁民から祈雨・止雨の祈願で知られ、元禄期から江戸庶民の参詣対象となった。本章では、その契機が開運守護にあることを突き止め、その後転じて商売繁盛、火除などの諸災厄除などの現世利益を請け負うようになった歴史的変遷を明らかにした。また一年の中で盆に最も参詣者が多いことから、大山に対する山中他界観・祖霊観が認められ、盆供養の一つの方法としていたことが容易に推測される。本章は、直接史料から参詣行動や参詣意識を読みとることが困難である庶民参詣層について、歴史史料でどこまで明らかにできるか試みたものである。

第四章は、相模大山と江ノ島・藤沢宿という概説的段階で相互関係性を指摘される二カ所を事例に、両所を訪れる参詣者の行動形態を歴史学的に分析したものである。藤沢宿周辺地域において大山参詣者をめぐって生じた争論を扱いつつ、十七世紀後半より十九世紀中期までの相模国における大山参詣者の参詣動向の変容を追った。かかる復元を基底として、近世寺社参詣の大きな特色である「参詣地の複合化」は、明和・安永期以降盛んとなった現象であることが明らかとなった。したがって、いわゆる寺社参詣の大衆化は明和・安永期（文化史の時代区分では宝暦・天明期に該当）に動態化したものであるという説を提示している。

第五章では、江ノ島は、その多彩な魅力により、鬱積した日常から圧倒的に自己を解放することを約束する場であったことを確認した。元来霊場であった江ノ島は、近世初期から鎌倉参詣を行いつつ、文献に基づく知識を活かして独自に名所を発掘していた都市知識人層の行動範囲に包括されていた。彼ら「遊人」は、江ノ島でも近世以前の信仰的要素とは一線を画す風流的要素を次々と編みだした。さらに宝暦頃より相模大山参り、伊勢参りなど多彩な参詣者が群集するに伴い、庶民参詣者層にまでも、こうした「風流」が敷衍され享受された。こうして江ノ島は、従来の聖地から脱却して一種の盛り場的様相を呈するまでに至った姿を描いた。

第六章では、鎌倉内における参詣行動を、都市知識人層と村落内上位層という二つの階層に分けて考察した。歴史的遺物が数多く残る鎌倉への関心の高まりを歴史意識の高揚と捉え、都市知識人層による鎌倉への異常なまでの興味を抽出した。その背景には、歴史書・軍記物からの直接的な知識受容による「考証主義」と、永遠なるもの、遠くかけ離れたものへの憧れ、古典・歴史の再評価による「懐古主義」があることを明らかにした。後者は、爆発的な経済発展を遂げつつも、各社会における支配階層が自己の身分の不安定性を抱え込んでいくという逆説的な元禄期以降の状況に連動した動きである。つまり本章は、道中日記から参詣行動の実態を把握することのみならず、そこから導き出された結論を、近世の情報・文化、歴史意識の問題と絡めて、近世史の中に位置付けようとしたものである。

第七章では、成田山新勝寺を例に寺社の宣伝活動の社会経済史的分析を行った。幕府の寺社助成政策の恩恵に浴することが叶わない寺社は、活発な宣伝がその最上の打開策であった。ところが新勝寺では、その代償として、近世後期には、出開帳による収入無くしてはたちまち赤字財政に陥らざるを得ないという矛盾を抱え込むことになった。換言すれば、かかる臨時収益依存の経済構造ゆえに、結果として新勝寺は数多の出開帳を行ったことを明らかにした。ただし、こうした近世の積極的な宣伝により、少なくとも十七世紀までは名も無き一地方寺院がわずか数十年で寺勢を高めることに成功したのであり、またこの姿勢は現在でも継承され、全国でも有数の寺院に君臨する原動力になっていることを指摘した。

第八章では、江戸近郊下北沢村の名所寺社北沢淡島社を例に、寺社側の意図と実際の信仰の拡大状況の分析を行った。また従来困難とされてきた御府内及びその周辺の寺社参詣史について、奉納者銘など多様な史料を駆使してその具体的歴史像を描き出そうとしたものであり、方法論としても新しい可能性を提示した。まず数量的分析によれば、都市社会に病気治癒に関わる現世利益が多い。火難除や盗難除など他の利益と比較すると、病気平癒には「如来夢想の目薬」や「夢想の灸点」など、神威を背景にした治療行為が寺社により施されていた実態が明らかとなった。十八世紀までは一般民衆は漠然と神仏に祈願するのみであったものが、十九世紀以降は、医療が日常生活に浸透したことにより、逆に治療では治すことの不可能な病気の種類を明確に認識させられることとなった。その結果、彼らは神仏に対して以前にも増して即効性のある実際的利益を希求したのである。本章で例証に利用した北沢淡島社は、上記のような医療と信仰が結託した十九世紀の時流に乗って「夢想の灸点」なる名灸により名所となった。しかし、こうした動向は元来淡島信仰に内在するものではなく、別当森巌寺の独自の経営戦略により生み出されたものであった。その結果、近隣村を含む世田谷地域よりもむしろ御府内に信仰圏が拡大していき、天保期頃には熱心な江戸講によりその信仰が支えられていた実態が判明した。

第九章では、寺社や御師の活動に着目し、その宣伝性の背景つまり寺社側の事情・意図などを考察した。近世の旅・寺社参詣の特徴として必ず複数カ所を廻る傾向があることが挙げられるが、富士山と大山の間に残る二つの伝承を吉田・須走・大山など、各所の御師による「集客戦略」という視点から分析した。この視点は、同様の伝承が残る善光寺と別所北向観音、善光寺と元善光寺、津嶋と伊勢、熊野と伊勢、多賀と伊勢、朝熊と伊勢といった「二カ所参詣」の相互規定性の問題にも通じるものであり、これらの宣伝拡大の役を帯びた津嶋御師、多賀御師、伊勢御師、熊野比丘尼などの戦略と、それを受容する近世民衆の姿が浮かび上がった。

終章第一節は、行動文化論再考のため、欧米、日本の文化人類学の主な先学をまとめ、その上で自論を提示した。西山松之助氏の行動文化論における「自己解放」を前提とし、青木保氏の現代巡礼論における聖俗論を摂取して、近世の寺社参詣が「身体的自己解放」と「精神的自己解放」の両輪により秩序化されている視点を示した。第二節は、本論のまとめと近世寺社参詣の大局的な位置づけを試みている。近世寺社参詣史の段階的把握と定説となっている文化史の時代区分（五期）との近似と、いわゆる寺社参詣の大衆化が宝暦・天明期以降の現象であること、そしてこうした大衆化するなかでも、書物を媒体とした現在と過去との対話の中で中世以来守られてきた文人層の旅の形態があることなどを指摘した。

（1）加藤咄堂『民間信仰史』（丙午出版社、一九二五年）。
（2）堀一郎『民間信仰』（〈岩波全書一五一〉、岩波書店、一九五一年）。
（3）堀一郎『我が国民間信仰史の研究』一・二（創元社、一九五三・一九五五年）。
（4）桜井徳太郎『日本民間信仰論』（雄山閣、一九五八年、のちに増訂版、弘文堂、一九七〇年）。同『民間信仰』（〈塙新書五六〉、塙書房、一九六六年）。同『神仏交渉史研究――民俗における文化接触の問題――』（吉川弘文館、一九六八年）。
（5）五来重『高野聖』（〈角川新書一九九〉、角川書店、一九六五年）。同『熊野詣――三山信仰と文化――』（淡交新社、一九六七年）。
（6）池上廣正「民間信仰」（『現代宗教講座』五『日本人の宗教生活』、創文社、一九五四年、のちに同著・池上廣正先生著作刊行会編『宗教民俗学の研究』、名著出版、一九九一年に収録）。
（7）和歌森太郎『修験道史研究』（河出書房、一九四三年）。
（8）戸川安章『出羽三山修験道の研究』（佼成出版社、一九七三年）。
（9）宮家準『修験道儀礼の研究』（春秋社、一九七一年）。同『修験道思想の研究』（春秋社、一九八五年）。同『修験道組織の研究』（春秋社、一九九九年）。同『山伏――その行動と組織――』（〈日本人の行動と思想二九〉、評論社、一九七三年）。
（10）宮本袈裟雄『里修験の研究』（吉川弘文館、一九八四年）。同『天狗と修験者――山岳信仰とその周辺――』（人文書院、一九八九年）。豊島修『熊野信仰と修験道』（名著出版、一九九〇年）。鈴木正崇『山と神と人――山岳信仰と修験道の世界――』（〈日本文化のこころ　その内と外〉、淡交社、一九九一年）。永松敦『狩猟民俗と修験道』（白水社、一九九三年）。由谷裕哉『白山・石動修験の宗教民俗学的研究』（岩田書院、一九九四年）。新城美恵子『本山派修験と熊野先達』（岩田書院、一九九九年）。菅豊『修験がつくる民俗史――鮭をめぐる儀礼と信仰――』（〈日本歴史民俗叢書〉、吉川弘文館、二〇〇〇年）。神田より子『神子と修験の宗教民俗学的研究』（岩田書院、二〇〇一年）。鈴木昭英『修験教団の形成と展開』『霊山曼荼羅と修験巫俗』『越後・佐渡の山岳修験』（〈修験道歴史民俗論集全三巻〉、法藏館、二〇〇三〜二〇〇四年）。
（11）村山修一『本地垂迹』（〈日本歴史叢書　日本歴史学会編三三〉、吉川弘文館、一九七四年）。同『習合思想史論考』（塙書房、一九八七年）。同『日本陰陽道史総説』（塙書房、一九八一年）。

(12) 窪徳忠『庚申信仰の研究　年譜篇』（東京大学東洋文化研究所、一九六二年）。同『庚申信仰の研究　島嶼篇』（東京大学東洋文化研究所、一九六九年）。同『庚申信仰の研究――日本宗教文化交渉史――』（日本学術振興会、一九六一年）。同『沖縄の習俗と信仰――中国との比較研究――』（東京大学出版会、一九七一年）。同『道教の神々』（平河出版社、一九八六年）。

(13) 宮家準『宗教民俗学』（東京大学出版会、一九八九年）など。他に文庫・新書類で多数刊行されている。

(14) 桜井徳太郎『講集団成立過程の研究』（吉川弘文館、一九六二年）。

(15) 竹内利美「講集団の組織形態」（『民俗学研究』八―三、一九四三年）。

(16) 三浦周行『法制史の研究』（岩波書店、一九一九年）。

(17) 中田薫『法制史論集』三『債権法及雑書』（岩波書店、一九四三年）。

(18) 五来重監修『山岳宗教史研究叢書』（全一八巻、名著出版、一九七五～一九八四年）。

(19) 新城常三『社寺参詣の社会経済史的研究』（塙書房、一九六四年）。

(20) 田川郷土研究会編『英彦山』（田川郷土研究会、一九五八年）。斎藤典男『武州御嶽山史の研究』（〈日本史研究叢書五〉、隣人社、一九七〇年）。中野幡能編著『筑前国宝満山信仰史の研究』（名著出版、一九八〇年）。西海賢二『武州御嶽山信仰史の研究』（名著出版、一九八三年）。岩科小一郎『富士講の歴史――江戸庶民の山岳信仰――』（名著出版、一九八三年）。長野覚『英彦山修験道の歴史地理学的研究』（名著出版、一九八七年）。近藤喜博『金毘羅信仰研究』（塙書房、一九八七年）。生駒勘七『御嶽の信仰と登山の歴史』（第一法規出版、一九八八年）。その他横山晴夫氏による『三峯神社史料集』（三峯神社社務所、一九八四年～）、同氏校訂の三峯神社社務所『三峯神社日鑑』（続群書類従完成会、のち八木書店、二〇〇〇年）などの地道な成果も特筆される。

(21) 井野辺茂雄『富士の信仰』（〈富士の研究三〉、古今書院、一九二八年）。

(22) 宮本袈裟雄編「山岳宗教文献総目録」（桜井徳太郎編『山岳宗教と民間信仰の研究』〈山岳宗教史研究叢書六〉、名著出版、一九七六年）。

(23) 熱田神宮宮庁編『熱田神宮史料』（一九六六～二〇〇二年）。貫達人ほか編『鶴岡叢書』（鶴岡八幡宮社務所、一九七六～一九九一年）。横山晴夫編著『三峯神社史料集』（三峯神社社務所、一九八四年～）。三峯神社社務所編、

横山晴夫校訂『三峯神社日鑑』（続群書類従完成会、のち八木書店、二〇〇〇年）。梅津慶豊編『出羽三山史料集――月山・羽黒山・湯殿山――』（出羽三山神社社務所、一九九四〜二〇〇〇年）など、膨大な史料集が刊行されている。

(24) 西垣晴次『お伊勢まいり』（〈岩波新書黄二五二〉、岩波書店、一九八三年）。西岡和彦『近世出雲大社の基礎的研究』（大明堂、二〇〇二年）。神社史料研究会による共同研究の成果刊行（橋本政宣・山本信吉編『神主と神人の社会史』、思文閣出版、一九九八年。山本信吉・東四柳史明編『社寺造営の政治史』、思文閣出版、二〇〇〇年。薗田稔・福原敏男編『祭礼と芸能の文化史』、思文閣出版、二〇〇三年。棚町知彌・橋本政宣編『社家文事の地域史』、思文閣出版、二〇〇五年）や、大坂天満宮の共同研究（大阪天満宮史料室編『大阪天満宮史の研究』一・二、思文閣出版、一九九一年・一九九三年）が挙げられよう。

(25) 秋山典夫『近世日光山史の研究』（名著出版、一九八二年）。

(26) 宮地直一『熊野三山の史的研究』（国民信仰研究所、一九五四年、のちに理想社、一九五六年にも刊行）。

(27) 西海賢二『石鎚山と修験道』（名著出版、一九八四年）。同『石鎚山と瀬戸内の宗教文化』（岩田書院、一九九七年）。

(28) 広渡正利『英彦山信仰史の研究』（文献出版、一九九四年）。

(29) 岩鼻通明『出羽三山信仰の歴史地理学的研究』（名著出版、一九九二年）。同『出羽三山の文化と民俗』（岩田書院、一九九六年）。同『出羽三山信仰の圏構造』（岩田書院、二〇〇三年）。

(30) 菅原壽清『木曾御嶽信仰――宗教人類学的研究――』（岩田書院、二〇〇二年）。

(31) 福江充『近世立山信仰の展開』（〈近世史研究叢書七〉、岩田書院、二〇〇二年）。

(32) 村上直編『近世高尾山史の研究』（名著出版、一九九八年）。この中に収録された論考の中で、本論の関心に近いものとして特に外山徹「高尾山信仰の興隆期と薬王院の動向」をあげておく。

(33) 望月真澄『近世日蓮宗の祖師信仰と守護神信仰』（平楽寺書店、二〇〇二年）。

(34) 佐藤栄一「地域社会における山岳信仰の諸相――西国の富士信仰受容の形態を通じて――」（桜井徳太郎監修『民俗宗教』二『タタリと民俗社会』、東京堂出版、一九八九年）。

(35) 根井浄『修験道とキリシタン』（〈民俗宗教シリーズ〉、東京堂出版、一九八八年）。

(36) 根井浄『補陀落渡海史』(法藏館、二〇〇一年)。
(37) 久田松和則『伊勢御師と旦那――伊勢信仰の開拓者たち――』(弘文堂、二〇〇四年)。
(38) 青柳周一『富嶽旅百景――観光地域史の試み――』(〈角川叢書二一〉、角川書店、二〇〇二年)。
(39) 青柳周一「近世後期の絵図・地誌作成と「旅行文化」――近江の旅行史関係史料から――」(『民衆史研究』六七、二〇〇四年)。
(40) 廣本祥己「下野国那須岳白湯山信仰に関する近世の争論について」(『地方史研究』三〇三、二〇〇三年)。
(41) バレーン・スミス編、三村浩史監訳『観光・リゾート開発の人類学――ホスト&ゲスト論でみる地域文化の対応――』(頸草書房、一九九一年(原典一九八九年))。
(42) 辻善之助『日本佛教史』第十巻近世篇之四(岩波書店、一九五四年)四〇六頁。
(43) 同右、四九三~四九四頁。
(44) 同右、四九七頁。
(45) 同右、四〇六頁。
(46) 笠原一男『真宗教団開展史』(〈畝傍史学叢書〉、畝傍書房、一九四二年)。
(47) 笠原一男『一向一揆の研究』(山川出版社、一九六二年)。
(48) 笠原一男『女人往生思想の系譜』(〈日本宗教史研究叢書〉、吉川弘文館、一九七五年)。
(49) 柏原祐泉『日本近世近代仏教史の研究』(平楽寺書店、一九六九年)。同『真宗史仏教史の研究』II〈近世篇〉、(平楽寺書店、一九九六年)。
(50) 千葉乗隆『真宗教団の組織と制度』(同朋舎、一九七八年)。同『中部山村社会の真宗』(吉川弘文館、一九七一年)。
(51) 森岡清美『真宗教団と「家」制度』(創文社、一九六二年)。同『真宗教団における家の構造』(〈社会学叢書六〉、御茶の水書房、一九七八年)。
(52) 児玉識『近世真宗の展開過程――西日本を中心として――』(〈日本宗教史研究叢書〉、吉川弘文館、一九七六年)。
(53) 奈倉哲三『真宗信仰の思想史的研究――越後蒲原門徒の行動と足跡――』(〈歴史科学叢書〉、校倉書房、一九九〇年)。
(54) 引野亨輔「近世真宗における神道批判の論理――対神道論争書の分析を中心に――」(『史学研究』二二六、一九九九年）。同「近世真宗における神祇不拝の実態――真宗地帯安芸を事例として――」（『地方史研究』二九一、二〇〇一年）。同「真宗談義本の近世的展開」（『日本歴史』六三五、二〇〇一年）。同「近世真宗本末制度再考――安芸国における二つの本末関係を事例に――」（『史学研究』二三四、二〇〇一年）。同「他宗門徒からみた『真宗地帯』安芸」（『芸備地方史研究』二二九、二〇〇二年）。同「近世後期の神道講談と庶民教化」（『日本宗教文化史研究』六―二、二〇〇二年）、同「近世後期の疑文書と地域神職」（『社寺史料研究』五、二〇〇三年）。同「近世真宗門徒の日常と神祇信仰――安芸国山県郡を事例として――」（『民衆史研究』六五、二〇〇三年）。

(55) 大桑斉『日本近世の思想と仏教』（法藏館、一九八九年）。

(56) 注(5)五来『高野聖』。

(57) 伊藤唯真『聖仏教史の研究』上・下〈伊藤唯真著作集一・二〉、法藏館、一九九五年）。

(58) 長谷川匡俊『近世念仏者集団の行動と思想――浄土宗の場合――』（〈日本人の行動と思想四五〉、評論社、一九八〇年）。同『近世浄土宗の信仰と教化』（溪水社、一九八八年）。同『近世の念仏聖無能と民衆』（吉川弘文館、二〇〇三年）。

(59) 西海賢二『漂泊の聖たち――箱根周辺の木食僧――』（岩田書院、一九九五年）。同『近世遊行聖の研究――木食観正を中心として――』（三一書房、一九八四年）。

(60) 喜田貞吉「賤民概説」（『日本風俗史講座』五、雄山閣出版、一九二九年、のちに『喜田貞吉著作集』一〇『部落問題と社会史』、平凡社、一九八二年）。

(61) 柳田國男「俗聖沿革史」（『中央佛教』五―一～五、一九二一年、のちに同『定本柳田國男集』二七、筑摩書房、一九六九年）。

(62) 注(3)堀『我が国民間信仰史の研究』二。

(63) 細川涼一編『三昧聖の研究』（碩文社、二〇〇一年）。

(64) 圭室文雄『江戸幕府の宗教統制』（〈日本人の行動と思想一六〉、評論社、一九七一年）。

(65) 圭室文雄・宮田登『庶民信仰の幻想』（〈江戸シリーズ六〉、毎日新聞社、一九七七年）。

(66) 圭室文雄『日本仏教史　近世』（吉川弘文館、一九八七年）。同編著『大山信仰』（〈民衆宗教史叢書二二〉、雄山閣出版、一九九二年）。

(67) 辻善之助『日本佛教史』第九巻近世篇之三（岩波書店、一九五四年）。
(68) 竹田聴洲『祖先崇拝――民俗と歴史――』（〈サーラ叢書八〉、平楽寺書店、一九五七年）。同「近世社会と仏教」（『岩波講座日本歴史』九　近世一、一九七五年）。同『日本人の「家」と宗教』（〈日本人の行動と思想二七〉、評論社、一九七六年）。
(69) 大桑斉『寺檀の思想』（〈教育社歴史新書　日本史一七七〉、教育社、一九七九年）。注(55)『日本近世の思想と仏教』二六七〜二六八頁。
(70) 朴澤直秀「幕藩権力と寺檀関係――一家一寺制をめぐって――」（『史学雑誌』一一〇―四、二〇〇一年、のちに同『幕藩権力と寺檀制度』、吉川弘文館、二〇〇四年に収録）。
(71) 朴澤直秀「近世中後期における在地寺院の運営をめぐって――関東・新義真言宗を中心に――」（『史学雑誌』一〇六―八、一九九七年、のちに注70『幕藩権力と寺檀制度』に収録）。
(72) 朴澤直秀「寺元慣行をめぐって」（『国立歴史民俗博物館研究報告』一一二、二〇〇四年）。
(73) 朴澤直秀「近世安房国における真義真言宗の寺院組織」（『千葉県史研究』八、二〇〇〇年）、同「近世安房国における新義真言宗の僧侶集団」（『千葉県史研究』九　別冊近世特集号「房総の身分的周縁」、二〇〇一年）（両稿ともにのちに注70『幕藩権力と寺檀制度』に収録）。
(74) 有賀喜左衛門『村落生活――村の生活組織――』（国立書院、一九四八年、のちに同『有賀喜左衛門著作集』Ｖ『村の生活組織』、未来社、一九六八年に収録）。同「先祖と氏神」（『民族学研究』三二―三、一九六七年、のちに同『有賀喜左衛門著作集』Ⅶ『社会史の諸問題』、未来社、一九六九年に収録）。
(75) 原田敏明『宗教と社会』（東海大学出版会、一九七二年）。
(76) 米地実『村落祭祀と国家統制』（御茶の水書房、一九七七年）。
(77) 高埜利彦「幕藩制国家と本末体制」（『歴史学研究』別冊、一九七九年、のちに同『近世日本の国家権力と宗教』、東京大学出版会、一九八九年に収録）。
(78) 高埜利彦「江戸幕府と寺社」（『講座日本歴史』五、東京大学出版会、一九八五年、のちに注77『近世日本の国家権力と宗教』に収録）。
(79) 注(77)高埜「幕藩制国家の本末体制」。

(80) 田中秀和「近世の領国地域における藩制と宗教」(『歴史学研究』六七七、一九九五年、のちに同『幕末維新期における宗教と地域社会』、清文堂出版、一九九七年に収録)。
(81) 藤田定興『寺社組織の統制と展開』(名著出版、一九九二年)。同『近世修験道の地域的展開』(〈日本宗教民俗学叢書三〉、岩田書院、一九九六年)。
(82) 土岐昌訓「白川・吉田の神職支配――近世に於ける武蔵・相模の両国を中心に――」(『国学院雑誌』八〇―三、一九七九年、のちに同『神社史の研究』、桜楓社、一九九一年に収録)。
(83) 間瀬久美子「幕藩制国家における神社争論と朝幕関係――吉田・白川争論を中心に――」(『日本史研究』二七七、一九八五年)。
(84) 井上智勝「近世本所の成立と展開――神祇管領長上吉田家を中心に――」(『日本史研究』四八七、二〇〇三年)。のちに注77『近世日本の国家権力と宗教』に収録)。
(85) 木場明志「近世土御門家の陰陽師支配と配下陰陽師」(『大谷学報』六二―三、一九八二年)。
(86) 高埜利彦「近世陰陽道の編成と組織」(尾藤正英還暦記念会編『日本近世史論叢』下、吉川弘文館、一九八四年、のちに注82『神社史の研究』に収録)。
(87) 梅田千尋「陰陽道本所土御門家の組織展開――近世本所支配の諸相――」(『日本史研究』四八七、二〇〇三年)。
(88) 土岐昌訓「近世の神職組織――武蔵国の事例――」(『国学院大学日本文化研究所紀要』一二、一九六三年、のちに注82『神社史の研究』に収録)。
(89) 井上智勝「地域社会における吉田神道の受容――宗源宣旨の授受を中心に――」(『日本史研究』四一六、一九九七年)。この論考の前段階として、同「寛政期における氏神・流行神と朝廷権威――大坂の氏神社における主祭神変化の理由――」(『日本史研究』三六五、一九九三年)もある。同『近世の神社と朝廷権威』(吉川弘文館、二〇〇七年)。
(90) 西田かほる「近世的神社支配体制と社家の確立について――甲州国中地域を事例として――」(『地方史研究』二五一、一九九四年)。同「兼帯社支配にみる神子と氏子――甲州国仲地域を事例に――」(『歴史評論』六二九、二〇〇二年)、同「近世後期における社家の活動と言説――甲州国中・菅田神社文書を素材として――」(『史学雑誌』一〇六―九、一九九七年)。その他同「近世における地域大社の実態について――甲斐国八代郡御崎明神を中心に――」(『山梨県史研究』一一、二〇〇三年)。また近年では芸能的宗教者への論考も多い。ここでは同「神子」

(『民間に生きる宗教者』、〈シリーズ近世の身分的周縁一〉、吉川弘文館、二〇〇〇年)、同「近世在地社会における芸能的宗教者」(『歴史評論』六二九、二〇〇二年)、同「近世の身分集団―信濃国における芸能的宗教者―」(高埜利彦編『日本の時代史一五 元禄の社会と文化』、吉川弘文館、二〇〇三年)を挙げておく。

(91) 小野将「幕末期の在地神職集団と「草奔隊」運動」(久留島浩・吉田伸之編『近世の社会集団』、山川出版社、一九九五年)。

(92) 引野亨輔「近世中後期における地域神職編成―「真宗地帯」安芸を事例として―」(『史学雑誌』一一一―一一、二〇〇二年)。

(93) 菅野洋介「社家組織の近世的確立について―奥州伊達郡を事例として―」(『駒沢大学史学論集』三〇、二〇〇〇年)。同「近世の宗教者編成と地域社会―奥州伊達郡を事例として―」(『福島史学研究』七四、二〇〇一年)。同「羽山先達の編成と社家・修験・村―奥州伊達郡を事例として―」(『駒沢史学』五八、二〇〇二年)。菅野はその後、武蔵国比企郡、秩父地方における事例研究も行っている(同「近世の僧侶・修験と村社会―武州鎌形村を事例に―」、『駒沢大学史学論集』三二、二〇〇二年。同「役行者の顕彰と本山派修験―十八世紀における武州山間地域を中心として―」、『埼玉地方史』五二、二〇〇三年)。

(94) 靱矢嘉史「近世の有力名主と吉田家―武蔵国一宮氷川神社神主を事例に―」(『早実研究紀要』三六、二〇〇二年)。同「近世神主の江戸城年頭独礼―大宮氷川神社・府中六所宮を事例に―」(『早実研究紀要』三七、二〇〇三年)。同「幕末維新期における神主の「支配」認識―「寺社奉行直支配」意識に着目して―」(『早稲田大学大学院文学研究科紀要』四九―四、二〇〇四年)。同「近世神主と幕府権威―寺社奉行所席次向上活動を例に―」(『歴史学研究』八〇三、二〇〇五年)。

(95) 有元正雄『宗教社会史の構想―真宗門徒の信仰と生活―』(〈歴史文化ライブラリー三〇〉、吉川弘文館、一九九七年)。同『近世日本の宗教社会史』(吉川弘文館、二〇〇二年)。

(96) 澤博勝「近世中後期の村・地域社会と仏教―河内国富田林村周辺を素材に―」(『仏教史学研究』三六―一、一九九三年、のちに改稿・改題のうえ同著『近世の宗教組織と地域社会―教団信仰と民間信仰―』、吉川弘文館、一九九九年に収録)。

(97) 澤博勝「宗教から地域社会を読み得るか―分野史から全体史へ―」(『歴史評論』六二九、二〇〇二年)。

(98) 斎藤悦正「百姓一揆にみる寺院と地域――天保十一年三方領地替反対一揆を例として――」(『民衆史研究』六四、二〇〇二年)。
(99) 佐藤孝之「近世の村と『入寺』慣行――武州の事例を中心に――」(『郷土志木』二三、一九九四年)。同「近世の村と『入寺』『欠入』――駿遠豆の事例から――」(『地方史静岡』二三、一九九五年)。同「「入寺」慣行と村の寺院」(『大間々町誌』別巻六特論編、二〇〇〇年)。同「「入寺」慣行からみた村と寺院――下野・常陸・下総の事例から――」(『栃木史学』一五、二〇〇一年)。同「上州村々にみる出火と「火元入寺」」(『群馬歴史民俗』二二、二〇〇一年)。同「奥羽における「入寺」慣行」(『郷土志木』三〇、二〇〇一年)。同「甲州における「入寺」慣行と村社会」(竹内誠編『徳川幕府と巨大都市江戸』、東京堂出版、二〇〇三年)。同『駆込寺と村社会』(吉川弘文館、二〇〇六年)。
(100) 平泉澄『中世に於ける社寺と社会との関係』(〈国史研究叢書二〉、至文堂、一九二六年)。
(101) 網野善彦『無縁・公界・楽――日本中世の自由と平和――』(〈平凡社選書五八〉、平凡社、一九七八年、増補版、一九八七年)。
(102) 高木侃『縁切寺満徳寺の研究』(成文堂、一九九〇年)。
(103) 吉田正高「都市化する江戸隣接村における施設としての鎮守維持――江戸名所の視点から――」(『比較都市史研究』一八―二、一九九九年)。同「開帳にみる江戸の鎮守と地域住民――角筈村鎮守熊野十二社を例に――」(『早稲田大学大学院文学研究科紀要』四五―四、二〇〇〇年)。「江戸近郊の鎮守祭礼と地域住民――祭礼行事の都市化と問題点――」(『民衆史研究』六四、二〇〇二年)。
(104) 吉田正高「江戸都市民の大名屋敷内鎮守への参詣行動――太郎稲荷の流行を中心に――」(『地方史研究』二八四、二〇〇〇年)。
(105) 吉田正高「江戸・東京における町内鎮守管理者としての修験と地域住民――就任、相続、退身の実態を中心に――」(『関東近世史研究』五四、二〇〇三年)。
(106) 注(96)澤『近世の宗教組織と地域社会』、二三二～二三四頁。
(107) 井上智勝「(書評) 澤博勝『近世の宗教組織と地域社会』」(『日本史研究』四五七、二〇〇〇年) 五一頁。
(108) 真栄平房昭「幕藩制国家の外交儀礼と琉球――東照宮儀礼を中心に――」(『歴史学研究』六二〇、一九九一年)。

倉地克直「東照宮祭礼について」（同『近世の民衆と支配思想』、〈ボランティア叢書四三〉、柏書房、一九九六年に収録）。

(109) 高藤晴俊「東照宮信仰の一考察――神遊幸の信仰と東照宮勧請を中心として――」（『国学院雑誌』八七―一一、一九八六年）。西村晃「広島東照宮の通り御祭礼について」（『広島県立文書館紀要』一、一九八九年）。高橋修「紀州東照宮の創建と和歌浦」（『紀州東照宮の歴史』、和歌山県立博物館、一九九〇年）。曾根原理「会津地域における東照宮信仰」（『神道古典研究所紀要』四、一九九八年、のちに同『徳川家康神格化への道――中世天台思想の展開――』、吉川弘文館、一九九六年に収録）。定兼学「岡山城下町の参集規制と東照宮祭礼」（『瀬戸内海地域史研究』第六輯、一九九七年、のちに同『近世の生活文化史――地域の諸問題――』、清文堂出版、一九九九年に収録）。

(110) 中野光浩「諸大名による東照宮勧請の歴史的考察」（『歴史学研究』七六〇、二〇〇二年）。この論考の前提となっている論文として、同「和歌山東照宮祭礼をめぐって」（『地方史研究』二五六、一九九五年）。同「仙台東照宮祭礼の歴史的特質について」（『地方史研究』二六一、一九九六年）。同「諸国東照宮の勧請と造営の政治史――長州藩と秋田藩を中心に――」（注24山本・東四柳編『社寺造営の政治史』）をあげることができる。

(111) 中野光浩「近世大坂社会における天満川崎東照宮の歴史的位置――幕府・別当寺・民衆・武家の動行を中心に――」（『歴史評論』五六九、一九九七年）。注(110)中野「諸大名による東照宮勧請の歴史的考察」。

(112) 久留島浩「近世における祭りの「周辺」」（『歴史評論』四三九、一九八六年）。同「祭礼の空間構造」（高橋康夫・吉田伸之編『日本都市史入門一　空間』、東京大学出版会、一九八九年に収録）。

(113) 高牧實『近世の都市と祭礼』（吉川弘文館、二〇〇〇年）。

(114) 渡辺康代「近世城下町における祭礼形態の変容――下野国那須郡烏山を事例として――」（『地理学評論』七二Ａ―七、一九九九年）。同「宇都宮明神の「付祭り」にみる宇都宮町人町の変容」（『歴史地理学』二〇八、二〇〇二年）。

(115) 宮田登「江戸町人の信仰」（西山松之助編『江戸町人の研究』二、吉川弘文館、一九七三年）。同『近世の流行神』（〈日本人の行動と思想一七〉、評論社、一九七二年、のちに一部増補して同『江戸のはやり神』、〈ちくま学芸文庫〉、筑摩書房、一九九三年）。同『江戸歳時記』（〈江戸選書五〉、吉川弘文館、一九八一年）。

(116) 西山松之助「江戸町名主斎藤月岑」（同編『江戸町人の研究』四、吉川弘文館、一九七五年）。

(117) 水江漣子「近世江戸の案内記」（西山松之助編『江戸町人の研究』三、吉川弘文館、一九七四年）。同『江戸市中形成史の研究』（弘文堂、一九七七年）。

(118) 鈴木章生『江戸の名所と都市文化』（吉川弘文館、二〇〇一年）。その他金子晃之「近世後期における江戸行楽地の地域的特色――『江戸名所図会』からみた行動文化――」（『歴史地理学』一七六、一九九五年）も記しておく。

(119) 例えば、谷口榮「かつしか江戸の景観――十方庵敬順と村尾正靖の見た川沿いの景観――」（『葛飾区郷土と天文の博物館研究紀要』九、二〇〇二年）など。

(120) 羽賀祥二『史蹟論――十九世紀日本の地域社会と歴史意識――』（名古屋大学出版会、一九九八年）。

(121) 比留間尚「江戸開帳年表」（注115西山編『江戸町人の研究』二）。

(122) 比留間尚「江戸の開帳」（注115西山編『江戸町人の研究』二）。

(123) 小倉博「近世成田不動の開帳について」（『成田山教育・文化福祉財団研究紀要』二、一九七〇年）。同「成田山新勝寺の江戸出開帳について」（『法談』四四、成田山新勝寺法談会、一九九九年）。

(124) 北村行遠『近世開帳の研究』（名著出版、一九八九年）。

(125) 湯浅隆「近世的開帳の成立と幕府のその政策意図について」（『史観』九〇、一九七五年）。同「江戸における近世的開帳の展開」（『史観』九九、一九七八年）。同「江戸における開帳場の構成――享和三年善光寺出開帳の事例を中心として――」（『国立歴史民俗博物館研究報告』一一、一九八六年）。同「江戸の開帳における十八世紀後半の変化」（『国立歴史民俗博物館研究報告』三三、一九九一年）。會田康範「近世の開帳に関する一考察――「高尾山薬王院文書」にみられる開帳記事を中心として――」（注32村上編『近世高尾山史の研究』）。

(126) 鈴木良明『近世仏教と勧化――募縁活動と地域社会の研究――』（〈近世史研究叢書一〉、岩田書院、一九九六年）。

(127) 滝口正哉「江戸における御免富の展開」（『立正史学』九二、二〇〇二年）。同「江戸庶民信仰の娯楽化――千社札をめぐって――」（『関東近世史研究』五四、二〇〇三年）。

(128) 吉田伸之「芸能と身分的周縁――乞胸・香具師を例として――」（『部落問題研究』一三二、一九九五年）。同「都市民衆世界の歴史的位相――江戸・浅草寺地域を例として――」（『歴史評論』五六三、一九九七年、のちに同著『巨大城下町江戸の分節構造』（山川出版社、二〇〇〇年）。

(129) 守屋毅『近世芸能興行史の研究』（弘文堂、一九八五年）。同『近世芸能文化史の研究』（弘文堂、一九九二年）。

(130) 竹下喜久男『近世地方芸能興行の研究』（清文堂出版、一九九七年）。守屋氏の研究が、主に三都の芸能市場に目を向けられていたのに対して、地方の芸能市場に着目したものである。地域の事例の掘り起こしが目的となっているため、地域史の域を脱しない印象が否めないが、宗教と不可分な芸能興行の一面を照らす具体的事例が多く盛り込まれている。

(131) 神田由築『近世の芸能興行と地域社会』(東京大学出版会、一九九九年)。

(132) 山近博義「近世後期の京都における社寺境内の興行地化」(『人文地理』四三―五、一九九一年)。

(133) 新城常三「遠隔行旅の問題」(『地方史研究』五八、一九六二年)。同「近世民衆の旅」(『地方史研究』六二・六三、一九六三年)。

(134) 山本光正「旅日記にみる近世の旅について」(『交通史研究』一三、一九八五年)。

(135) 小松芳郎「道中日記からみた伊勢への道のり」(『長野』八四―三、一九八四年)。同「道中記にみる伊勢参詣――近世後期から明治期を通して――」(『信濃』三八―一〇、一九八六年)。

(136) 桜井邦夫「近世における東北地方からの旅」(『駒沢史学』三四、一九八六年)。

(137) 小野寺淳「道中日記にみる伊勢参宮ルートの変遷――関東地方からの場合――」(『筑波大学人文地理学研究』一四、一九九〇年)。

(138) 岩鼻通明「道中記にみる出羽三山参詣の旅」(『歴史地理学』一三九、一九八七年、のちに注29岩鼻『出羽三山信仰の歴史地理学的研究』に収録)。高橋陽一「多様化する近世の旅――道中記にみる東北人の上方旅行――」(『歴史』九七、二〇〇一年)。

(139) ヴィクター・W・ターナー著、冨倉光雄訳『儀礼の過程』(思索社、一九七六年(原典一九六九年))。

(140) 山口昌男「王子の受難――王権論の一課題――」(古野清人教授古稀記念会編『現代諸民族の宗教と文化――社会人類学的研究――』、社会思想社、一九七二年)。

(141) 真野俊和「四国遍路への道　巡礼の思想」(『季刊　現代宗教』一―三、エヌエス出版会、一九七五年、のちに同『旅のなかの宗教――巡礼の民俗誌――』〈NHKブックス三六四〉、日本放送出版協会、一九八〇年に収録)。

(142) 星野英紀「比較巡礼論の試み――巡礼コミュニタス論と四国遍路――」(仏教民俗学会編『加藤章一先生古稀記念論文集　仏教と儀礼』、国書刊行会、一九七七年、のちに同『四国遍路の宗教学的研究――その構造と近現代の展開――』、法藏館、二〇〇一年に収録)。同「遠隔地参詣の類型的研究序説」(『密教学研究』八、一九七七年、のちに同著前掲書に収録)。
(143) 田中智彦「道中日記にみる畿内・近国からの社寺参詣」(『交通史研究』四九、二〇〇二年、二〇〇一年九月二十四日交通史研究会主催シンポジウム「東海道の交通――旅人の目で見た江戸時代の旅――」、於静岡県新居町町民センター、のちに同『聖地を巡る人と道』、岩田書院、二〇〇四年に収録)。
(144) 田中智彦「西国巡礼者の中山道利用」(『交通史研究』五二、二〇〇三年、二〇〇二年十月二十六日交通史研究会例会報告要旨)。
(145) 田中智彦「西国巡礼と四国遍路」(『日本の歴史』六九、朝日新聞社、二〇〇三年)。
(146) 田中智彦「道中日記にみる金毘羅参詣経路――東北・関東地方の事例――」(『日本宗教文化史研究』一―二、一九九七年、のちに注143『聖地を巡る人と道』に収録)。
(147) 田中智彦「近世末、大坂近在の参詣遊山地」(『山田安彦教授退官記念論文集　転換期に立つ地域の科学』、古今書院、一九九三年、のちに注143『聖地を巡る人と道』に収録)。
(148) 橋本俊哉「江戸後期の「お伊勢参り」の旅にみる行動特性――「参宮日記」の分析をもとに――」(『応用社会学研究』三七、一九九五年)。小野寺淳「東播磨における近世の伊勢参宮――明石市東二見を事例に――」(『交通史研究』三五、一九九五年)。兼本雄三「近世における伊勢信仰の展開――地域史と生活史の結合を目指して――」(『兵庫県社会科研究会研究紀要』四六、一九九九年)。岩鼻通明「旅の異空間――地理学と民俗学の間――」(『山形民俗』一四、二〇〇〇年)。また東三河から東西へ旅立った旅日記を分析した渡辺和敏「旅日記にみる近世東海道中間地帯からの旅立ち」(『交通史研究』五五、二〇〇四年)がある。
(149) 注(138)岩鼻「道中記にみる出羽三山参詣の旅」。
(150) 小田匡保「近世後期における大峰の入峰ルート――八経ケ岳付近の場合――」(『交通史研究』五五、二〇〇四年)。
(151) 渡辺和敏「東海道と秋葉街道」(田村貞雄監修『秋葉信仰』、〈民衆宗教史叢書三一〉、雄山閣、一九九八年)。
(152) 大和田公一「道中記類資料に見る近世箱根の遊覧について――温泉観光地箱根の認識――」(地方史研究協議会編『都市・近郊の信仰と遊山・観光――交流と変容――』、雄山閣出版、一九九九年)。
(153) 山本光正「旅日記にみる近世の旅について」(『交通史研究』一三、一九八五年)。同「諸国人にとっての江戸

——社寺参詣者を中心として——」（『国立歴史民俗博物館研究報告』一四、一九八七年）。
(154) 桜井邦夫「近世における東北地方からの旅」（『駒沢史学』三四、一九八六年）。
(155) 小野寺淳「伊勢参宮道中日記の分布」（『東洋史論』二、一九八一年）。
(156) 鈴木章生「近世後期における江戸名所めぐりの諸相」（『交通史研究』三五、一九九五年、のちに注118鈴木『江戸の名所と都市文化』に収録）。
(157) 内田九州男「観光のメッカ大阪（一）（二）」（『観光の大坂』四四一・四四二、一九八八年）。
(158) 田中智彦「葛井寺への道——巡礼案内記・道中記にみる堺・大坂——」（大阪府教育委員会『歴史の道調査報告書　第七集　舟の道・宗教の道』、一九九一年）。注(147)田中「近世末、大坂近在の参詣遊山地」。
(159) 北川央「幕末大坂市中巡り——名所旧跡と有名商店——」（大阪引札研究会編『大阪の引札・絵びら——江戸・明治のチラシ広告　南木コレクション——』、東方出版、一九九二年）。
(160) 山田浩之「近世大和の参詣文化——案内記・絵図・案内人を例として——」（『神道宗教』一四六、一九九二年）。
(161) 注(138)高橋「多様化する近世の旅」。
(162) 上杉和央「十七世紀の名所案内記にみえる大坂の名所観」（『地理学評論』七七—九、二〇〇四年）。
(163) 山近博義「近世奈良の都市図と案内記類——その概要および観光との関わり——」（『奈良女子大学地理学研究報告』V、一九九五年）。
(164) 前田淑「近世における筑前から日光への女旅——『二荒詣日記』と『東路日記』をてがかりに——」（『交通史研究』二七、一九九一年）。同『江戸時代女流文芸史——地方を中心に——』旅日記編〈笠間叢書三一一〉、笠間書院、一九九八年）。
(165) 柴桂子「近世女性の旅日記から——旅する女性たちの姿を追って——」（『交通史研究』二七、一九九一年）。同「近世女性の西国三十三所巡礼——巌佐由衛の『西国道の記』——」（『交通史研究』五五、二〇〇四年）。
(166) 深井甚三「関所破りと女旅」（『交通史研究』二七、一九九一年）。
(167) 柴桂子「旅日記から見た近世女性の一考察」（近世女性史研究会編『江戸時代の女性たち』、吉川弘文館、一九九〇年）。
(168) 注(146)田中「道中日記にみる金毘羅参詣経路」。

(169)　桜井邦夫「近世の道中日記にみる手荷物の一時預けと運搬」(『大田区立郷土博物館紀要』九、一九九八年)。
(170)　小野寺淳「道中日記にみる東海道の景観イメージ――関東地方農村部からの伊勢参宮――」(『交通史研究』四九、二〇〇二年、二〇〇一年九月二十四日交通史研究会主催シンポジウム「東海道の交通――旅人の目で見た江戸時代の旅――」、於静岡県新居町町民センター)。
(171)　注(19)新城『社寺参詣の社会経済史的研究』。
(172)　速水侑『観音信仰』(〈塙新書七二〉、塙書房、一九七〇年)。
(173)　前田卓『巡礼の社会学――西国巡礼・四国遍路――』(ミネルヴァ書房、一九七一年)。
(174)　注(141)真野『旅のなかの宗教』。
(175)　星野『巡礼――聖と俗の弁証法――』(講談社、一九八一年)。注(142)同『四国遍路の宗教学的研究』。
(176)　注(143)田中『聖地を巡る人と道』。
(177)　佐藤久光『遍路と巡礼の社会学』(人文書院、二〇〇四年)。
(178)　中山和久「巡礼と現代――関東三十六不動霊場を中心として――」(『日本民俗学』二一一、一九九七年)。
(179)　浅川泰宏「遍路道を外れた遍路――新しい巡礼空間モデルの構築に向けて――」(『日本民俗学』二二六、二〇〇一年)。
(180)　森正人「遍路道にみる宗教的意味の現代性――道をめぐるふたつの主体の活動を中心に――」(『人文地理』五三―二、二〇〇一年)。
(181)　注(143)田中『聖地を巡る人と道』。
(182)　長田功一・坂田正顕監修『現代に生きる四国遍路道――四国遍路の社会学的研究――』、日本図書センター、一九九八年)。長田功一・坂田正顕・関三雄編『現代の四国遍路――道の社会学の視点から――』(学文社、二〇〇三年)。
(183)　小嶋博巳編『西国巡礼三十三度行者の研究』(岩田書院、一九九三年)。
(184)　真野俊和編『講座　日本の巡礼』全三巻(雄山閣出版、一九九六年)。
(185)　巡礼研究会編『巡礼研究の可能性』(〈巡礼論集一〉、岩田書院、二〇〇〇年)。
(186)　宮田登「岩木山信仰――その信仰圏をめぐって――」(和歌森太郎編『津軽の民俗』、吉川弘文館、一九七〇年)。

(187)牧雅子「筑波山信仰の信仰圏」(『現代宗教二　特集山岳信仰』、春秋社、一九八〇年)。
(188)鈴木章生「相模大山の成立と展開――民衆参詣の動向と信仰圏をめぐって――」(『秦野市史研究』六、一九八六年、のちに注66圭室編『大山信仰』に収録)。
(189)小山隆秀「模擬山習俗からみた岩木山信仰――信仰圏の設定をめぐって――」(『日本民俗学』二〇三、一九九五年)。
(190)注(138)岩鼻「道中記にみる出羽三山参詣の旅」。岩鼻通明「戸隠信仰の地域的展開」(『山岳修験』一〇、一九九二年)。
(191)松井圭介「信仰者の分布パターンからみた笠間稲荷信仰圏の地域区分」(『地理学評論』六八A―六、一九九五年、のちに同『日本の宗教空間』、古今書院、二〇〇三年に収録)。
(192)金子直樹「岩木山信仰の空間構造――その信仰圏を中心にして――」(『人文地理』四九―四、一九九七年)。
(193)古田悦造「近世羽黒派修験の信仰圏について」(『日本地理学会予稿集』一六、一九七九年)。
(194)小田匡保「小豆島における写し霊場の成立」(『人文地理』三六―四、一九八四年)。
(195)廣本祥己「那須岳白湯山・高湯山信仰の分布について」(『歴史地理学』二一七、二〇〇四年)。
(196)阪野祐介「新潟県・八海山を対象とした山岳信仰の展開――大崎口崇敬者の分布を中心に――」(『歴史地理学』二一六、二〇〇三年)。
(197)筒井裕「山岳信仰の神社における講組織の形成――国幣中社大物忌神社を事例に――」(『歴史地理学』二一七、二〇〇四年)。
(198)三木一彦「秩父地方における三峰信仰の展開――木材生産との関連を中心に――」(『地理学評論』六九A―一二、一九九六年)。同「江戸における三峰信仰の展開とその社会的背景」(『人文地理』五三―一、二〇〇一年)。
(199)斎藤毅・古田悦造「「地の島」に関する空間認知とその変容――神奈川県江の島の場合――」(『人類科学』三九、一九八六年)。
(200)川合泰代「富士講からみた聖地富士山の風景――東京都二三区の富士塚の歴史的変容を通じて――」(『地理学評論』七四A―六、二〇〇一年)。
(201)川合氏がその方法論を明確にしたものとして、「「聖なる風景」の復原方法についての一試論――富士講と富士山を例として――」(『歴史地理学』二一七、二〇〇四年)がある。
(202) 松井圭介「民衆宗教にみる聖地の風景」(『地理』四八―一一、二〇〇三年)。
(203) 小田匡保「修験道教義における大峰」(『地理』四八―一一、二〇〇三年)。
(204) 大城直樹「村落景観の社会性――沖縄本島北部村落の祭祀施設の場合――」(『歴史地理学』一五九、一九九二年)。
(205) 今里悟之「村落の宗教景観要素と社会構造――滋賀県朽木村麻生を事例として――」(『人文地理』四七―五、一九九五年)。
(206) 松井圭介「福島市における祭礼空間の変容」(『地域調査報告』一九、一九九七年、のちに注191同『日本の宗教空間』に収録)。
(207) 島津俊之「奈良東山中「新西国三十三所」と村落間結合」(『歴史地理学』一五一、一九九〇年)。
(208) 森正人「遍路道にみる宗教的意味の現代性――道をめぐるふたつの主体の活動を中心に――」(『人文地理』五三―二、二〇〇一年)。同「近代における空間の編成と四国遍路の変容――両大戦間期を中心に――」(『人文地理』五四―六、二〇〇二年)。同『四国遍路の近現代――「モダン遍路」から「癒しの旅」まで――』(創元社、二〇〇五年)。
(209) 藤村健一「越前における真宗と村落社会――道場の変遷を中心に――」(『歴史地理学』二一七、二〇〇四年)。
(210) 注(19)新城『社寺参詣の社会経済史的研究』一頁。
(211) 柳田國男『日本の祭』(弘文堂書房、一九四二年、のちに同『柳田國男全集』一三〈ちくま文庫〉、筑摩書房、一九九九年)二五四頁。
(212) 同右、四〇七~四〇八、四二九頁。
(213) 注(19)新城『社寺参詣の社会経済史的研究』一頁。
(214) 島薗進「民俗宗教の構造的変動と新宗教――赤沢文治と石鎚講――」(『筑波大学哲学・思想学系論集』六、一九八〇年)八五頁。
(215) 同右、九九頁。

第一章　近世寺社参詣における御師の役割

第一節　宗教の社会的機能

近世の寺社参詣を支えたものは何か。一般に、荘園制の解体に起因する寺社の経済困窮と宣伝行為、生活水準の向上、交通制度の発達、出版文化の発展などがあげられている。[1]だが、都市知識人層や地方文人ならともかく、都市や村落における中下層民が、名所案内記や名所図会の類の書籍を手に取ることなど果たして可能だったのだろうか。生活水準や交通環境の向上だけで、恒常的に人を呼び寄せ、あるいは村落内に広汎に広がった参詣講を形成するだけの契機となったのだろうか。各々いまだ検討の余地が残されているように思われる。

そこで本節では、同じく近世の寺社参詣確立の重要な要因のひとつとされてきた御師の活動とその役割について論究していく。すなわち、寺社の代理人ともいえる「御師」と檀家という二つの重要な存在によって構築された師檀関係について、寺社参詣を支えたその組織的な機能について論じようとするものである。

宗教の社会的機能については、すでに述べたように、現在の歴史学においても取り上げられている。[2]また堀一郎氏、桜井徳太郎氏を本格的な端緒とする民間信仰研究、宗教民俗学などでも豊実である。[3]また宗教社会を科学することに一日の長がある宗教社会学にあってはその比ではない。(4)だが、かかる諸研究史を踏まえつつも、本章ではあえて寺社参詣を支えた存在としての御師を論ずる。

御師とは、熊野・伊勢に代表されるように、特定の寺社に属し、祈禱・宿泊・参詣の便宜をはかる者である。時代・寺社によって多少機能が異なるが、おおむね寺社へ参詣者を誘発し、檀那を維持する役目を果たしていた。近世には檀那が増加したものの信仰的絆は減退し、かつ参詣者の直接母胎は「講」であったとされる。(5)御師には、主に荘園を有する社寺の下級神官から出た者と、山岳宗教の修験が近世になり、野に下り御師職に転じた者とがいる。とはいえ、「御師」という存在を社会的機能以外から規定するのははなはだ困難な作業である。それでさえ、他にも信仰拡大の責務を負い、廻檀を行い、寺社を経済的に支えた宗教者としては、高野聖や熊野行者などが存在し、「聖」、「比丘尼」、「本願」、「願人」など名称も実に多種多様で、時代とともに概念も大分移り変わっている。本章で登場する「多賀御師」も、実際には「坊人」と呼ばれる下層の勧進僧であり、ここでは「御師」を広義に捉えていることを断っておく。

ところで、本論の主たる対象は相模大山である。相模大山は、関東一円のみならず陸奥から越後・甲斐・尾張まで檀家を有し、特に都市江戸の発展と共に隆盛を極めた山岳信仰である。相模大山の勢力拡大の背景には、御師と呼ばれる宗教的介在者による積極的な活動があったとされる。大山御師については、すでにいくつか先行研究がある。浅香幸雄氏は、通常年一回である檀廻（檀家宅を廻ること）が、年二〜四回と複数回（多度勤め）行われている相模原台地南部の川向八ケ村に注目し、恵まれない自然的条件と米作の不安定さから大山への帰依を深め、御師との強固なつながりをもったことを明らかにした。(6)堀一郎氏は、宗教本来のあり方から眺めると、宗教の伝播受容、すなわち宗教の対社会的機能の面が最も重要であり、宗教者と信仰受容者との相互の関わり合いを問題としなければならないとしたが、(7)この指摘を踏まえると、この浅香論文は、御師と檀家双方の背景考察を行った画期的な論文である。続いて、田中宣一氏が、大山御師の一つ、村山坊の下総国における檀廻について分析し、初穂が極めて組織化された手法で集金されていたことなど、檀廻の様相を詳細に分析した。(8) かくのごとく、農村における檀廻については具体的に分かりつつあるものの、都市における檀廻についてはほとんど研究がなされていないのが現状である。

第二節　江戸における檀廻

江戸の檀廻を論じる前に、農漁村における檀廻について触れておきたい。まず御師が檀家を廻る形態は、二通りあった。「直廻」と「置札」がそれである。読んで字のごとく、「直廻」は檀家一軒一軒訪問するものであり、「置札」はある特定の有力檀家に札を複数枚預け、手数料を渡して配札を依頼するものである。このうち、村では「置札」が圧倒的に多い。(9)「置札」の場合、田中宣一氏が分析した下総国の事例によれば、初穂の集金は以下の通りである。配札を依頼した家に、村内での初穂の取り集めと指定場所への届け方をも頼む。御師は次の村へと向かい、檀廻を続けることとなるが、その間村同志で自動的に集金していき、何段階かの過程を経て、最終的に、船橋の亀屋などの拠点に集約される。御師は檀廻の帰路そこへ立ち寄り、集められた初穂を回収するという手筈になっているわけである。(10) つまり、御師不在の集金システムが確立されていた。

ついで、本題の江戸檀廻であるが、本章では主に大山御師のうち村山坊の史料を使用していくため、特にふれない場合は村山坊であることを始めに断っておく。通常、村山坊では、都市江戸をどのように巡っていたのか。天保十一年（一八四〇）十月の「檀廻中手控」(11) をまとめると、以下の通りになる。

大山を出発すると、東海道に出、初日は保土ヶ谷泊で、二日目に江戸に入る。三日目は宿に逗留し、荷解きをし、日本橋周辺で必需品を購入して廻る。この際、世話人として甚左衛門町家主半兵衛店の宇之助と、糀町壱町目の相模屋源治郎右側湯屋の隣林蔵居所の二人があげられているが、この世話人二名がいかなる役割を果たしていたのかは定かではない。四日目（江戸檀廻初日）に、両掛に配り盆・帳面・雨具・小遣などを詰め、ようやく江戸市中の壇廻に出かけ、この日は日本橋周辺の檀廻となる。戻ると、初尾を調べ、翌日入用の札（半紙包、水引は二本ずつ）・山椒・はしを用意するなど、次の日の準備を行う。五日目（江戸檀廻二日目）の八丁堀あたり以降の檀廻は、次に掲げる通りである。

六日目　深川辺　　七日目　本所辺　　八日目　神田湯嶋辺　　九日目　下谷坂本辺

一〇日目　桐ヶ谷芝辺　　一一日目　染井小石川辺　　一二日目　四ッ谷赤坂辺　　一三日目　麻布辺

一三日目で都合一〇日間の江戸壇廻を終えると、早速一四日目以降は葛西檀廻（亀有・小岩など）に取りかかり、二〇日目にはいったん江戸へ戻っている。この時は、日本橋の世話人宅に立ち寄ったのか、余計な物は明荷に入れ、宿に預けている。

そしてまた二一日目以降は下総檀廻に出、二八日目には船橋亀屋に寄り、支度の後、荷物は亀屋に残して、今度は小金（現松戸市付近）檀廻に向かった。三六日目には再び江戸へ戻ったものの、すぐに上総檀廻に出かけている。ようやく四三日目に上総檀廻を終了すると、帰路船橋亀屋で昼食を取った後、江戸へ戻った。これで天保十一年（一八四〇）の江戸から武蔵東部（葛西領）・下総・上総に及ぶ檀廻が済んでいる。

檀廻においては、船橋の亀屋孫右衛門など特定の協力者がおり、荷物を預けていた。檀廻をはじめるに当たって、まず前年度の実績と照らし合わせる。こうして、預けていた荷物では足りない部分だけを仕入れることになる。江戸の場合は、日本橋の世話人宅を基点にして、一日がかりで日本橋周辺の諸店舗をまわっていた。

村山坊では、弘化四年（一八四七）の「江戸檀廻帳」[12]においても、この天保十一年（一八四〇）とほぼ同じ廻り方であるため、毎年およそ一定のコースをたどっていたものと考えられる。一見すると、農村の場合と同じく

講　名	講　元	世話人	戸数
米商仲買社中			184戸
理髪職講中			1407戸
車力講中			150戸
車力講中			512戸
芸者屋講中			463戸
足代講中			1700戸
敬慎講中			117戸
鈴講中			121戸
蠟燭講中			80戸
青山講中			350戸
わ組か組講中			
東京京橋神田永栄講中	京橋鎗屋町山田幾右エ門		
勢講中	本所区外手町柏木清太郎		
志んば		金沢熊次郎	29戸
神酒講		川林十次郎	122戸
丸銃講		箔屋町富岡半蔵	16戸
根津廓講		渡坂清吉	100戸
錦魚講		根津藍染町春日吉五郎	19戸
牛込馬場下町講中		八百音吉	30戸
麹町四や組中		佐藤次郎吉	40戸
		土屋勝次郎	48戸
			3戸
			8戸
谷中御供物講			
に組講中			
牛込縁日講			
大門通銅鉄講			
京橋釘店講			
深川木場講			
四ッ谷天龍寺門前講			
品川妙国寺両門前講			

載の「開導記」より作成。

表1　『開導記』における全江戸檀家

先導師	地　名
二階堂若満	日本橋区蠣壱町
同	日本橋区
同	日本橋区砥河岸
同	日本橋区四日市花河岸
同	日本橋区葭町、大坂町
同	日本橋区、京橋区、神田区
同	神田区向柳原、餌鳥町
同	小柳町
同	麹町区三番町
同	赤坂区青山北町
和田周次郎	
三村深雪	東京京橋神田
同	
吉川帆澄	
同	日本橋十八ヶ町
同	
同	根津
同	
同	牛込馬場下町
同	麹町四ッ谷
同	内藤新宿上町
相原武夫	日本橋区本材木町二丁目、三丁目
同	京橋区南伝馬町三丁目
太田菊麿	京橋区木挽町
同	京橋区南八丁堀
同	新橋区滝山町
同	新橋区惣十郎町
同	新橋区山王町
同	深川区清澄町
尾崎一江	谷中
同	
同	牛込
同	大門
同	京橋
同	深川木場
同	四ッ谷
同	品川

注1）大山阿夫利神社編『相模大山街道』(1987年)掲
注2）先導師(御師)の順番は史料上順。

システム化され、毎年定額の初穂が見込めそうである。ところが、檀廻帳には「行方知れず」「本年はなし」「○年断(13)」といった記述が多数散見される。このことから、檀家側が初穂の値段や支払いの有無さえも自由に決定し、また御師は檀家の無断引越等により行方がつかめないことがあるなど、師檀関係のもろさが浮き彫りになる。

かかる江戸における師檀関係の薄弱さについては、明治初年に編纂された「開導記」からもうかがうことができる。「開導記」とは、明治初めに御師の全檀家を書き出させて、檀家の範囲・数を把握しようとしたものである。表1はこの「開導記」に掲載される限りの全江戸檀家を示したものである。農村では、○郡○村では○戸というように、村ごとに壇家戸数を記載する形式をとるが、江戸ではまったく異なり、皆講単位で書き出されている。つまり個人壇家はまったく書き上げられていない。これは江戸檀家に限って明らかに不備があるといわざるをえない。江戸檀家帳の類では、「行方しれず」「跡方ナシ」との記載がある例も多く、特に個人檀家については、御師との関係が希薄で、檀家を充分に把握しきれていなかったのではないかと考えられる。これは都市は人の移動が農村よりも激しいことが要因であろう。

その後「開導記」の再編集に際して、明治十六年（一八八三）に各御師から持場書上が差し出された。このうち内海浦治が提出した「受持場書抜」[14]では、全地域の全檀家をずらっと書き上げられた最後に、江戸檀家が記されている。そこでは、

外ニ　東京御神酒講　浅草
同　繁栄講
同　御神酒講　深川
同　御神酒講　浜町
町々

と四つの講名が記されたのみで、あとは「町々」と極めて曖昧な表現で済まされている。他に、高尾家・村山家の二家の書上も残るが、高尾家の書上[15]には、江戸檀家を廻っていたことを示す史料も複数残っているにもかかわらず、東京市内の檀家は記されてはいない。また村山家の書上[16]には、白金猿町、浅草猿若町、石工による三カ所の檀家が記されるのみである。村山坊は、弘化四年（一八四七）時点で、二九一名ほどの江戸檀家を抱えていたのであるから[17]、いくら神仏分離や廃仏毀釈により甚大な影響を蒙ったにしても、これが三カ所の檀家を持つだけまでに減ってしまったことも不自然な現象である。

この「開導記」における明白な不備は、御師をも巻き込んだ山内における権力闘争と体制の弱体化、そして御師の檀廻の退化により誘引されたものである。いわば檀家の信仰心がふるいにかけられる状態に陥ったのである。

御師にとってみれば、江戸講として存在していれば把握できるが、個人レヴェルではどこまでが檀家であるか否か判別がつかない状況であった。結果として、「開導記」編集・再編集の際、いまだ師檀関係が強固に維持されている数講以外は把握が困難で、不完全なものとなってしまったのである。その要因として次のようなことが考えられる。江戸町方人口の約七割以上は店借層のため[18]、大多数の都市下層民は江戸の町政には参加できず、支配編成も不十分で、御師が江戸町民に容易に近付くことができた[19]。その反面、毎年こまかに廻ってみなければ檀家として継続（初穂の有無）しているか、あるいは実際そこに住んでいるかさえも分からないという不安定要素を含んでいたのである。

この江戸檀廻における収入はどの程度のものであったのかということであるが、弘化二年（一八四五）十一月の「諸手控」（村山坊）[20]によれば、江戸・下総・上総の檀廻による支出金八両一八九文（金三両一分と三二貫五四一文）に対して、収入は金一一両三三九文（金一両三分二朱と六〇貫五六三文白米二升余）であり、三両一五〇文の黒字であった。収入のうち二〇貫六四四文が江戸の収入であり、この弘化二年（一八四五）の檀家廻りにおいておよそ三割程度である。

次に夏季祭礼中の坊入における収支であるが、天保二年（一八三一）の坊入[21]では、収入六〇両一分一朱一七七文に対して、支出は五八両二分一朱三六七文であり、差引一両二分三朱二二五文の黒字であった。つまり、御師の経営収益の両輪ともいえる檀廻と坊入による収入は、三両余と一両余で、いずれも薄利であったと結論づけることができよう。

同じ史料[22]をもとに、夏山祭礼中の坊入者の居住地を示すと、次の表2のようになる。まず指摘できるのは、北関東からの参詣者がいないことである。もちろんこれには御師・宿坊ごとの檀那場のかたよりという要因も考えられる。だが、村山坊以外の宿坊に目を向けても、北関東への配札・檀廻を示す史料は少ない。したがって、大

表2　天保2年(1831)夏山祭礼中における居住地別坊入者数

	坊入者数	全体比率
江戸	181人	21.80%
相模	78人	9.40%
武蔵西部	41人	4.90%
葛西領	113人	13.60%
上総	58人	7.00%
下総	360人	43.20%
その他	1人	0.10%
計	832人	100%

注）「天保二年六月　御祭礼中諸収納控帳」より作成。

山全体としても、檀廻や参詣が寡少なものであったことを物語っている。

　そのため、通常は南関東への配札（檀廻）と南関東からの参詣（坊入）で収支が賄われていたといえよう。天保十一年（一八四〇）と弘化四年（一八四七）の両檀廻りは、夏山祭礼中に坊入をした檀家の実に八五・六％を廻っていることになり、江戸・葛西領・下総・上総への檀廻は夏山季の「坊入り」を考えると、極めて重要な地域であった。この大旦那場ともいえる地域を廻りながらも、その黒字はわずか一両余であったのである。

　御師にとって、檀廻と坊入における収入はいずれも決して大きな黒字を期待できるものではなく、あくまでも毎年必ず廻ることによって最低限の経営維持が可能な程度であった。農漁村においては、初穂の集金体制の確立によって、毎年の収入がほぼ一定度見込める。しかるに、江戸においては檀家の入れ替わりも激しく、年によってかなり変動があったものと考えられる。それゆえ、全体の黒字が薄利であればあるほど、江戸における配札の重要度は増すのである。江戸檀廻の成功の有無は御師にとって死活問題であったといっても過言ではない。

第三節　御師側の檀家認識

　江戸檀廻においては、檀家ごとの格付けが存在しており、それは土産物、札の種類などに如実に表れている。例えば、村山八太夫(23)・高尾左仲(24)の両家では、○や△の記号で区別しており、神崎半太夫家(25)はイ・セ・ムの記号で区別している。ただ、これは必ずしも固定された評価ではなく、あくまでも次回の檀廻時の仕入れの目安程度のものであったと考えられる。このことは、本来○の檀家に「当亥年△」と加筆されていることから分かり、おそらくは初穂額の高下によって決められていた格付けであろう。

この記号の違いがもたらす、配札や土産物の差違はいかなるものか。村山坊と神崎家の例によると、以下の通りである。

(例)村山坊　　弘化四年（一八四七／表5参照）
　○○○　奉書札　守　利久箸一〇膳（袋入）　山椒　茶焙　　別に菓子鉢　小千代口　茶台之類
　○○　包上札　山椒　利久一〇（袋入）　茶焙　振出之類
　○　包上札　山椒　杉はし二（袋入）　茶焙
　△　　包上札　山椒　杉はし二（袋入）　茶焙

(例)神崎半太夫　土産物覚　安政三年（一八五六／表6参照）
　イ　　はご板　茶ほうじ　はぎはし（はご板がきれた時は、両わ茶ほうじ一〇〇文に一五本くらい）
　セ　　くミ　うちわ　はぎはし
　ム　　はぎはし　糸まき

村山坊の○と△では違いがなく、この理由は不明だが、とりあえず記号の違いによって札の種類や土産物の種類に差を付けていたことだけは明らかである。

これを農村部と比較してみよう。中之院の慶応四年（明治元＝一八六八）の「望陀郡并周集郡御檀所継立帳(26)」によると、御師の檀廻に際して、村ごとに人足一人か馬一疋を出して村継をしている。この継立帳には、村ごとに名主の押印があることから、農村では、講単位や個人檀家単位ではなく、あくまでも村単位で師檀関係を結んでいることが明白である。このことは、名主家を定宿とする例が多く、「置札」の場合は銭一文を与えて、配札を依頼するなどの関係を構築していることなどからも論証できる。

また村山坊の天保八年（一八三七）の「下総国檀家帳」[27]によると、村内における役の違いが檀家の格付けの違いに繋がっていることが分かる。次のごとく御師は区別していた。

名主　大札

　八寸箸（二膳）

　絵、杓子、薬

年寄・寺院　大札

　八寸箸（二膳）

　薬

村方一般　小札

　はし・薬（どちらか一つ）

単純に信仰心などの私的条件により初穂が上下し、札・土産物の種類が異なる都市の場合と違い、村落内の役や職分によって札・土産物の種類が異なっていた[28]。つまり、村役・僧侶などの身分が初穂を規定していたといえよう。こうした事例は、相模大山だけに見られるものではない。例えば、高野山桜池院の天保十五年（弘化元＝一八四四）「配進物覚」[29]によれば、東海道神奈川宿の廻檀では、①名主本陣（金川町石井源左衛門・青木町鈴木源太左衛門）、②問屋（金川町小島七郎兵衛・青木町長谷川清一郎）、③町内年寄・町内組頭、④小前中の四段階にわけ、それぞれ異なる物を配っている。神奈川宿側がいくら初穂を納めたのかは判然としないが、やはり宿場内の「役」によって初穂料が違い、ひいては配進物の違いとなっているのである。

以上のことを前提として、表3で都市部と農村部における配布物の違いを見てみたいが、明らかに都市型・農村型の土産配布方法が存在した。いずれも都市生活・農村生活を反映したものを選んでいたのか、江戸では団扇や茶道具（茶焙、茶台など）といった文化的な生活余剰物といえる物であり、農村部では薬や絵などである。絵は、南伝馬町壱町目あたりで錦絵を仕入れているため、(30)当時の流行の絵を仕入れて農村部に配ったと考えられる。薬については、高尾親胤家の史料によると、(31)正気散・口中薬・膏薬を自ら製造し、檀家に配布している。すなわち農村部では入手困難なものが望まれていた。ちなみに薬も絵も江戸檀家には一切配布していない。まったく適材適所である。それは、八王子など養蚕が盛んな土地では虫除札が配られ、漁村では船札が配られていることによく表れており、(32)得意先の実状を見すえた御師側の努力の跡がうかがわれる。

単純に配る物に違いがあるだけではない。そもそも江戸と農村とでは格差があった。それは、札の種類や札の上包、箸の袋の有無に露骨に現れている。分かりやすい例を挙げよう。江戸檀廻のうちただ二カ所だけ村を廻っている。そしてこの谷山村と桐ヶ谷村の二カ村でのみ農村型の土産配布が行われた。この際桐ヶ谷講中へ配ったものを、江戸講に配ったものと比べると、谷山・桐ヶ谷では、札の包がなく、土産物の並箸の袋がなかった（表3）。明らかに農村型は格下の扱いである。

また表3に示した通り、特定の土産物を配布する先があった。江戸では、毎年多額の初穂を奉納するか、講の世話人役を務める家であり、農村では、檀廻の際に定宿としている場所であった。つまり、江戸では、個人的なつながりを重視し、農村ではすべての面でシステムが出来上がっているため、檀家個々人よりもむしろそのシステムを支える宿を重視していたのである。これは、定宿が次の檀廻時までの土産物の保管や、初穂の取りまとめを請け負っていたことによる。

表3　天保11年(1840)廻檀時の御師配布形態

	都市型(江戸)	農村型(葛西、下総、上総、江戸の一部)
配布物	札(奉書札、糊入札)、守、上団扇、並団扇、山椒、利休箸、並はし	糊入札、半紙札、杓子、くすり、はし、絵
特定土産物	有力檀家へ土産物【はし筥類】 配布先有力檀家	宿への土産物【たばこ入類(38)、吸ものわん(12)、盆(53)、黒四ツ椀(2)】
	1日目(日本橋) 中村・市村両芝居大夫・仕切場 2日目(八丁堀) 北八丁堀金六町船大工わらがし源太郎 3日目(深川) 熊井町名主熊井利三郎 深川仲町木櫛屋小松屋三治郎 5日目(神田湯嶋) 神田佐久間町石屋新五郎 下谷榧町一丁目無縁坂そばや近江や善蔵 6日目(下谷坂本) 浅草新取越一丁目強力稲荷別当修験良宝院 7日目(桐ヶ谷芝) 品川台町搗米屋いセや新兵衛 三田ひじり坂下ふや六右衛門 三田ひじり坂下左官金五郎 8日目(染井小石川) 四ッ谷仲殿町仕事師伊セヤ金八 金兵衛 10日目(麻布) 麻布北日ケ久保塗師や吉五郎 麻布十番八百屋清五郎 麻布十番長坂下仲町植木や庄助	
講中への配布物	2日目(八丁堀) わら川岸講中(糊入札10枚) 3日目(深川) 徳右衛門町講中(糊入札30枚、袋入箸添) 7日目(桐ヶ谷・芝) 三田講中(札△印20枚) 10日目(麻布)　八百屋講中(札△印20枚)	7日目(桐ヶ谷・芝) 谷山村講中 (7枚上包なし、並箸7膳袋なし) 桐ヶ谷講中 (30枚上包なし、並箸30膳袋なし)

注）村山家文書「天保十一年十月　江戸檀廻帳」より作成。江戸の檀家個人データは、「弘化四年五月江戸檀廻帳」により比定し加入。

都市部では師檀関係が個人的結合の上に成り立ち、江戸檀家を重視する御師によって、農村部よりも格上の扱いを受けていたものの、その反面、常に檀家が消滅する怖さを伴っていた。次に、この点をより明確にすべく、江戸における檀家の保有状況を詳細に見ていくこととする。

第四節　御師の檀家保有形態

村山坊では、天保十一年（一八四〇）と弘化四年（一八四七）の二年分の檀廻帳を比較すると、江戸内を一〇の地域に分けて檀廻していたことが明らかになる。その一〇地域別それぞれの檀家数と評価別の檀家数を示したものが表4と表5である。この二表を比較検討していくと、次の四点が指摘できる。

a、日本橋・八丁堀は評価も檀家数も安定しているものの、若干減少。

b、深川・本所・神田・湯嶋では、檀家数は若干減少しているが、評価に上昇傾向が見られる。

c、下谷・坂本・桐ヶ谷・芝・染井・小石川では、檀家数も評価も上昇傾向が見られる。

d、四ッ谷・赤坂は、若干上昇傾向が見られるものの、全体としては檀家数を減らしている。

この四点それぞれについて検討を加えてみると、aの日本橋・京橋・八丁堀は家持・地主・家主（家守）階層が極めて多い土地柄、元来多くの初穂を見込んで、御師が江戸進出の際に基盤としたためか、早い時期から檀家を獲得していた地域といえ、他地域より檀家数が多い。この点は、表6で示した通り、神崎半太夫家でも、同じく日本橋・京橋・内神田周辺に、最上位のイに分類される有力檀家が多く、どの御師も当然といえば当然だが、こうした江戸の中心部を重点地域としていたと考えられる。ただし、十九世紀には新規檀家も頭打ち状態であった。

bの日本橋・京橋の補完地域としての性格を持つ本所・深川・神田は檀家が固定（＝減少）しつつあるが、若

表4　村山坊による檀家区別(天保11年)

	○○○○○	○○○○	○○○	○○	○	△	計
日本橋辺				8	28	9	45
八丁堀辺				5	15	6	26
深川辺	1		1	5	25	17	49
本所辺				1	17	4	22
神田湯嶋辺				4	15	17	36
下谷坂本辺				1	13	7	21
桐ヶ谷芝辺				3	10	14	27
染井小石川辺				1	4	20	25
四ッ谷赤坂辺					19	7	26
麻布辺					7	6	13
計	1		1	28	153	107	290

注）村山家文書「天保十一年十月　江戸檀廻帳」より作成。

表5　村山坊による檀家区別(弘化4年)

	○○○○○	○○○○	○○○	○○	○	△	不明	農村型	計
檀廻帳1 (日本橋辺)			1	6	26	9	2		44
檀廻帳2 (八丁堀辺)				6	14	1			21
檀廻帳3 (深川辺)			2	6	31	5	1		45
檀廻帳4 (本所辺)		1	1	3	10	1	2		18
檀廻帳5 (神田湯嶋辺)				6	23	11			40
檀廻帳6 (下谷坂本辺)			1	7	17	5			30
檀廻帳7 (桐ヶ谷芝辺)				2	17	4	8	5	36
檀廻帳8 (染井小石川辺)				2	10	16			28
檀廻帳9 (四ッ谷赤坂辺)				3	10	4			17
檀廻帳10 (麻布辺)					7	3	2		12
計		1	5	41	165	59	15	5	291

注）村山家文書「弘化四年五月　江戸檀廻帳」より作成。

表6　安政3年(1856) 5月神崎半太夫の江戸檀家保有状況

	イ	セ	ム	不明	計
日本橋より京橋数寄やかし八代直川岸迄	68	9	5	3	85
木挽町より芝辺高輪品川辺	37	8	1	1	47
桜田久保町より西久保赤坂氷川麻布古川辺迄	33	11	0	4	48
麹町より赤坂鮫ケ橋青山内藤新宿四ッ谷番町迄	26	9	2	3	40
八丁堀より鉄砲洲霊岸嶋新川茅場町小田原町宝町迄	30	6	0	4	40
深川本所より両国馬喰町小伝馬銀町本町辺迄	35	6	0	5	46
神田豊嶋町より外神田下谷坂本池之端明神下湯嶋迄	40	6	1	1	48
筋違外湯嶋本郷駒込祢津迄	23	2	5	2	32
小網町より人形町通久松町油町小伝馬鉄砲町白銀町辺迄	59	10	0	6	75
計	351	67	14	29	461

注）神崎家文書「安政三年五月　江戸檀家帳」より作成。

干御師との関係が深化した。cの江戸北部・南部地域では、御師が東海道を往復利用し、日本橋を拠点としていることに起因してか、特に日本橋を基点に南北に檀家を増やしており、一八四〇年前後、新たな信者獲得を最も望める地域であった。dの四ッ谷・赤坂など江戸西部は、未開拓な檀家が多く、檀家の新規獲得・維持に苦戦している。この点は、表6の神崎半太夫家でも同様で、赤坂・青山・内藤新宿・四ッ谷・鮫ケ橋地域は少ない。

一八四〇年前後において、日本橋・京橋・神田とそれに付随する本所・深川地域では、檀家数は固定して師檀関係も深まりつつあるものの、新規獲得檀家がないため必然的に檀家が減少している。それでもこの地域が核であることは疑いないが、この時期はむしろそこから日光道・東海道沿いに南北に檀家を獲得していた時期であり、このことは文化主体地域の移動と密接に絡んでいるものと考えられる。つまり、嘉永文化は[33]、庶民文芸の分野では独創的かつ芸術的な側面は衰退したが、都市近郊農村との連携の中で生まれた菊細工や朝顔など園芸植物流行という一種の社会現象を巻き起こした。江戸の南北地域は、その担い手となった地域なのである。例えば、cのうち染井の檀家には植木屋が多く、ちょうど弘化から嘉永期に進展した嘉永文化の動きと合致するものである[34]。天保期以降勢いを増し、

表7　弘化4年(1847)「江戸檀家帳」に見る村山坊江戸檀家の職業

商人	飲食	蕎麦屋(3)、寿司屋(3)、茶漬屋、奈良茶屋、水茶屋、飯屋、居酒屋、茶酒店、茶屋
	食料	八百屋(9)、米屋(7)、煙草屋(4)、魚屋(3)、干物屋、鰹節屋、油揚物屋、糠屋、菜種屋
	服飾	呉服屋(4)、古着屋(3)、糸屋(2)、毛氈屋
	日用、娯楽	槇問屋(4)、薬種屋(4)、槇屋(2)、荒物屋(2)、小間物屋、絵双紙屋、釣屋
	住居・建築	材木屋(2)
	その他	質屋(4)、宿屋(2)、炭屋、草屋、馬持、奉公人宿屋、灰屋、船宿
職人	食料	酒屋(7)、菓子屋(5)、糀屋(5)、豆腐屋(5)、搗米屋(4)、油屋(4)、餅屋(3)、粉屋、麩屋
	服飾	足袋屋(3)、草履屋(2)、木櫛屋(2)、仕建屋(2)、手拭屋、下駄緒屋
	日用、娯楽	葛籠屋(3)、紙屋(2)、道具屋(2)、人形屋(2)、眼鏡屋、多葉古入屋、煙管屋、帳屋、金物屋、筆道具屋、提灯屋
	住居・建築	大工(7)、桶屋(4)、畳屋(4)、屋根屋(4)、左官(3)、表具屋・経師(3)、建具屋(2)、瓦屋
	その他	植木屋(10)、石屋(5)、仕事師(3)、鍛冶屋(3)、乗物屋(3)、塗師屋(2)、洗張屋、煙筒屋、刀屋、床屋、仏絵師、入歯師
単純労働者		車屋(15)、駕籠屋
武家	大名家家臣	日向延岡藩内藤家家臣(2)、安濃津藩藤堂家家臣、伊予大洲藩加藤家家臣
	幕府家臣	役人衆(3)、旗本戸川因幡守家臣、御家人、自身番所、別段古銅吹所(銅座)、与力
その他		百姓(7)、町名主(4)、家主(3)、修験(2)、仕切場(2)、役者(2)、大屋、手習師匠

注）村山家文書「弘化四年五月　江戸檀廻帳」より作成。

表8　弘化4年(1847)村山坊の江戸檀家の地域別・格付別職種

	○○○	○○	○	△	格付不明	不明
檀廻帳1 (日本橋辺)	町名主	提灯屋、手拭屋、木櫛屋、油屋、呉服屋、乗物屋	糸屋、眼鏡屋、酒屋、魚屋、搗米屋(2)、石屋、油屋、茶漬屋、洗張屋、紙屋、人形屋(2)、帳屋、与力、そばや、絵双紙屋、足袋屋、豆腐屋、烟筒屋	駕籠屋、草履屋、槇屋、下駄緒屋、干物屋、宿屋、桶屋、搗屋、寿司屋	宿屋	7
檀廻帳2 (八丁堀辺)		糸みせ、大工、役人衆、石屋	役人衆(2)、車屋(2)、乗物屋、瓦屋、魚屋、畳屋、米屋、自身番所、煙草屋	家主	なし	5
檀廻帳3 (深川辺)	町名主	木櫛屋、大工、菓子屋、葛籠屋、呉服屋、寿司屋	槇問屋(3)、米屋(3)、酒屋(2)、仕事師頭(2)、家主(2)、槇問屋・米屋、水茶屋、町名主、桶屋、荒物屋、飯屋・船宿、豆腐屋、塗屋、魚屋、菜種屋、鰹節屋、屋根屋、材木屋、炭屋、煙草入屋、鍛冶屋、足袋屋、古着屋	酒屋、大工、餅屋、左官、油屋	蕎麦屋	2
檀廻帳4 (本所辺)	別段古銅吹所(銅座)	刀屋、紙屋、菓子屋	表具屋、表具屋・経師、薬種屋、煙草屋、屋根屋、大工、畳屋、豆腐屋、床屋	煙草屋	葛籠屋	3

檀廻帳5 (神田湯嶋辺)		大名家家臣(2)、葛籠屋、蕎麦屋、酒屋・油屋、奈良茶屋	糀屋(3)、車屋(2)、毛氈屋、大家、青物屋、石屋、粟餅屋、屋根屋、草屋、畳屋、御家人、建具屋、薬種屋、仕建屋、質屋、植木屋、修験、寿司屋	米屋、大工、小間物屋、仏絵師、糀屋、入歯師、手習師匠、酒屋、仕建屋、豆腐屋、石屋	なし	2
檀廻帳6 (下谷坂本辺)	仕切場	役者(2)、金物屋、八百屋、仕切場	呉服屋(2)、古着屋、薬種屋、居酒屋、畳屋、修験、車屋、粉屋、酒茶屋	百姓(2)、屋根屋、町名主、道具屋	なし	9
檀廻帳7 (桐ヶ谷芝辺)		左官、搗米屋	車屋(2)、道具屋、乗物屋、足袋屋、八百屋、煙管屋、筆道具屋、菓子屋、油揚物屋、質屋、麩屋、水菓子屋、煙草屋・荒物屋、茶屋、酒屋	八百屋、釣屋、鍛冶屋、米屋	百姓(5)、灰屋、大工	7
檀廻帳8 (染井小石川)		建具屋、薬屋	車屋(5)、糀屋、大工、石屋、桶屋、質屋	植木屋(8)、八百屋、豆腐屋、古着屋、旗本家臣	なし	4
檀廻帳9 (四ッ谷赤坂辺)		車屋、経師	車屋(2)、仕事師、草履屋、左官、大名家家臣、糠屋、桶屋、餅屋、奉公人宿屋	鍛冶屋、大名家家臣	なし	3
檀廻帳10 (麻布辺)			八百屋(3)、材木屋、質屋、植木屋、塗師屋	馬持、菓子屋、槇屋	八百屋(2)	なし

注）村山家文書「弘化四年五月　江戸檀廻帳」より作成。

文化主体ともなりつつあった江戸北部・南部地域が大山御師の新規獲得場となっていたのである。

次にこの江戸檀家の職業であるが、弘化四年（一八四七）「江戸檀廻帳」[35]から村山坊のほぼ全員の江戸檀家の職業が分かるので、表7に示した。ここでは江戸檀家として載る二九一名のうち職業のはっきりする二五二名の職種を大まかに分類した。周知の通り、商人と職人の区分は極めて困難な作業であるため、多少の移動はあるだろうが、ここで分類したものに随うと、商人八〇（三一・七五％）、職人一二二（四八・四一％）、単純労働者一六（六・三五％）、武家一二（四・七六％）、その他二二（八・七三％）となる。町人が大方だが、その中でも職人が全体の約半数を占めており、商人も問屋・仲買というよりも小売りと思われる小商人が多く、単純労働者も含めると、七割近い檀家が都市中・下層民である。この結果は、風俗としての大山詣を担っていると認識されていた「中以下の者」という表現と一致[36]している。文芸作品の作者は儒者、俳人、町名主、武士といった人々であるため、これら都市上層民は、大山詣の際の両国橋東詰での水垢離等の習俗を、中・下層社会で育まれた別個の文化社会として認識・把握していたことを表している。[37]

表8は、表5の数値をそれぞれの檀家の職業に置き換えて示したものである。この表8によれば、深川の熊井利左衛門等数名の町名主や歌舞伎仕切場、幕府別段古銅吹所技師などわずかな職種を除き、〇〇・〇・△など初穂の高下と、武士・大商人・中小商人・零細商人・職人などの職業的背景や経済的規模との間にはほとんど因果関係を見出すことができない。つまり、大商人であっても必ずしも大きな収益を見込めるわけではないということである。

ここまで個人檀家の話を展開したが、次に江戸講について述べておこう。弘化四年（一八四七）の江戸檀廻において江戸講と接触した全記録を表9に示した。これによると、八つの講との接触があった。配札形式は、すべて「直廻」である個人檀家とは違い、全部が「置札」の形態をとっている。また農村の場合とは違い、何村にも

世話人名(配札引受人)	渡札数	土　産　物	初穂	初穂受取方
船大工源太郎(非檀家)	10	箸袋入	金2朱	数日内持参
播磨屋五郎兵衛(米屋)	不明	不明	不明	不明
政五郎(仕事師)	30	八寸はし袋入	不明	祭礼持参
左官金五郎・麩屋六右衛門	17	不明	不明	金五郎より受取
年番	30	八寸はし1膳ずつ、薬	不明	祭礼持参
伊三郎他4名	不明	不明	不明	不明
伊勢屋金八(仕事師)	16	○○の通り	金2朱	不明
八百屋清次郎他4名	20	杉はし袋入、山升斗	金2朱	清次郎より受取

またがる大規模かつ組織的な集金経路などはなく、各講ごとに取りまとめた初穂については、檀廻時の手渡しとするか夏山祭礼中の手渡しとするか、すべて御師と講世話人との話し合いで決定された。

個人檀家を丹念に巡るのに対して、江戸講を世話人への「置札」で済ませていたのは、あまり発展性のない江戸講よりも、さらなる檀家数の増加を望める「直廻」を重視していた証拠である。出入・移転などが多い都市社会の構造上、農村檀廻のような地縁的講に固執する方法では先細りで、「直廻」でしか檀家拡大を望めない。より苦労が伴う「直廻」をしてでも江戸檀廻を続ける意義は、収支を黒字に転換するポイントとなる地域であるからである。

ただし表1の「開導記」ではっきり分かる通り、廃仏毀釈という宗教史上の一大変革期を経て、明治期には、職縁的結合講（結果的に地縁結合となる場合もあり）あるいは、近世初期から続く門前町という地縁的結合という小共同体社会を通じてのみ檀家が残ることとなった。御師の思惑とは逆に、これらの講が近代以降現代に至るまで、徐々に姿を消しつつも、大山信仰を支えていくという皮肉な結果を生んだ。近世的師檀関係上に成り立つ個人檀家は、ほぼ把握が困難かもしくは消滅してしまったものと考えられる。

表9　弘化4年(1847)檀廻帳における江戸講への配札

	講　　名	所在(世話人)
1	わらがし講中	北八町堀金六丁
2	不明	本所林町５丁目
3	徳右衛門町講中 (人形おもちゃ店講か)	本所林町５丁目
4	三田講中	三田ひじり坂下
5	桐ヶ谷村大山講	桐ヶ谷村
6	不明	染井七軒町
7	不明	四ッ谷仲殿町
8	麻布十番長坂下八百や講中	麻布南日ケ久保

注）村山家文書「弘化四年五月　江戸檀廻帳」より作成。

第五節　檀家側の御師認識

ここまで大山御師側の史料から見てきたので、最後に廻檀される側の史料から師檀関係を考察していきたいが、御府内での調査が困難なため、やむを得ず江戸近郊農村の事例で代替することとする。無論本稿では都市と農村という形での比較も行っているため、必ずしも適当ではないという批判もあろうが、一地域にどれだけの御師が廻村してきているかという一定の指標になろう。

(例一) は世田谷村大場家である。大場家は彦根藩世田谷領の代官であり、世田谷村名主を兼帯している家である。寛政十一年（一七九九）から文政九年（一八二六）まで一一年間の御師や勧進僧など様々な宗教的介在者の来訪が摑めるため、それを表10に示した。この表10によると、伊勢御師が毎年必ず来村し、これに対して五〇〇文の初穂を納めている。その他は、高野山の塔頭には三〇〇文と格別の扱いをしているものの、基本的に一〇〇文と決めていたようである。したがって伊勢御師との結びが格段に強いことが分かる。安産祈願や疱瘡除祈願を依頼しているのが良い例であろう。

(例二) は奥沢村名主の原家であるが、この家では寛保二年（一七四二）から文政五年（一八二二）まで実に五〇年間の御師の来訪が分かり、表11に示した。この村では、江ノ島御師が毎年来村してきており、安定した師檀関係を築いているようだが、大山や伊勢なども大分入り込んできている。鹿島も当初は江ノ島と同等な頻度で訪れていたが、江ノ島との争いに負けたのか、天明四年（一七八四）以降はまったく姿をみせなくなっている。ま

表10　世田谷村大場家の場合　寛政11～文政9年(11年間)

	廻村数	初穂金	備　　考
伊勢(龍太夫、手代中村四郎兵衛・仲)	12	500文→金2朱 手代へ200文	安産祈願1回(金1分) 疱瘡1回(100文)
津嶋	5	100文	
多賀	2	100文	寿命守2個(124文×2)
富士(菊田式部)	3	100文	
榛名	2	48文	
愛宕	2	100文	
秋葉	1	100文	
江ノ島	1	100文	
高野山宝塔院	1	300文	疱瘡1回(48文)
大山(佐藤図書)			参詣時の御礼(200文)

注)「金銀出入帳」(寛政十二年、享和二・三年・文化三・六・八・十・十一・十四・十五年、文政二・九年、天保三・四・五年)「慶応元年　金銀入方控帳」「明治十九年　諸払物代金請取控」「明治三十七日用」『世田谷区史料叢書』

た伊勢御師についても、従来の龍太夫[38]に加えて、安永三年(一七七四)以降上野彦八太夫[39]も加入し、極めて激しい競争が行われていたことが分かる。しかしながら、種々の御師の動勢いかんに関わらず、江ノ島御師の初穂は一〇〇文と安定している。別格扱いの伊勢御師を除けば、最も初穂額が多く、江ノ島御師が奥沢村と最も安定かつ密接な関係を築いていたといえる。

このように村には御師の格付けが存在した。村落にとっては御師の存在は次の通り三種に認識されていた。

①主御師（毎年定期的に廻村し、最も強い師壇関係を結ぶ御師）

②脇御師（数年おきなど不定期に廻村する御師）

③別格御師（伊勢御師、高野山塔頭）

大山御師と各檀家を有する村々とは、毎年決められた形式で檀廻と初穂進上が行われ、確固たる師檀関係が構築されているように見える。ところが、現実には数多くの御師が廻村してきており、多数の信仰に出会う機会があった。ただその中でも、毎年必ず廻村してくる御師は自然淘汰されて一人に定まっていくのであり、その御師側の努力によって師檀関係が維持されていた面が強い。「別格御師」と位置づけた高野

表11　奥沢村原家の場合　寛保2～文政5年(50年間)

	廻村数	初穂金	勧　化	備　考
江ノ島(五郎兵衛・民次郎	55	100文・小麦1～2升	下ノ宮開帳ニ付勧化2回(金1分)	五郎兵衛へ貸1回(200文) 五郎兵衛類焼ニ付村中勧化金1回(1分)
大山(佐藤大学)	36	12・16文(10文～32文の時もあり)又は大麦1升	勧化2回(200文、24文)	
伊勢(龍太夫、手代松岡喜介・吉右衛門)	36	100文→116文 手代へ12文	神楽堂奉加1回(12文) 遷宮ニ付勧化1回(100文) 勧化2回(50文、48文)	
鹿島(立原作太夫)	24	32文		天明4年以降消滅
富士	17	12文(24文・32文・50文もあり)	勧化1回(500文)	
			祈禱布施1回(300文)	
伊勢(彦八太夫)	6	32文→50文→100文		安永3年以降登場
戸隠	3	12文・8文・16文		
三河東禅寺			勧化1回大麦1袋(19匁8分)	
相模寿明寺			勧化1回(18文)	
筑波山(大御堂)			勧化1回(6文)	

注）元文元年「万覚書帳」、宝暦三年・十一年「金銀出入覚帳」、安永元年・天明六年「万覚帳」、文化三年「金銀出入覚帳」『世田谷区史料叢書』

山でさえも山内での競争が存在した。（例一）として挙げた大場家をはじめ世田谷地域では、表10にも登場した高野山宝塔院との師檀関係が結ばれていた。大場家でも、文化四年（一八〇七）の大場銈之助の伊勢参宮の際は、宝塔院に荷物を預け昼食をとって下山しているが、次の嘉永五年（一八五二）の時は、今度は桜池院で昼食をとり下山している。[40]太子堂村森家でも文化四年（一八〇七）に大場銈之助と同道し京都で分かれているが、表10の対象年代が寛政末年から文政期までであることを考えると、文政期までは世田谷地域で宝塔院の勢力が強かったと推定される。しかしながら、その後大場家が桜池院に鞍替えしたことを考えると、天保期頃より世田谷地域に桜池院の介入があり、宝塔院と桜池院との間に熾烈な争奪戦が繰り広げられたのである。実際、上野毛村田中家（天保十二年）、下野毛村原家（天保四年）、等々力村豊田家（天保六年）の各伊勢道中では、桜池院に休泊している。[41]

もう一例見ておこう。（例三）武蔵国橘樹郡長尾村の百姓代を務める鈴木家の当主藤助の日記[42]によると、毎年暮に御嶽御師が鈴木家を訪問している。また慶応二年（一八六六）には二月十四日から十八日にかけて、御嶽太々講による御嶽山参詣を行っており[43]、この日記上に見える唯一の恒常的な参詣講である。

鈴木藤助の日記によれば、長尾村では御嶽御師のみが廻村してくるかのようである。だが、やはり実際はそうではなかった。天保九年（一八三八）の「村年中記帳（長尾村山根家年中行事書上）」[44]によれば、同村内の山根喜十郎家では、文政七年（一八二四）と天保七年（一八三六）に廻村してきた御師に納めた初穂額が記されている。

文政七年（一八二四）では、

鹿嶋様御師　御初尾　一二銅

御嶽山御師　御初尾　五合余　御狗拝借料・冬廻り引替　米一升

夏廻り小麦一升

天保七年（一八三六）には、

大山御師・富士山御師・江之嶋御師・喜教院　夏廻り小麦　冬廻り米

榛名山御師　冬廻り米

とあり、長尾村内には、御嶽御師のみならず鹿嶋御師や大山御師・富士御師、江ノ島御師、榛名山御師など複数の御師が廻村してきており、御嶽御師はこの競合を勝ち抜いたのである。

つまり、村落共同体内部の人間からすれば、多数の御師が廻村し、また御師に限らず近隣の寺院からの接触もあり[45]、選択肢は豊富であった[46]。その中で、特に強固な師檀関係を取り結ぶ御師は一人と決まっていき、ほぼ毎年定期的に廻村し、檀廻方法が組織化された。村山坊の下総国檀廻でも分かる通り、たとい村全体が檀家でなくても、名主を初めとする村役人が窓口となり、御師を受け入れていた。江戸については分析できないが、未知の可能性を秘めていたこともあり、多額の初穂を目当てに、より多数の宗教者により積極的な檀廻が行われていたと推測される。初穂金は基本的な金額が決まっているが、都市性が強まれば強まるほど買い手市場で、あくまでも檀家優位・檀家主導であった。都市個人檀家の御師選択の過程は、共同体による制約がないため、即物的であっても、より檀家個人の信仰心を素直に反映したものでもあったと考えられる。

第六節　都市型参詣における御師の役割

江戸檀廻は日本橋の世話人宅を基点として、毎年ほぼ決まった行程で行われていたものの、檀家の無断引越や初穂の拒否等の理由により、収入は安定せず、檀家優位の状況であった。にもかかわらず、御師の収入が全体としては薄利であったため、檀家のさらなる増加も望める江戸は、御師の経営戦略上重要な地域であった。

御師側は、檀廻の際、大きく分けて都市型と農村型の二種類での配札を行っていた。それぞれの札や土産物の種類の差で明らかな通り、より江戸檀家におもねり、中でも個人檀家を重視していた。御師は初穂の高下という単純明快な論理によって檀家の格付けを行っていたが、日本橋・京橋・神田を重点的に廻る御師の目論見は見事に外れていた。町人役負担に基づく上層町人（狭義）であるか否か、あるいは経営規模の大小などの条件と初穂額との間には何ら因果関係を見出すことができない。またあくまでも村山坊を例にすれば、問屋のような大商人は少なく小売商人や職人・単純労働者が大勢を占め、こうした都市中・下層民による文化的行動として大山詣は成り立っていた。

江戸講は、有力御師である村山坊でも、わずか八講と少なく、配札形式も「置札」であり、あまり重要視していたとは言い難い。その理由は、講として固定すると、農村と同様毎年一定した収入しか得られない上に、先細りが予想されるためである。つまり講という信仰形態は、御師が江戸檀家に期待したものではなかったのである。ところが、神仏分離という大きな変革期を通過した結果、個人檀家は大方消滅し、その職縁的結合、門前町地縁的結合講による講のみが檀家として残存するという皮肉な結果をもたらした。

一方檀家側にとって、御師の存在は複数廻村してくる御師の一人に過ぎないが、ただその中でも次第に淘汰されて強固な師檀関係を結ぶ御師が決まっていった。特に村落の場合は、村役人を先頭に村単位で師檀関係を結んでいたため、かかる歴史的展開を見せたものと考えられる。都市の場合は、個人性が強く、より多数の御師が廻町しようとも、特定の御師と強固な師檀関係を結んだとは考えにくく、檀家主導ながら辛うじて師檀関係が保たれていた。

寺社参詣の形成には、檀家側の自発的信仰心が必要不可欠である。またその信仰の維持には、地縁的・職縁的結合による共同的制約が欠かせないことも事実である。つまり、信仰の発現と持続の過程には自発性と義務性が混在する。(47) だが本稿で考証してきたように、特に都市においては、やはり最大条件として、御師がこまめに檀家を廻ったことを挙げなければならない。農村の場合では檀廻システムを毎年きちんとこなし、都市では毎年個人宅を訪問して、檀家としての継続の有無を確かめなければならない。これを怠れば、他の御師などに奪われ、あるいは引越等で行方が分からず檀家を失うというわけである。寺社参詣、そしてより広くいえば宗教の近世的展開を成り立たせていた一つの要因は、御師をはじめとする宗教者による積極的な檀廻であったといっても過言ではない。近世に入り、檀家は拡大したものの信仰的絆は減退したとする新城常三氏の指摘は冒頭で紹介した通りだが、御師側からみればまことにその通りであるし、檀家側からすれば選択性が介在することから自発性の強いものであったといえる。

（1）本文で挙げた諸要因は、諸概説書・辞書などで長年に渡り述べられてきたものであるが、その一つ一つの歴史的現象が寺社参詣の発達にいかなる影響を及ぼしたかを、具体的に実証したものはない。出版文化については、近年「観光地域史」を標榜された青柳周一氏が、地域社会からの情報発信（地誌・絵図作成）という観点から旅行文化生成に迫っている（「近世後期の絵図・地誌作成と「旅行文化」――近江の旅行史関係史料から――」、『民衆史研究』六七、二〇〇四年）。この論考に見られるように、一九九〇年代以降歴史学において盛んとなっている由緒論、地誌論、史蹟論などの動向とも、今後密接に関わってくるものと予想される。

（2）澤博勝「宗教から地域社会を読み得るか――分野史から全体史へ――」（『歴史評論』六二九、二〇〇二年）。

（3）堀一郎『我が國民間信仰史の研究』一・二（創元社、一九五三・一九五五年）。桜井徳太郎『神仏交渉史研究――民俗における文化接触の問題――』（吉川弘文館、一九六八年）。

（4）エミール・デュルケーム『宗教生活の原初形態』（岩波書店、一九四一～一九四二年（原典一九一二年））。ピーター・L・バーガー『聖なる天蓋――神聖世界の社会学――』（新曜社、一九七九年（原典一九六六年））。タルコット・パーソンズ『宗教の社会学――行為理論と人間の条件第三部――』（勁草書房、二〇〇二年（原典一九七八年））。ニコラス・ルーマン『宗教社会学――宗教の機能――』（新泉社、一九八九年（原典一九七七年））。ブライアン・R・ウイルソン『宗教の社会学――東洋と西洋を比較して――』（〈叢書ウニベルシタス七四三〉、法政大学出版局、二〇〇二年（原典一九八二年））。ロバート・N・ベラー編著『心の習慣――アメリカ個人主義のゆくえ――』（みすず書房、一九九一年（原典一九八五年））など。

（5）新城常三『社寺参詣の社会経済史的研究』（塙書房、一九六四年）七一九～七二〇頁。

（6）浅香幸雄「大山信仰登山集落形成の基盤」（『東京教育大学地理学研究報告』一一、一九六七年、のちに圭室文雄編『大山信仰』〈民衆宗教史叢書二二〉、雄山閣出版、一九九二年に収録）。

（7）堀一郎『民間信仰』（〈岩波全書一五一〉、岩波書店、一九五一年）二一～三頁。

（8）田中宣一「相州大山講の御師と檀家――江戸末期の檀廻と夏山登拝をめぐって――」（『日本常民文化紀要』八―二、一九八二年、のちに注6『大山信仰』に収録）。

（9）「寛政五年　武州足立郡檀那帳」（『伊勢原市史』資料編 大山、一九九二年）によると、千住宿より始まるこの檀廻では、史料上に「直廻」・「置札」と明記される場合のみ計算してみると、「置札」が三三（六六％）、「直廻」が一七（三四％）で、やはり農村部では「置札」が多い結果となる。ただし「直廻」となっているものの中には、鴻巣宿と岩淵宿などが含まれており、これらを除くと農村部での「置札」の割合はより高い数字になる。本稿では、都市＝江戸と農村の対比により、論旨を展開させているが、鴻巣宿・岩淵宿といった宿場町も統一して「直廻」を行っている点から見て、都市と認識され、都市型の檀廻が行われている可能性が指摘できる。この宿場町を含む農村部において「置札」と「直廻」を分ける決定的な要因については、在郷町的性格の有無も含めて後論を期したい。

(10) 注(8)田中「相州大山講の御師と檀家」の図Bを参照。

(11) 「天保十一年十月　檀廻中手控」（注9『伊勢原市史』資料編　大山）。

(12) 「弘化四年十一月　江戸檀廻帳」（注9『伊勢原市史』資料編　大山）。

(13) 右に同じ。この檀廻帳の檀家名のすぐ上にこのような記載が多数散見される。

(14) 「受持場書抜」（『伊勢原市史』資料編　続大山、一九九四年）。

(15) 「教会受持場明細記」（注14『伊勢原市史』資料編　続大山）。

(16) 「開導記再編輯ニ付持場書出ノ写シ」（注14『伊勢原市史』資料編　続大山）。

(17) 注(12)に同じ。

(18) 松本四郎「幕末・維新期における都市の構造」（『三井文庫論叢』四、一九七〇年）一一七頁第一表。

(19) 西垣晴次「大山とその信仰」（『郷土神奈川』一三、神奈川県立文化資料館、一九八三年、のちに注6『大山信仰』に収録）一五頁。

(20) 「弘化二年十一月　諸手控」（注14『伊勢原市史』資料編　続大山）。

(21) 「天保二年六月　御祭礼中諸収納控帳」（注14『伊勢原市史』資料編　続大山）。坊入りの際、檀家が支払うものは、①宿泊代（一人三〇〇文）②宗教的奉納金（護摩料・初穂）③下男・下女への心付の三種である。

(22) 右に同じ。

(23) 「弘化四年　江戸檀廻帳」（注9『伊勢原市史』資料編　大山）。

(24) 「天保十五年　東都檀家軒別手控」（注9『伊勢原市史』資料編　大山）。

(25) 「安政三年　江戸旦家連銘帳」（注9『伊勢原市史』資料編　大山）。

(26) 「慶応四年　望陀郡弁周集郡御檀所継立帳」（注9『伊勢原市史』資料編　大山）。

(27)「天保八年　下総国檀家帳」(注9『伊勢原市史』資料編　大山)。
(28)「文政七年　大山様去未御初穂取集帳」(注14『伊勢原市史』資料編　続大山)によれば、もちろん村落内においても、確かに村民ごとに多少の初穂の高下はあったが、基本的には米五合か一六文あるいは二四文という一定の規定があったことがうかがわれ、本人の自由意志が反映されていたとはいえない。
(29)「天保十五年辰十一月　配進物覚」、高野山桜池院文書(大ひつ一・桜・七四)。
(30)「天保十一年　檀廻中手控」(注9『伊勢原市史』資料編　大山)。この史料によれば、江戸檀廻前の日本橋周辺における一日がかりの仕入れにおいて、買い入れている。また「天保八年　歳中檀札幷仕入物扣帳」(注14『伊勢原市史』資料編　続大山)によれば、「百枚ニ付五百五十文位」とあるので、一枚五文半程度の錦絵を購入していたと考えられる。
(31)「天保十三年　檀廻仕入諸事取計控」(注14『伊勢原市史』資料編　続大山)。
(32)「天保十五年　諸札仕入控」(注14『伊勢原市史』資料編　続大山)。
(33) 西山松之助「嘉永文化試論」(『日本常民文化紀要』七、一九八一年)。
(34) 平野恵「十九世紀江戸・東京の植木屋の多様化――近郊農村型から都市型へ――」(地方史研究協議会編『江戸・東京近郊の史的空間』、雄山閣、二〇〇三年)は、江戸北郊農村において、菊細工を出品した植木屋が、高度な知識を背景に、農間余業にすぎなかった園芸を、商売として成り立つまでに高めた事例を追った論考である。文化年間に巣鴨から始まり、弘化年間以降は、本稿で取り扱っている染井の他千駄木・根津辺も加わり、江戸北部を核として菊細工(菊人形)文化が花開いていったのであり、この菊細工の事例からも、江戸文化の主体が明らかに外縁部に移ったことを示している。
(35) 注(23)に同じ。
(36) 拙稿「江戸庶民の社寺参詣――相模国大山参詣を中心として――」(『地方史研究』二八〇、一九九九年)六一～六二頁。
(37) この点については、滝口正哉氏が「江戸庶民信仰の娯楽化――千社札をめぐって――」(『関東近世史研究』五四、二〇〇三年)の中で、千社札が中下層の職人層に受容される過程を分析することで、江戸上層町人とは別次元の文化社会が存在したことを指摘しており、本書第八章ともども、これまで西山松之助氏の「行動文化」論に全面的に依拠し、一元的に論じがちであった江戸町人の信仰・文化生活論に疑問を投げかけたものである。

(38)「旧師職總人名其他取調帳」(『皇學館大学史料編纂所資料叢書第三輯　神宮御師資料――外宮篇二――』、一九八四年)によれば、度会郡山田大世古町在住である。

(39)「旧師職總人名其他取調帳」(『皇學館大学史料編纂所資料叢書第一輯　神宮御師資料――内宮篇――』、一九八一年)によれば、中館町在住の平御師であり、中川釆女家来である。

(40)東京都世田谷区教育委員会編『伊勢道中記史料』(一九八四年)。

(41)右に同じ。

(42)白石通子・小林博子編『鈴木藤助日記――武州橘樹郡長尾村――』一(二〇〇一年)。

(43)白石通子・小林博子編『鈴木藤助日記――武州橘樹郡長尾村――』二(二〇〇三年)一八〇～一八一頁。

(44)『川崎市史』資料編二　近世(一九八九年)一二一七～一二三三頁。

(45)『鈴木藤助日記』によれば、鈴木家には、時折、青山善光寺と奥沢村九品山浄真寺の住職が訪れている。いずれも浄土宗で、盛んな念仏道場である。鈴木家では、念仏修行に熱心な妻およしが近隣の村人を集めて月並念仏講を行っており、浄真寺の四月の阿弥陀経読誦修行や七月の虫払い、青山善光寺の十夜法要などの念仏行事にも出かけていることから、熱烈な信者として両寺の住職との特別な関係を築いていたものと考えられる。また鈴木家には、数日おきに三・四人の比丘尼が宿泊している。あくまでも推測だが、尼寺である青山善光寺へ念仏修行に出かける比丘尼を泊めているのであろう。こうした講宿的な役割を果たしていたことも、住職との関係を深めていった背景にあるものと考えられる。

(46)こうした村落共同体内への信仰の浸透を問題とする際には、法華経や阿弥陀以外の教典や仏はもちろん、他宗派や神道の神でさえ排斥することを主張した題目講や報恩講などの存在を看過できないが、残念ながら本稿では検討しうるサンプルを見出し得なかった。

(47)ヴィクター・ターナー『象徴と社会』(〈文化人類学叢書〉、紀伊國屋書店、一九八一年(原典一九七四年))一二五～一二六頁。また、巡礼における自発性と義務性についても述べている(同書、一二三～一二八頁)。

第二章　参詣と巡礼

第一節　参詣の目的別分類

筆者はここ数年、相模大山をはじめとして関東地方に残存するいくつかの名所への旅日記（道中日記及び紀行文）を蒐集してきた。本章は、このうち相模大山参詣を行った五〇点の旅日記（表1参照）から、「近世の寺社参詣」を検討し直そうとしたものである。つまり大山参詣そのものの分析に主眼をおくものではなく、大山という一つの「場」に視点を落とし、そこに集った諸参詣者の動向の分析を通じて、近世の寺社参詣史を捉え直そうとするものである。

それではまず本節では、実際に大山へ参詣を行った人の手による旅日記を、その旅の主たる目的がいかなる地にあったのかという視点から検討し、近世の寺社参詣の特徴を考察していくこととする。表2は、大山への旅日記を、その旅の主目的別に分類したものである。項目のみあげてみる。

①大山を主目的

②大山及び他の名所を同等に主目的

大山参詣日	帰宅日	日　数	備　　考	出　　典
4月16日	4月17日	5日		『鎌倉市史』近世近代紀行地誌編
6月3日カ	8月13日	74日		『海上町史研究』25
7月21日	7月26日	53日		『越生の歴史』近世史料
6月4日	不明	不明		岡崎信司『西国道中記』
6月20日	7月12日	104日		『続矢島町史』上巻
6月28日	7月4日(江戸)	9日		『日本庶民生活史料集成』3
1月1日カ	2月23日	66日		『高畠町史』中巻
6月4日	8月20日	85日		『源蔵・郡蔵日記』
7月3日	7月7日	12日		東松山市立図書館蔵
7月5日	7月7日	4日		宮内庁書陵部蔵
2月7日	4月16日	90日		『伊勢参宮所々名所并道法道中記』
7月16日	9月21日	83日		『大郷町史』史料編二
1月26日	12月30日	約1年	4月17日より大坂へ長期滞在カ	『寒河江市史編纂叢書』61
7月1日	不明	不明	7月27日以降記載なし	『双葉町史資料シリーズⅣ　近世史資料』
不明	不明	不明		『板橋区史』資料編3近世
2月22日	3月26日	32日		『君津市史』史料集2
4月16日	4月19日	10日		『鎌倉市史』近世近代紀行地誌編
5月15日	文政元年	約6年2カ月		『日本庶民生活史料集成』2
2月1日	4月3日	87日		『石巻の歴史』第9巻資料編3近世編
2月4日	(4月7日カ)	(71日カ)	4月7日以降記載なし	『多賀城市史』第5巻歴史史料(二)
閏6月4日	8月20日	78日		『川里村史』資料編2近世
6月18日	6月21日	14日		『三和町史』資料編近世
7月7日	不明	不明		『佐倉市史』巻2
不明	不明	不明		『福生市史』
7月6日	7月8日	8日		『東松山市の歴史』中巻

表1　大山参詣旅日記リスト

	題　名	年	筆　者	出発日	出発地
1	鎌倉紀	延宝8年	自住軒一器子（4名、医師他）	4月13日	（江戸）
2	西国道中記	宝永3年	不明（辺田勘左衛門他28名）	5月28日	（下総国粟野村）
3	坂東順礼湯殿山道中記	享保7年	奥富万太郎（5名）	6月5日	（武蔵国大谷村）
4	西国道中記	天明元年	岡崎藤七	閏5月25日	（常陸国下小瀬村）
5	（伊勢参宮・西国巡拝道中記）	明和2年	木村有周（7名、武士）	3月28日	（出羽国新庄村）
6	富士日記	明和5年	池川春水（2名、医師）	6月25日	（安房国和田村）
7	伊勢参宮道中記	明和5年	中川清蔵（10名、豪農）	12月17日	（出羽国柏木目村）
8	西国道中道法并名所泊宿附	安永2年	古市源蔵（34名、名主）	5月25日	（陸奥国宝坂村）
9	富士大山道中記	寛政元年	与兵衛（5名）	閏6月25日	（武蔵国本宿村）
10	雨降山乃記	寛政3年	坂本栄昌（1名、歌人）	7月4日	（江戸）
11	伊勢参宮所々名所並道法道中記	寛政6年	庄三郎	1月16日	（陸奥国迫）
12	道中記	寛政11年	残間庄吉	6月27日	（陸奥国大谷成田村）
13	道中記	享和4年	杉沼彦左衛門（名主）	1月4日	（出羽国平塩村）
14	伊勢道中記	文化3年	潤秀	6月13日	（陸奥国長塚村）
15	富士道中控	文化3年	不明	6月13日	（武蔵国上板橋村）
16	坂東秩父順付	文化7年	熊切氏	2月13日	（上総国東栗倉村）
17	江の島の記	文化11年	菊地民子（3名、豪商の妻）	4月10日	（江戸）
18	日本九峰巡礼日記	文化14年	野田成亮（1名、修験）	文化9年	（日向国佐土原）
19	伊勢参宮旅日記	文政6年	菊枝楼繁路、千歌林主人	1月6日	（陸奥国石巻）
20	万字覚帳	文政9年	渡辺屋権太郎	1月23日	（陸奥国大代村）
21	西国道中日記帳	文政10年	朝見富三郎（45名）	閏6月1日	（武蔵国屈巣村）
22	富士禅定道中日記	文政11年	鈴木松蔵（7名）	6月8日	（常陸国諸川新田）
23	道中日記帳	文政12年	富士木伝兵衛（16名、商人）	3月23日	（下総国佐倉）
24	御用留	文政12年	重兵衛	不明	（武蔵国福生）
25	富士山大山道中日記	天保2年	岡田常五郎	7月1日	（武蔵国本宿村）

7月9日	7月11日	10日		国立国会図書館蔵
6月17日	6月18日	10日		『猿渡盛章紀行文集』
6月12日	8月1日	51日		『袖ヶ浦町史』資料編二
3月3日	不明	不明	5月3日以降記載なし	『多賀城市史』第5巻歴史史料(二)
6月29日	7月4日	10日		神奈川県立金沢文庫蔵
7月10日	不明	不明		岩科小一郎『富士講の歴史』
2月11日	2月17日	9日		『浦和市史』第3巻近世史料編Ⅳ
7月15日	7月17日	3日	1貫250文持出ス	神奈川県立公文書館蔵「矢野家文書」
6月4日	8月12日	71日		『蓮田市史』近世資料編II
2月5日	不明	不明	2月18日以降記載なし	『桃生町史』第4巻諸史編
2月5日	4月6日	85日		『津山町史』後編
6月27日	7月2日	8日	2両2朱6貫683文	『与野市史』通史編上巻
6月27日	7月4日	9日		蕨市立図書館蔵
7月3日	不明	不明	7月6日以降記載なし	狭山市立博物館蔵
7月17日	7月19日	49日		大宮市立博物館図録『お伊勢参り』
6月7日	不明	不明		岩科小一郎『富士講の歴史』
1月3日	不明	不明	2月9日以降記載なし	『城山町史』2、資料編近世
6月12日	8月9日	74日		『秋保町史』資料編
6月3日	不明	不明	7月4日以降記載なし	『海上町史研究』29
7月7日	7月9日	8日	6貫145文	『松戸市史』史料編(1)
6月27日	7月9日	40日		『両津市誌』資料編
(8月23日)	不明	不明		『鎌倉市史』近世近代紀行地誌編
7月15日	9月28日	81日		『石川町史』下巻
6月19日	8月27日	75日		『伊勢参宮日記考』上資料篇1
7月10日	7月24日	23日		『石川町史』下巻

26	雨降山の日記	天保２年	源真澄(１名、国学者)	７月２日	(江戸)
27	なまよみの日記	天保３年	猿渡盛章(５名、神主・国学者)	６月９日	(武蔵国府中)
28	伊勢道中日記帳	天保４年	(嘉兵衛)(名主)	６月10日	(上総国飯富村)
29	道中記覚	天保６年	(渡辺屋権太郎)(12名)	２月５日	(陸奥国大代村)
30	富士大山道中雑記	天保９年	(甲州府中近郊の村民)(６名)	６月25日	(甲斐国府中)
31	富士山日記(抄)	(天保９年)	(鳥飼弥参郎)	７月８日	(上総国奈良輪)
32	坂東道中記	天保12年	不明	２月９日	(武蔵国本太村)
33	大山より江乃嶋鎌倉金沢日記	天保15年	不明	７月15日	(相模国雨坪村)
34	道中日記帳	弘化２年	篠崎氏(12名)	６月１日	(武蔵国上平野村)
35	伊勢道中記	弘化５年	三浦与左衛門	２月３日	(陸奥国太田北沢)
36	伊勢道中記	嘉永元年	不明(八郎右衛門他９名)	１月10日	(陸奥国北沢村)
37	大山参詣弁小遣帳	嘉永元年	不明	６月25日	(武蔵国鈴谷村)
38	大山江之嶋道中日記帳	嘉永２年	岡田門五郎(14名、名主家)	６月25日	(武蔵国蕨)
39	道中日記帳	嘉永２年	久保田太三郎	７月１日	(武蔵国柏原村)
40	伊勢其外諸参詣入用帳	嘉永３年	浅子治兵衛(32名)	６月１日	(武蔵国大和田村)
41	御供　道中日記	嘉永５年	重右衛門	６月５日	(上総国奈良輪)
42	伊勢参宮道中記	嘉永６年	樋口氏	１月２日	(相模国上川尻村)
43	伊勢道中記	嘉永６年	(柴田氏)	５月24日	(陸奥国秋保)
44	伊勢参宮道中日記覚帳	嘉永６年	樹氏	５月28日	(下総国幾世村)
45	富士山道中日記覚帳	嘉永６年	友治郎(名主)	７月２日	(下総国大谷口村)
46	(略道中記)	安政６年	榛白弥十郎(４人)	５月29日	(佐渡国坊ヶ崎村)
47	東海紀行	安政６年	小田切日新	８月	(不明)
48	道中日記	万延元年	坂路河内頭(２名、神官)	７月６日	(陸奥国坂路村)
49	参宮拝礼帳	文久２年	菅谷弥七	６月11日	(常陸国鹿島)
50	石尊道中入用控帳	文久３年	十文字金太郎	７月２日	(陸奥国南山形村)

表 2　大山参詣旅日記の旅の主目的分類

表 2-1（大山参詣を主目的）

題　名	筆　者	年　代	行　程	大山登山日	日数
雨降山乃記	坂本栄昌	寛政 3 年 7 月	江戸一藤沢一大山一伊勢原一神奈川一江戸	**7 月 5 日**	4 日
雨降山の日記	源真澄	天保 2 年 7 月	江戸一程ヶ谷一金沢一浦賀一金沢一鎌倉一藤沢一大山一戸塚一江戸	**7 月 9 日**	10日
大山より江之嶋鎌倉金沢日記	不明	天保15年 7 月	相模国雨坪村一蓑毛一大山一藤沢一江ノ島一鎌倉一金沢一鎌倉一藤沢一平塚一(雨坪村)	**7 月15日**	3 日
大山参詣并小遣帳	不明	嘉永元年 6 月	武蔵国鈴谷村一府中一厚木一大山一藤沢一江ノ島一藤沢一江戸一浦和一鈴谷村	**6 月27日**	8 日
大山江ノ島道中日記帳	岡田門五郎	嘉永 2 年 6 月	武蔵国蕨一府中一小野路一厚木一大山一藤沢一江ノ島一鎌倉一金沢一程ヶ谷一駒込一蕨	**6 月27日**	9 日
石尊道中入用控帳	十文字金太郎	文久 3 年 7 月	陸奥国南山形村一江戸一溝之口一厚木一大山一須走一関本一道了尊一小田原一藤沢一江ノ島一鎌倉一横浜一神奈川一江戸一宇都宮一南山形村	**7 月10日**	23日

表 2-2（大山及び他の名所を同等に主目的）

題　名	筆　者	年　代	行　程	大山登山日	日数
富士大山道中記	与兵衛	寛政元年閏 6 月	武蔵国本宿村一御嶽山一吉田一富士山一須走一道了尊一大山一藤沢一江ノ島一鎌倉一江戸一本宿村	**7 月 3 日**	12日
富士山大山道中日記	岡田常五郎	天保 2 年 7 月	武蔵国本宿村一吉田一富士山一須走一大山一府中一本宿村	**7 月 6 日**	8 日
富士大山道中雑記	(甲州府中近郊の村民)	天保 9 年 6 月	甲斐国府中一吉田一富士山一須走一道了尊一大山一江ノ島一鎌倉一藤沢一八王子一府中	**6 月29日**	10日
(略道中記)	榛白弥十郎	安政 6 年 5 月	佐渡国坊ヶ崎村一新潟一菅谷不動一鳥海山一羽黒山一湯殿山一山寺一塩竈神社一日光一江戸一程ヶ谷一鎌倉一江ノ島一藤沢一大山一高崎一新潟一坊ヶ崎村	**6 月27日**	40日

表 2-3 (富士参詣を主目的)

題　名	筆　者	年　代	行　程	大山登山日	日数
富士日記	池川春水	明和5年6月	安房国和田村—上総百首—野島—鎌倉—腰越—江ノ島—藤沢—大山—矢倉沢—須走—富士山—吉田—大月—江戸—和田村	**6月28日**	9日
富士道中控	不明	文化3年6月	武蔵国上板橋村—府中—八王子—吉田—富士山—須走—関本—大山—荻野—小野路—府中—上板橋村	不明	不明
富士禅定道中日記	鈴木松蔵	文政11年6月	常陸国諸川新田—八王子—吉田—富士山—須走—道了尊—大山—藤沢—江ノ島—鎌倉—江戸—諸川新田	6月18日	14日
御用留(抄)	重兵衛	文政12年7月	福生—吉田—富士山—須走—道了尊—大山—橋本—福生	**不明**	不明
なまよみの日記	猿渡盛章	天保3年6月	府中—高尾山—吉田—富士山—吉田—籠坂峠—須走—道了尊—大山—厚木—小野路—府中	6月17日	10日
富士山日記(抄)	(鳥飼弥参郎)	(天保9年)7月	上総国奈良輪—神奈川—藤沢—大山—関本—道了尊—須走—籠坂峠—吉田—(不明)	**7月10日**	不明
富士山道中日記覚帳	友治郎	嘉永6年7月	下総国大谷口村—江戸—高尾山—吉田—富士山—須走—大山—藤沢—川崎大師—江戸—(大谷口村)	**7月7日**	8日

表 2-4 (鎌倉・江ノ島を主目的)

題　名	筆　者	年　代	行　程	大山登山日	日数
鎌倉記	自住軒一器子	延宝8年4月	江戸—金沢—鎌倉—江ノ島—藤沢—大山—藤沢—江戸	4月16日	5日
江の島の記	菊池民子	文化11年4月	江戸—川崎大師—神奈川—金沢—鎌倉—江ノ島—藤沢—伊勢原—大山—厚木—神奈川—江戸	4月16日	10日
東海紀行	小田切日新	安政6年8月	(不明)—金沢—鎌倉—江ノ島—藤沢—平塚—(大山)	不明	不明

表 2-5（坂東巡礼を主目的又は湯殿山、秩父巡礼を兼ねる）

題　名	筆　者	年　代	行　程	大山登山日	日数
坂東巡礼湯殿山道中記	奥富万太郎	享保７年６月	武蔵国大谷村ー高崎ー足利ー日光ー米沢ー山形ー羽黒山ー月山ー湯殿山ー山形ー福島ー木更津ー神奈川ー鎌倉ー江ノ島ー藤沢ー飯泉観音ー大山ー江戸ー大谷村	７月21日	53日
坂東秩父順附	熊切氏	文化７年２月	上総国東粟倉村ー江戸ー鎌倉ー藤沢ー飯泉観音ー大山ー日向薬師ー八王子ー秩父ー妙義山ー善光寺ー榛名山ー高崎ー足利ー日光ー筑波山ー香取ー鹿島ー息栖ー久留里ー上総国東粟倉村	２月22日	32日
坂東道中記	不明	天保12年２月	武蔵本太村ー府中ー厚木ー日向薬師ー一の沢ー大山ー蓑毛ー飯泉ー藤沢ー江ノ島ー鎌倉ー程ヶ谷ー江戸ー(不明)	２月11日	(9日)
道中日記帳	久保田太三郎	嘉永２年７月	武蔵国柏原村ー八王子ー厚木ー日向薬師ー大山ー蓑毛ー飯泉ー藤沢ー江ノ島ー鎌倉ー三浦ー鎌倉ー程ヶ谷ー(不明)	**７月３日**	(6日)

表 2-6（伊勢参宮、西国巡礼が主目的）

題　名	筆　者	年　代	行　程	大山登山日	日数
西国道中記	不明	宝永３年５月	下総国粟野村ー江戸ー戸塚ー鎌倉ー江ノ島ー大山ー須走ー富士山ー吉田ー甲府ー名古屋ー伊勢ー熊野ー和歌山ー高野山ー大坂ー吉野ー奈良ー大津ー京ー姫路ー宮津ー名古屋ー江戸	６月３日カ	74日
伊勢参宮・西国順拝道中記	木村有周	明和２年３月	出羽国新庄村ー酒田ー羽黒山ー新潟ー弥彦ー高田ー戸隠ー善光寺ー高田ー金沢ー福井ー長浜ー土山ー伊勢ー熊野ー和歌山ー高野山ー大坂ー吉野ー奈良ー京ー神戸ー姫路ー宮津ー竹生島ー名古屋ー鳳来寺ー秋葉山ー三島ー須走ー富士山ー須走ー大山ー江ノ島ー鎌倉ー金沢ー戸塚ー江戸ー日光ー新庄村	６月20日	104日

伊勢参宮道中記	中川清蔵	明和５年12月	出羽国柏木目村―二本松―日光―江戸―戸塚―鎌倉―江ノ島―藤沢―大山―小田原―秋葉山―鳳来寺―名古屋―伊勢―奈良―吉野―大坂―京―大津―善光寺―高田―弥彦―新潟―柏木目村	1月1日カ	66日
西国道中道法并名所宿泊附	古市源蔵	安永２年５月	陸奥国宝坂村―鹿島―香取―成田―江戸―鎌倉―江ノ島―大山―須走―富士山―須走―秋葉山―鳳来寺―伊勢―熊野―和歌山―高野山―大坂―吉野―大津―京―高砂―金毘羅―宮津―善光寺―日光―宇都宮―宝坂村	６月４日	85日
西国道中記	岡崎藤七	天明元年５月	常陸国下小瀬村―鹿島―成田―江戸―戸塚―鎌倉―江ノ島―藤沢―大山―小田原―箱根―須走―富士山―大宮―秋葉山―鳳来寺―名古屋―伊勢―熊野―高野山―大坂―吉野―奈良―京都―姫路―宮津―善光寺―日光―下小瀬村	６月４日	不明
伊勢参宮所々名所并道法道中記	庄三郎	寛政６年１月	陸奥国迫―仙台―水戸―鹿島―香取―成田―江戸―戸塚―鎌倉―江ノ島―藤沢―大山―小田原―秋葉山―鳳来寺―名古屋―伊勢―奈良―吉野―高野山―和歌山―大坂―高砂―金毘羅―室津―京―善光寺―妙義―日光―仙台―迫	２月７日	90日
道中記	残間庄吉	寛政11年６月	陸奥国大谷成田村―鹿島―香取―成田―江戸―戸塚―鎌倉―江ノ島―藤沢―大山―小田原―秋葉山―鳳来寺―名古屋―伊勢―奈良―吉野―高野山―大坂―金毘羅―京―善光寺―高崎―日光―大谷成田村	**７月16日**	83日
道中記	杉沼彦左エ門	享和４年１月	出羽国平塩村―山形―福島―宇都宮―江戸―戸塚―鎌倉―江ノ島―藤沢―大山―小田原―箱根―秋葉山―鳳来寺―名古屋―伊勢―熊野―大坂―奈良―近江―京都―金毘羅―姫	１月26日	約1年

			路—福知山—宮津—京都—高野山—(不明)		
伊勢道中記	潤秀	文化3年6月	陸奥国長塚村—鹿島—香取—成田—江戸—鎌倉—江ノ島—大山—須走—富士山—須走—秋葉山—鳳来寺—名古屋—伊勢—熊野—和歌山—(不明)	**7月1日**	不明
伊勢参宮旅日記	菊枝楼繁路	文政6年1月	陸奥国石巻—塩竈—水戸—筑波—鹿島—香取—成田—江戸—戸塚—鎌倉—江ノ島—藤沢—大山—道了尊—小田原—久能山—秋葉山—鳳来寺—名古屋—伊勢—奈良—吉野—高野山—大坂—金毘羅—姫路—京—善光寺—妙義山—日光—仙台—塩竈—石巻	2月1日	87日
万字覚帳	渡辺屋権太郎	文政9年1月	(陸奥国大代村)—笠間—筑波—鹿島—成田—江戸—戸塚—鎌倉—江ノ島—藤沢—大山—箱根—久能山—秋葉山—鳳来寺—名古屋—伊勢—奈良—吉野—高野山—大坂—金毘羅—京—善光寺—妙義—日光—大代村	2月4日	(71日カ)
西国道中日記帳	朝見富三郎	文政10年閏6月	武蔵国屈巣村—蕨—江戸—川崎大師—戸塚—鎌倉—江ノ島—藤沢—大山—道了尊—須走—村山—久能山—秋葉山—伊勢—熊野—高野山—大坂—吉野—奈良—京都—金毘羅—岡山—姫路—宮津—善光寺—屈巣村	6月4日	78日
道中日記	富士木伝兵衛	文政12年3月	下総国佐倉—江戸—高崎—榛名山—妙義山—戸隠山—善光寺—名古屋—伊勢—奈良—吉野—高野山—大坂—金毘羅—厳島—姫路—大坂—京—鳳来寺—秋葉山—久能山—箱根—大山—藤沢—川崎大師—(不明)	**7月7日**	不明
伊勢道中日記帳	不明	天保4年6月	上総国飯富村—木更津—戸塚—大山—道了尊—須走—村山—秋葉山—鳳来寺—名古屋—伊勢—奈良—吉野—高野山—	6月12日	51日

			大坂—金毘羅—京—善光寺—高崎—江戸—飯富村		
道中日記帳	(渡辺屋権太郎)	天保6年2月	陸奥国大代村—岩沼—日光—筑波—香取—成田—江戸—戸塚—鎌倉—江ノ島—藤沢—大山—小田原—秋葉山—鳳来寺—名古屋—伊勢—奈良—吉野—高野山—大坂—金毘羅—室津—京—善光寺—高田—弥彦—新潟—(後欠)	3月3日	不明
道中日記帳	篠崎氏	弘化2年6月	武蔵国上平野村—江戸—柏尾—大山—道了尊—富士山—秋葉山—伊勢—高野山—大坂—吉野—奈良—京都—金毘羅—姫路—宮津—善光寺—上平野村	6月4日	71日
伊勢道中記	三浦与左衛門	弘化5年1月	(前欠)—江戸—戸塚—鎌倉—江ノ島—藤沢—大山—小田原—久能山—秋葉山—鳳来寺—名古屋—伊勢—(後欠)	2月5日	不明
伊勢道中記	不明	嘉永元年1月	陸奥国北沢村—仙台—水戸—筑波—鹿島—香取—成田—江戸—程ヶ谷—金沢—鎌倉—江ノ島—藤沢—大山—小田原—久能山—秋葉山—名古屋—伊勢—奈良—高野山—大坂—金毘羅—姫路—京—善光寺—妙義—日光—北沢村	2月5日	85日
伊勢其外諸参詣入用帳	浅子治兵衛	嘉永3年6月	武蔵国大和田村—妙義—善光寺—名古屋—伊勢—奈良—吉野—高野山—大坂—京—草津—桑名—宮—鳳来寺—秋葉山—須山—富士山—須走—大山—厚木—江戸—大宮—大和田村	**7月17日**	49日
御供　道中日記	重右衛門	嘉永5年6月	上総国奈良輪—神奈川—藤沢—大山—蓑毛—道了尊—関本—須走—富士—村山—久能山—秋葉山—鳳来寺山—名古屋—桑名—(不明)	6月7日	不明
伊勢参宮道中記	樋口氏	嘉永6年1月	相模国上川尻村—大山—小田原—秋葉山—鳳来寺—名古屋—伊勢—奈良—吉野—高野山	1月3日	不明

			—大坂—京—大津—松本—善光寺—篠ノ井—(後欠)		
伊勢道中記	柴田氏	嘉永6年5月	陸奥国秋保—水戸—筑波—成田—江戸—戸塚—鎌倉—江ノ島—藤沢—大山—須走—富士山—久能山—秋葉山—名古屋—伊勢—奈良—吉野—高野山—大坂—金毘羅—岡山—京—善光寺—高崎—日光—福島—秋保	6月12日	74日
伊勢参宮道中日記帳	樹氏	嘉永6年5月	下総国幾世村—江戸—藤沢—大山—道了尊—須走—富士山—須走—三島—久能山—秋葉山—鳳来寺—名古屋—伊勢—熊野—高野山—大坂—(後欠)	6月3日	不明
道中日記	坂路河内頭	万延元年7月	陸奥国坂路村—黒羽—松戸—江戸—横浜—鎌倉—江ノ島—藤沢—大山—須走—富士山—須走—沼津—久能山—秋葉山—鳳来寺—名古屋—伊勢—奈良—京—大坂—京—大津—高崎—大田原—坂路村	**7月15日**	81日
参宮拝礼帳	菅谷弥七	文久2年6月	常陸国鹿島—鹿島神宮—香取神宮—行徳—江戸—川崎大師—藤沢—大山—須走—久能山—秋葉山—鳳来寺—名古屋—伊勢—奈良—吉野—高野山—金毘羅—丸亀—姫路—京都—善光寺—日光—水戸—鹿島	6月19日	75日

表2-7(その他)

題　名	筆　者	年　代	行　程	大山登山日	日数
日本九峰巡礼日記	野田成亮	文化14年5月	日向国佐土原…江戸—川崎—鎌倉—江ノ島—藤沢—寒川神社—日向薬師—大山—道了尊—小田原—鴫立沢—箱根…佐土原	5月15日	

Ⅰ　富士山
Ⅱ　富士山及び板東巡礼
Ⅲ　出羽三山
③富士山を主目的
④鎌倉・江ノ島を主目的
⑤坂東巡礼等の途次
　Ⅰ　坂東巡礼
Ⅱ　坂東巡礼と湯殿山（出羽三山）参詣を兼ねたもの
Ⅲ　坂東巡礼と秩父巡礼を兼ねたもの
⑥伊勢参宮、西国巡礼の途次
⑦全国行脚の旅の途次

大まかに分類すると、大山参詣を行っていた人々には、七通りの形態があった。まず、表2―1は、大山参詣を主目的としていたものであり、六例ある。表2―2は、大山及び他の名所の両方を主目的としていると思われる旅であり、富士参詣と大山参詣の両所を主目的としたのが二例、富士参詣・大山参詣のみならず同時に坂東巡礼を行っているのが一例、出羽三山と大山参詣を主目的としているのが一例となっている。表2―3は、富士参詣のついでに、大山へ立ち寄ったものであり、七例ある。富士山と大山の間には、双方の宗教者の介在により「片参り」を禁忌する伝承が残され、また交通経路上便利であることなど合理的観念から、二カ所参詣が構築されていた。

表2―4は、鎌倉・江ノ島を訪れた旅人が、大山まで足を延ばしたものであり、数多く残る江ノ島・鎌倉地域

への道中日記・紀行文からすると、三例と極端に少ない。また江ノ島は、大山詣りののち「精進落とし」を行う場所として利用されていたことは周知のごとくで、[1]本稿で扱う旅日記の中にも、大山参詣ののち江ノ島へ訪れている例が多く見られる。しかるに、逆に鎌倉・江ノ島を主目的として訪れた人々が大山へ歩を向けることは極めて稀であった。これはおのずと両所の参詣者層が違うことを示している。第七章で指摘する通り、安永期（一七七二〜一七八一）以降一方的に大山参詣者が江ノ島・鎌倉を経路に組み込んでいくことで、次第に両所の境目は失われていったようであるが、依然として江ノ島・鎌倉での「風流」「歴史探訪」を志向する文人層は、必ずしも大山詣を包括していかなかった。

表2―5は、坂東巡礼を主目的としたものであり、四点ある。そのうち二点は、それぞれさらに出羽三山参詣と秩父巡礼を兼ねた旅である。坂東観音霊場巡りを行う場合、大山を取り囲むように、五番札所飯泉山勝福寺、六番札所飯山晩鐘山長谷寺、七番札所金目山光明寺、八番札所妙法山星谷寺が存在しているため、大山も巡礼路に組み込まれたものと考えられるが、この点については後述する。また表2―2中の『富士大山道中記』（寛政元年）は、富士・大山参詣と坂東巡礼を兼ねたものである。

表2―6は、主に伊勢参宮を行った人々の旅日記であり、二五点ある。関東・東北より伊勢参宮を行う際、久能山・秋葉山・鳳来寺山・熊野・高野山・吉野・金比羅・善光寺・妙義山・榛名山などを旅の経路に包摂していたことは周知の通りで、相模大山もその一つであった。大山参詣という場合、大山御師と大山講中に光が当てられてきたせいか、農村・漁村・都市を問わず講による参詣が想起されるが、表2からは、坂東巡礼や伊勢参宮の「循環的行程」の途次に訪れる旅人も一箇の主要な構成要素であったことがうかがえる。この点は他参詣地でも指摘でき、近年伊勢参りの道中日記の分析を通して、途次の参詣地へも注目すべきことがいわれている。[2]

第二節　参詣時期

次に大山への参詣時期を課題としていく。大山は、六月二十七日より七月十七日までを夏山といって、中腹の大山寺本堂脇にある登山口が開かれ、この時期に限って山頂の石尊社へ登拝することが許された。ゆえにこの夏山祭礼中には、関東一円より参詣者が群集したとされる。(3) そこで本節では、旅日記それぞれの参詣時期をみることで、旅の主目的ごとに参詣時期の違いが生ずるのか否か覧究していく。

五〇点の旅日記のうち、夏山祭礼中に参詣しているのは二〇点である。これを旅の主目的別にしてみると、次のように示される（表2では、大山登山日がゴチック）。

①大山を主目的……………………六点のうち六点（一〇〇％）
②大山及び他の名所を同等に主目的……四点のうち四点（一〇〇％）
③富士参詣を主目的…………………七点のうち四点（五七％）
④鎌倉・江ノ島を主目的……………三点のうち〇点（〇％）
⑤坂東巡礼を主目的…………………四点のうち一点（二五％）
⑥伊勢参宮・西国遊覧を主目的………二五点のうち五点（二〇％）
⑦全国巡礼…………………………一点のうち〇点（〇％）

大山を主目的としているか、または大山及び他の名所を同等に主目的にしている場合は、一〇点中一〇点と実に一〇割もの割合で、夏山祭礼中に参詣を行っている。富士参詣を主目的としている場合でも、大山参詣への強い意識が観取される。富士山は六月朔日より山開きとなるが、大山参りにそれほど執着心がなかったと思われる鈴木松蔵と猿渡盛章は、それぞれ六月八日、六月九日に出発しており、山開きして早々に富士登山を敢行している。これに対して、池川春水、鳥飼弥参郎、友治郎らは、それぞれ六月二十五日、七月八日、七月二日と、富士山が山開きして大分経ってからの出発であり、夏山季の大山参詣までを念頭に入れて出発日を設定したと考えられる。彼らには富士と大山両山登拝への強い意志が窺知される。

大山を主目的としていればいるほど、山頂の石尊宮登拝への意欲が強いことがここまでで明白である。鎌倉・江ノ島を主目的としていた人々の夏山祭礼に対する薄弱な意識とは対照的である。つまり、後者の参詣者は、大山参詣を単なる知識欲の対象としてしか見ていなかった。いわゆる制覇した名所寺社を地図上で一つ一つ塗りつぶすがごとき感覚である。さらにいうならば、別に山頂の様子を見なくとも、かの有名な雨降山大山寺という場所を訪れたという事実に自己満足していたのである。豊富な歴史的事実や逸話を知悉せねば楽しみが半減する鎌倉参詣の先駆者となった彼ら知識人層の旅は、第六章に譲りたい。

伊勢参宮についても、理解しやすくするために関東（一一点）と東北（一四点）で分けて検討する。まずは関東地方からの参詣者であるが、一一点中大山の夏山祭礼中に参詣を行ったのは、わずか二点である。しかも、その富士木伝兵衛による『道中日記』（文政十二年＝一八二九）と浅子治兵衛による『伊勢其外諸参詣入用帳』（嘉永三年＝一八五〇）は、いずれも往路が中仙道、帰路が東海道という経路を踏踵している。たとえ出発前におおよそ八十日前後の行程が予想されたとしても、相模大山の夏山祭礼まで意識した計画とは謂い難い。すなわち夏山登拝を行ってはいても大山参りへの意識は薄いといえよう。残りの九点はすべて往路が東海道であるが、樋口氏の『伊勢参宮道中記』（嘉永六年＝一八五三、一月）のただ一点を除く八点すべてが五月下旬から六月初旬にかけての出発である。これは六月朔日の富士山の山開きに合わせたものであると考えられる。実際、樋口氏のみ富士詣を行っていないのである。このように、むしろ注目すべきは富士である。

次に東北地方からの参詣者を論ずる。すでに東北地方よりの伊勢参宮が一月・二月に集中しているということは報告されているが[4]、ここでは二つの時期にはっきり区別される。すなわち冬と夏である。内訳は、十二～二月出発が八点、五～七月出発が五点、三月出発が一点である。この三月出発の者も北陸から伊勢に向かい、帰路は東海道をたどり六月後半に富士・大山を踏騰しているため夏季型に含めることができるだろう。

従来農閑期である一・二月に伊勢参宮が多いとされるが、同時に夏季に開山する諸山岳信仰やあるいは尾張国津嶋社天王祭（六月十四・十五日）などに併せて出かける夏季型参詣も存在していたことを示している[5]。

一四点中大山の夏山祭礼中に参詣したのは三点であり、その地域的内訳は、現福島県域（二点）、現宮城県大郷町（一点）からのものである。この数字からは夏山祭礼中の参詣に対する意識は特に見られない。しかしより狭い地域に視点を落としてみると事情が変わる。東北から大山の夏山祭礼中に参詣を果たしたのは、現福島・宮城県域の住人であった。これはなぜだろうか。大山の信仰圏内に含まれていた福島県域[6]においてはやや夏山を意識する傾向が見える。桜井氏の作成された「百人の旅人の足跡」[7]に基づいて計算すると、大山に立ち寄っているのは関東が六〇人中六人（一〇％）、福島・宮城が二一人中一一人（五二％）、それ以外の東北が一九人中二人（一一％）、富士に立ち寄っているのは関東が六〇人中六人（一〇％）、福島・宮城が二一人中四人（一九％）、それ以外の東北が一九人中一人（五％）である。伊勢参宮に乗じて大山に参詣しようという現福島県域・宮城県域の参詣者の意識の高さと、福島・宮城を除いた東北地方の参詣者の富士・大山への意識の低さが明らかである。

伊勢参宮の分析を基に考察をすると、次の三点に集約される。①伊勢参宮等長距離・長期間にわたる旅の場合、日常参詣が可能な場所は省略される。同じ桜井氏の作成された表[8]を基にすると、江ノ島・鎌倉を訪れたのは四六人（うち二人は鎌倉のみ）で、その内訳は関東が一二人、東北は三四人（福島一一、宮城八、山形一二、秋田三）となっている。一〇〇人中関東からの参詣者の総数は六〇人、東北からは四〇人であるから、関東からは二〇％、東北からは実に八五％の割合で江ノ島・鎌倉に行っていることになる。この事例が示すごとく、幾度か訪れる機会に恵まれていたと考えられる関東地方からの伊勢参詣者が、大山を意図的に省き、あるいは山頂登拝への意識が欠如していたことは明らかである。②しかし、信仰圏内にありながら、やや遠距離なため参詣を果たせずにいた場合（関東なら富士、東北南部なら大山）は、その霊山への登山を十分に意識して参詣計画がなされた。③信仰圏を超越した完全な遠隔地域では、参詣対象とされることが自体が少なく、したがって山頂登拝の意識などは見られない。たとえ参詣されたとしても、それは鎌倉・江ノ島参詣者と同じく「知識欲的参詣」に他ならない。参詣するか否かには、必ずかかる民衆による行為選定の手続きが踏まれているのである。

以上参詣日の分析を通じて、山頂の登拝が許される唯一の機会に群集する参詣者と、知識欲的参詣を行う鎌倉・江ノ島の参詣者というまったく異質な形態の寺社参詣を行う二種の階層性が存在することが判明した。この論点は本書においても幾度か述べていくが、ある程度数値をもって論証されたように思う。

また月参りや多度勤めを行う相模の一部地域を除き、富士・大山への参詣者は夏季に集中しており、それ以外の時期は、むしろ坂東巡礼、伊勢参宮（東北南部を除く）、そして些少な勢力ながら鎌倉・江ノ島参詣から足をのばした文人層による参詣が主流であったともいえよう。この点については、十返舎一九の『金草鞋』二三編（天保四年＝一八三三）の中の「この街道、富士、大山の道にて、夏は旅人も多く、茶屋もあれども、常は坂東巡礼往来するばかりなり」(9)と、富士と大山をつなぐルートの一つである、関本より曾我を経由して十日市に出る街道について触れた一文からも傍証できる。

第三節　参詣経路

ここでは大山を主目的または主目的のひとつとする事例を中心に分析し、出羽三山参詣や伊勢参宮と比べて大山参詣経路にいかなる特徴が見い出せるか考察する。まず参詣に要する日数をみておきたい。江戸・武蔵国からの参詣者のうち、大山のみで帰宅した『雨降山乃記』の坂本栄昌の旅は四日間であった。上総国作田村（現いすみ市）の大山講では、文政五年（一八二二）から文久二年（一八六二）までの一一点の道中記によれば、帰路に江ノ島・鎌倉、成田までまわって往復一〇〜一二日であった。[10] 作田村から江戸までの往復が五日であるので、すなわち江戸から大山まで江ノ島・鎌倉にまわっても往復五日程度の旅であったことが分かる。また武蔵国鈴谷村（旧与野市、現さいたま市）・武蔵国蕨からの二人は、江戸より遠い地理的条件に鑑みると、八〜九日というのは妥当なところである。

江戸を起点とした場合、従来江ノ島に寄って四・五日とされていたが、おおむねその通りであることを確認した。富士参詣を主目的とした場合はさらに五日かかり、おおよそ一〇日強の旅であった。住居地から一定の距離のある聖地に参詣する場合、その目的地のみで帰宅することはまずないが、大山の場合も同じである。しかもこれまで伊勢参宮や出羽三山で指摘されてきたように、表2―1・2・3のすべての旅日記が周回経路をとっている。さらに指摘できることは、住居地からまず真っ先に目的地（大山・富士）を目指し、参詣目的を果たしたのちに江ノ島・鎌倉、江戸などに寄りつつ帰路についている点である。これは単一の山岳信仰の特徴であると考える。

しかしながら、この循環的行程かつ参詣地複合化の傾向を、伊勢参宮と同様に「物見遊山」と結論づけるのには無理がある。なぜなら大山・富士参詣において、他に参詣される名所・聖地は、数カ所に限定されているからである。各地の名所を丹念に廻っていく十八世紀中期以降の伊勢参宮とはこの点が大きな違いであろう。これが最も端的に表れているのは、図1である。陸奥国南山形村を出発した十文字金太郎は、往路江戸まで一日散に向かい、青山通りで大山に参詣したのち富士・道了尊・江ノ島・鎌倉と廻り、江戸に戻っている。江戸で数日楽しんだのち、また帰路は一切どこにも寄らず南山形村へ帰っている。佐渡国坊ケ崎村（現新潟県佐渡市）から出羽

図１　東北・佐渡からの参詣ルート

三山参詣と大山参詣のために出発した榛白弥十郎は、新潟へ渡海後、菅谷不動へ詣で、鳥海山・出羽三山・山寺・塩竈神社と東北の名所寺社を周回した。しかし関東に入った後は、日光に参詣しただけで江戸に入り、鎌倉・江ノ島を経て大山に登拝し、帰路はどこにも寄らず帰宅している。このように、遠路はるばる大山詣を果たした事例においても、江戸や武蔵国・常陸国・安房国・甲斐国から参詣した他の事例と同様、関東地方内に限ってみれば、大山と関係のある富士、江ノ島・鎌倉程度しか廻っていない。このことは大山参詣が依然として信仰的側面を保持し続けていたことを裏付けるものである。同時に、まず目的地に真っ先に向かい、そののちに江ノ島・鎌倉、江戸での楽を以って憂を忘れるという行程は、元来自然的聖地として成立し発展してきた大山に、山岳登拝による修行的要素を見いだしていたことをはっきりと示している。「修行―精進落とし」の構図の変容形態なのである。このような単一の山岳登拝に見られる特徴は出羽三山の事例[11]でも同じ傾向が見られる。

出羽三山もそもそも自然的聖地として興った修験の山であり、大山参詣同様修業的要素も認められることはいうまでもない。参詣される場所も、やや距離のある南関東からの参詣者は、榛名・伊香保・戸隠・善光寺など多数の聖地・名所をまわるものの、出羽三山周辺に至ると、近隣の東北・北関東・越後からの参詣者と同じく鳥海山など一定の場所に参詣が限られる。これは第三章で見る大山参詣の場合とまったく同一で、単一の山岳登拝としての特徴も明白である。

真っ先に目的地に登拝し、その後限定された寺社だけを数カ所まわるといういわば「修行性循環的行程」ともいえる参詣行動は、近世の山岳登拝の基本的な特徴であり、依然として山岳登拝の神聖性を保持していることを示している。伊勢参宮のごとく長距離・長期間となるものは、より効率性を重視し、多数の名所を廻る様相を呈するが、山岳登拝の場合はその聖地に近づけば近づくほどこの「修行性循環的行程」による儀礼的規定を受けるのである。

このように理解すれば、出羽三山参詣をめぐって議論された出羽三山参詣の性格[12]についても次のように結論付けることができるのではないだろうか。参詣者が、いくつかの寺社を巡りながら往路と復路を違える「循環的行程」をとることは異論の差し挟む余地はない。伊勢参宮でも、中山道中では必ず善光寺に立ち寄り、随意戸隠山・榛名山・妙義山などをルートに組み込み、東海道中では久能山・秋葉山・鳳来寺、あるいは津島社や甚目寺などを必ずといってよいほど参詣するという傾向は、紛れもなくこれらの寺社を廻りたいという強い意志が働き、往路と復路を分けたと見ることができよう。特に伊勢参りや関東からの出羽三山参詣の場合、長距離な旅であるため、効率よくより多くの名所寺社を廻ろうとした庶民の「智恵」が最大限に活用された。つまり、出羽三山参詣のように多くの日数を有するものは、坂東巡礼や秩父巡礼と組み合わせ、日光や善光寺などをルートに含むなど、旅のルート設定、及び途中での訪問地選択の様相にはある程度効率性と「物見遊山」的要素を認めざるを得ないだろう。ただし、出羽三山参詣には、単一の山岳登拝モデルが含まれ、「修行性循環的行程」とも言うべき参詣行動をとる点において、聖性が維持されていた。

第四節　坂東巡礼者の参詣経路

ところが坂東巡礼者の場合はルートが異なる。坂東巡礼のコースに大山が組み込まれていることはすでに触れたが、ここでは詳細にその経路を検討する。まず一例を挙げよう。

出羽三山参詣と坂東巡礼を兼ねた『坂東順礼湯殿山道中記』(享保七年＝一七二二)の奥富万太郎は、武州越生より九番～十一番、十五番～十九番の各札所をまわり出羽三山に参詣した後、二十番～三十三番まで回り、木更津から神奈川まで渡海した。十四番弘明寺に詣で、それより鎌倉に入り、一番杉本寺から順に四番札所まで回った後、江ノ島を経て五番札所勝福寺・七番札所光明寺を廻り、大山へ参詣した。その後、一般的に利用される大山町(坂本村)や蓑毛村へ下りず、日向口に下り、日向薬師を訪れている。そこから六番札所長谷寺・八番札所星谷観音を廻り、厚木から江戸へ向かい、目黒不動と十三番浅草観音のみに参詣し帰村している。

すなわち、坂東巡礼で大山参拝を行う際、極めて特徴的な事実が浮かび上がる。それは、通常利用されない日向口を利用するということである。大黒屋版「坂東巡礼独案内」(13)でも、六番飯山観音と五番飯泉観音の間に「ひなた―大山―ミのけ」という行程が紹介されている。日向口は現在でも存在するものの、あまり利用されること

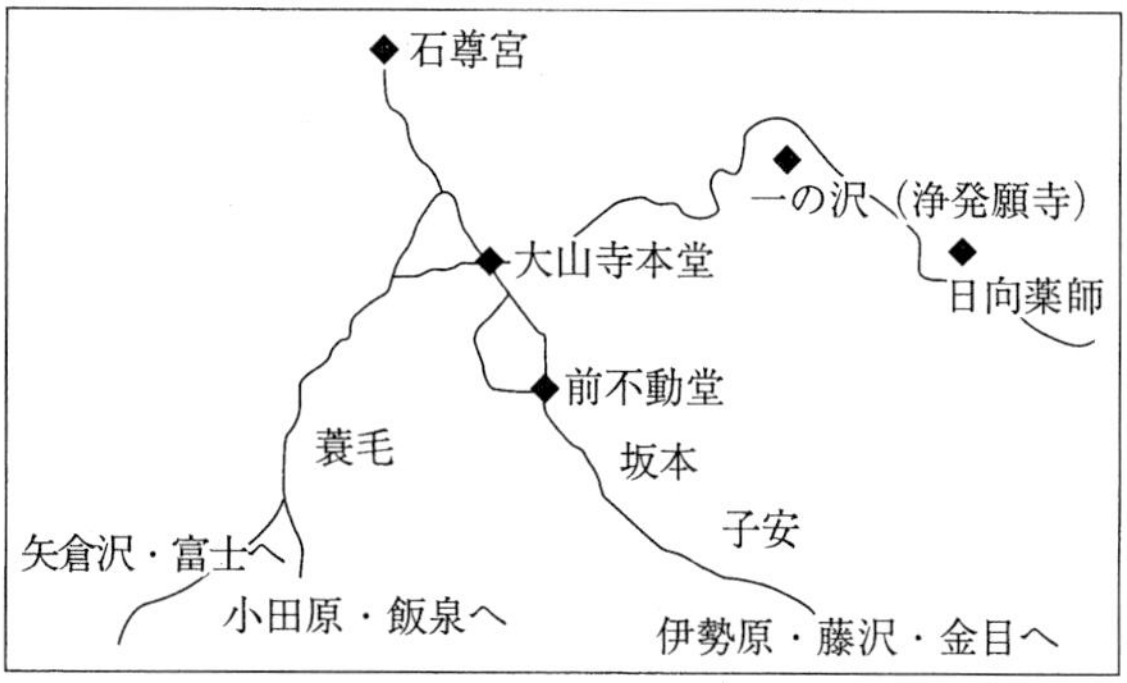

図2　大山参詣ルート

の多くない登山口であり、坂東巡礼者以外で日向口を利用した例は皆無に等しい。坂東巡礼者に限って誰しもが利用するところに巡礼者特有のこだわりがうかがえる。一種の習慣・決まり事として日向口を通過したのである（図2参照）。

　これは坂東三十三所の成立とも関わる問題だが、坂東三十三所の霊場のうち、真言宗（一六）・天台宗（一一）・修験本宗（一）で二九カ所を占めており、残りは、鎌倉内の二番札所岩殿寺（曹洞宗）・三番札所安養寺（浄土宗）・四番札所長谷寺（浄土宗）・十三番札所浅草寺（聖観音宗）と、常陸国笠間の二十三番札所正福寺（曹洞宗）である。この三十三所を結んでいくと、元来修験道場でもあった名所山岳霊場を見事に包摂していき、それだけでなく鹿島神宮・香取神宮など各国の一宮をはじめとした名所寺社までも経路上に載ってくるのである。このような視点で見ると、少なくとも十三世紀初めには成立したとされる(14)坂東三十三観音霊場だが、その霊場設定には修験の介在が容易に想起され、榛名山・日光・筑波山・大山・日向薬師・鹿野山などの各修験霊場の廻峰修行をも視野に入れたものとなっていたといえるだろう。近世には、秩父巡礼を包括あるいは兼帯して三峰山までも取り込み(15)、十三番札所浅草寺と十四番札所弘明寺の間に川崎厄除弘法大師堂を入れていくのである。坂東巡礼は中世末期以降民衆化し、行楽化を招いたとされるが、主要な箇所では慣例の巡礼路を遵守しつつも、大きく経路から外れない程度に多くの聖地名所を含んだ「近世的坂東巡礼コース」は、それのみで十分物見遊山的欲求をも満たしていたと考えられる。

逆にいえば、平常使われることの少ないルートをわざわざ利用するという参詣行動に、より深い信仰的側面が見られ、これが近世の聖地（本尊）巡礼の特徴であると考えられる。だがこの聖地（本尊）巡礼でさえも参詣地複合化・循環的行程・セット化の潮流は免れえず、このような諸参詣・諸巡（順）礼の持つ特徴を堅持することこそが、大衆化への趨向のなかで唯一聖性を維持する手段であったのである。

（1）鈴木章生「相模大山信仰の成立と展開」（『秦野市史研究』六、一九八六年、のちに圭室文雄編『大山信仰』、〈民衆宗教史叢書二二〉、雄山閣出版、一九九二年に収録）一一一頁。現埼玉県域では若者中の成人への通過儀礼として利用される習俗も見られた。

（2）田村貞雄「近世のお伊勢参り道中日記一覧」（『地方史静岡』二九、二〇〇一年）五八～五九頁。

（3）『滑稽富士詣』下（仮名垣魯文、文久元年／〈古典文庫一六四〉、古典文庫、一九六一年）四〇五頁。

（4）桜井邦夫「旅人百人に聞く江戸時代の旅」（大田区立郷土博物館図録『弥次さん喜多さん旅をする――旅人一〇〇人に聞く江戸時代の旅――』、一九九七年）一三頁。小野寺淳「道中日記にみる伊勢参宮ルートの変遷――関東地方からの場合――」（『筑波大学人文地理学研究』一四、一九九〇年、二三四頁）によれば、関東地方の場合でもやはり一月だけで六五％と大勢を占めている。

（5）例えば、『東海道名所図会』の作者秋里籬島は、その凡例で「東海道より五里七里入るの地も、また名神・名刹はこれを挙ぐる。いわゆる尾州津島天王、三州鳳来寺、遠州秋葉山、相州大山寺・江島・鎌倉等なり」と東海道筋の名所をあげているが、こうした名所を参詣するのに適した夏季の参詣形態が生まれることも必然的なことであろう（粕谷宏紀監修『新訂東海道名所図会』上、〈新訂日本名所図集一〉、ぺりかん社、二〇〇一年、一〇頁）。

（6）田中宣一「明治初期における大山講の分布」（『成城文芸』八三、一九七八年、のちに注1『大山信仰』に収録）によれば、大山阿夫利神社所蔵「開導記」から明治初期には現福島県域に六一六の大山講が存在していた。

（7）注（4）桜井「旅人百人に聞く江戸時代の旅」、八～一二頁。

（8）右に同じ。

(9)「箱根山七温泉江之島鎌倉廻金草鞋廿三編」(十返舎一九、天保三年刊／『神奈川県郷土資料集成』一〇、神奈川県図書館協会、一九六九年) 八二頁。

(10) 菅根幸裕「近世の大山講と大山御師――上総国作田村の大山講史料を中心に――」(『山岳修験』一八、一九九六年) 三八頁。

(11) 岩鼻通明「道中記にみる出羽三山参詣の旅」(『歴史地理学』一三九、一九八七年)。巡礼研究の分野では、それまで西国巡礼と四国遍路の成立と歴史的変遷を議論するものが主流であったが、真野俊和氏は巡礼という行為自体の意味を問う分析視角を示し、そこに巡礼による再生のメカニズムを見いだし、神話的(非日常的)時間・空間に心身を投入する意義を有していることを説いた。また交通史では新城常三氏が、室町時代中期以降西国巡礼など諸巡礼が民衆化したことを指摘したことにより、それ以降の研究は近世における旅の物見遊山的側面を強調するきらいがあった。岩鼻論文は、この別々の分野での研究成果を繋ぎ合わせ、「聖なる循環の旅」という理論を打ち出した画期的な論文である。

(12) 桜井邦夫(「近世における東北地方からの旅」、『駒沢史学』三四、一九八六年、一五六頁) が途中にいくつかの社寺をまわりながら参詣する傾向があることから出羽三山参詣を物見遊山の旅(伊勢参宮のミニ版)と断定したことに対し、注(11)岩鼻「道中記にみる出羽三山参詣の旅」は再び同じ道に戻ることが許されない「常に眼前に展開する未知の聖なる空間へ向かって前進することが要求」される旅であることを指摘し、「循環的行程」は社寺参詣の大衆化の代償として、聖性を維持するために生まれたものであるとした。

(13) 江戸両国吉川町大黒屋平吉版「坂東順礼独案内」、明治大学蘆田文庫所蔵。

(14) 福島県東白川郡棚倉町八槻都々古別神社の十一面観音の台座銘による(天福二・文暦元年＝一二三四)。

(15) 一地方巡礼である秩父巡礼が、西国巡礼や坂東巡礼とセット化する習慣が生まれたのは大きな謎である。あくまでも推論だが、これには三峰山の興隆が大きく関わっていると考えられる。多くの名寺社を取り込む性格を持つ坂東巡礼において、すでに十三世紀には成立していたとされる札所を変更せず三峰を廻ることを可能にする手段として、秩父巡礼三十三所を合わせ、さらには三十四所への変更すなわち百観音参巡礼という風習を生むにいたったのではなかろうか。これが当初三峰の近距離に坂東札所が設定されなかった理由であろう。

第三章　相模大山への参詣意識と書物に描かれた世界

第一節　相模大山の参詣習俗

すでに相模大山を事例として論を展開してきたが、ここでは若干信仰習俗について概説しておきたい。大山は相模国の中央部よりやや西に位置している。標高は一二五一・七メートルだが、一四〇〇から一六〇〇メートル級の山々を揃える丹沢山地の中でも、最も南東に突き出している。そのため、相模国中央部に広がる相模平野からは、眼前にそびえ立つ山として、威容を誇っている。[1] 元来その山容から、山の神としての信仰を集めてきた大山（雨降山）に祭られていたのは、阿夫利神社では石尊大権現（明治維新後、大山陶神に当てはめられる）、大天狗（大雷神）、小天狗（高龗神）、鳥石楠船神である。大山寺の本尊は不動明王であり、現在成田不動、高幡不動と並んで関東三大不動の一つにも数えられている。[2]

大山の祭神大山祇神は山の神で、水源や豊饒も支配するため、水の神・田の神、さらには造酒の神ともされ、代表的なものとして、伊予国一の宮大山祇神社の祭神があげられる。八雷神の一つ大雷神は気象（風雨雷電）を司る神、高龗神は龍神で、祈雨・止雨を司る神であり、これらは近代に入って比定されたものとはいえ、「山の神」「田の神」として信仰されてきたことは明らかであろう。鳥石楠船神は航海神・船神であり、山アテとしての役割から用意されたと考えられるが、この鳥石楠船神は、主祭神として祀られる例は極めて少なく、伴神としての性格が強い。本来「山の神」「田の神」として陸上の神である山岳霊地が、海上からも望むことのできた場合の自然発生的なものであろう。

このため、古来より雨乞い、豊漁の祈願対象として農漁山村の信仰を集め、阿夫利神社の名は『延喜式神名帳』(3)に式内社として早くも載筆されている。また天平勝宝七年（七五五）に、華厳宗の祖良弁僧正が雨降山大山寺を開山したといわれ、第三世として空海も入山しており、平安期以降、神仏混交の修験道の霊場として栄えた。中世に入ると、源頼朝、足利尊氏、後北条氏など、武士の帰依を受けており、(4)近世初期においても、三代将軍家光をはじめ徳川将軍家との関係が深かった。(5)家光は寛永十三年（一六三六）、先例に任せ寺領百石、硯学領五七石の朱印状二通を下付しており、寛永十五年（一六三八）には伽藍の再興を命じ、本宮・本堂などの諸堂社を落成させている。(6)鈴木章生氏によれば、十七世紀中頃には、将軍家などの特権階級と江戸町人の上層に位置する民衆の個人的参詣が行われ、十八世紀を境に一般庶民を主体とする集団参詣へと展開するとされている。(7)

一方、江戸町民にあっては汎溢するがごとく参詣習俗が生み出された。御神体が石そのものであるとされ、石尊大権現を祭る山頂本宮を「石尊社」と呼び習わすことにちなみ、石工の参詣が行われた。あるいは大山の祭神が水を司ることから、鳶職や酒屋の参詣を受けるなど、特定の職業集団との結縁関係が注目され、商売繁盛、講中安全が祈願された。また「納太刀」という風習があり、自分が持参していった木太刀と、先に誰かが奉納していた太刀とを交換して持ち帰り、家の神棚に置いて、諸災祓除のお守りとした。中には、御神酒枠を担いでいった御神酒講など、(8)御太刀講の他にも様々な形態の講が存在した。(9)かかる特定の職業講に信仰が受容された背景には、大山御師の対社会的機能がある。『大山不動霊験記』(10)などの存在はそのことを物語っている。個に焦点を定めた霊験譚は、たやすく受容され、特定の職業に訴えかけ参詣を啓発する原動力となっただろう。御師の都市檀廻の詳細は第一章で明らかにした通りだが、一方では「坊入」も重要な職務であった。すなわち檀家を宿泊させ、祈禱をし、時には山中の案内をした。さらには子易や伊勢原まで講中を出迎え、さらには登拝を終え下山した坊入者を「山迎」といって再び迎接し、それぞれ酒飯、煮しめなどで饗応している。(11) いかに迎逆を失うことのないよう気を配っていたかが分かる。

また本章で重要な鍵となるのが、二度の潔斎である。江戸町民が大山参詣に出かける場合、まず両国橋の東詰において水垢離を敢行する。他地域においても同様で、例えば上野国高崎では、城下町の西側を流れ、武蔵国への架け橋であった烏川の聖石・筏場河原付近で垢離取りをしていた記録がある。(12) つまりそれぞれ近場の水辺で垢離取りをとり行っていたのであり、桶に水を汲んで行う場合もあったようである。かかる儀礼ののち大山へと旅立った。江戸から大山までは一八里とされ、およそ一泊か二泊で到着した。(13) その日は御師の宿坊へ泊まり、翌日早朝登拝するのである。この際にも潔斎儀礼が行われる。大山山麓には大滝、良弁滝など複数の垢離場があり、再度の水垢離を済ませるのである。このように、聖地に到達するまでに、二度の潔斎儀礼を経ることが相模大山の特色である。

また、江戸町民の多くは夏山の時期、すなわち六月二十七日から七月十七日の間に参詣したとされる。これは大衆の中に埋没するという行動文化の性格上あえて夏山の時期に群集した現象とも読み取れる。この期間のみ、『相中留恩記略』(14) に

例祭六月廿七日より七月十七日までの間は、本宮へ参詣せることを許す。平日は禁足の地なり。祭礼中といへども女人は禁制にして、登山を許さず。

とあるように、大山中腹に存在する不動堂（本堂）より上、すなわち山頂まで許進された。山頂には、石尊社

（本宮）が鎮座することから、この時期の登拝を特に「石尊参り」ともいった。ただし、女性は祭礼中とはいえ登頂が許されず、他の山岳信仰と同様に、通年女人禁制であった。女性に許されていた大山寺本堂への参拝でさえ、時間を制限されるなど他山岳信仰と違わず女人禁制が遵守されていた。(15)

第二節　江戸の大山参詣者像と大山講

次に大山へ参詣する人々の階層について触れてみたい。

まず文芸作品に描かれた大山詣りの人々は、大部分が都市中下層民であり、品のない「放逸無慚の者」であるとする像が定着していた。例えば、近世中期の代表的な案内記などには、次なる文面が見られる。

享保二十年（一七三五）の『続江戸砂子恩故名跡志』(16)には、

浅草川にて十七日こりをとりて石尊禅定する也。乳のかぎり水にひたし、ざんげざんげ六こんざいしやうおしめにはつだいこんがらどうじ大山大聖不動明王石尊大権現大天狗小天狗といふ文を唱へて、もゝ度水をかづく也。ざんげざんげは懺悔也。六こんざいしやうは六根罪障也。おしめにはつだいは大峰八大也。ことごとく誤まれども信の心を以て納受し給ふならん。此事中人以下のわざにして以上の人はなし。

とあり、さらに寛延四年（宝暦元＝一七五一）の『再板増補江都総鹿子名所大全』(17)には、

垢離を取と云て、おめく声蚊の鳴くが如し。ゐかにや市人の中にても中人以下の者のミ也。其人品放逸無慚の者のミ多き事、いと不審なる事也。

とある。さらには上野国高崎における習俗を書き留めた安永九年（一七八〇）の『閭里歳時記』(18)には、

相州大山石尊に禅定せんとするものは（中略）乳のかぎり水にひたし、大勢にて声高にしかもさまざまにあやまり唱ふるなり、此事町々にて中以下のわざにして、其上の人はせず。

（以上傍線は著者、以下同）

と記されている。『続江戸砂子恩故名跡志』の影響も認められつつも、烏川での千垢離の様子を伝えている。

右の史料は、いずれも両国橋東詰等における、垢離取りの様子を伝えている。過去の作品の記述をまねるなど、作品間の影響も考えられるが[19]、文中に共通して「中人以下」という文言が使用されている。このあたりに大山詣りをする人々への認識が浸潤之言のごとく定着していたことをうかがわせる。換言すれば、こうした文芸作品の作者を含む知識人層との文化的乖離が認められる。

さらに、次の川柳では、水垢離をする参詣者の無粋さ、威勢の良さを表現している。

相模まで聞こえる程に垢離を取り[20]

屋形船の歌千垢離につぶされる[21]

大山の神仏にも届こうかという大声で、風流の代表格でもある屋形船での歌をかき消してしまうという、対比の面白さが後者には込められている。ではこの「中人以下」とはいかなる人々のことを指すのだろうか。この言葉の前には「町々にて」「市人の中にても」とあるから、武士人口約五〇万人は想定外であろう。その上で検討を加えると、江戸町方人口は享保期以降幕末期まで一定して五十数万人である[22]。このうち中・下層といえばおよそ地借・家守・店借層のことを指すと考えられる。特に都市下層民と認識される店借層は江戸町方人口の約七割程を占めており、深川では八二・五%もの高率を占めている[23]。両国橋東詰での垢離取りの習俗が誕生した背景には、本所・深川など大川（隅田川）東河岸地域の人々が主体となっていたことがあるのではないかと考えられる。日本橋・神田・京橋などの地域も江戸檀家の中核だが、両国橋東詰で垢離をとって大山参詣に向かうべく再び大川（隅田川）を渉っては日常生活圏に戻ることになるため、本来的には再生の前段階としての禊ぎの意味をなさない。この点、本所・深川からは両国橋東詰での水垢離の後、河をわたって非日常空間である日本橋などに入り大山へ向かう行為は、日常生活圏を離れる際の禊ぎの意味としては極めて妥当である。「中人以下」という固定

表１　「江戸諸講中挑灯講中札控帳　文化七年」にみる大山講の構成

	地　域	職　業	講　名
1	大井村		永代大山御神酒講
2	南品川宿奥馬場町		大山御神酒講
3	南品川宿		大山御神酒講
4	南品川宿観音前		大山御神酒講
5	南品川宿	旅籠屋中	月参大山講
6	品川新宿		大山御神酒講
7	北品川宿		大山御神酒講
8	品川宿	惣鳶中	大山御神酒講
9	芝高輪南町・仲町		大山御神酒講
10	芝田町一丁目		大山御神酒講
11	芝三田三丁目		大山御神酒講
12	芝明神前	餅菓子屋仲町	永代御花大山講
13	久保町・古川町・西町・東町・元町	鳶中あ組	大山講
14	三田同朋町	若者中	大山御神酒講
15	芝新門前代地築地同朋町	若者中	大山御太刀講
16	芝西応寺		大山御神酒講
17	芝松本町		大山御神酒講
18	芝田町八丁目		大山御神酒講
19	(芝口一丁目、神明町、桜田久保町、浜松町、新銭、源助町辺り)	惣鳶中め組	大山講
20	白金	植木屋中	大山講
21	本芝一丁目		大山御神酒講
22	芝中門前一丁目		大山御神酒講
23	西久保・神谷町		大山御神酒講
24	下谷稲荷町		大山一講
25	赤阪田町五丁目		大山御神酒講
26	南茅場町		大山講
27	新橋山城河岸	左官中	大山御神酒講
28	西神田		大山講
29	麻布永坂町		大山御神酒講
30	目白台		大山御神酒講
31	京橋		大山講
32	芝口汐留	舟持中	大山御神酒講
33	神田		大山御神酒講
34	目白台町		大山講
35	本船町・安針町・長浜町・本小田原町	魚問屋中	永代大山御手長講
36	神田通新石町		大山講
37	佐久間町	鳶中か組東	大山講
38	外神田		大山講
39	下谷・神田	植木屋中	大山講
40	神田		大山縁日講

41	神田弁慶橋		大山講
42	神田	鳶中よ組東	大山講
43	神田下駄新道		永代大山講
44	東神田小柳町		大山講
45	中橋	木具屋中	大山講
46	築地南小田原町槇河岸		大山講
47	佐久間町	鳶中か組東	大山講
48	小石川御簞笥町		大山御神酒講
49	関口水道町		大山講
50	山王町		大山御神酒講
51	高田四ツ家上町		大山御神酒講
52	水道橋		大山御神酒講
53	小石川大塚町		大山御神酒講
54	内藤新宿仲町		大山御神酒講
55	麴町新町		大山御神酒講
56	永峰町		大山御神酒講
57	北八丁堀・水谷町		大山御神酒講
58	(本郷一丁目から六丁目迄、金助、菊坂台町辺り)	鳶中た組	大山講
59	浅草花川戸		大山御手長講
60	佐久間町	鳶中か組	大山講
61	(本郷一丁目から六丁目迄、金助、菊坂台町辺り)	た組	大山講
62	湯島切通坂上		大山講
63	浅草今戸町		大山御神酒講
64	日本橋通り三・四丁目		大山護摩講
65	本小田原・本船町	魚問屋中	大山御手長講
66	市ヶ谷町		大山御神酒講
67	湯島天神裏通	尾張屋幸次郎	大山講
68	高輪北町		大山御神酒講
69	湯島三組町		大山御神酒講
70	巣鴨		大山御神酒講
71	京橋		大山講
72	両国	上総屋惣店中	永代大山護摩講
73	浅草元鳥越町		大山御神酒講
74	(駒込片町、両追分町、小石川白山町、指ヶ谷町辺り)	鳶中そ組	大山講
75	(駒込肴町、千駄木町、七軒町辺り)	鳶中つ組	大山講
76	(巣鴨町、大原町、御駕籠町、火ノ番町辺り)	鳶中ね組	大山講
77	御蔵前		大山講
78	赤阪田町・新町・一ヶ木町町		大山御神酒講
79	新橋	金春座	大山講
80	浜松町四丁目・片門前・新銭座・新網・露月町・源助町・新門前・源助町裏町・柴井町	太刀職中	大山講

81	日本橋呉服町		大山・江ノ島講
82	京橋北紺屋町		大山御神酒講
83	神田多町二丁目		大山御神酒講
84	本郷春木町	大工中	大山大太刀講
85	(池ノ端七軒町、根津宮水町、谷中感応寺門前辺り)	れ組	大山講
86	大久保	若者中	大山御神酒講
87	下総		大山御神酒講
88	西神田	桶職若者中	大山講
89	西神田		大山御神酒講
90	(元鮫河橋町、四谷仲町、鮫橋谷町辺り)	け組	大山講

注）講中札・挑灯に書かれている講の名称を、最初から順番に、地名、職業、講の名称に、記載のある通りに分けて載せた。(　)内は、講中札・挑灯に記されてはいないが、町火消しの担当地域からおおよその講の形成場所が分かるので載せた(西山松之助ほか編『江戸学事典』、弘文堂、1984年)。『江戸の参詣講――挑灯と講中札にみる霊場信仰――』(秦野市、1995年)より筆者作成。

化された観念も、日本橋・京橋地域の補完地域として立脚していた本所・深川住人の大部分を占める都市下層社会が行為主体だったからではないだろうか。

では、現実の参詣者というのは、いかなる人々によって構成されていたのだろうか。すでに第一章において考察を加えたが、ここでは都市参詣講についてさらなる検討を加えておきたい。

表1に掲げた「江戸諸講中挑灯講中札控帳」[24]は、大山を初めとした、江ノ島・富士などの霊場へ向かう講の講中札・挑灯を集めたものであり、表1は大山講の講中札に書かれた地域、職業、講名を表にしたものである。

この表1において、同業者によって講を形成している場合の職業を見ると、最も鳶職が多く、分かるだけで一四組ある。また、職人では、餅菓子屋、左官、木具屋、太刀職、大工、桶職がそれぞれ一組ずつであり、植木屋が二組である。商人では、旅籠屋、舟持が一組ずつ、魚問屋が二組、その他に尾張屋幸次郎、上総屋惣店中により二組の講名が見える。また金春座、若者中（四組）[25]によっても講が組織されている。集めた背景やその対象範囲がはっきりとしないため不確定要素も多いが、職人による同業者講が多いことは一目瞭然であろう。

次に表2に示したのは、天保二年（一八三一）の夏山祭礼中に、江

表2　天保2年夏山祭礼中の村山坊における江戸からの坊入者

番号	月　日	人数	住居地	講　名	宿泊者　(　)内は職業
1	6月26日	1	麻布拾番		河内屋利右衛門代参　庄助
2	27日	2	湯しま切通		伊賀屋戈兵衛弟　栄吉 同人二男　倉治郎
3		3	中橋 本町		堺屋久兵衛 稲毛屋栄助
4	28日	5	へつすい河岸		鍵屋弥右衛門
5	29日	2	元数寄屋町弐丁目		桶屋平三郎
6	7月1日	1	本所菊川町		上州屋幸七
7		16	本所徳右衛門町 ・菊川町	御神酒講	翁屋六兵衛
8	2日	19	深川土橋 砂村 大和町	講中	上総屋岩蔵 近江屋藤五郎 小河屋豊吉
9		4	下谷広小路		車屋作兵衛
10	3日	5	青山御炉路	御神酒講中	金兵衛、半兵衛、善右衛門、 鉄五郎、七兵衛
11		8	深川土橋		浜屋半蔵
12		3	本八丁堀弐丁目	菓子屋講中	車小屋増五郎 青野屋嘉兵衛
13	4日	3	深川上木場		相模三四郎
14		6	八丁堀わらかし	神酒講中	南部屋重兵衛(ふるき店)
15		2	湯しま三組町		金二郎 三河屋富士五郎
16		6	桐ヶ谷	御神酒講中	市五郎、萬五郎
17		2	材木町四丁目		□□(石工)、□二郎(石工)
18	5日	3	京橋材木町		岩治郎(石工)、鉄五郎 (石工)、源蔵(石工)
19		1	品川台町		いセ屋新兵衛
20		2	四ツ谷仲殿町	御神酒講	喜兵衛、彦兵衛
21	7日	5	本八丁堀	御神酒講	武兵衛(菓子屋)
22		2	本八丁堀		栄吉
23	8日	4	芝三田三丁目	御神酒講中	熊五郎
24		4	湯島天神裏通	御神酒講中	甚兵衛
25		1	上野黒門町		いセや半兵衛代参　熊五郎
26		1	本所徳右衛門町		杉田屋倉右衛門
27	9日	2	深川土橋		金蔵
28		5	八丁堀わらかし		庄吉
29		4	人形町		松田甚十郎代参 いセ屋六兵衛代参

30	12日	2	本材木町		太郎吉(石工)
31	13日	7	日本橋品川町	講中	加賀屋鉄五郎倅　栄吉 勘助、伊之助、栄蔵、 定吉、□二郎、伊兵衛
32		3	湯しま三組町		銀座金次郎
33	15日	1	四日市		長崎屋千之助
34		4	下谷茅町		五郎衛
35		3	日本橋通四丁目		糸屋佐兵衛
36		11	湯しま天神裏通り		万吉
37		2	八丁堀わらかし		甚太郎
38		2	神田紺屋町 弐丁目代地 神田弁慶橋松枝町		三河屋又兵衛(道具屋) 安治郎(家主)
39		4	八丁堀わらかし		久治郎
40		4	品川台町	御神酒講中	宇之助
41		1	本木材町		相模屋平助代参
42	16日	5	駒込竹町		長治郎(石工)、金蔵(鍛冶) 辰五郎(石工) 久二郎(大工)
43		3	染井七軒町	講中	伊賀屋清治郎
44		2	湯しま天神裏通り		弥兵衛
45		3	芝浜松町		菱野屋斧三郎
46	18日	2	へつつい川岸		鍵屋弥右衛門 同人老母
46組		計181人			

注)「夏山祭礼中諸収納控帳」の人数については、諸説ある。巻末には、祭礼中に村山を訪れた人数の内訳が書かれているが、これによれば江戸から訪れたのは181人である。16番の桐ヶ谷について、田中宣一氏(「相州大山講の御師と檀家」)は下総の桐ヶ谷村としているが、これは品川の桐ヶ谷と考えると、ちょうど史料に書かれた181人に合致するので、品川の桐ヶ谷とした。

「夏山祭礼中諸収納控帳」(『伊勢原市史』資料編 続大山、1994年)より筆者作成。

戸から御師の一つ、村山坊へ訪れた人々の構成で、坊入者の職業が明記されている場合のみ（ ）内に記入した。

これによると、やはり石工、大工、鍛冶、菓子屋や道具屋などの職人が多い。また、一四番ふるき店の「南部屋重兵衛」、八番の「上総屋岩蔵」「近江屋藤五郎」などといった屋号を持つ商人も相当数いることが明らかにされる。このように、表1・2によって浮かび上がってきた参詣者の実像から見て、先に見た文学作品での「中人以下」というのは、江戸の下層社会を形成する職人・小商人が主体であることは疑いないところである。(26)同じく都市下層民あるいは最下層と認識される棒手振りや日雇稼ぎなど単純労働者が見えないのは、職業別現世利益の性格が強い大山信仰の特徴を示したものであるか、単に記されなかった人々がそうであるのかは不明であるが、いずれにしても都市下層社会に広汎に浸透していたことは確かであろう。

ところで二つの表で明らかになった都市参詣講の構成母体は、同業者によるものが多い。一方で複数の町にまたがって形成されている場合も見られる。(27)これは西垣晴次氏の指摘にあるように、江戸町方の大部分が地方出身者であり、町政に参加できないなど、町の組織とは無関係であっただけに自由に御師の接近、講の成立が行われたことを示している。(28)

大山講の場合、江戸における鳶や石工・車力などといった特定の職業集団による講の形成が特徴的とされるが、これはとりもなおさず大山御師が各職種別に利益を説いた結果である。その過程を示す証拠の一つが寛政四年（一七九二）に大山寺塔頭養智院心蔵が記した「大山不動霊験記」(29)の存在である。多数の階層・職業に対応でき得る一二五話もの霊験譚を収録したこの書の物語るものは、特に多様な職業を抱え込む大都市江戸にあって、大山御師の職業別宣伝行為が絶大な効果を発揮したことである。つまり、町組織の枠外にある店借層による講は、民間信仰的に成立したもの(30)ではなく、あくまでも御師側主導により講形成が促進されたのであり、農・漁村地域社会における民間信仰的性格の強い共同祈願講とは根本的に差違があるのである。江戸をはじめとする都市において職業別講形成が行われた背景はここにある。町という地域社会単位よりむしろ職縁的結合の上に信仰が浸透し、またそれを許す階層が都市参詣講の主体であり、参詣者像を構築していったのである。[31]

かかる講とは別に、少人数もしくは個人で参詣することも多かった。表2の人数の項目によれば、それは二人から五人くらいの少人数の組が多かったことが分かる。これを浅香幸雄氏は、代参講であるとされているが、[32]坊入りした組の中で、講であるものには、必ず「御神酒講」などと明記されていることから、それが書かれていない組は「講」でない可能性が高い。つまり、この者たちは自然発生的に数人が寄り集まったものか、または個人的に来たものだと考えられるのである。この結果は第一章で明らかになった個人檀家の多さを裏付けるものである。さらに指摘するならば、「講」と明記されたうち、比較的少人数の組が、代参講を意味していると考えられないだろうか。ただ補足するならば、もちろん数人が寄り集まったものも、信仰を同じくする者が寺社に参詣するために結成する集団という「講」本来の意味からいえば「講」である。しかるに、桜井徳太郎氏が寺社参詣の最も一般的な形態とされる、講中の世話をする講元・世話人と一般の講員から成り、多くは代参といって、講員の代表者若干名を選んで送るという方式の「講」[33]とは区別するために、ここでは「講」という言葉を使うことを避けたのである。

第三節　現世利益の変容——開運守護と祖霊信仰——

次に江戸庶民がいかなる意識で大山に参詣していたのか、文芸作品などの史料から探ってみたい。村落では共同祈願の形をとることが多く、「雨乞い」や「止雨」、山アテとしての「渡海安穏」といった祈願が見られる。江戸など都市部では史料による限りまったく別である。先述のごとく、江戸町人の間では、火除けなどの諸災祓除、商売繁盛・病気治癒などの諸願成就がその主な祈願内容であったとされる。だが文芸作品による限り、少なくとも十八世紀中は賭け事の勝利祈願と祖霊信仰が主となる。

石尊は土《（賭）》場からすぐ思い立ち[34]

この賭け事と大山信仰との関連性を示す川柳は、明和五年（一七六八）万句合において成立したものである。つまり、江戸の名所案内記、歳時記に大山信仰の習俗が織り込まれはじめる一七三〇～一七五〇年代から遠からず賭博にまつわる信仰習俗が生まれたことになる。

さらに、明和三年（一七六六）の『当世座持話』[35]には、桑津品楽という者の家に、その門弟が集まり、雑談していた時の話が載せられている。その際、一人の門弟が進み出て、質問をした。[36]品楽はそれに答えて、「丑之助」という道楽者が、博奕に勝てる運を授かろうと、石尊大権現に祈願し、たしなめられたという教訓めいた話をした。次は、まさに石尊大権現が「丑之助」を諭す場面である。

汝がごとき筋ちがひの類我いまだかつてきかず。よく物を合点せよ。汝元よりかけ事を好ミ、打まけたるを悔ミて我を祈り、勝たる者の運をけづり、其運を其儘にわがものにしたひなどゝは不届千万なるくせものなり。

このように、江戸独自の文学が姿を現し始めた宝暦期以降、大山での勝利祈願は、いくつかの作品に取り上げられるのである。

また、明和二年（一七六五）の『水濃行方』「大森翁之篇」[37]には次のようにある。

相模の国あふりの山に立せ玉ふ不動明王ハ霊験あらたにましまして鎮護国家の道場なり。近来山上に石尊大権現鎮座あつて衆生の祈願に応じ玉ふ事、声と響とのごとくなりとて、関八州の民家ももと参詣し、六月末より上日をはつ山と云ひ、盆を盆山ととなへて、其群集夥しき事あまねく世の人の知れる所なり。或ハ運を守り玉ひて信ある人は負べき事にも勝と言てより、ひょんな事の守神の様に覚へ、江戸中の鳶の者諸職人の弟子魚売、天窓に少しも血の気持た者ハなまぐざばんだばさら髪に大の木太刀引かたげて五郎時宗が富士の狩場へ切り込んだる勢ひ、伊達染浴衣の露をむすんで肩に懸、今年ハ藤沢の宿も世並がなをつてよひあまめらが見へる。

このように直接相模大山とは関連のない作品にも、その冒頭部分で大山を紹介する記事が配置されていることは、明和期（一七六四～一七七二）には完全に定着したことを示唆している。この箇所では、神仏、初山・盆山、木太刀など相模大山に関する必要最低限の情報が盛り込まれている。ところが、現世利益に関する情報は賭け事の「勝運守護」のみである。すなわち十七世紀までの武家や大商人といったごく限られた範囲で営まれてきた江戸の大山信仰が、十八世紀中葉より広く受容されるにあたり、新たに「勝運守護」信仰として再編成された可能性を提示している。上記のごとく、明和期に「勝運守護」に関する記事が頻出することは偶然ではなかろう。

同じく、寛政元年（一七八九）刊の案内記『相州大山順路之記』[38]では、

御宮の前に神垣あり。納太刀を奉納す所也。納太刀といふハ願望ある人、此神刀をかりて持かへり家内に尊崇す。願なつてその大きさなる神太刀を持て礼参す。其丈ハ定りなし。大いなるハ二間三間あるハ二尺三尺、小なるハ六七寸におよぶ。挾客力をいのりて石尊の神名によせて江戸より大石を肩に乗せて集る徒あり。近年江戸講中より神酒を樽詰にして持参す。運を守護り給ふ神なりとて中人以下ハはなハた信功なして群参等なす事也。

と、総じて運を守る神として、人々が参詣していたことを示す記述がある。たとえ博奕における勝利という邪な願いでも、叶えてくれる場所として、現世利益を求める庶民の思惑と一致していたのである。この開運守護の信仰から納太刀や御神酒枠のような諸災厄除の習俗も生まれたのである。ここで注目すべきはその時期である。つまりほぼすべて明和期（一七六四～一七七二）に集中しているということである。十八世紀中には「商売繁盛」の御利益を示す明確な史料が乏しく、当初勝運など総じて運を守る神として信仰され、これがのちに「商売繁

盛」の利益へと発展していったことが容易に推測される。この潮流の中で、石を御神体とする縁起や、元来の農業神としての性格から派生した水にまつわる数多の御利益が生み出されていったのであり、かかる過程を経て石工や鳶職・酒屋といった職人集団に受容されていったのである。

ところで、先述のごとく、大山の夏山祭礼中は、特定の時期に限り山頂までの登拝が許されていたことから、その時期は年間で最も賑わっていた。中でも特に、盆山（七月十四～十七日）の時期が人気を集めていたとされる。前出表2を見ると、確かに盆の時期に当たる十五日・十六日が、夏山祭礼中において、比較的組数、総体人数共に多い。(39)

盆の時期というと、藪入りもありたいていの家では祖先の霊を迎え、供養する。したがって盆山に大山詣りをしている人々は、それを放棄していたことになり、大山への参詣の方が、それだけ大きな意味合いを持っていたということになる。(40)あるいは、大山山麓に位置する茶湯寺の祖霊信仰にみられるように、恐山・高野山・朝熊山・伯耆大山など山岳信仰の大部分に見受けられる、いわゆる「山中他界観」(41)が転化した形と見ることができる。また石尊大権現の本地仏が観音菩薩であることも見逃せない。山上の石尊社の別当は観音寺であり、この観音の浄土として大山山頂を認識することは古来から行われていたと考えられ、このことが江戸町人に、盆の時期に大山参りをする風習を生じさせたのである。この裏には、死者の霊魂が山に帰っていくという日本人独特な宗教観があることはいうまでもない。

また盆の時期には、年に二度ある決算期の一つにも当たることから、借金逃れで大山を訪れていた人が多かったようで、このことは、次の川柳からもうかがえる。

先祖代々御座るのに山へ逃げ(42)

十四日抜身を背負って夜道する(43)

さんげさんげ借金で参りました(44)

実際、どれだけの人々が借金逃れで訪れていたのかを立証するのは、極めて難しい。ただし、最後の「さんげさんげ借金で参りました」の川柳には、借金逃れを懺悔しつつ、新たな運を自分に引き入れようという「死と再生」の観念が看取できる。(45)

第四節　相模大山への畏怖と魅惑

ここでは江戸町人が大山をどのような場所として認識していたのか、見ていきたいと思う。

津村宗庵の『譚海』(46)、松浦静山の『甲子夜話』(47)は、いずれも世間に流布していた話などを見聞し、収載したものである。まず『譚海』(48)では、八代将軍徳川吉宗のブレーンのひとりとして知られる安部友之進が大山の宝物である青色の石に雨乞いをしたところ、雨が降り、民が喜んだといった話を掲載しており、雨乞い信仰を示す説話が掲載されている。

相模国大山不動堂に、毎年除日、相模一国の人登山して煎豆をまく事也。（中略）又同山石尊大権現の宝物に小石あり、青色なり。先年安部友之進採薬御用にて廻国のとき、この石を拝見せしに、綴耕録にいへる鲊荅といふ石なるよし。折節旱損にて雨乞しけるに、此石を友之進出して、綴耕録にあるごとく水にひたし雨乞いせしに、雨降りて土民大によろこべりといへり。

『甲子夜話』(49)には、「暮れて山に入ってはいけない、必ず変事がある」と宿の主人が止めるのも聞かず、二人連れの男女が山へ入ったところ、にわかに大雨と雷鳴に見舞われ、翌日皆が山へ登ってみると、二人の姿が消えてしまっていたという話が記されている。

山嶽は霊あるもの也。嘗我内の一小吏、人と共に相州の大山に登り、麓の旅店に憩いたるに、又二人づれにて来るものあり。此時己に夕七つに過ぐ。二人山に陟らんとして、阪を歩むこと常ならず。足逶迤として不進。かくすること両三度なり。店主及諸人の曰、暮に及んで山に入ること有べからず。必ず異事あらんと。二人曰、今夕山半に宿し、明日頂上に登ん為なりとて、遂に陟る。其あとにて人皆言う。彼必ず変を招かん。察するに人を害する者にして、登山に託して遁るゝならんと云しに、山行四五町も上らんと思ふ頃ひに、俄に雷鳴あつて、大雨盆を傾るが如し。暫時にして天晴る。時巳に、黄昏に過ぐ。皆言ふ。これ直事ならず迚、明朝山に陟り行に、半途に至らざる中、前日二人の著せしおゆずりと云もの、山樹の枝に懸り有て、二人は在らず。皆云、果て山霊の為に失はれしならんと。是小吏諸人と同伴して目撃せし所なり。彼二人の内、一人は女なりしと云き。如是なれば、寿庵が芙嶽に陟れるに、魚肉を携へ笛を弄しても、其身不善事なきときは、山霊の怒を惹ことなきか。

右のような奇談・霊験譚が第三者に書き留められるほど敷放されていた事実は、大山に対する聖観念が依然として顕在していたことを示す断片である。運を守る神として崇拝され、かつ一方では畏怖の念も抱かれていたのである。ルドルフ・オットー氏は、聖観念には、魅惑と畏怖という両価性がみとめられ、「悪霊的・神的なものは心に畏怖と恐怖を引き起こすが、同時にそれは心を引きつけ、魅するのである」としたが[50]、宗教は人類の生活上説明のつかない現象を納得するために生み出された超自然的な観念の体系であるから、このことは当然であろう。ここでより重要なことは、この神秘性をなお保持していたことである。世俗化した近世宗教にあって、山岳信仰は神威を充分に感ずることができる数少ない手段・「場」であったのだといえる。

また大山を神聖な場所であると感じさせるに十分な理由を、案内記や旅日記から見ることができる。

寛政九年（一七九七）刊の『東海道名所図会』[51]に、

江戸より詣ずるには、藤沢の西四ツ谷より右へ曲がりて、山麓子安村まで五里なり。（中略）前不動堂まで廿八町、坂路の両側民家軒端をつらねて、御師の家、旅舎、茶店、あるいは名物の挽者店多し。坂路みな石段にして惣数一万五千余もあり。前不動より本堂まで十八町、男坂女坂の二筋の嶮路あり。岩石多くて歩し難し。

とあり、前不動より大山寺本堂まで登山道の艱酷さが語られている。同じ箇所については、『相州大山参詣独案内の道の記』(52)においても触れられている。その記述に、

七町目十七のながい坂、此所甚だ難所なり。右の方ハ谷ふかき事くらくしてしれず、左りの方の山のてわ石を木の根にとりつきやうやう足のかゝり候、諸人のふみたるあとをふまへ、ゆびの先にてのぼる事也。もしふみはづし候て手はなれ候へバ谷へおちゐる悪所なり。用心第一の所なり。

とあるように、谷に堕ちる危険な箇所もあったという。険路であるがゆえに、ようやく登り詰めた時、霊験あらたかな気持ちにさせたのであろう。『鎌倉紀』の筆者自住軒一器子は、不動堂まで実際に登っているが、坂を下る際、次のように大山の感想を述べている(53)。

万民をみちびくに二つあり。理体は知恵のかたより入る。是はたまさかの事也。おほくは愚癡の人なれば、此の艱難をこえて上れば山上の仏もいよいよたうとく、嶮岨に汗を流して平生の安楽をおもひしれとの方便なれば、事理共に猶たうとし。

自住軒は、『鎌倉紀』の中で、その登拝の艱難険阻を「屏風をたてたるやうな所を取つきて上る(54)」と表現しているが、その険峻を越えた時、より一層尊さを増したのだろう。

霊山としての大山は、次の川柳が示すように、神の前ですべてをさらけ出し、身を清める場所でもあった。

大滝は根性骨の丸洗い(55)

初山はつまみ喰ひまで懺悔させ(56)

そしてそのように神聖な場所であるからこそ、『水濃行方』に、「よはみを見せぬ朝比奈の三ヅとも云うべき若ィ者頭も、良弁の滝でひいやりとあびてから、むしやうに有がたくなりて[57]」とあるごとく、神妙な心持ちとなってしまうのである。まさしく、

大滝は一言もない所なり[58]

という情景なのである。参詣前に水垢離を行うなど、修行性の強い大山詣に出かけるには、それなりの決意と意気込みがあったものと考えられる。

第五節　文芸作品に描かれる参詣者像

ここでは、大山へ参詣した人々が、文芸作品の中でどのように描かれたのかを検討していきたい。上述のごとく、文芸作品における参詣者のイメージは、都市中・下階層の柄の悪いものとする認識で統一されていた。確かに、猥雑で、派手なものは目立ち、文芸作品の筆者の関心を引いたのである。奉納用の太刀を担ぎ大山へ向かう、威勢の良い参詣者の姿は、文芸の恰好の題材となった。川につかりながら、または滝に打たれながら、大声で怒鳴る様は、いかにも無粋である。祈願内容が露骨であれば、なおさらである。

博奕での勝利を祈るというのも、非常に露骨で個人的な願いである。すなわち大山は、火除けや商売繁盛といった、一般的なものだけでなく、普段では決して口にできないことまでも懺悔し、祈願する場になっていた。

次の三つの川柳には、神仏に秘密を告白し、懺悔する人々が描かれている。

さんげさんげ借金で参りました[59]
さんげさんげ藤沢で遊びました[60]
さんげさんげ間男をいたしました[61]

『当世座持話』の中には、石尊大権現に対して自分勝手な願いをする人が多いと石尊が嘆く場面がある。そこに、「殊に丑の時参の願についにろくなことなし。いつても後妻をのろふ前妻継子を悪ム継母本妻を妬む妾扨は」(62)とある。また、

石尊で聞けば不実な男なり(63)

という句は、今まで善良な人だと思っていたら、滝での告白を聞いてみると、実は不実な人間であることが分かったという川柳である。大山でなされる懺悔の性格が良く表れている。

では、なぜ庶民の懺悔が正直であり、露骨な願いをしたのかというと、単純に大山を畏れていただけではない。庶民の側も、それなりに真剣だったのである。信心深く、現世利益に対して真摯であればこそ、素直に心情を告白していたのである。

再び『続江戸砂子恩故名跡志』を見てみたい。

ことごとく誤まれども信の心を以て納受し給ふならん。(64)

とあり、文句が間違っていようと構わず祈る様子を伝えている。滑稽本からも同様なことを読み取ることができる。『大山道中膝栗毛』には、

りょうへんのたきにかゝり、その身をきよめていつしんふらんにせきそんさまへてまへがつなことをいのりし。(65)

とあり、本心からの祈願であるがゆえに、つい身勝手で個人的な内容になってしまう、大山での祈願の特徴を良く摑んでいる。

さらに両国橋での垢離取りは、特に病気治癒の祈願が多く行われ、藁しべ（さし）を川に流して吉凶の判断をしていたことから、以下の川柳が生まれた。

親の身は二千垢離でも取る気也(66)

よくさしが流れましたと子分来る(67)

医者が離れると抜身を持って駆け(68)

親の病気を直すために意気込んで祈ったり、使いで垢離取りに行っていた子分が喜んで戻ってくる姿が描かれている。最後の句は、医者が見放したのなら、もう大山にすがるしかないという、切羽詰まった様を写し出している。いずれも庶民の必死さと大山への期待感が伝わってくる句である。

文芸作品の中では威勢の良い、柄の悪い参詣者であっても、彼らなりに真剣だったのである。信心深く、本気で現世利益を求めていたからこそ、神の前で正直に懺悔してケガレを落とし、本音の祈願を行っていた。この姿が文芸作品の作者の手によって書き留められたのである。

第六節　山岳信仰における自己解放の論理

第五節まで、文芸作品を中心として、江戸都市社会と山岳信仰の相関関係について検討してきた。参詣者の祈願内容は、商売繁盛などの職業に関するもの、病気治癒など、『大山不動霊験記』の存在が物語るように、日常生活に極めて密接した霊験が説かれ、都市において職種別参詣講を誕生させるに至った。とくに鳶職・石工・大工などの職能集団の存在がいわれるのは、御師の戦略の成果であろう。しかし、このような「商売繁盛」と大きく括ることが可能な現世利益も、民衆史料による限り、あまり前面には出てこない。むしろ、十八世紀後半までは博奕における勝負運から派生した「開運守護」の現世利益が大きく取り上げられていた。町方人口の七割以上を占めていた小商人・職人など店借層をはじめとする都市下層社会の積極的な開運信仰にまず基盤を構築し、その上で十八世紀末頃より地借・家守など中層の町人、そして家主である特権的な大商人・高利貸資本などの上層

町人、武士層へと徐々に檀家を拡大していった変遷を捉えることができよう。(69)

この近世中期の大山信仰拡大の中核を担った都市下層民の大山参詣にはまた別の側面があった。それは祖霊信仰である。盆・籔入りの時期にもかかわらず、大山参詣を選択する人々が多いことは、それだけ彼らの行動に積極的姿勢をうかがわせ、(70)新たなる日常生活の転機にしようという期待感が込められていた。だが、そこには大山参詣を盆供養の手段の一つとしようとする観念が働いていた。山頂を観音浄土と認識し、祖霊信仰の存在が認められる習俗であり、山岳信仰に広く見られるいわゆる「山中他界観」なのであるが、それを一種の都会風俗としてあるいは文化として変形させたところに、大山信仰の特色があろう。山岳霊地を他界として認識する風の根底には、死んだ人があの山に帰っていくという祖霊信仰が基盤となっていることはいうまでもないが、畏怖の念と共に、それと紙一重な尊さ・神聖さを抱き、この霊山を、心身洗われる「再生の場」として認識し、参詣者は個人的なケガレをいっさいはらい落とし、日常生活へと戻る機会として捉えていた。またその登拝における修行性の強さこそが、成田山等の他所との違いを浮き彫りにしており、それは日常生活空間と非日常空間における二回の水垢離という習慣によく表れている。

その上で、一般に江戸庶民の寺社参詣は、多くの娯楽と同様、現実の空間から非日常空間に身を置くことで、自己解放する行為であるといわれる。(71)しかるに一方では、日常での良運を願う行為であるという点において、常に現実と連動するものであり、参詣者が日常から脱却しきれない側面があった。(72)精神的・意識レベルにおいて、山岳信仰は参詣者の希求に答えるものではなく、まして圧倒的な解放感や日頃の逼塞した状況を打ち破る気配などはここに看取することはできない。このように非日常空間に身を移しつつも、現実から完全に脱しきれないという自己矛盾を解消するために、江ノ島・鎌倉といった場が必要不可欠であったのである。(73)現世利益という性格上、必然かかる潮流は免れ得なかったのだろう。かくのごとく、寺社参詣において遊興と信心を上手に組み合わせることで、江戸庶民は自己解放を達成し、心身合一を図ったのである。伊勢参宮と古市、榛名山信仰と伊香保温泉の組み合わせに代表されるように、山岳登拝と精進落としはその宗教民俗的意義のみならず、文化的必然性を伴っているのである。

（1）浅井了意は、『東海道名所記』上（〈東洋文庫三四六〉、平凡社、一九七九年、六五～六七頁）の中で、東海道川崎宿の手前、六郷橋から見える大山を「橋の上より西のかなたに、大山ミゆ。其道一日路有といふ。」と記している。その他にも、明和六年（一七六九）に賀茂真淵が藤沢付近から大山を詠む（「岡部日記」）など、多くの日記に、遠方から望む大山が書き留められている。また、相模、房総半島の漁民が、大山を航海の目印（山アテ）としていたといわれ、その信仰の拡大には、弥彦山や伯耆大山など他の山岳信仰と同じく視覚的効果が甚大である。じっさい筆者も栃木県宇都宮市や伊豆半島南部でも確認しており、関東ほぼ全域で目視できると思われる。

（2）文化十四年（一八一七）八月二十六日、成田を訪れた高田与清は、その紀行文「相馬日記」（成田山霊光館所蔵）の中で、「そもそも坂東に不動明王の古霊場三所あり、相模国大住郡の大山寺と、武蔵国多摩郡の高旗寺と、この新勝寺となり、大山寺は吾妻鏡に出て、世人あまねく知れり、」と述べており、高旗・成田と大山の不動明王を並び称す認識が文化年間には生まれていたことをうかがわせる。

（3）「延喜式神名帳」（神道大系編纂会編・坂本太郎監修『延喜式神名帳註訳』、〈神道大系・古典註釈編七〉、一九八六年）二七六頁。

（4）『伊勢原市史』古代・中世資料編（一九九一年）二二九～二三五頁。

（5）内藤弁次『相州大山』（神奈川新聞社・かなしん出版、一九九六年）二三三頁。

（6）伽藍再興が成就した際には、家光から釣灯籠四個が寄進されている。また本堂伽藍には「当伽藍者征夷大将軍従一位左大臣源家光御再興也」と彫られた額があり、いくつかの旅日記に書き留められている。明和五年（一七六八）六月二十八日大山を訪れた池川春水は、「富士日記」（『日本庶民生活資料集成』三、三一書房、一九六九年、三七五頁）の中に、「本堂の額、家光将軍再興の文字あり。」と記し、同じく「富士大山道中雑記」（天保九年／『神奈川県郷土資料集成』六、神奈川県図書館協会、一九六九年、三〇六頁）にも、「不動尊伽藍者、大猷院様御再興被遊候よし、正面に額面有之候事、」と書かれており、将軍家からの縁への関心の高さがうかがえる。こうした将軍家とのつながりの深さは、庶民への多大な宣伝となったと考えられる。

（7）鈴木章生「相模大山信仰の成立と展開——民衆参詣の動向と信仰圏をめぐって——」（『秦野市史研究』六、一九八六年、七三頁、のちに圭室文雄編『大山信仰』、〈民衆宗教史叢書二二〉、雄山閣出版、一九九二年に収録）。大山に関する文学作品を見てみると、十八世紀初めまでには、「東海道名所記」（万治二年＝一六五九）、「東海道駅路の鈴（称）」（宝永六年＝一七〇九）などに、遠くに見える大山の姿が書き留められている。また「鎌倉紀」（延宝八年＝一六八〇）などの紀行文もある。しかし、本格的に大山に関する記述のある出版物が出されるのは、「続江戸砂子」（享保二十年＝一七三五）・「江戸総鹿子名所大全」（延享元年＝一七四四）以降である。

（8）有山麓園「梵天祭と大山石尊詣」（芳賀登編『江戸のくらし』、〈町人文化百科論集二〉、柏書房、一九八一年、一五四～一五七頁）参照。

（9）『伊勢原市史』別編 民俗編（一九九七年）七一六～七二三頁。

（10）圭室文雄「大山不動霊験記」（一九八六年、のちに注7『大山信仰』に収録）では、『大山不動霊験記』の作者が身近な話に結びつけて霊験を説き、布教される側の要求に応ずるため、さまざまな身分・職業・年齢・地域を用意していることが明らかにされている。

（11）「文政十年三月　武蔵国長沼村御手長講献立」（『伊勢原市史』資料編 続大山、一九九四年、三七五～三七六頁）及び「弘化四年二月　御手長講献立長」（『伊勢原市史』資料編 続大山、三八二～三八三頁）。

（12）「閭里歳時記」（川野辺寛、安永九年／『続日本随筆大成』別巻一一、吉川弘文館、一八八三年、三五一頁）。現東京都多摩市関戸では、代参に出かける際、多摩川で身体を清める風習があった（『多摩市史』民俗編、一九九七年、九七頁）。現埼玉県東松山市では、一七歳になると行う初山参りで、新江川で水垢離をした（『東松山市史』資料編第五巻　民俗編、一九八三年、二七八頁）。現埼玉県川口市では、代参者は、出かける前に一週間ぐらい見沼用水で水垢離をとった（『川口市史』民俗編、一九八〇年、七八三頁）。現埼玉県さいたま市（旧浦和市）では、出かける前に水垢離をとる習慣が各所にあった（『浦和市史』民俗編、一九八〇年、五八三頁）。

（13）拙稿「大山参詣に見る近世の旅——旅日記の分析を通じて——」（『郷土神奈川』四二、神奈川県立図書館、二〇〇四年）七～八頁。

(14)『相中留恩記略』(福原高峰撰、長谷川雪堤画、天保十二年／有隣堂、一九六七年)一四六頁。
(15)堀一郎「女人禁制」(『ことたま』一六—二、ことたま社、一九五〇年、のちに同『堀一郎著作集』五、未来社、一九八七年)。鈴木正崇『女人禁制』(〈歴史文化ライブラリー一三八〉、吉川弘文館、二〇〇二年)。
(16)「続江戸砂子恩故名跡志」(菊岡沾涼、享保二十年／『江戸砂子』、東京堂出版、一九七六年)三三三頁。
(17)「再板増補江都総鹿子名所大全」(奥村玉華子、寛延四年)、国立国会図書館所蔵。
(18)注(12)「閭里歳時記」三五一頁。
(19)例えば、次に掲げる『東都歳時記』(斎藤月岑、天保九年)の記述を見てみると、本論中の『江戸砂子』の強い影響力が看守される。

石尊垢離取、大山参詣の者(中略)ことごとく誤れども、信の心をもって納受し給ふならん。この事中人以下のわざにして、以下の人はなしといへり。

この事例のごとく、他の作品をまねることは広く行われていたことのようで、この他にも多数指摘できる。
(20)「誹風柳多留十八編十二丁目」(『誹風柳多留』三、〈川柳集成三〉、岩波書店、一九八五年)五九頁。
(21)「誹風柳多留二十編二十一丁目」(注20『誹風柳多留』三)一五五頁。
(22)幸田成友「江戸の町人の人口」(『社会経済史学』八—一、一九三八年、表第一種、のちに同『幸田成友著作集』二、中央公論社、一九七二年に収録)。
(23)松本四郎「幕末・維新期における都市の構造」(『三井文庫論叢』四、一九七〇年)一一七頁。この文政十一年(一八二八)の「町方書上」をもとにした店借層の数字には、日本橋・神田・京橋は含まれていないが、明治六年(一八七三)一月の東京全地域の総戸数・借店数をもとに割り出した第2表によれば、この地域の店借層は四割程度であって、他の地域と比べて圧倒的に店借層が少ない。この数字を第1表に転用して計算し直しても、江戸町方人口の六割以上は確実に店借層である。
(24)「江戸諸講中挑灯講中札控帳」(『江戸の参詣講——挑灯と講中札にみる霊場信仰——』、秦野市、一九九五年)の解題において、松岡俊氏が詳細に史料を検討されている。
(25)「若者中」の講は、後述するが、おそらく成人への通過儀礼としての大山登拝を目的とした修行性の高い講のことであろう。

(26) ただし、江戸の檀廻帳を見ると、檀家の中に武家もいることが分かる（『伊勢原市史』資料編 大山、一九九一年）。

(27) 農村においても、村の枠を越えて講が組織されていた。吉岡清司「大山信仰と納太刀」（『海上町史研究』一六、一九八一年、のちに注7『大山信仰』に収録）では、海上・香取二郡にまたがる地域（判明するだけで四十七カ村、不明二十七カ村）による大集団での講が存在したことが指摘されている。

(28) 西垣晴次「大山とその信仰」（『郷土神奈川』、神奈川県立文化資料館、一九八三年、のちに注7『大山信仰』に収録）一五頁。

(29) 圭室文雄「『大山不動霊験記』に見る大山信仰」（『郷土神奈川』一八、神奈川県立文化資料館、一九八六年、のちに注7『大山信仰』に収録）において、詳細な分析がなされており、寺側の意図としては病気治癒が信仰の第一であったことを明らかにされている。

(30) 「民間信仰」の概念については、堀一郎『民間信仰』（〈岩波全書一五一〉、岩波書店、一九五一年、八～一〇頁）及び桜井徳太郎『民間信仰』（〈塙選書五六〉、塙書房、一九六六年、一〇～一三頁）などを参照。また序章で述べたごとく、「民間信仰」という用語は学術用語としてふさわしくなく、「宗教民俗学」とすべきとする宮家準氏の主張もある（同『宗教民俗学』、東京大学出版会、一九八九年）。

(31) 三木一彦「江戸における三峰信仰の展開とその社会的背景」（『人文地理』五三―一、二〇〇一年）では、三峰信仰において、荒川を介しての秩父と江戸の材木流通を契機として、本所の材木問屋による同業者講が結成され、問屋の結束を固めるためなどの内なる論理として有効に働いていた例を明らかにしている。

(32) 浅香幸雄「大山信仰登山集落形成の基盤」（『東京教育大学地理学研究報告』一一、東京教育大学理学部地理学教室、一九六七年、のちに注7『大山信仰』に収録）二四頁。

(33) 桜井徳太郎『講集団の研究』（吉川弘文館、一九八八年）六頁。

(34) 「誹風柳多留五編三十五丁目」（『誹風柳多留』一、〈川柳集成一〉、岩波書店、一九八五年）二三二頁。

(35) 「当世座持話」（西村吾友、明和三年／『洒落本大成』四、中央公論社、一九七九年）一七三頁。

(36) 「当世座持話」の中で、弟子がした質問は以下のようなものである。

壱人すすみ出て云けるつねづね女子童の物かたりに丑の時参をして神にいのればたとへ邪なる願なりとも叶わ

ずといふことなしと申がさりとはいぶかしき事なりと云けれは品楽答ていやいや是はさにあらず……

(37)「水濃行方」(平秩東作、明和二年)、国立国会図書館所蔵。

(38)「相州大山順路之記」(寛政元年)、東京国立博物館所蔵。

(39)十八日の鍵屋弥右衛門の一行は、十六・十七日が嵐であったために、川を渡ることができずに遅れたので、盆山に入れて考える。

(40)宮田登『江戸歳時記——都市民俗誌の試み——』(〈江戸選書五〉、吉川弘文館、一九八一年)一五三〜一五四頁。

(41)「山中他界観」については、注(30)堀『民間信仰』二三八〜二四七頁を参照。

(42)「川柳評万句合安永六年満印二丁目」。

(43)「誹風柳多留十八編一丁目」(注20『誹風柳多留』三)四八頁。抜身とは納太刀の義。

(44)「誹風柳多留二十四編二十七丁目甲」(注20『誹風柳多留』三)三三七頁。

(45)宮田氏は、「石尊の俄に思い立つ所」の句などを挙げて、大山詣りは突発的であり、にわかに思い立つ理由が信仰心の発露でない点に、江戸の大山詣りの別な特色があったとしている(注40『江戸歳時記』一五三頁)。しかし、借金逃れの人々に、大山詣りをするだけの経済的余裕があったのか、また経済的危機の状態で大山詣りに行くのは信仰心の発露でないと言い切れるのかなどいくつかの問題点がある。特に借金逃れの現象を示す史料が今のところ川柳しかないので、今後他の史料を探すことも含め、近世都市社会・生活実態の解明とあわせて検討されるべき課題である。

(46)「譚海」(津村宗庵、寛政七年/『日本庶民生活史料集成』八、三一書房、一九六九年)。

(47)『甲子夜話』(松浦静山、文政四〜天保十二年/〈東洋文庫〉、平凡社、一九七七〜一九七八年)。

(48)注(46)、二六頁。

(49)注(47)『甲子夜話』一、九七頁。

(50)ルドルフ・オットー『聖なるもの』(〈岩波文庫青四一八〉、岩波書店、一九六八年(原典一九一七年))五九〜六〇頁。

(51)「東海道名所図絵」(秋里籬島、寛政九年/『日本図会全集』六、日本随筆大成刊行会、一九二八年)六六三頁。

(52)「相州大山参詣独案内の道の記」、国立国会図書館所蔵。

(53)「鎌倉紀」（自住軒一器子、延宝八年／『鎌倉市史』近世近代紀行地誌編、吉川弘文館、一九八五年）一三三頁。
(54)同右、一三一頁。
(55)「柳多留拾遺三編二十九丁目」（『柳多留拾遺』上、岩波書店、一九八六年）一六八頁。
(56)「川柳評万句合宝暦九年満印三丁目」。
(57)注(37)と同じ。
(58)「誹風柳多留初編二十七丁目」（注34『誹風柳多留』一）三八頁。
(59)注(44)と同じ。
(60)「誹風柳多留十九編十一丁目」（注20『誹風柳多留』三）一〇二頁。
(61)「誹風柳多留十七編七丁目」（注20『誹風柳多留』三）一二頁。
(62)注(35)「当世座持話」一七四頁。
(63)「川柳評万句合天明二年仁印四丁目」。
(64)注(16)「続江戸砂子恩故名跡志」三三三頁。
(65)「大山道中膝栗毛」（鈍亭魯文、一松斎芳画、安政四年／『神奈川県郷土資料集成』一〇、神奈川県図書館協会、一九六九年）三二四頁。
(66)「川柳評万句合明和三年桜印五丁目」。
(67)「川柳評万句合天明五年梅印一丁目」。
(68)「川柳評万句合安永四年智印五丁目」。
(69)注(7)鈴木「相模大山信仰の成立と展開」（九九頁）では、十七世紀にはすでに特権階級の武士と文人や富裕な商人など上層町人・知識人階層によって参詣が行われていたとされる。この都市上層社会における大山参詣は、数は多くないものの、近世を通じて一貫して行われていた。あるいは鎌倉の歴史探訪ともいうべき有識者が足を伸ばすという形で参詣が行われていたものと考えられる。しかし、すでに第一章で検討した通り、大山御師の檀家のうち、こうした上層町人は極わずかであり、大方は師檀関係を結ぶには至っていなかった。そのため、特定の現世利益を求める対象としていなかった。ゆえに、都市中下層社会において顕著な現世利益の特定化・機能分化の影響を受け、逆に「開運守護」「商売繁盛」などの現世利益の霊地として再認識させられるようになったものと考えられる。

(70) 籔入りは、実家に帰って祖先を迎える儀式である。また桜井徳太郎氏が指摘するように、山岳信仰が成立し発展していく過程には、「自分たちの祖先の霊魂は死ぬとやはりあそこに帰ってゆく」という人々の信仰が基盤にあるだろう(桜井徳太郎「門前町の移り変わり」、『祭りと信仰――民俗学への招待――』、新人物往来社、一九七〇年)。

(71) 西山松之助「江戸の町名主斎藤月岑」(同編『江戸町人の研究』四、吉川弘文館、一九七五年)四五九~四六二頁。

(72) 宮田登氏は、大山詣では、江戸という都市空間を脱出し、俗的世界での日常的なケガレの堆積をいっきょに消滅させる機会であったとしている。さらに、庶民たちに一時的な開放感を与え、日ごろの逼塞した状況を一気に打ち破る気配さえあると指摘している(注40『江戸歳時記』)。が、以上考察してきたごとく、現世利益を求めて参詣する人々において、ケガレの除去という面は指摘できるものの、決定的なまでの解放感を味わっていたかどうかは疑問である。

(73) 江ノ島・鎌倉は大山への参詣者が多く立ち寄ったといわれる。それは、大山での潔斎精進に対する、精進落としの意味合いがあった。さらに、藤沢での遊女を買うという行為は、一種の成人への通過儀礼であった(注7鈴木「相模大山信仰の成立と展開」参照)。この点については次章で検討する。また第五章で検討するが、大山参詣に比して格段に心的自己解放を約束する多様な魅力を持ち合わせていた(前田元重「大山詣りと江島・鎌倉――江戸から幕末――」、『国文学　解釈と鑑賞』三一―六、一九六六年、九一頁)。

第四章　寺社参詣の大衆化――名所の複合化の成立――

第一節　文芸作品にみえる主要参詣路と精進落とし

本章の目的は、相模大山参詣を事例に、大山と複合化した藤沢宿、江ノ島・鎌倉との関係において、人の移動、参詣地の複合化の歴史的変遷、寺社参詣の大衆化・民衆化の実態を見極めることにある。その際、民俗学的考察で説かれる「精進落とし」・「初参り」などの民俗的意義付けをひとまず外へ置き、文献史料に基づき解明することとする。

江戸から相模大山へ向かう場合、主に次なる四通りの道が挙げられる。(1) まず北から、甲州街道を通り府中から左に折れる府中通り、次に矢倉沢往還を通る青山通り、程ケ谷と戸塚の間に位置する柏尾から右に折れ、長後を通る柏尾通り、そして藤沢より一里先の四ツ谷から右に折れる四ツ谷通りの四本である。

四通りのうち、『富士山道知留辺』(2)（万延元年＝一八六〇）中の「富士大山道中案内図」に挙げられているのは、青山通り、四ツ谷通りの二本である。『鎌倉江ノ島大山新板往来双六』(3)（天保年間）において、双六の経路の舞台とされているのは、往路が四ツ谷通りで、帰路が青山通りである。また『相州大山参詣独案内の道の記』(4)、『東海道神奈川台町休泊御定宿』[5]では、柏尾通りと四ツ谷通りの二本が紹介されている。つまり、いずれの作品でも利用されるのが「四ツ谷通り」なのである。

この四ツ谷通りは、この他『雨降山乃記』[6]（寛政三年＝一七九一）、『月園翁旅日記上、雨降山の日記』[7]（天保六年＝一八三五）などの紀行文に限らず、名所案内記の『相州大山順路之記』[8]（寛政元年＝一七八九刊）、浮世絵の『大山道中張交図絵』[9]（安政五年＝一八五八）、滑稽本の『大山廻富士詣』[10]（文政五年＝一八二二刊）、『箱根山七温泉江之島鎌倉廻金草鞋廿三編』[11]（天保三年＝一八三二）、『大山道中膝栗毛』[12]（安政四年＝一八五七刊）、『滑稽富士詣』[13]（万延～文久年間刊）など、大山に関連する文芸作品のほぼすべてに登場し、物語の舞台となっている。当然、日記・紀行文を書き残す知識人、文学作品を創作する戯作者にとって、東海道を最も長く跋履してから入去する「四ツ谷通り」は、文学の恰好なる材料であった。ゆえに必ずしも大山参詣の実態を表象しているとは言い難いが、参詣者にとっても同じく「四ツ谷通り」が最も蠱惑《こわく》される道中であったろうことは容易に推察される。それは、仮名垣魯文が著した安政四年（一八五七）刊の『大山道中膝栗毛』の程ケ谷宿の一節からも分かる[14]（傍線は筆者、以下同）。

弥「コウきだ八、ここのしゅく（程ケ谷）から大山へわかれるのがよつぽどとくだけれど、わづかのたびだからばんにふぢさはへとまつて四ツ谷からわかれて大山へはいらうじゃあねへか」。
きた「さうさ、もう一ちばんどうらくをするつもりでとまるへい」。

傍線部にいみじくも示されるごとく、大山詣りのような「わづかのたび」では、近道となる柏尾通りを利用して「とく」するよりも、藤沢宿でもう一晩「どうらく」にふけるべきとの作者の意識が投影されている。ここに参詣地の複合化の要因を観取しうる。第二章において寺社参詣者にみえる「合理的観念」について述べた。彼らの行動は、経路選択についていえば、近道よりも、より豊夥な場所をいかに効率良く回歴していくかに重点が置かれている。その意味において、近世の参詣行動には、知的欲求ならびに合理的観念が発揮されている。上述の文芸作品のほとんどは十九世紀中に生み出されたものであり、いずれも四ツ谷通りを距離は遠くとも魅力的な「道」とする共通認識が潜在している。この認識も、知的欲求および合理的観念により生成されたものなのである。そして、この文芸上の理想的な大山参詣が実態としていかに実現されていくか、その歴史的変遷を追うことを問わなければならない。

ところで、この四ツ谷通りを議論の対象とする場合、不可避な課題がある。いわゆる「精進落とし」の問題である。すなわち、大山と江ノ島が複合化参詣されていたこと、そして両所の複合化が両地域の発展に欠かせない要素であったことを説明するためにすぐに持ち出される切り札のようなものである。「精進落とし」は、伊勢参宮と遊郭古市の関係がとりわけ有名で、一般的に精進潔斎後の統合儀礼としての民俗的意義が説かれる。ところが、少なくとも大山・江ノ島の両地域において、この通説は、文献史学の方法をもって論証されたことはない。これについての考察は、先の問いと深い因果関係をもっているため、以下本節および次節以降で考察していく。

十八世紀半ば過ぎまでは、江戸市中の知識人層のうちごく一部が鎌倉参詣から江ノ島・大山へ掛け越すか、もしくは伊勢参宮者・坂東巡礼者がその旅の過程において両所に立ち寄るのが一般的であった。一方、大山あるいは富士を主目的とした参詣者が江ノ島へも訪れること自体もわずかで、「精進落とし」の意味合いが冠されるには至らなかった。つまりこの時点では、両所の交流はほとんど皆無に等しかった。やがて享保期から宝暦期にかけて、大山参詣習俗が都市部、農村部へと敷放されると、安永期（一七七二～一七八一）には大山参詣者をめぐる争論が多発した。ただしこの時点では、大山参詣者が江ノ島・鎌倉・金沢へ掛け越すことが定着しつつあったとはいえ、武蔵国東部のごとく、大山詣を人生儀礼の一つとして捉え[15]、その最終段階の儀式の場として、あるいは「精進落とし」の場として江ノ島や藤沢宿に民俗的意義を持たせる習慣はなかった。このような意義が参詣行動に付与されるのは、道中日記に見えるように、天保期（一八三〇～一八四四）の少し前くらいではないかと考えられるが、これ以上時期を確定させることは困難である。若者が大人の仲間入りを果たすための儀礼の場として大山を利用する習慣は、村落において大山講が定着しつつあったこと、また村落内における聖空間の創出が実質的には困難となりつつあったことがその要因としてあげられようが、あくまでも推測の域を出ない。

この点について、道中日記のルートの分析を行うと、上総国、安房国の住人は、船で江戸湾を渡海する場合、金沢・鎌倉→江ノ島→藤沢→大山というルートをたどる者がいることが分かる。つまり、住居する地理的条件により、大山→江ノ島という一般的行程はあっさりと覆されるのである。また旅の最終の訪問地には必ず江戸が置かれていることである。もちろん江戸見物という目的もあるだろうが、何よりも日常生活圏内では入手しがたい薬・出版物などの品物の購入のためであると考えられる。だからこそ最終地として選ばれているのである。こうした事実は、地域により単純に構造化できないことを示唆するものでもあるし、「精進落とし」のような民俗的意義よりも効率のよい合理的な要素が優先されていることを物語っている。

第二節　十七世紀後半の大山と江ノ島

まずは十七世紀における当該地域の状況を確認しておきたい。『鎌倉記』の記主自住軒一器子は、延宝八年（一六八〇）四月鎌倉参詣へ出かけ、江ノ島・大山へ寄路している。その際、彼は日記中に大山と鎌倉を比較したまことに興味深い記述を残している。

四月十三日の暁に江戸を出た記主一行四人は、程土ケ谷より左に折れ、金沢から鎌倉に入った。梶原屋敷跡より雪ノ下までは、野と畠ばかりで一軒も家が無く[16]、頼朝の屋形跡は「五六町四方明地の田地」であった[17]。また材木座より雪ノ下への帰路、村人が銘々鑓や長刀、棒、熊手を手に猪を追い回す光景に出会っている[18]。一方で建長寺の金堂を初めとした各名刹の建築物、宝物についてはその素晴らしさを認めつつも、総じて鎌倉の寂黙した姿を書き残している。のちに至る所で見られるようになる旅人目当ての商売も、この時点ではほとんど見られなかった。

十五日は、再度鶴岡八幡宮に参詣した後江ノ島を訪れた。江ノ島は、鎌倉に比べると参詣者の受入態勢が整っており、すでに参詣者を対象とした客商売が行われていた。島は「打ちならびて家居也」という様相であり、旅人は「爰に旅装束を預けてあないするものをつれてゆく」ことができた。(19) 岩屋弁財天の洞窟付近では、「こゝにて所のあまに鮑とらせてみるわざ中ゝえもいはぬながめ也(20)」とあるように、のちの旅日記にたびたび書き留められる海女の鮑取りを観賞している。

その日は四ツ谷より大山街道に入り、田村に宿った。翌十六日には大山に到着し、大山町の風景を「麓二十町程両方すきと市棚にて中にぎはゝし」と述べ、「宿りを取り雨具を預け、扨山へおもむ」いている。(21) 難所を蹈破し、本堂にようやくたどり着いたが、「本堂のかゝりえもいはぬ荘厳にて、江戸浅草観音堂よりは少ちいさくおもふり似たり。絵馬数おほく光かゞやく(22)」と本堂の荘厳さに驚嘆し、「則堂のおもてに左大臣家光公御建立とあれば、此御作りも近き程の事なれば、みやびやかなるも理り也(23)」と一応は納得している。然るに、「いつの比より霊仏地をしめ給ふ(24)」のか判然としない大山が、多くの人で賑いを見せていることに疑問を感じ、鎌倉と対比させながら次のごとく述べる。(25)

大山伝記本朝の書籍の中にしかとしたる伝記はいまだ見あたり侍らず。是に付て思ふに、仏に有縁無縁有と見えたり。先鎌倉は武家の天下に成りし始の地なれば将軍を柳営と申により、そのまします所なれば柳の都といふ。是天子は花の都にいますとのさかへをあはせてよぶ名成べし。代々の祈願所・廟所とて宮も寺も数おほく、伝記さだかにして、霊仏おほけれども、雪の下こそ人あしもしげく、にぎはゝしけれ、その外はよのつねの田舎よりもさびたり。又鶴が岡八幡宮・長谷観音・建長寺・光明寺の外は皆おとろへて人けすごく、只田畠山谷よりこと物は見えず。

と鎌倉の様子について触れ、続いて大山に筆を走らせる。(26)

然に此大山は伝記もさだかならず、前代開帳もなく、鎌倉は平地に少坂のある程なるが、爰は麓の里も岡つゞきにして、山上へのぼる十八町は、遠国はしらず近きあたりにはたとへなく、箱根・熱海の嶮難も及がたくみゆる程なる岩坂に、石の上には人の足跡にてくぼみ、木の根は人の手かたにて木賊をかけてみがゝれたるやうになる迄、貴賤の参詣しげくして、日も雨ふり道さかしきに上下の人ひきもきらず。さらば一旦のはやり仏はかならずさむる約あるも、いつも同じやうにさかへて、山下の民家も五十余町が程は田畠もつくらず、時参詣の人あしを頼みて、所の者は都のつとにするわりご・引もの、類をこしらへあきなひ、扨は祈禱をする御師の宿ばかりにて、軒をならべ地をあらそひ、せまき内に人のこけりあふ事、江戸にもまさりて磐昌（繁）す。もとより藤沢より六七里のあいだは東海道よりも人馬の足しげく、しかとしたる国を知り給ふ大名の城下よりもにぎにぎし。只是不動明王の誓願むなしからざるきとくにより、只一所の御影にて、多くの民のなりはひ、又万民ねがひを叶ふる御威光、よそにて聞しよりも猶たうとし。

とあり、鎌倉はかつて武家の都であり、由緒正しき寺社が無数に存在する土地であるにもかかわらず、雪ノ下周辺と鶴岡八幡宮など名所寺社を除けば田畑山谷ばかりで、人気もほとんどなく寂寥としていた。これに対し、大山は縁起も定かならざるとも貴賤を問わず参詣者が多く、ましてや当日は雨で登拝が蹇連《けんれん》であるのに参詣者が連繹たる状況であった。門前町では、参詣者を対象として割子や挽物などを作って売る民家や、御師宅が軒を並べ、狭いながらも混み合っていた。この記述は、幾分誇張された表現であることはいうまでもないが、延宝期（一六七三～一六八一）の大山が近世的世界へ移る条件がすでに成熟していたことを如実に物語るものである。また自住軒に同行した一人が、大山の縁起を自住軒に教示する場面もあり、相模大山が徐々に江戸の知識人層へ浸透しつつあった段階といえるだろう。

だが一方では、参詣者、それも江戸の知識階級の旅人が、大山の繁栄ぶりに目を疑うような記述があることも事実である。これは、いまだ名所としての権威を、大山が十分に具足していなかったことを示明している。したがって、江戸からの参詣者は些少であったものと推察される。しかし、江ノ島・大山はともに信仰対象地であるがゆえに、十七世紀段階から参詣者を受け入れる態勢が進暢していた。一方、鎌倉は、その歴史や寺社縁起・由緒に通じた自住軒のごとき江戸の知識人層がもっぱら跋履する地であった。つまり十七世紀中は、大山・江ノ島・鎌倉は別々の参詣者層を受け入れていたのである。大山と江ノ島・鎌倉が複合化参詣されていたのは、鎌倉参詣の主体であった知識人層のうち、既存の枠を踰越して大山を遍歴したごく一部の者に限られるであろう。

第三節　柏尾通り一件と江ノ島遊覧

ここで、安永七年（一七七八）に起きた藤沢宿・戸塚宿と柏尾村との争論を見てみたい。次の史料は、天保十一年（一八四〇）に、大住郡戸田村の名主八郎右衛門が、鎌倉郡下柏尾村名主与兵衛に出した書状の一部であり、安永七年（一七七八）に戸塚宿・藤沢宿伝馬惣代二名、両宿問屋年寄惣代一名、柏尾村外一九カ村の名主・組頭の連名で道中奉行所へ差し出された一札書を写したものである。(27)

差上申一札之事

相州大山寺不動石尊江往来ハ、藤沢・戸塚両宿之間四ツ谷村より市之宮村・伊勢原村・子安村通り古来之道筋ニ而、延宝四年与記候大山道之石牌《ママ》有之候処、近年保土ケ谷宿・両宿之間下柏尾村より参詣人多分往来いたし、別而六月下旬より七月中旬迄参詣多ク、助郷幷外村人馬共柏尾道右参詣人馬相対雇ニ罷出、宿方諸往来込合之節、人馬寄セ間ニ合兼候間、古来より之四ツ谷道重々往来致、柏尾道参詣人馬駕籠等通路無之様仕度候間、藤沢・戸塚両宿奉願候ニ付、右道筋最寄村々御吟味之処、下柏尾村より大山通路之場所、右村夫より下長後・戸田・下粕屋・上粕谷・子安六ヶ村領之大山通、在より之程土ケ谷・神奈川・江戸辺江之往還ニ而村道ニ者無之、殊ニ柏尾・下長後両村ニ寛文十年与記候大山道之右牌有之、却而四ツ谷道より古、格別往来相増候儀者無之段、一ノ宮村之者申之、其外村々申口ニ茂府合いたし、助郷人馬宿方往来ニ欠ケ大山参詣相対雇ヲ重々稼候儀無之段一同申之、宿場往来差支も無之上者、藤沢戸塚両宿出訴之趣不被及御沙汰、最寄村々之もの共与大山参詣人被雇候共、此上助合人馬ハ勿論、宿方往来差支ニ不成様可致旨被仰渡、一同承知奉畏候、若シ相背候ハヽ、御科可被仰付候、仍而御請證文差上申所如件

江川太郎左衛門当分御預り所
東海道
戸塚宿
伝馬惣代
伝　兵　衛
右伝兵衛煩ニ付
右同断
藤沢宿
定　七
右両宿
問屋年寄惣代

安永七戌年五月廿二日

林右衛門

藤沢宿

御吟味ニ付罷出候

下柏尾村

外拾九ケ村

名主

組頭

(中略)(28)

道中

御奉行所様

これによると、相州大山寺への往来は、四ツ谷道が古来よりの道筋であるところ、近年は下柏尾村からの柏尾道の往来が増加している。特に六月下旬より七月中旬までは参詣者が多いため、助郷村ならびに他村の人馬が柏尾道での参詣人の相対雇に取られ、宿方に支障が生じている。そこで、参詣人などが柏尾道でなく四ツ谷道を通行するようにしてもらいたいと藤沢・戸塚両宿が願い出ている。これに対し、柏尾道筋の村々より、柏尾道は単なる村道ではなく江戸近郊への往還であり、石碑の寛文十年（一六七〇）との銘も四ツ谷道の石碑の延宝四年（一六七六）との銘よりも却って古い。また往来が格別多いということもなく、大山参詣者の相対雇ばかりで稼いでいるわけでもないとの反論があった。このため、宿場往来に特に差し支えもないので、御沙汰には及ばず、最寄の村々は大山参詣人に雇われたとしても、助郷はもちろんのこと、宿方往来に支障がないようにすべき旨が仰せ渡された。

さて柏尾通り沿いの村々と藤沢宿との争論の背景とはいかなるものだろうか。史料中の「近年保土ケ谷宿・両宿（戸塚宿・藤沢宿）之間下柏尾村より参詣人多分往来いたし、別而六月下旬より七月中旬迄参詣多ク、助郷幷外村人馬共柏尾道右参詣人馬相対雇ニ罷出、宿方諸往来込合之筋、人馬寄セ間ニ合兼候間」との文言は、大山参詣者の構造変容を示唆している。藤沢宿が柏尾通り沿いの村々を訴えるということは、単純に考えて柏尾通りを往来する大山参詣者が増加したということである。史料上には四ツ谷通りの利用客が柏尾通りに流れたとの認識はない。むしろ四ツ谷通りを使用する大山参詣者はそのままに、柏尾通りの参詣者が大幅に増したものと考えられる。

先述のように、十七世紀段階では江戸上層民・知識人層のなかに鎌倉参詣から大山へ践歴してくる者もあった。彼らは藤沢からの往復に四ツ谷通りを利用していた。多少個人差はあろうとも近世を通じ一貫してかかる参詣行動を示したものと考えられる。これに対し、当初都市中下層民や村落民は参詣の本質的な在り方として真っ先に参詣地を目指していたものと推察される。江戸ならば青山通りということになろう。ところがこの参詣行動が次第に変容していく。彼らは、最も近道である青山通りではなく、多少なりとも東海道を跋履する柏尾通りを選択し、それを可能にするだけの社会経済的余裕を身に付けたのである。この参詣行動の変容がこの安永期（一七七二～一七八一）の柏尾通り一件を引き起こしたのではないだろうか。さらにはこの後争論は四ツ谷通りへと収斂されていくことになるが、それは後節で叙述する。ただし、四ツ谷通り内部での争論へと趨向していくということは、庶民参詣層のさらなる行楽性の介在を予想させるものである。そしてその淵源はすでに安永期（一七七二～一七八一）に形作られていた。以下はそれを証明する断片である。

江ノ島と、その門前町的な役割も果たしていた藤沢宿は、大山参詣者により「精進落とし」の場所として利用されていた。[29] 旅籠屋、茶屋のみならず、遊女屋にとっても、大山の夏山季は書き入れ時である。

①「こわいものなし藤沢へ出ると買い」

②「藤沢の女郎抜身の客をとり」
③「大天狗様が藤沢の大紋日」[30]
などの川柳が残されている。ここで重要なことは、かかる川柳が作られた時期である。①は「誹風柳多留十四編」に収録され、安永八年（一七七九）前後の句と思われる。②は安永八年（一七七九）、③は天明五年（一七八五）の句であり、時期は柏尾通り一件と重なる。藤沢で遊女を買う行為が川柳に詠まれるようになった安永～天明期（一七七二～一七八九）は、大山の庶民参詣層が、江ノ島・鎌倉・金沢へも跋渉していった時期であるといえる。換言すれば、藤沢宿及び江ノ島が山岳登拝後の「精進落とし」の役割を期待されはじめたということになる。さらには寛政期（一七八九～一八〇一）に至って、『相州大山順路の記』（寛政元年）のごとく、江ノ島・鎌倉・金沢への周遊を前提とした案内記が出されたのであろう。[31]

夏山祭礼中は他の時期に比べると圧倒的多数の参詣者を集めていたが、このことは大山道筋で起きた数々の争論の関係史料からもうかがい知ることができる。その多くは夏山祭礼中の取扱方を問題にしているものである。宿駅や継立村の維持は周辺村落に重い伝馬人足負担を強いるものであったが、逆に物資の移動が駄賃稼ぎという新たな農間渡世の機会を生むことにも繋がった。物資集積の場となった宿駅や継立村は、非農業従事者を生み出し、在郷村的性格を帯びていくこととなるが、例えば、赤坂御門を出発点とし主要な大山道の一つであった矢倉沢往還筋にある三軒茶屋や太子堂村に、大山参詣導者を当て込んだ農間渡世を行う者が現れるのは至極当然の流れであった。

表1は陸上交通において「大山」「大山参り」といった文言が文中に登場する争論または関東取締出役から出された法令のうち主要なものをまとめたものである。一目瞭然だが、安永期に主要な各大山街道（大山道）において大山参詣者をめぐる争論が続発している。このことは、この時期に参詣者の質量共に大きな変革が起きてい

表一　大山参詣者をめぐる争論・触書

	件名	済方等詳細	備考	依拠史料
寛保元年（一七四一）	相模川戸田村渡船場賃銭割合をめぐる村内中分・下分争論	寛保二年一月に下分権左衛門から反論の返答書あり。		「寛保一年一二月　乍恐以書付奉御訴詔申上候」「寛保二年一月　乍恐以返答奉申上候」『厚木市史』近世資料編(二)村落
宝暦十一年（一七六一）	門沢橋村相模川渡船場会所新設をめぐる戸田村と門沢橋村の争論(平常並大山参詣時の船賃銭受取割合方など)	馬入村吉右衛門が扱人となり、今まで通り戸田村が渡船場の支配権を持つことで内済。	明和九年・天明五年にも戸田村・門沢橋村間で渡船場をめぐる争論あり。	「宝暦十一年　乍恐以書付奉願上候」「宝暦十一年七月　相定申証文之事」「宝暦十一年七月　相渡申一札之事」『厚木市史』近世資料編(二)村落
安永四年（一七七五）	大山参詣時の渡船場賃銭の分配と渡船場の位置をめぐる田名村名主と船頭の争論	元名主五郎左衛門を船頭に加えて七組で渡場で順に廻し、大山参詣時の賃銭は向こう三カ年は五郎左衛門に渡すこと、渡場の位置は村方・船頭で決めることで内済。		「安永四年三月　田名渡船並船場出入一件帳」「安永四年四月　差上申内済証文之事」『相模原市史』五
安永四年（一七七五）	関本村と矢倉沢村間の脇道における大山参詣者駄賃稼をめぐる争論	七月八日付けの矢倉沢村からの返答書によるとあくまでも大山への往還道筋であることは主張しているが、関本村が継立場であることを認めている。		「写書」『南足柄市史』二資料編近世Ⅰ、「御尋書下書」『小田原市史』史料編近世三藩領二

安永七年（一七七八）	柏尾一件（戸塚・藤沢宿と柏尾村外柏尾通大山道筋村々との間の大山参詣者による人馬相対雇をめぐる争論）	五月二十二日付の一札書によると、往来には特に差し支えがないので、特に沙汰には及ばず。大山参詣者の相対雇いは、助郷その他宿方往来に支障がない前提で認める。		「差上申一札之事」大住郡戸田村小塩家文書（一七）、神奈川県立公文書館蔵
安永八年（一七七九）	神山村清水と松田惣領町屋間の富士・大山参詣者駄賃及び馬・駕籠継方をめぐる争論	清水・町屋を富士・大山往来継場として認めた上で、上りは清水、下りは町屋で必ず馬・駕籠から卸して継立し、決して乗り通させないことで内済。八沢村太兵衛・松田庶子作右衛門の仲裁。	文久三年、慶応三年にも両村間で万延度に起きた争論の済方についての取り決め文書あり。	足柄上郡神山村北村精家文書二（『神奈川県史』資料編九近世六）
文政十一年（一八二八）	四ツ谷一件（四ツ谷茶屋と藤沢宿間の大山参詣者止宿をめぐる争論）	文政十二年に済口証文。文政十三年より天保七年まで七年間、大山夏山祭礼中の五日間のみ四ッ谷茶屋への旅人の止宿認める。		「差上申一札之事（四ッ谷一件書上之写）」平野雅道家文書（II、M、四）、「借用申金子之事」平野出見旧蔵資料（文書類六八）、「差上申一札之事」三觜勝彦家文書（I、M、四九）、以上藤沢市文書館蔵
天保十一年六月（一八四〇）	八王子宿・拝島村・橋本村等八王子通大山道筋一一カ村議定	近年道・橋普請のためとして大山参詣者から不当に銭集をしていることを禁止する。		「天保十三年七月　議定書之事」『相模原市史』五

天保十三年七月（一八四二）	富士・大山等参詣者相手の駄賃稼方取締	伊勢原村組合九カ村による関東取締出役太田源助への請書。旅人へ無体に馬駕籠を勧め、不当に高い賃銭を受け取るような風俗を禁止する。		「天保十三年七月　差上申御請書之事」『神奈川県史』資料編七近世(四)
安政四年七月（一八五七）	大山街道筋駕籠渡世取締	一之宮村組合一九カ村による関東取締出役太田源助・広瀬鐘平への請書。近年大山街道沿いの駕籠渡世に宜しからざる所業が横行していることに対する取り締まり。		「安政四年七月　御請書」『寒川町史』三資料編近世(三)

たことを如実に示している。

次にこのことを具体的に述べていこう。一般的に宝暦期に最盛期を迎えたともいわれるが、大山の信仰習俗が文芸作品にはじめて本格的に登場するのが『続江戸砂子恩故名跡志』（享保二十年＝一七三五）であり、この後の年中行事・名所案内記類には欠かすことの出来ない項目となっている。また大山の登山口の一つがある神奈川県秦野市内の大山関係の道標によると、最も古い物が享保二十年（一七三五）四月のものであり、宝暦期以降数が増加し、その後は十九世紀半ばまで造立数はほぼ一定を保っている。[32] この二点から次のようにいえる。この場合双方とも享保二十年（一七三五）が重要な鍵となるが、年中行事に織り込まれることと、講の最古の結成年代というのでは大分意味合いが違う。すなわち都市部がやや先行していたことを示すものである。十七世紀末頃から江戸でも参詣対象となっていったが、享保年間には一種の都会風俗として大山講の諸習俗が書き留められるようになり、逆に宝暦期頃にはそれに触発される形で関東の諸農村でも数多くの講が生まれ、このような参詣者数の増加と参詣者層の拡大により各地に争論の火種がまき散らされる結果となった。これが一気に噴出したのが安永期なのである。

第四節　四ツ谷茶屋をめぐる争論

かくして十八世紀後半には、大山参詣者が四ツ谷通り大山道を頻繁に利用することとなった。これにより、必然的に藤沢宿周辺や、四ツ谷通り大山道近隣の村々にも少なからぬ影響がもたらされた。

大山は、旧暦六月二十七日より七月十七日まで二十一日間夏山の祭礼が執り行われ、本堂（不動堂）脇の山頂への登山口が開かれ、本宮（石尊宮）の開帳が催された。この時期は、『滑稽富士詣』[33]（万延～文久年間刊）に、

奥の院石尊大権現の社ハ本堂より廿八町祭神大山祇命神躰ハ石にして女人結界なりつねにハ諸人の参詣を禁ずといへとも毎年六月廿七日より七月十七日まで登山ゆるすに江戸及び遠国近郷の詣人群参する事おびたゞしく道中筋のにぎハひ他方の人の目をおどろかし。

とあるように、多くの参詣者で賑わった。当然のことながら、街道筋においても、近隣の村人によって、旅人を目的とした諸々の農間余業が営まれた。東海道と四ツ谷も例外ではなく、臨時の商売として茶屋を出す者がいた。次の史料は、高座郡羽鳥村平左衛門が、同村名主八郎右衛門へ出した借家証文である[34]。

借家申証文之事

一、居宅壱軒裏座敷付
　　但シ戸障子畳其外道具共ニ
右者貴殿御所持之店ニ御座候処、我等勝手ニ付当六月より七月晦日迄大山参詣之旅人江茶屋渡世仕度ニ付、貴殿江相願借屋申候処実正ニ御座候、家賃之義者壱ヶ月ニ付、金壱歩宛之積りを以金弐分晦日限リ相納可申

候、尤明ヶ渡シ候節、右之品々少も紛失無之、七月晦日限リ明ヶ渡し可申候、万一家賃相滞候歟、又者戸障子畳其外諸道具類紛失致し候ハヽ、証人之者相弁立会急度相渡し可申候、為後日五人組証印仍而如件、

文政八酉年六月

店借り主　平左衛門

五人組惣代

證人　定　七

八郎右衛門殿

右の史料によれば、平左衛門は、大山参詣者の茶屋を出店するため、名主の八郎右衛門より借家をした。六月より七月晦日まで約二カ月分金二分の家賃を支払うことが約されている。平左衛門が借りた居宅は、史料中に「貴殿御所持之店」と記されていることから、恒常的に茶屋などの商売のために貸し出されていたと考えられる。平左衛門は、次に紹介する四ツ谷一件にも関係するなど、毎年のように茶屋を営んでいたようで、他にも茶屋出店の資金調達のため、八郎右衛門より金子を借用する史料が見える。

文政十二年（一八二九）には、四ツ谷追分の沿道に位置する茶屋と藤沢宿の間で、旅人の宿泊をめぐり争論が持ち上がった。次の史料は、辻堂村久兵衛ほか一三名が大山詣の旅人などを止宿させるために宿方が難儀しているとして、藤沢宿本陣脇本陣惣代の脇本陣喜兵衛、宿役人惣代年寄仁兵衛が止宿差止の訴訟を起こした際の済口証文である。(35)

四ツ谷一件書上之写

差上申一札之事

東海道藤沢宿本陣脇本陣惣代脇本陣喜兵衛宿役人惣代年寄仁兵衛より相州辻堂村久兵衛外拾三人を相手取、

宿間村々ニ旅人休泊等為致間敷段、前々御触茂有之候義之処、大山参詣之旅人等を止宿為致、宿方難義おもひ候ニ付、御差止之儀申立候一件之義、相手方之者共召出御吟味中ニ御座候処、今般相対之上、大山参詣之旅人ニ限リ、来ル寅年より来ル申年迄七ヶ年之内、毎年六月廿七日より大ノ月者七月朔日迄、小ノ月者七月二日迄日数五日之間、宿方旅籠屋共方ニ定宿無之分者相手拾四人之者共方江も止宿為致候筈、宿方ニ而厚勘弁致し、尤右年限日数之内たり共、右参詣人外之旅人宿引受候義者勿論、宿引躰もの差出猥ニ稼方等不致、宿方差障ニ不相成様年限中不実之義も無之年限相立候節、相手方より実意を以懸合之、其砌宿方ニ而も不実之義無之様勘弁之上取計遣候積、且辻堂村作場道を近道之由ニ申勧案内致候もの有之節者、訴答申合相手方にて差止、都而宿方差障ニ不相成様実意専一ニ心掛取計候筈取極、一同無申分御吟味下之儀連印書付を以奉願上候処、願之通御下ケ被成下候段被　仰渡、一同承知奉畏候、仍而御請證文差上申処如件
文政十二丑年八月廿三日
中村八太夫当分御領所
東海道藤沢宿
本陣
脇本陣惣代
脇本陣
訴訟人方
喜兵衛
宿役人惣代
年寄
仁兵衛
小笠原勝三郎知行所　相州高座郡折戸村

百姓平五郎外九□□代兼
同知行所同郡羽鳥村　相手方百姓　平左衛門
諏訪部喜右衛門知行所　同郡大庭村同清五郎
諏訪部帯刀知行所　同郡同村　同太吉
江川太郎左衛門代官所　同郡辻堂村同久兵衛

道中
御奉行所

右の史料によると、宿方旅籠屋に定宿のない大山参詣の旅人に限り、文政十三年（天保元＝一八三〇）まで七年のうち、毎年六月二十七日より大の月は七月朔日、小の月は七月二日まで日数五日の間、一四名の方へも止宿が許されることとなった。また「前々御触茂有之候義之処」との記載があることから、以前から両者の間で問題となっていたのである。この争論に関しては、次のような史料も残されている。(36)

借用申金子之事

一　金拾両也

右者当子年四ツ谷茶屋共相手取出訴仕候処、右入用差支候付借用申処実正也、返済之儀者、来丑年出入相済次第、壱割五歩之利分を加へ、急度返済可仕候、為後日入置申金子借用一札、仍而如件

文政十一子年十二月　坂戸町
旅籠屋惣代
七郎右衛門

九左衛門
松兵衛

問屋
新蔵殿

これは、藤沢宿坂戸町の旅籠屋惣代七郎右衛門ら三名が、四ツ谷茶屋との出入に際して、問屋新蔵から金子一〇両を借用した証文である。ここで注目しておきたいのは、「四ツ谷茶屋」との文言である。先の史料には後から「四ツ谷一件」との加筆があるものの、辻堂村久兵衛外一三名がどこで旅人を休泊させていたかは確証が得られなかったが、この史料で久兵衛らが四ツ谷で茶屋を営んでいたことが確認できた。また藤沢宿では「四ツ谷茶屋」と俗称していたことも知られる。なお藤沢宿が出訴したのは文政十一年（一八二八）であることも分かった。

その後翌文政十三年（一八三〇）六月に、平左衛門外三名がこれから始まる大山の夏山祭礼に向けて、村役人へ差し出した一札が次の史料である。(37)

差上申一札之事

大山石尊宮御祭礼中旅人休泊之義ニ付、我等共相手取昨年中藤沢宿及出入、右出入済口之砌、道中　御奉行所様被仰付候通リ、六月廿七日より七月二日迄日数五日之間旅人泊リ商売仕、右日数之外昼休之分ハ是迄通リ商売仕、泊リ之義ハ平生者不申及、御祭礼中たり共決而いたし申間敷候、右之段兼而被仰付候通リ急度相守可申様被仰付、承知奉畏候、依之一札差上申処如件、

文政十三寅年六月

金六
定七

伝　蔵
平左衛門
村御役人中

先述のように、道中奉行所より六月二十七日より七月二日まで、日数五日の間の止宿は公的に認められた。しかし、その他の日は、昼休みの分はこれまで通り商売しても良いが、宿泊業はたとえ御祭礼中といえどもまったく禁止する旨が仰せ付けられた。このように、道中奉行は基本的に宿場である藤沢宿を保護する方針を採っている。だが一方では、期限付きとはいえ、羽鳥村に旅人宿泊を認めたということは、大山街道沿いの村々の農間渡世の対象として、いかに大山参詣者が重要であったか、見過ごしがたい要素として認識されていたということである。文政八年（一八二五）の店借りの証文を含めて、文政期頃から四ツ谷での茶屋などの農間余業が活発化したと考えたい。

第五節　大山参詣者の参詣行動の歴史的変遷

ここまで本章では、江ノ島・藤沢周辺地域において起きた大山参詣者をめぐる争論を再検討し、大山のみならず江ノ島・鎌倉を含めた相模国内における参詣行動を、できるだけ時間的、段階的に把握することに努めた。

十七世紀段階では、都市知識人層が、大山・江ノ島参詣を主目的とした旅を行うことは少なく、もっぱら鎌倉参詣を目的としていた。これに対して大山・江ノ島は、都市住民ではなくあくまでも村落住民を主要参詣者として受け入れて、すでに賑わいを見せていた。一方大山参詣者が江ノ島・藤沢へ向かうことも稀で、まして「精進落とし」の場として利用する習慣はなかった。すなわち大山と江ノ島は、基本的に各々利害関係を持たず独立して聖域を構成していた。この段階では、大山と江ノ島の両所を参詣するのは、鎌倉を主目的とした都市知識人層の一部が、旅のついでに江ノ島、さらには大山へと踰遠する場合にほぼ限られ、その数も些少であった。

十八世紀に入ると、大山参詣・江ノ島参詣が江戸市中へも浸透し始め、各地で講による集団参詣が行われるようになったが、十八世紀半ば過ぎまでは同様な状況が保たれていた。こうした状況に大きな変化がもたらされるのは安永期頃（一七七二〜一七八一）からである。柏尾通りからの参詣者が増加し、都市中・下層民や村落民までもが趣俗化して、江ノ島・鎌倉・金沢を視野に入れた参詣行路を確立した。文政期（一八一八〜一八三〇）には、以前より争論の火種となっていた四ツ谷茶屋での宿泊が、期限付きながら正式に認められるなど、大山詣りの旅人と周辺村々との経済的関係が極めて密なものとなっていた。また江ノ島・藤沢などでの「精進落とし」の慣習が定着したのもこの頃であり、天保期以降これを前提として大山・江ノ島の両所名を冠した旅日記が書かれたのであろう。この安永期（一七七二〜一七八一）の転回の前提としてあるものは、庶民参詣層による都市知識人層に対する「文化的な上昇志向」[38]である。大山・江ノ島・鎌倉は基本的には別々の参詣者層を抱えて成り立っていたが、この時期を境に相互に参詣者が入り乱れ、都市知識人層の特権でもあった江ノ島での「風流」なり鎌倉での「歴史学的考証」が、実に幅広く享受されるようになったのである。要するに、双方の参詣者が互いに参入し合い、参詣地の複合化現象が構築されたのである。それは安永八年（一七七九）以降、精進落としの場としての藤沢宿と相模大山を結びつける川柳が詠まれはじめることからも分かり、安永七年（一七七八）の柏尾通り一件はかかる変質の中から生み出された歴史的必然なのである。それは何も関東に限られたことではない。伊勢参宮などでも同様な現象を見せ始めている。このように、安永期は複合的な要因により、全国的規模で参詣行動が一気に大衆化・低層化の様相を呈する画期的な時期であるといえる。一般に大山道の花形である四ツ谷通大山道（田村通大山道）が大山参りの本道となるのはこれ以降のことである。

十九世紀に入ると、江ノ島・鎌倉・金沢といった各名所と結び付き大きな周遊路を確立したことにより、時には伊勢参宮・西国巡礼・坂東巡礼・秩父巡礼・富士参詣・出羽三山参詣などと組み合わされながら、いわば一定の情報的・社会的・経済的制約の規定を受けつつも、自発性に基づく参詣行動が行われていくのである。十九世紀以降は「四ツ谷一件」のごとく、本来の宿場である藤沢宿を守りきれず、農間渡世をする四ツ谷茶屋側の主張の一部を受け入れざるを得ない幕府の姿がそこにはある。また関東取締出役からの触も農間渡世を完全に認めた上での不所業の取締に主眼が置かれており、そこに幕藩体制の崩壊の一端を垣間見ることができると共に、これ以降なし崩し的に各地で「四ツ谷茶屋」的活動が行われていったことがうかがい知れる。

（1）大山街道の基本的文献としては、まず『相模大山街道』（大山阿夫利神社、一九八七年）、浅香幸雄「大山信仰登山集落形成の基盤」（『東京教育大学地理学研究報告』一一、一九六七年、のちに圭室文雄編『大山信仰』、〈民衆宗教史叢書二二〉、雄山閣出版、一九九二年に収録）、根本行道『相模大山と古川柳』（東峰書房、一九六九年）などが挙げられる。また個別的には、紀行文を基に青山通り大山道中を再現した金子勤『大山道今昔――渡辺崋山の「遊相日記」から――』（〈かなしんブックス三〉、神奈川新聞社、一九八五年）、川崎市域の青山通りを丹念に追った白井禄郎ほか『大山街道――二子から上有馬までをたずねて――』（川崎市立多摩図書館、一九七三年）、川崎市立高津図書館編『写真で読む今昔・矢倉沢往還――大山道　その1・その2――』（一九九〇年）、柏尾通り、四ツ谷通りを紹介した阿部往寛「藤沢を通る大山道」（『藤沢市史』五、一九七四年）などがある。江戸湾内交通への関心から大山信仰の新たな側面を明らかにした安池尋幸「中世・近世における江戸内海渡船の展開――富津・野島間の渡船の場合――」（『神奈川県史研究』四九、一九八二年、のちに右掲『大山信仰』に収録）を初めとする諸論考もあり、大山街道に関する先行研究は多い。

（2）「富士山道知留辺」（梅園松彦、万延元年刊）、東京国立博物館所蔵。

（3）「鎌倉江ノ島大山新板往来双六」、神奈川県立金沢文庫所蔵。

（4）「相州大山参詣独案内の道の記」、国立国会図書館所蔵。

（5）「東海道神奈川台町休泊御定宿」、横浜市立歴史博物館所蔵。

(6)「雨降山乃記」(坂本栄昌、寛政三年)、宮内庁書陵部所蔵。
(7)「月園翁旅日記上、雨降山の日記」(源真澄、天保六年)、国立国会図書館所蔵。
(8)「相州大山順路之記」、東京国立博物館所蔵。
(9)「大山道中張交図絵」(安政五年)、神奈川県立博物館所蔵。
(10)「大山廻富士詣」(十返舎一九、文政五年)、東京大学図書館所蔵。
(11)「箱根山七温泉江之島鎌倉廻金草鞋廿三編」(十返舎一九、天保三年／『神奈川県郷土資料集成』一〇、神奈川県図書館協会、一九六九年)。
(12)「大山道中膝栗毛」(仮名垣魯文、安政四年／注11『神奈川県郷土資料集成』一〇)。
(13)『滑稽富士詣』(仮名垣魯文、万延～文久年間／古典文庫、一九六一年)。
(14)注(12)、三一五頁。
(15)武蔵国では、広域にわたり若者中の通過儀礼の一つとして大山参詣を行う風習が見られた。これをハツヤマ(初山)といい、一三歳から一五歳くらいの男子が必ず参詣していた。現東松山市域のごとく、ハツヤマの意義をその険しさにあると明確にする場所もあり(『東松山市史』資料編第五巻民俗編、一九八三年、二七八頁)、大山登山の険峻さゆえに成人への通過儀礼の場として撰ばれていたものと考えられる。
(16)「鎌倉記」(自住軒一器子、延宝八年／『鎌倉市史』近世近代紀行地誌編、吉川弘文館、一九八五年)一一一頁。
(17)同右、一一三頁。
(18)同右、一二一頁。
(19)同右、一二六頁。
(20)同右、一二九頁。
(21)同右、一三〇～一三一頁。
(22)同右、一三一頁。
(23)同右、一三二頁。
(24)同右、一三一頁。
(25)同右、一三二頁。

(26) 同右、一三二頁。

(27) 大住郡戸田村小塩家文書（一七）、神奈川県立公文書館所蔵。この他小塩家には、この資料番号（一七）の下書きと思われるもの（資料番号八、資料番号三二、但し後欠）が残されているが、これらの文書の間には、若干の記述の差違が見られる。また『厚木市史』近世資料編二村落一（一九九三年、一五三～一五六頁）に収録されている神奈川県立文化資料館所蔵の史料は、前記のいずれとも微妙に記述が違っており、別に存在すると思われるが、神奈川県立公文書館では確認できなかった。

(28) 「外拾九ヶ村」の具体的な村名については、拙稿「大山参詣をめぐる社寺参詣者の動向――藤沢・江ノ島・鎌倉との関連で――」（『史学』七〇―二、二〇〇一年）を参照。

(29) 土呂・塚本・飯田・宮ヶ谷塔（現さいたま市）では、一四、五歳のものが一人前だといって初山参りをしていた（『大宮市史』五　民俗・文化財編、一九六九年、一八四頁）。高畑（現さいたま市）では、男子は一五歳になれば大山へ登山し、これを初山と称した。初山をすませると、村の若い衆講にも加入することができ、他の代参講にも参加できた（『浦和市史』民俗編、一九八〇年、五八三頁）。その他にも現在の坂戸市、三郷市、岩槻市（現さいたま市岩槻区）域でも初山参りが見られた。石神（現川口市）では初山の帰りに女郎屋に寄ることもあった（『川口市史』民俗編、一九八〇年、七八五頁）。現鳩ヶ谷市、東松山市、東京都瑞穂町域などでは、鎌倉、江ノ島周遊をも兼ねた初山参りであった。また、明治・大正期に千葉県の小糸川流域では、嫁入り前の娘たちが一度は家族と連れだって大山参りをしていた（『君津市史』民俗編、一九九八年、三九四頁）。

(30) 「川柳評万句合天明五年智印七丁目」。大天狗様とは、大山山頂の大天狗社に祀られた神である。同じく山頂の石尊社に祀られていた石尊大権現と共に庶民の信仰を集め、夏山季のみ登拝が許されていた。大紋日は、五節句など遊郭で定められていた特別な日のことであり、遊女屋にとって稼ぎ時であった。つまり、大天狗様への参詣が可能な夏山祭礼中は、藤沢の遊女にとって、多くの揚げ代収入を見込める時期であったということを示しているのである。またここでは、大山への参詣者の精進落としの場を「藤沢」と明記した川柳が複数存在していることにも注目しておきたい。

(31) 「相州大山順路の記」（寛政元年／東京国立博物館所蔵）は、序文で「大山参詣必携の書也」と述べつつも、大山の五頁に対し、江ノ島に五頁、鎌倉・金沢に至っては合わせて三一頁も割いている。

(32)　鈴木章生「相模大山信仰の成立と展開――民衆参詣の動向と信仰圏をめぐって――」(『秦野市史研究』六、一九八六年、のちに注1『大山信仰』に収録)表2。
(33)　注(13)、四〇五頁。
(34)　三觜勝彦家文書(文書番号I、E、四二)、藤沢市文書館所蔵(『藤沢市史』二、一九七三年、九六六～九六七頁に収録)。
(35)　平野雅道家文書(II、M、四)、藤沢市文書館所蔵。
(36)　平野出見旧蔵資料(文書類六八)、藤沢市文書館所蔵。
(37)　三觜勝彦家文書(I、M、四九／注34『藤沢市史』二、八〇三～八〇四頁に収録)。注(34)の三觜勝彦家文書(文書番号I、E、四二)と同じく、高野修「相模大山講と藤沢」(『藤沢市史研究』一九、一九八六年、のちに注1『大山信仰』に収録)、同「大山詣の参詣路」(『山岳修験』一八、一九九六年)などの論考において、幾度か紹介されてきた史料であるが、その内容についてはまだ充分に吟味されていなかった。
(38)　次章参照。

第五章　文人層の参詣世界の大衆化——江ノ島における「遊人」と庶民の結節点——

第一節　江ノ島への距離認識と女性の参詣

物見遊山の旅であっても山岳霊山内では真摯に神仏に向き合う参詣者の姿と、山岳登拝によって身体的には再生するが、現世利益を祈願するがゆえになお十分にハレない精神の再生を別の場所に求めていたことを明らかにした。参詣者の視点に立ち、先行研究を概観してみると、山岳信仰をはじめとする信仰の旅と対置するものとして、二種類の旅が浮かび上がってきているように思われる。(1) 知的充足感を得ようとする文化的営み（歴史的名所、古跡、寺宝、伽藍など）と、自然を愛でることで精神的充足を得ようとする自然的・景観的営み（名花・名木、田園風景など）の二つである。もちろん〈個〉に力点を置くならばこれら要素が重層的に折り合っているのであり、どちらかに割り切れるものではない。無論、参詣地に力点をおいても同様である。

近世の旅を考える際、記主自身が実際にその地を訪れ、見聞したことを書き残した道中日記はきわめて有効な史料である。(2) ただし道中日記類は主たる目的地によって記述形式が異なり、その残存状況も大きな違いを見せる。関東地方において実に多く残存するのは伊勢参宮の道中日記である。関八州の縁に林立する諸山岳信仰と比してもその数は膨大である。これは伊勢参宮の一回性を十分に示唆するものである。その反面行程と費用のみを記すものが実に多い。これとは対照的であるのが江ノ島と鎌倉である。詳細な記録と詩歌を含めた紀行文的要素を強く帯びたものが多く残されている。その数は関東地方でも群を抜いている。したがって文人層の参詣世界を中心に検討を進めていくことにする。

江ノ島に関する研究は、別当岩本院に残る岩本院文書などを基に、岩本院・上之坊・下之坊の本末論争や、近国近郷の詣人が挙って群集した弁財天の開帳について考察した論考が若干あるのみである。(3)また斎藤毅と古田悦造の両氏が、日本沿岸部に点在する数多の多くの島々に注目して柳田國男氏が名付けた「地の島」(4)を、江ノ島を事例に人文地理学的見地から考察している。そこでは島嶼に対する空間認知が主たる問題関心とされた。中世以降弁財天が水の神として雨乞いの対象とされ、農民に信仰されたとする一方で、相模湾東部で盛んに行われてきた「亀塚」を築く風習に注目し、江ノ島の視知覚像が海亀を連想させ、漁民の感情移入から豊漁や海上安全の信仰の場として空間認知がされていたとする。(5)また近世中期以降弁財天が江戸町人の商業神に機能転換し、周辺農民に対する雨乞い機能が次第に低下したとするが、その歴史的変遷の描写があまりにも唐突である。何よりも次第に現世利益に関心が引き摺られ、主題であったはずの空間認知の論証が散漫となっている。当然ながら、江戸町人への言及も説得力を持たない。

それでは江ノ島・鎌倉地域への十九世紀段階の距離感を見ていきたいが、ここでは江戸を起点として考察していく。文化六年（一八〇九）の『遊歴雑記』の筆者津田大浄は、江ノ島について「東部より僅に十三里なれば……」(6)と述べているが、これは決して主観的な認識ではない。寛政九年（一七九七）刊の『東海道名所図会』においても同様に「江戸よりは行程僅に十三里なれば、男女童のわいためもなくここに詣し」(7)と紹介されている。また十返舎一九作の絵入滑稽本『滑稽江ノ嶋家土産』（文化六年＝一八〇九）でも「江都よりわづかの旅なれば。

貴賤老若おしなべて」[8]とあり、江戸から「十三里」の「僅か」な旅であるという認識、あるいは決まり文句が広く浸透していたことを窺わせる。

『江戸名所記』（寛文二年＝一六六二）と『江戸名所図会』（天保五年＝一八三四）を比較すると、『江戸名所図会』では、風景、特に自然景観を重視するようになり、それに伴い都市近郊の名所も多く網羅されたことが指摘されている。[9]江ノ島、大山、成田など江戸より拾数里の参詣地は、軒並み元禄期を境に庶民に信仰を拡大したと考えられているが、この段階では、まだ江戸の人々はこれらの参詣地にはかなりの隔たりを感じていたであろう。[10]しかしながら『江戸名所図会』に金沢八景までもが記載されるようになる十九世紀前半には、江ノ島は極めて身近な印象を持たれていたと考えられる。御府内四里四方、鷹場五里四方とされるが、御府内を日常空間とし、そこに位置する寺社の祭礼・開帳などを日常における一時的な非日常空間の表出と捉えるならば、[11]『郊遊漫録』[12]（文化十二年＝一八一五）・『江戸名所図会』・『江都近郊名勝一覧』[13]（弘化四年＝一八四七）などに掲載される範囲、西・南に向かっておよそ十里までを日常に隣接する非日常空間かつ江戸近郊と認識する空間、そして十里以上を完全なる非日常空間と捉えることができよう。

また大山が一八里、成田が一六里、江ノ島が一三里、武州御嶽山が一八里というように、江戸からの距離が常套なる文句となり、道中案内記・旅日記・川柳などに頻出することにも注目しておきたい。これは一〇里を越える参詣地名所に対して、ある一定の距離感を抱いていたことを示すものといえよう。逆にさらに遠い富士山では、『富士山道知留辺』[14]中の絵図「江戸より富士山道」に、江戸より二六里と記されるに留まり、一般に浸透した形跡が見られず、例えば箱根・足柄等の関所およそ二五里より西に対しては、もはや里程は意識されない程の距離感であったと考えられる。つまり、一〇里より二五里の範囲は、江戸及び江戸近郊と、遠国の間の中間的な地域であり、それは関八州の際限とほぼ一致するのではなかろうか。鉄砲改め及びその刑罰における地域編成には、

「江戸十里四方幷御留場内」「右之外関八州」「関八州之外」の三段階あった。(15)こうした御府内のみならず、鉄砲所持禁止・鷹場規制・追放刑の「江戸十里四方」（半径五里四方）、御留場内の半径一〇里四方といった行政的な地域編成が江戸町人の意識に影響を与えていると考えられる。当然のことながら、名所の距離感形成へ一定の規定を与えるものであったろう。

それでは、江ノ島は、女性にとっていかなる場所であったのだろうか。隠居生活の身で江戸周辺を遊歴した『遊歴雑記』(16)の著者小日向本法寺の僧津田大浄は、妙栄尼と娘の二人の女性を伴う旅となった文政四年（一八二一）に（傍線は筆者、以下同）、

予、前髪のむかしより、ゑのしま・鎌倉にあそぶ事今年にいたりて都合七度といへども、罷るたび初めての様に思はれ、心転じ気分快然として面白し。増てや召具せし妙栄・娘等は、籠鳥の雲井にあそぶ思ひありて道くさ極りなし。実にも京・大坂を初め総て遠国に遊びがたき女児輩の旅行には、江戸より程よき遊行の土地といふべし。

と、鎌倉・江ノ島遊覧は都合七度目であるが、何度訪れても初めてのようで面白く、京・大坂等遠国への旅が難為な女・子供には、程よい物見遊山の土地であると述べている。文政四年（一八二一）の『江の嶋の記』(17)の筆者江戸の富商の妻菊池民子も、

相模の国なる江の嶋といへる所は道ゆきぶりもめづらかにいとおもしろく、其海づらを見わたしたるさまはあやしく、此世の外のやうにおぼへて目おどろくばかりのながめにこそなンど、年比人のかたるを聞て、しきりになつかしう思ひつゞけて、爰よりは遠からぬ所なれば、いかでかゆきて見まほしうと……

と書き記し、江ノ島への行楽は、決して遠いものではないという認識が見られる。けれども、明和四年（一七六七）の女性の手による『東路の日記』(18)には、

三とせ五とせ思ひ過ぬることをしも世の人は長しといふめれど、はたとせばかりもこゝろに思ひこめて相模の国なる江の嶋の御神にまうでなんとねがひしに、

と二十年近く経ってようやく念願が叶ったとあり、同じく女旅である安政二年（一八五五）の『江の島紀行』[19]でも、

鎌倉鶴が岡江の島詣の事、あまたとしおもひわたりけれど、何くれと世のことわざしげく、また道の程もやゝ遠ければ、心にもまかせざりしを、ことしばかりは何のさはる事もなくて、

と述べ、幾年も機会を待ち続けた心情を綴っている。先の『江の嶋の記』の民子も「しきりになつかしう思ひつゞけて」と記しているように、この三人の女性にとって長年流波のごとく思潜し続けた夢の地であったことが分かる。つまりいざ行くとなれば遠すぎず手軽な場所ではあるが、かと言って女性の身では簡単に実行に移すことが出来るほど近いというわけでもなかったのである。これには、女性が進むことのできる距離に限界があることも関係しているだろう。男性の旅人では、江戸から一日で鎌倉に到着した例も見られるが、女性では往復に最低でも三泊四日かかるため、必ずしも容易な旅ではなかったと考えられる。

このような前提を踏まえた上でいうと、江戸の女性にとって、経済力の有無という条件はあるものの、ある一定の年齢に達し、家庭内の地位も上昇した時に[20]、ようやく目指す念願の地である。その意味において、男性にとっての伊勢参宮と同等な位置付けができるだろう。この点について、伊勢道中日記を分析した結果、新居関所を避けた姫街道利用者が皆無であり、伊勢講での女性の旅が老夫婦に限られていることが指摘されている[21]。さらに柴桂子氏が蒐集された女性による旅日記一三三点[22]のうち、伊勢参宮を目的としたと思われるものが一八点あるが、そのうち関東からのものはわずか一点で、関西地方からのものが八点で最多である。つまり女性に限って見れば、関東周辺の江ノ島（鎌倉）参詣、関西周辺の伊勢参詣と位置づけることができよう。そしてもう一つ、数ある霊

地の中でも、女性に受け入れられていたことも江ノ島参詣の特徴である。利益内容が機能的に分化する傾向の中で歌舞音曲を利益の一つに掲げたことは江ノ島へ多くの女性を招き入れる結果となったと考えられ、数々の浮世絵に女性の参詣者が描かれている。(23) これには、深川弁財天が「祭神相州榎島に同じ、元禄の始め惣検校杉山氏勧請す、世俗一ツ目の弁天といふ(24)」との縁起を広めていたように、江戸に点在する弁財天の総本社としての憧憬もあったのだろう。

第二節　名所認識と参詣者の関心

次に、鎌倉・金沢との比較で、江ノ島に対する名所認識を考察してみたい。天保六年（一八三五）三月、江戸在住の武士松雨ら四名が江ノ島・鎌倉・金沢を遊覧した際の紀行文『四親草』の中で、三所についてそれぞれ次のごとくまとめている。

いわゆるかまくらは、懐旧感慨の情を起さしめ、江のしま、金沢は風流華月のおもいを止めし(25)（中略）こと し、乙未三月、江の島にまうて、かまくらの古事、金沢の勝景をも探らんと、只かり初におもひ立て(26)（中略）江のしまの浄域に塵胸をあらい、鎌倉の荒涼に古を忍ひ、此八勝に他日の鬱陶を散す(27)

と、三所に対する名所認識が端的に表現されている。(28) 神社仏閣・古跡・旧跡が豊富で懐古の情に堪えない鎌倉、金沢八景に代表される景勝地金沢、その金沢と同様風流な景勝地ながら、弁財天信仰の聖域でもある江ノ島という認識が読み取れる。江ノ島は、当初金沢と同じく「風流華月のおもいを止め」る地であると述べられていたのが、終わりでは「浄域」「塵胸をあらい」と言い換えられている。筆者は上述のごとく、山岳霊地と精進落としの場では同じ非日常空間への突入による自己解放でも違いがあると述べたが、ここでは圧倒的な自己解放が約束される場としてみなされてきた江ノ島と金沢にも若干の差異が認められるのである。つまり元来霊地である江ノ島にあっては、信心の有無に関わらず、聖地に在することの意味を否応なく認識させられ、洗心を強いられるのである。江ノ島での自己解放とは、その神聖な場の上に成り立つものであるといえ、しかしながらあくまでも風流花月を愛でる所に重きを置く点で、他の霊地とは一線を画す存在であろう。信仰的影響をおよそ受けない金沢での「他日の鬱陶を散す」べき自己解放とは、その方法に質的相違がある。

「名所」を構成する要素は、大きく分けると「景色」と「古跡」である。[29]「景色」には、自然景観のみならず当然神社・仏閣・庭園・橋など人造物や、祭礼・縁日の賑わいなども含まれる。近世は名所が神社・仏閣を中心として形成されることが多く、信仰・参詣とのかかわりから「景色」としての「名所」が多く生まれた。江ノ島の名所としての特異性は、聖域において多少なりともおごそかな心持ちになりながら、風流にふけるところにあることはすでに判明した。単純に風景を賞賛する、あるいは将軍家や高僧などとの縁に関心を寄せる記述は、信仰要素が強い山岳登拝にも見い出せるが、[30]江戸から一〇里以上離れた聖地で物見遊山的要素が主眼となる聖地は珍しい例であろう。ところで、江ノ島への旅人を惹き付けた「景色」とは、嗜む「風流」とはいかなるものであったのだろうか。手がかりとして、江ノ島を扱った名所案内記の類を見ていきたい。

表1は、いずれも近世後期に刊行された名所案内記の記述をもとに、島内のどこに力点が置かれていたかを考察するために作成したものである。一目瞭然だが、『東海道名所図会』（寛政九年）、『鎌倉攬勝考』（文政十二年）、『江の島まうで浜のさゞ波』（天保四年）の三点は島内の名所を網羅的に収めた構成となっている。これに対して『相州大山順路之記』（寛政元年）と『江島鎌倉往来』（享和元年）は名所を取捨選択したものであり、より一般向けといえる。『相州大山順路之記』は、「大概を鎌倉志を拠となす」としながらも「見所なき神祠仏閣ハ省く」[31]と序文で述べており、前者三書と対比される。前者三書で力が注がれているのは、江ノ島総説（縁起）、例祭、本宮御旅所拝殿額、三宮（岩屋本宮・上ノ宮・下ノ宮）、別当岩本院、碑石（屏風石）、福石、児が淵、魚板石の一一

表 I　名所案内記の江ノ島内名所記載状況

	相州大山順路之記（寛政元年）	東海道名所図会（寛政九年）	江島鎌倉往来（享和元年）	鎌倉攬勝考（文政十二年）	江の島まうで浜のさゞ波（天保四年）	新編鎌倉志（貞享二年）
江島総説（縁起等）	◎	◎◎	○	◎◎	◎	◎◎
銅鳥居（島入口）	△	△		△	○	
石鳥居（二の鳥居）		△		△	△	
木鳥居（三の鳥居）		△		△	△	
石鳥居（四の鳥居）		△		△	△	◎
銅鳥居（五の鳥居）		△		△	△	
木鳥居（六の鳥居）		△		△	△	
石鳥居（七の鳥居）		△		△	△	
龍窟の鳥居		△		△		
本宮岩窟	◎◎	◎	△	◎◎	◎	◎◎
魚板石	◎◎	○	◎	◎	○	◎
本宮御旅所	○	△		○	△	○
宸翰の額（拝殿額）		○		◎	○	
例祭		◎		◎	○	
求聞持堂		○		○	△	
護摩堂				△		
観音堂		△		△		
開山堂	△	△			△	
神庫		△		△		
末社三扉合社（稲荷、天満宮、妙音天）		△		△	△	
鐘楼	△			△		○
石燈籠		△		△	△	

亀石				△		
別当岩本院	○	○	△	◎	◎	◎
上ノ宮	○	○	△	◎	○	◎ ◎
楼門		△		○	△	
拝殿額		△			△	
末社四所合祠（神明・熊野・稲荷・役行者）		△		△	△	
護摩堂		△			△	
鐘楼		△			△	
金剛水井				△		
別当上ノ坊	△	△		◎	△	△
下ノ宮	○	◎	△	◎	◎	◎
二王門		△		△	△	
三重塔		△	△	△	△	
随身門		△		△	△	
本地堂				△		
薬師堂		△				
観音堂		△		△		
閻魔堂		△			△	
護摩堂		△		△		
開山堂		△		△		
経堂				△		
鐘楼		△（但、銘文有）		△	△	△（但、銘文有）
牛頭天王		△（神輿）		△	△（神輿）	
稲荷祠		△		△	△	
末社三所合祠（熊野・神明・山王）		△		△	△	

碑石(屏風石)	◎	◎		◎	◎	◎ ◎
別当下ノ坊	△	△		◎	○	△
住吉社		△		△		
陀枳尼天山		△		△		
荒神祠		△		△	△	
秋葉祠				△		
圓可寺		△		○		
延命寺				△		
西方庵				△		
三天磐(影向岩)		○		○		
荒神石(蝦蟆石)	◎	△	△	○	△	○
福石	◎	○		◎ ◎	○	○
兒か淵	◎ ◎	◎	○	◎	◎ ◎	◎ ◎
龍池	○	○	△	△		△
無熱池(蛇形池)	○	△	△	○		○
蓮華池		○		○		
白龍窟		○		△		
飛泉窟		△		○		
十二の窟		△		○		
新田忠常の抜穴	○	○	○	◎		◎
聖天島(水天供島)		○		◎		△
鵜島	○			○		△
泣面の崎				△		△
茶屋	△			○	△	
御師	△		○	○	◎	
漁家	◎			○	◎	
幅海苔		△		△	△	

海雲		△		△	△	
鹿尾菜	△	△		△	△	
鮑の糟漬	△	○		△	△	
花貝	◎	○		○	○	
辛螺の壺焼				△		
鮑の酢貝				△		

注）江ノ島内の各名所に関する記載状況により、四段階に分類した。名前のみか、記載があっても位置あるいは来歴が一言で説明されているものを△、数行で簡単に縁起・由来が説明されているものを○、何行にもわたり詳細に説明がなされているものを◎、その中で特に詳しいものを◎◎とした。ただし、『江島鎌倉往来』については、短文の中にできうる限り多数の名所を詰め込む形式のため、本書の中での相対的評価としている。最後に『新編鎌倉志』を加えているが、『鎌倉勝覧考』と比べても、項目の著しい増加が認められた以外は、あまり記述自体の変化は認められなかった。ただ一点、貝細工・花貝をはじめとした名産品の項目が一つも見られず、江ノ島の海産物が十七世紀後半にはいまだ重要な江ノ島詣の要素とは考えられなかったのだろう。同じく、『新編鎌倉志』をもとに見聞を加えて構成されている『相州大山順路之記』でも、若干の増減がみられるものの、魚板岩と海産物などに関する項目の充実・追加を除いては大きな変化はない。つまり、一〇〇年以上後に編纂された二つの地誌と『新編鎌倉志』を対比すると、あまり大きな変化は見られないが、魚板岩の状況の多様化、海産物への関心の高まりが新たに加わったと見てよいだろう。

点である。後者二書では、江ノ島総説、魚板石、児が淵の三点のみである。前者三書は、三宮と別当岩本院の縁起・宝物、例祭の段取りなどが詳細に記される他、『鎌倉攬勝考』では後宇多院が蒙古退散祈願のために宸筆を染めたとされる御旅所の拝殿額も掲載するなど、極めて来時由来を中心としたものである。『鎌倉攬勝考』は『新編鎌倉志』と並び鎌倉散策の案内書として重宝されたものであり、鎌倉順覧に堪えられるだけの知識を有する階層による江ノ島参詣を投影したものといえよう。後者二書が、いずれも後宇多院宸筆の拝殿額を収録していないのとは対照的である。ここで注目すべきは、この五点すべてにおいて詳細に触れられている二つの名所、児が淵と魚板石である。鎌倉相承院の稚児白菊と、建長寺広徳院自体の悲恋の終焉地である児が淵の故事は、広く知られた物語で、江ノ島遊覧の目玉の一つであったことは間違いないが、児が淵もまた、来歴を根底とした名所である。ところが魚板石は違う。源頼朝の故事があるものの、前者三書でもその事にまったく触れていない。

『鎌倉攬勝考』の記事を引用してみよう。(32)

魚板磐龍穴の前にあり。岩面平坦にして、魚板の如きゆへに名附く。（中略）遊観するもの、此盤上に座し、魚を釣もあり。又は栄螺の壺焼・鮑の酢具などつくらせて、酒を勧るもあり。海上の眺望、絶景言語に尽しがたし。

と、名前の由来を述べるだけで、あとはひたすら魚板岩の魅力を書き記している。明らかに、歴史意識からくる名所ではない。すなわち島内の名所には、いわば鎌倉歴史探訪の旅の延長としての来歴を重視した場と、純粋に自然美を含む風景を享受するための場の、二つの名所構成要素があったのである。名所案内記の類だけでは、後者の意識に踏み込む事は容易ではないため、次に島内の様子を詳しく描写した道中日記を分析していく。

次に掲げるのは、天保九年（一八三八）六月下旬に甲斐国府中郊外の住人が、江ノ島を訪れた際の道中記『富士大山道中雑記』である。六名からなる記主一行は、六月二十五日に甲州八幡陣屋を出立すると、まず富士山へ登拝した後、道了尊・大山を廻り、六月三十日に江ノ島に到着した。記主は島内の様子を的確かつ簡潔に筆記しており、その記述から江ノ島の行楽地的側面をうかがい知ることができる。(33)

一江ノ嶋前町橘屋武兵衛方に荷物差置、取付き下之宮へ参詣、夫より上之宮、次に本宮各拝礼いたし、三社縁記、御札守等を受け、茶屋にて休足、此所都て絶景之所也、家毎遠眼鏡有之、相州三浦三崎其外七里ヶ浜等眼下に見下し、漁舟、鮑取の舟、相見へ、極景色宜しき場所也

一此山中所々に貝細工・屛風、其外土産物有之、鮑の糟漬名物也

一此嶋裏之方岩屋弁天、凡弐三丁程も這入候穴有之、誠に奇穴、都て岩石中程にみたらし有之、水気程流落、穴中所々に神仏有之、百八燈にて通り道漸く相見候

一此辺にて漁師共鮑取候義を申すゝめ、賃銭を受、海中え飛入鮑取也

一嶋入口弁此所にても、子供数多出居、少々の出銭にて海中え飛入、種々の芸事いたし候事
一（中略）料理等肴新敷、風味格別宜しく（後略）

参道に居並ぶ各茶屋には遠眼鏡があり、そこから見える風景を「極景色宜しき場所也」と称えている。また岩屋付近では、漁師が「鮑取候義を申すゝめ、賃銭を受、海中え飛入鮑取」をしたり、子供が「少々の出銭にて海中え飛入、種々の芸事いたし候事」というような光景はまさしく物見遊山的なもので、諸山岳信仰には見受けられるものではない。同道中日記に書き留められた行楽地的特性を集約すると、およそは「風光明媚さ」、「美味な鮮魚」、「芸事」の三点に絞ることが可能である。そこで次節では、各要素へ言及し、江ノ島の近世的様相を解き解していくこととする。

第三節　行楽地的特性の歴史的変遷

(一)風景への関心

まず第三者的な立場から書かれた文芸作品から、江ノ島の風景に対する認識を見てみよう。寛政九年（一七九七）の『東海道名所図会』に、「此地は風景真妙にして、関八州の中に山水の美たる勝邑なるべし」(34)とあり、江ノ島参詣を題材とした滑稽本『江の島まうで浜のさゞ波』（天保四年＝一八三三）にも、「此地は風景真妙にして、関八州の中に山水の美なること此地にまされるはあるべからず」(35)との記述がある。また、案内記類ではないが、江ノ島を何度も訪れている『遊歴雑記』（文化六年）の筆者津田大浄も、「此地の風景真妙にして、山谷茂林の年古て海浜の眺望一品なるものをや」(36)と江ノ島の風景を評している。これらの作品は、表現が似通っており、それぞれ先行の諸品に影響を受けたことがうかがわれるが、いずれにしろ江ノ島の風景は「真妙」であり、樹木の生い茂る島と海が織りなす「山水の美」は、関東でも随一との定評があったことが分かる。具体的には、寛永十年

（一六三三）十一月に訪れた沢庵和尚が、「一坂一坂にて海のおもてを木のまより見おろしたる気色いふかたなし。丹青も筆及びがたくぞ覚る。来てみる我もよそのながめとやならん。[37]」と記したごとく、島内を巡りながら各所で木の間から見おろす海の眺めや、『新編相模国風土記稿』（天保十二年＝一八四一）に、

常に巨浪山址を洗へり、東望すれば近くは七里浜遠くは房総の山嶽を見渡し南に伊豆大島（中略）西に箱根の諸岳を臨み、遠く富嶽に対せり（中略）北には近く大山丹沢連なりて実に佳境と謂つべし古昔神仙境と称せしも宜なり、[38]

とあるように、七里ガ浜・房総・伊豆大島・箱根・富士山・丹沢・大山などの遠景を耽楽することができた。このように、第三者的立場より作られた名所図会・地誌類では、江ノ島を「山水の美」と賞美する記述が頻出する。『江の嶋の記』（文政四年＝一八二一）の記主菊池民子が、「江の嶋といへる所は（中略）其海づらを見わたしたるさまはあやしく、此世の外のやうにおぼへて目おどろくばかりのながめにこそなン[39]」と人が語っていたのを聞いて江ノ島参詣に憧れを抱いたように、その綺媚さには定評があり、近世を通じて江ノ島参詣を誘発する基盤となっていたことは間違いない。遠眼鏡を見せる茶屋が登場したのも必然である。[40]

(2)海産物資源の活用

『我衣』の記主で江戸の医師加藤曳尾庵は、文化四年（一八〇七）三月に訪れた際、「山海の美味を尽して馳走有（中略）鳥居の前の浜にて地引網を引く。小鯛凡百六七十枚を得たり。其夜調理して食ふ[41]」と、当地で採れた魚を直に調理して出す新鮮さを強調している。天保十年（一八三九）、熱海・箱根（宮の下）の両温泉に湯浴みした帰路立ち寄った『玉匣両温泉路記』の記主原正興は、

左のかたなる恵美須屋と云高楼にのぼり、昼の飯たうべたるに、広もの・狭ものいだす。「この嶋は、うを

多く、てうりもよろし」ときゝしにたがはざれば、酒なくてはことたらぬやうにおぼえて、と、江ノ島の新鮮な魚介類を主とした料理を褒め称えている。[42]また正興は、この旅より以前に「江ノ島は魚が多く、料理も良い」との評判を聞いていたことも分かる。名所案内記の類においても、寛政元年（一七八九）の『東海道名所図会』に、「都て此島は漁家多く、朝網夕罾とて、荷ひ込魚を料理て出す、こゝの名物とて鮮魚の美味なるを第一とす」[43]とあり、このことから十八世紀末には、新鮮で美味な魚介類が江ノ島の最大の名物であるという評価が定まっていたといえよう。近世初期から「風景真妙」な場所として名高い江ノ島であったが、元禄期以降参詣者が増加するにつれ、[44]美味な鮮魚の存在が次第に広まっていったのであろう。それは江ノ島を好んだ『遊歴雑記』（文化六年＝一八〇九）の津田大浄が「只折々は爰に来り思ふさま、鮮魚を調理し、口腹を悦ばしめ、保養するの土地なるべし」[45]と評価していることからもうかがえる。大浄は、江戸周辺に止まらず、関八州の外まで遊歴しており、その批評は辛口なものも多いが、江ノ島遊覧は七度にも及び、その関心は鮮魚を食することによる保養にあることが明白である。

また安永期頃より、大山参詣者が江ノ島・鎌倉をも跋歴するようになり、江ノ島詣の一角を占めるようになる。[46]特に大山の夏山祭礼中（六月二十七日より七月十七日）には、江戸・武蔵国・下総国よりの参詣者が相当数江ノ島へなだれ込んだと考えられる。[47]この点に関して、『富士大山道中雑記』（天保九年＝一八三八）に興味深い記述がある。[48]富士に続いて大山の参詣を終えた一行は、その夜子安宿大津屋権十郎方に宿りを求めた。筆者は庭園を持つこの宿を気に入り、酌役の女性も褒めているが、ただ一点料理だけは「子安宿辺精進にて、喰物宜しからす」と酷評している。これに対し、その後江ノ島の橘屋武兵衛方に止宿した際「料理等肴新敷、風味格別宜しく」と賞賛している。[49]大山の精進料理に対し、江ノ島における新鮮な魚介類は大きな魅力であったことがうかがえる。

明治八年（一八七五）八月に「植物取調」のため武甲相州にまたがる旅に出た内務省官吏織田完之は、八月三

十日に大山に達し、大山名物の豆腐について、

此大山町ハ淮南名ヲ得レドモ、味ヲ美称スヘキニ非ス。行旅ノ口ニ適スヘキ美味等ヲ考ヘ、群賽ノ滞泊ヲ要スルノ地ナルカ非耶、

と感想を述べている。(50)これとは対照的に、それ以前の八月九日に江ノ島へ立ち寄った際には、「魚網ノ利ハ本ヨリ多シ。鮑肉ノ鮮ハ遠来遊客ノ口ニ適ス」(51)と評している。寺社参詣が主流の当時の旅にあって、江ノ島の鮮魚を素材にした料理は旅人にとって大きな魅力であり、富士参詣・大山参詣などと結びつく一因となったのであろう。(52)『遊歴雑記』の「口腹を悦ばしめ、保養するの土地なるべし」との文言も大げさではないのである。寺社参詣で札を持ち帰るように、旅の土産をその旅の象徴と捉えるならば、腐食することのなく気軽に持ち帰ることが可能な貝細工をはじめ、鮑の糟漬・鹿尾菜・幅海苔・海雲等の海産物が家苞となったことは当然のことといえよう。(53)

(3)魚板岩における「遊人」

第二節で検討したごとく、鎌倉探訪の延長としての歴史意識から成立したのではない自然美的名所に魚板岩があった。魚板岩は、第二節で検討したすべての名所案内記に詳しく説明されており、江ノ島の行楽地的側面の象徴的な場である。この魚板岩の何が参詣者の目を惹き付けたのだろうか。魚板岩は早くも十七世紀中に名所として認識されていた。延宝八年（一六八〇）の『鎌倉記』によれば、

まないた石といふは七八間が程たいらかなる石也。こゝにて所のあまに蚫とらせてみるわざ中〳〵えもいはぬながめ也。帰るさはいと心やすければ、浦の名物なればちゞみあがるあはびとり、なます風情物したゝめ酒くみ流し海中の猩々をあざむく。(54)

とあり、海士が鮑をとる芸を鑑賞し、その鮑などを摘みに酒を酌み交わす趣向が見られた。同様に安永二年（一

七七三）四月伊勢から江戸見物の帰路立寄った国学者本居大平も、

いとひろき岩のうへにて海みやりつゝ、酒のみなどす、こゝはあたりなるにもおもしろき所なれば、日数へて見るともあくよしあるまじけれど、[55]

と海を前に魚板岩で酒に興じている。

また天保六年（一八三五）四月、知恩院宮尊昭法親王の帰洛に供奉した考証学者小山田与清は、「いはほの上にた、せ給て海士がかづきするさまなど御らんじきようし給ふ。[56]」と、法親王が魚板岩の上に立ち、かずき芸（潜芸）を御覧になったことを記している。このかずき芸は魚板岩の最大の名物だったようであるが、天保十年（一八三九）五月に訪れた原正興は、

若き海士の海に入て鮑取来らんと云。銭出せば、波をかづきて入、たちまちに鮑取来る也。水底の岩の間に、鮑を籠に入て隠しおき、銭出す多き少きにて取きたるとかたる人の有しが、左も有べし。[57]

と記し、その裏事情を聞き書きしている。また安政二年（一八五五）四月念願の江ノ島詣が叶った江戸の婦人李院は、

頼朝公御遊覧有し時、海士をめして、貝魚などとらしめ給ひしゆゑに、魚版（ママ）石・まな板石などの名ありとかや。こゝに海人の集り居たるにもとめければ、やがてうみへ入、浪を分てあわび・さゞえなど取得てもて来ぬ。[58]

と記し、管見の限りでは唯一源頼朝の故事に触れ、由緒のあることを示す。しかるに、『新編鎌倉志』（貞享二年＝一六八五）が岩の形容から名付けられたとする説をとる[59]ほか、その後の名所案内記等でもその説を踏襲していることから、近世後期になって源頼朝と結び付けられて宣伝されたのであろう。

魚板岩は、例えば『相州大山順路之記』（寛政元年）が、

魚板石龍穴の前にあり、面たいらかにして俎板の如し、遊人爰に集つて魚を割、鮑をとらしむるに海士を入、螺・海老・章魚（蛸）の類ひを得て宴興なす、此石上の眺望（後略）[60]

と紹介するほか、江ノ島を含む名所案内記の類は皆この岩を収録し、魚板石は海士によるかづき芸と不可分な関係で、近世前期より風流な名所の代名詞であった。だが、魚板石の魅力はこれに止まらない。寛政十三年（享和元＝一八〇一）正月二十六日に訪れた『三浦紀行』の記主一鶴堂白英は、

魚板石は龍穴の前に在り。遊人魚を割き、鮑を捕らしめて見る。此石上より四方を回復すれば、万里の回船海上に浮び、駿豆・上下総・安房の諸峯眼前に在り。泣面が崎・聖天島・鵜島・二つ屋倉など、其絶景短筆にとゞめ難し。[61]

とあり、石上からの眺望の素晴らしさも認めている。つまりすでに触れた江ノ島からの富士・箱根・丹沢・房総などの優景はこの岩に集約されているのである。また『東海道名所図会』に「遊人此石上にて酒を勧め鮮を料理て興じ、釣を垂て慰む、風景の所なり」[62]とあるごとく、釣りをして日常を忘れようとする者もいたが、ここで注目しておきたいのは、魚板岩で遊興にふける人々を「遊人」と表現している点である。ここまで『三浦紀行』・『相州大山順路之記』・『東海道名所図会』に記されたのみならず『相中留恩記略』[63]・『新編鎌倉志』[64]といった地誌にも「遊人」と表記され、十七世紀後半からかかる参詣人像が認識されていたことになる。彼らは内面化された信仰心から発起したのではなく、島内で佳景に感嘆し、風流な模様に身を投ずることで、日頃の鬱積を払い自己解放しようとする旅人であり、次第にこの種の旅人が江ノ島詣のイメージを構築していったことが分かる。さらに『鎌倉日記』（文化六年＝一八〇九）には「岩屋まへ出茶屋の床机に休、福団子とてあきなふ」とあり、[65]福団子なるものを商う茶屋も姿を表し、江ノ島の案内記『江の島まうで浜のさゞ波』（天保四年＝一八三三）によれば、岩屋前に「夫婦団子」という団子を売る茶店も登場している。[66]また『玉匣両温泉路記』（天保十年＝一八三九）に

よれば、「俎板の辺には、くだものなどうる也。又、破籠など持せきたりてゑ、うたふもあり[67]」と、果物を売る者もあり、弁当を持参し、酔って歌う者もいるなどまさしく行楽地的な光景であった。子供による海中での芸も、わずかに『玉厘両温泉路記』に、「海士の子の、波をかづき、波にうかみて、銭を乞ふ。其さま、鵜と云鳥のごとし[68]」とその記述が見えるのみだが、安永期以降魚板岩付近での趣向が多様になるにつれ、子供たちが始めたものなのだろう。

以上、江ノ島の物見遊山的な特性と歴史的変遷を検討してきた。江ノ島の佳景は、近世初頭より、この地を訪れた沢庵宗彭らによって風景の素晴らしさは賞賛されており、近世を通じて人々を魅き付ける要因であったことは間違いない。また元禄期頃より参詣者が増加するにつれ、新鮮な魚介類が多くの紀行文・名所案内記などに記述されて注目を集めるようになり、十八世紀後期には江ノ島参詣のイメージを代表する一つとなった。またそこから海産物の家苞《いえづと》が多様化し、明和期以降特に貝細工は顕著な発展をみせた。そして何よりも、実際訪れた参詣者によって江ノ島参詣の醍醐味と考えられたのは、近世全般を通じて魚板岩とそれを取り巻く風流であろう。岩上で海士に鮑を取らせて遊び、鮮魚をつまみに酒を飲み、駿豆相から房総の山々まで見渡せる贅沢が、旅人の江ノ島参詣の楽しみであった。こうした参詣行動を体現する存在がまさしく「遊人」であった。「遊人」は、金沢においても認識される存在であり[69]、近世前期から鎌倉探訪を主として金沢・江ノ島を回っていた知識人層がこの中核を占めるものと考えられる。だが、史料を提示してきたように、魚板岩周辺の光景を構築していたのは知識人層だけではない。庶民参詣層も次第にこの「遊人」を体現していったのである。

本来聖地であるはずの本宮岩屋の前で、ひとときの贅沢に耽盤することができるところも、江ノ島参詣ならではの遊興であったのである。それが「風流華月のおもいを止めし」と「江のしまの浄域に塵胸をあらい」という二つの思いが交錯する所以であろう。

第四節　庶民参詣層による文人層世界の享受

江ノ島は弁財天信仰を中心とした霊地でありながら、旅日記及び案内記類に参詣者の信仰的側面への期待をうかがわせる記述は、相模大山等と比べても多いとはいえず、近世中期以降は島の資源を最大限に生かす形で旅人を魅了していたといえよう。「風光明媚さ」に「鮮魚」が加わる形で、徐々に江ノ島のイメージが構築されていった。この両要素を兼ね備えた魚板岩は、早くも十七世紀には「遊人」と認識される旅人により興趣の対象とされていたものの、ようやく明和・安永期頃より多様な参詣者を受け入れた結果、さらなる発展を見せ、岩屋一帯に一種の「盛り場」的状況を生み出し、貝細工などの名産品も工夫を凝らすなどして多面的な魅力を次々と加えていった。

換言すれば、当初鎌倉歴訪の延長で訪れていた限られた知識人層により育まれていた島内での「風流」が、多くの人々にも享受することが可能になったといえよう。庶民参詣層も少しばかり背伸びして風流を感じ得る、まさしく社会的役割者としての現実的存在を消す場が提供されたのであり、「遊人」が階層を問わないものへと変化したのである。また本論で扱った津田大浄や加藤曳尾庵のように、リピーターの存在も見逃せない。箱根や大山・三浦・三崎、あるいは伊勢と組み合わせて幾度となく足を運んだことは、江ノ島にそれだけの魅力が備わっていたことの裏返しでもある。聖域で遊興にふけるという、一見アンバランスにも見えるこの行動こそが、江ノ島参詣を通して、非日常空間に突入したことを認識し、自己解放しようとする手段なのである。寺社参詣には、ハレ空間への脱却とそれに伴う精神的解放、そして差別や社会構成員としての現実的存在を消すことによる人間本来の自己への回帰という消極的意義があるだけでなく、都市知識人層・文人層の「風流」「文化」に少しでも同化しようとする、単なる知識欲にとどまらない文化的な上昇志向という積極的意義を見出すことができる。鎌倉・江ノ島は、かかる後者の積極的意義においてこそその存在意義を有したといっても過言ではないだろう。

本稿では、他所でいう太々講と同種の百味講や境内に残る銅鳥居や石灯籠にみえる芸能集団の存在については触れてこなかったが、『新編鎌倉志』と『鎌倉攬勝考』の目次を比較すると、江ノ島の配置に大きな違いがあることが分かる。『新編鎌倉志』では、極楽寺、稲村ヶ崎、龍口寺などと共に、鎌倉の西方面の名所の一つとして組み込まれていたが、『鎌倉攬勝考』では、鎌倉の名所とは完全に切り離されて、江ノ島と金沢はそれぞれ独立した名所として編纂されている。『新編鎌倉志』が編纂された近世前期には鎌倉散策の観点からみると、江ノ島は鎌倉内に多数存在する名所旧跡の一つに過ぎず、それも歴史意識から来る知的欲求を満たす対象として認識されるのみであった。いっぽうで鎌倉歴訪を主目的とした知識人層とは別に、岩本院並びに御師による布教により、主に檀家・講中による参詣が行われていたと考えられる。かかる近世前期までの状況が、中期以降に一変した。つまり、遊興性が加わった江ノ島は、独自の魅力を兼ね備えた名所として、一目置かれる存在となったのである。つまり、鎌倉側からの働きがけによって江ノ島に変容がもたらされたと考えるよりも、江ノ島自体にその原因があったとみるのが妥当だろう。例えば、加藤曳尾庵は文化四年（一八〇七）に当地を訪れた時は百味講の一員としての参詣でもあったが、遊興的要素も十分に味わい、後年の参詣では鎌倉順覧もあわせて行っている。このことから、次第に信仰と物見遊山の境目が失われ、講中の参詣でも「風流」への志向すなわち「文化的上昇志向」が見られ、その延長として逆に彼らが鎌倉歴史探訪までも呑み込んでいく歴史的変遷が想起されよう。

（1）　鈴木章生「名所記にみる江戸周辺寺社への関心と参詣」（地方史研究協議会編『都市周辺の地方史』、雄山閣出版、一九九〇年、のちに同『江戸の名所と都市文化』、吉川弘文館、二〇〇一年に収録）。

（2）　山本光正「旅日記にみる近世の旅について」（『交通史研究』一三、一九八五年）が、旅日記のさまざまな可能性について総合的なアプローチを試みている。また小野寺淳「道中日記にみる伊勢参宮ルートの変遷――関東地方からの場合――」(『筑波大学人文地理学研究』一四、一九九〇年)や、桜井邦夫「旅人百人に聞く江戸時代の旅」(大田区立郷土博物館図録『弥次さん喜多さん旅をする』、一九九七年)、高橋陽一「多様化する近世の旅――道中記にみる東北人の上方旅行――」(『歴史』九七、二〇〇一年)らによる伊勢参宮、岩鼻通明「道中記にみる出羽三山参詣の旅」(『歴史地理学』一三九、一九八七年)による出羽三山参詣、田中智彦「愛宕越えと東国の巡礼者――西国巡礼路の復元――」(『人文地理』三九―六、一九八七年)などによる西国巡礼など、各社寺参詣における研究も多い。その他深井甚三「関所破りと女旅」(『交通史研究』二七、一九九一年)、山本光正「旅と関所――旅日記を中心としてみた庶民男子の関所通行――」(『国立歴史民俗博物館研究報告』三六、一九九一年)、桜井邦夫「近世の道中日記にみる手荷物の一時預けと運搬」(『大田区立郷土博物館紀要』九、一九九八年)など、旅日記利用の新たな展開も見られる。

(3)『藤沢市史』五(一九七四年)第三章第一節「江の島参り」の「岩本院の支配と弁財天信仰」では、圭室文雄氏が近世前期における三坊の本末論争と江ノ島町民との相関関係について述べている。その他、同じく圭室氏による「岩本院における末寺支配の過程」(『明治大学教養論集』四八、のちに村上直編『近世神奈川の研究』〈地方史研究叢書三〉、名著出版、一九七五年所収)もある。江ノ島の開帳については、圭室文雄「寺社信仰と文芸の交流」(『藤沢市史』五)、鈴木良明「江嶋弁財天の開帳と浮世絵」(『近世仏教と勧化――募縁活動と地域社会の研究――』〈近世史研究叢書一〉、岩田書院、一九九六年)などがある。また鈴木良明氏は、「江嶋弁財天信仰と御師――近世後期岩本院の檀家分布から――」(右掲「近世仏教と勧化」に収録)の中で、岩本院が江戸市中に集中的に檀家を有し、江戸より追放された江嶋御師は「田舎旦那場」を中心に活動することを余儀なくされたことを明らかにされているが、檀家・講中が江ノ島参詣盛隆に果たした役割については以前解明言及されないままである。

(4)柳田國男「地の島」(同『海南小記』、大岡山書店、一九二五年、のちに『柳田國男全集』一、筑摩書房、一九八九年)三二一～三二六頁。

(5)斎藤毅・古田悦造「「地の島」に関する空間認知とその変容――神奈川県江の島の場合――」(『人類科学』三九、一九八六年)。

(6)「遊歴雑記初編之上」(津田大浄、文化十年／『鎌倉市史』近世近代紀行地誌編、吉川弘文館、一九八五年)三〇

一頁。真宗廓然寺の事務を文化九年（一八一二）に譲ったのち、江戸周辺のみならず関東一円を遊歴した記録。この部分は隠居より少し前に江ノ島を訪れたものであり、本法寺の事務等で幾度となく当地域を訪れていたものと思われる。

（7）「東海道名所図会」（秋里籬島、寛政九年／『日本図会全集』六、日本随筆大成刊行会、一九二八年）六七九頁。

（8）「滑稽江ノ嶋家土産」（十返舎一九、文化六年／『神奈川県郷土資料集成』七、神奈川県図書館協会、一九七二年）一三二頁。

（9）渡辺勝彦「江戸と名古屋の名所とその景観」（『自然と文化』二七、一九八九年）一七頁。

（10）江ノ島の場合、延宝期以降下之坊が力を伸ばしたこと、はじめての開帳が元禄二年（一六八九）に行われたことなどがその判断材料となっている（注3『藤沢市史』五、六〇六〜六二六頁）。

（11）宮田登『江戸歳時記——都市民俗誌の試み——』（〈江戸選書五〉、吉川弘文館、一九八一年、一四一頁）では、日常生活空間の同じ空間の中に、もう一つ別の聖なる場を設定し、容易にそこへは入りこむことが自由であり、縁日や開帳場は江戸歳事の折り目としての一時のハレの空間として機能していたとする。

（12）「郊遊漫録」（斉藤幸孝、文化十二年／有峰書店、一九七四年）。

（13）「江都近郊名勝一覧」（弘化四年）、国立国会図書館所蔵。

（14）「富士山道知留辺」（梅園松彦、万延元年）、東京国立博物館及び国立国会図書館所蔵本で確認。

（15）根崎光男「『江戸十里四方』の地域的特質」（『地方史研究』二一五、一九八八年）。

（16）注(6)、三三一頁。

（17）「江の嶋の記」（菊地民子、文政四年／注6『鎌倉市史』近世近代紀行地誌編に収録）、三四九頁。宇都宮の豪商佐野屋の女で、和歌や国学に長けた才女である。婿養子の夫淡雅の代に江戸に進出し巨財をなしており、二四歳時のこの旅は裕福な家計ゆえに許された旅であろう。

（18）「東路の日記」（明和四年／注6『鎌倉市史』近世近代紀行地誌編に収録）一六四頁。数名の供を従えた身分のある裕福な女性であると推測されるが、詳細は不明。

（19）「江の島紀行」（李院、安政二年／注6『鎌倉市史』近世近代紀行地誌編に収録）三九五頁。筆者が婦人であることは明らかだが、こちらも詳細は不明。ただし、江戸芝周辺の商家か。

(20) 柴桂子「旅日記からみた近世女性の一考察」(近世女性史研究会編『江戸時代の女性たち』、吉川弘文館、一九九〇年）一七八～一八一頁。
(21) 田村貞雄「近世のお伊勢参り道中日記一覧」(『地方史静岡』二九、二〇〇一年）五九～六〇頁。
(22) 注(20)柴論文、一五二～一六一頁。
(23) 例えば『東海道五十三次細見図絵　神奈川　道中風俗』(初代歌川広重、村鉄版、弘化年間)、神奈川県立歴史博物館所蔵。
(24) 注(13)。この他、『絵本江戸土産』(歌川広重画、嘉永三年／東京大学史料編纂所所蔵）によれば、羽田弁財天にも「相州榎島本宮と同躰にして弘法大師の作なり」との縁起があることが分かる。
(25) 「四親草」(松雨、天保六年／『神奈川県郷土資料集成』六、神奈川県図書館協会、一九六九年）一一五頁。
(26) 同右、一一五頁。
(27) 同右、一四七頁。
(28) かくのごとく三所を並び称す風は他にも見られる。例えば狭山藩士岩村恭久が友人と三所に遊んだ絵入日記『鎌倉三勝日記』(注25『神奈川県郷土資料集成』六、一九九頁）がある。
(29) 注(1)鈴木「名所記にみる江戸周辺寺社への関心と参詣」(一一四～一一五頁）を参照されたい。
(30) 拙稿「江戸庶民の社寺参詣――相模国大山参詣を中心として――」(『地方史研究』二八〇、一九九九年）七三～七四頁。
(31) 「相州大山順路之記」(寛政元年)、東京国立博物館蔵。詳細な相模大山の案内記。江ノ島・鎌倉・金沢についてもきめ細かく解説がなされており、これら地域間相互の強い関連性がうかがわれる。
(32) 「鎌倉攬勝考」(植田孟縉、文政十二年／〈大日本地誌大系一九〉、雄山閣、一九二九年。『武蔵名勝図絵』(文政三年)、『日光山志』(文政八年）を編纂したことで知られる孟縉が、『新編鎌倉志』の補遺のため編纂した鎌倉地域の地誌。
(33) 「富士大山道中雑記」(天保九年)、神奈川県立金沢文庫所蔵。
(34) 注(7)、六六五～六六六頁。
(35) 「江の島まうで浜のさゞ波」(平亭銀鶏撰、天保四年／注8『神奈川県郷土資料集成』七）一三〇頁。品川・神奈川等江ノ島までの道中をも記した江ノ島道中案内記。
(36) 注(6)、二九五頁。
(37) 「鎌倉順礼記」(沢庵宗彭、寛永十年/注6『鎌倉市史』近世近代紀行地誌編に収録)一五頁。紫衣事件に関与して出羽国上山に配流された大徳寺の住持沢庵和尚が、江戸蟄居中に鎌倉を訪れた際の記録。
(38) 「新編相模国風土記稿」(天保十二年/〈大日本地誌大系〉、雄山閣、一九八〇年)一八八頁。
(39) 注(17)と同じ。
(40) 「玉厘両温泉路記」(天保十年)・「江の島紀行」(安政二年)にも遠眼鏡を見せる茶屋のことが記され、「江ノ島箱根旅行記」(文政元年/神奈川県立金沢文庫所蔵)では「元宮の鳥居のほとりの見はらしある茶屋に立寄ハしきりにかけよ目鏡しよとすゝむる」と詠みうっとうしく思っているが、少なくとも三十七年もの間残っていたことから、遠眼鏡を楽しむ人が少なからずいたことが分かる。
(41) 「我衣」(加藤曳尾庵、文化四年/『日本庶民生活史料集成』五、三一書房、一九七一年)一〇五頁。もと水戸藩士の医師曳尾庵が、幼少の頃からの世相の見聞をもとに日記風に書き綴った随筆。文化四年(一八〇七)当時江戸下谷で医師の看板を掲げていた。文化十二年(一八二九)にも箱根湯治の帰路訪れているが、この時都合五回目の参詣だと記している。
(42) 「玉厘両温泉路記」(原正興、天保十年/板坂耀子著『江戸温泉紀行』、〈東洋文庫四七二〉、平凡社、一九八七年)一九七頁。正興について詳細は不明だが、板坂氏は、学をもって沼田藩に仕え、当時江戸詰であったと推測されている。
(43) 注(7)と同じ。
(44) 注(3)『藤沢市史』五、六〇六~六二六頁。
(45) 注(6)と同じ。
(46) 拙稿「大山参詣をめぐる社寺参詣者の動向――藤沢・江ノ島・鎌倉との関連で――」(『史学』七〇―二、二〇〇一年)一六二頁。
(47) 同右、一五六頁。大山御師村山坊では、天保二年に夏山中に八五七人もの坊入者があり、当時一五〇軒もの御師家があったことから、家ごとに多少はあろうが、単純計算で夏山季におよそ一三万もの人が参詣したことになり、この多くが江ノ島を訪れたとすると、相当な数になろう。
(48) 注(33)に同じ。
(49) 右に同じ。
(50) 「武甲相州回歴日記」(織田完之、明治八年／『日本庶民生活史料集成』一二、三一書房、一九七一年)三三六頁。
(51) 同右、三三八頁。
(52) 拙稿「近世期名所のセット化と富士・大山参詣」(『日本歴史』六三七、二〇〇一年)の四〇〜四一頁を参照されたい。
(53) 表1の最後の部分からも分かる通り、江ノ島の名物はすべて海産物である。その中でも鮑の糟漬と花貝が別格であることが分かる。特に花貝は種類も豊富で桜貝とも称し、寛政期には歌仙貝(三六種)、源氏貝(六〇種)という名で箱詰め(貝尽くし)にして売られていた(注31「相州大山順路之記」)。また文化頃より貝細工と称して、貝で小振りな屏風に仕上げたものもあった(注28『鎌倉三勝日記』、二二四頁)。宝暦期までは、ただ貝を売るとだけ書かれていたものが、明和五年(一七六八)の『富士日記』で「貝のからにて草木の形を造り商ふ」と書き留めて以降(『日本庶民生活史料集成』三、三一書房、一九六九年、三七五頁)、多様な工夫・細工を施して売られるようになったことが記されるようになり、安永期以降大山詣とセット化される過程で参詣者の多様化に対応した結果と考えられる。
(54) 「鎌倉記」(自住軒一器子、延宝八年／注6『鎌倉市史』近世近代紀行地誌編に収録)二二九頁。金沢・鎌倉・江ノ島を順覧した後、大山に参詣した紀行文であるが、筆者の詳細は不明である。
(55) 「草まくらの日記」(本居大平、安永二年／注6『鎌倉市史』近世近代紀行地誌編に収録)一八四頁。本居宣長の養子となった国学者であった大平が、安永二年(一七七三)閏三月に伊勢を立ち、中山道から江戸に入り、江戸見物後鎌倉・江ノ島を訪れたものである。
(56) 「鎌倉御覧日記」(小山田与清、天保六年／注6『鎌倉市史』近世近代紀行地誌編に収録)三九〇頁。
(57) 注(42)、一九八頁。安政五年(一八五八)には、二〇〇文で小鮑三つの収穫であった。岩屋本宮の山役銭が文化〜安政年間は一貫して一人一二文であったことから、やや高価といえる。
(58) 注(19)、四〇一頁。

(59)「新編鎌倉志」（貞享二年／〈大日本地誌大系〉、雄山閣、一九二九年）一一八頁。
(60)注(31)。
(61)「三浦紀行」（一鶴堂白英、享和元年／注6『鎌倉市史』近世近代紀行地誌編に収録）二六六頁。詳細は不明だが、文中より白英一行四人は俳諧仲間であることは明らかである。また先年大山と鎌倉に行っていると記されているが、江ノ島の記述の詳細さから、江ノ島へは今回が初めてであろうと推測される。
(62)注(7)、六七〇頁。
(63)「相中留恩記略」（福原高峰撰、長谷川雪堤画、天保十二年／有隣堂、一九六七年）三一一頁。『新編相模国風土記稿』第五巻（〈大日本地誌大系二三〉、雄山閣、一九七〇年）においては、「遊客この盤上に憩ひ漁者に命じて鰒をとら……」と「遊客」という言葉を使用している。
(64)注(59)と同じ。
(65)「鎌倉日記」（扇雀亭陶枝、文化六年／注6『鎌倉市史』近世近代紀行地誌編に収録）二八三頁。江戸の富裕な商人と思われる筆者が家族と供の者を連れ、鎌倉・江ノ島を訪れた際の記録である。
(66)注(35)、二三三頁。あるいはこの「夫婦団子」は「福団子」と同一の可能性もある。
(67)注(42)、一九八頁。
(68)注(67)と同じ。
(69)たとえば市古夏生・鈴木健一校訂『江戸名所図会』二（〈ちくま学芸文庫〉、筑摩書房、一九九六年）三二八頁。

第六章　鎌倉の再発見と歴史認識・懐古主義

第一節　近世の歴史意識と鎌倉

(一)歴史意識と近世の〈知〉

前章では、元禄から宝暦・天明までの江戸文化を主導した都市の知識人層[1]が、十七世紀段階から江ノ島の聖地以外の特性を見出すような参詣行為を示し、「遊人」と認知されていたことを確認した。この文言は、推測の域をでないが、中国の文人層を意識した用語である。例えば、蘇軾が杭州在任中「法恵寺横翠閣」の一節で「遊人尋我旧遊処但覓呉山横処来」と詠んでいるように、過去の著名人の足跡を尋ねる人々というイメージで使用されている。すなわちある程度の教養をもつ人々である。一方庶民参詣層の間に、彼らへの一種の憧れ、そして知識欲、教養への自覚の萌芽に基づく文化的な上昇志向が見られ、このような文化受容の拡大構造が江ノ島の行楽地的側面を構築したことを明らかにした。[2]この視点を本章においても保持したい。

近世の寺社参詣を意識レベルでよみとこうとする場合、寺社参詣の大衆化の要因として、都市化の過程で失われた自然への渇望、知的充足感への欲求などが説かれる。寺社参詣は信仰的側面とあわせて多分にこうした多目的な要素も孕んでおり、簡単に論ずることは極めて困難な作業である。自然景観への憧憬は名所の拡大と連動する形で解釈され一定の成果をあげている。[3] ところが、知的充足感への渇望という側面についてはいまだ具体的事例の提示ならびに総体的な把握のいずれも進展をみていない。知的欲求の昂揚といって想起されるのは、十九世紀に考証家的〈知〉の営為の潮流がみられたことである。[4] つまり身の周りの様々な事象の歴史へ関心が向けられはじめたのである。このような傾向も含めていかに歴史の流れに位置付けるかが課題である。

そもそも歴史とは、『記紀』や『神皇正統記』に代表されるように、従来の歴史の整理と自らの正統性を再確認するためのものであり、政治的支配者の自己主張の手段であった。尾藤正英氏によれば、このような政治的意図から離れ、自己の社会的実践との関連においてはじめて歴史を意識したのが日蓮であり北畠親房であったとする。[5] つまり個人の自覚的要素の萌芽である。尾藤氏はさらにそれは当時の一般社会の意識を反映させるものであったとする。[6] さらに、そのような歴史意識は新井白石が登場する頃より、理論よりも実証性に重きをおく学問的研究の方向に磨きがかかり、それが近代的実証史学へと結実すると述べる。[7]

歴史意識の形成に関する研究は、一九九〇年以降急速に盛んとなった分野で、由緒・偽文書による権威と民衆意識の相関関係を探ろうとしたものが主流であり、[8] 由緒論の中で歴史意識にも触れるという形態であった。一方で、幕藩領主による地誌編纂過程を解明しながら歴史意識に迫ろうとする白井哲哉氏の一連の業績もある。[9] また近代天皇制支配の源流を探るというところから出発して、十九世紀における歴史意識の広汎な勃興を明らかにした羽賀祥二氏の業績もある。[10]

羽賀氏は、十九世紀に日本各地で歴史的遺跡・遺物の発掘、考証、記念碑建立の動きが見られることから、郷土史の誕生と共に、民族的レベルでの歴史的考証主義が芽生え、それが近代のイデオロギー支配の根本である近代天皇像の形成を促したとする。これは、安丸良夫氏が「中間的支配層」の文化的素養が近代天皇制支配の受容基盤であるとした議論[11]にも繫がる。

上記の研究において、その時期は享保期[12]とも十八世紀後半[13]ともされる。だが、政治権力による地誌編纂、村落共同体の由緒の重視、祖先崇拝の高揚、顕彰活動など、いずれも公的な歴史意識である。つまり、これらは対外的・対社会的歴史意識ともいうべき、外に対して必要に迫られて生じた歴史意識であり、造られた権威である。これに対して、広く私的歴史意識の萌芽というべきものはなかったのだろうか。羽賀氏は、歴史を含む自然景観への意識が近世の身分制を解体させる文化イデオロギー構造を形成したとする。だが、そこで論証されるのはもっぱら共同体的結合、イエの成立に基づく歴史意識である。知識人層に限らず広く一般民衆において、個人レベルでの「過去」への関心の高まりの程度を確認する作業が必要なのではなかろうか。

個の自覚といえば、先の尾藤氏の歴史意識に関する研究が想起される。[14]尾藤氏は「歴史意識」という用語の曖昧さを指摘し、歴史的知識および歴史認識と歴史観・歴史哲学とに分けられるとする。[15]その上で、本来的には後者に歴史意識が存在し、ある程度の個人の自覚を前提とするのだが、日本ではこれを敬遠する風潮があったとする。

また私的歴史意識という点でいえば、近世人の教養形成過程の研究もまた視野に入れなければならない。村落指導層における〈知〉の形成、書物史は近年とくに活況の様相を呈している。地方文人や地域文化への着目は、すでに一九六〇年代後半から柴田一氏、[16]塚本学氏[17]に見られたが、近年は杉仁氏による生産文化をも含めた在村文化論、[18]横田冬彦氏による蔵書論、[19]若尾政希氏による書物に基づく思想形成・主体形成論[20]など多様なものへと展開している。かかる状況下、知の形成論は旅行史・寺社参詣史とも結節点を見出しつつある。無論地誌や地図の記載事項を寺社参詣史に活用する手法は古くよりある。しかしながら、近年の特徴として、地誌・地図などがいかなる背景から作成され、受容されたか、あるいは旅をいかに啓発したかという所へ論点がずらされつつある。[21]さらには、上杉和央氏のように知識人の地理的知識の形成過程を分析しようと試みる研究も発表されている。[22]

案内者等	鎌倉到着日	鎌倉出発日	出　典	備　考
○	11月３日	(11月7日以降)	『鎌倉市史　近世近代紀行・地誌編』	鎌倉五山焼香順礼、時代考証的な記述は見られず。
			『鎌倉市史　近世近代紀行・地誌編』	地誌編纂のための調査
なし	４月13日	４月15日	『鎌倉市史　近世近代紀行・地誌編』	
	８月14日	(８月17日)	『鎌倉市史　近世近代紀行・地誌編』	鶴岡八幡宮放生会見物
○(雪ノ下、2日間)	４月12日	４月14日	『鎌倉市史』近世近代紀行地誌編	江ノ島参詣
	８月３日	８月６日	『鎌倉市史』近世近代紀行地誌編	塔の沢
	１月25日	１月26日	『鎌倉市史』近世近代紀行地誌編	浦賀奉行水野忠良家臣山室随風の訪問
			『鎌倉市史』近世近代紀行地誌編	途中で土地の俳人との句会を開催しており、鎌倉でも２回開催
	３月16日	同日	『日本庶民生活史料集成』5	百味講による江ノ島参詣
△(源七、古くから付き合いのある宿の者か)	４月18日	4月20日以降	『鎌倉市史』近世近代紀行地誌編	宿の菜園でえんどう豆取りをしたり、漁師の家で神主と知り合い、由比ガ浜で地引網漁に加わるなど地元民との交流が目立つ。
○(雪ノ下より、吉兵衛)	５月10日	５月11日	『神奈川県郷土資料集成』6	鎌倉・江ノ島・金沢遊覧
○(雪ノ下より、たびや藤四郎なる老人)	５月２日	５月３日	『日本庶民生活史料集成』5	
○	４月13日	４月14日	『鎌倉市史』近世近代紀行地誌編	江ノ島参詣
	25日	26日	『鎌倉市史』近世近代紀行地誌編	７度目の鎌倉訪問
			『神奈川県郷土資料集成』6	
	４月15日	４月16日	『鎌倉市史』近世近代紀行地誌編	帰洛する智恩院宮尊昭法親王の御供(藤沢迄)
○(雪ノ下から大塔宮まで)、巨袋坂の茶屋で鎌倉絵図購入	５月６日	５月７日	『江戸温泉紀行』(東洋文庫472)	箱根・熱海温泉旅行

表1　都市知識人層の鎌倉内参詣行動

	出発年	史料名	出発地・著者	行動類型
1	寛永10年11月	鎌倉順礼記	沢庵宗彭(臨済僧)、江戸	周回型、三所参り(金沢―鎌倉―江ノ島―鎌倉)
2	延宝2年5月	鎌倉日記	徳川光圀、水戸	周回型、三所参り(金沢―鎌倉―江ノ島―鎌倉)
3	延宝8年4月	鎌倉紀	自住軒一器子(4名)、江戸	周回型、三所参り(金沢―鎌倉―江ノ島)
4	宝暦6年8月	鎌倉三五記	紀伊国屋文左衛門(材木問屋、4名)、江戸	周回型、不明(戸塚―鎌倉―不明)
5	明和4年4月	東路の日記	婦人(数名の男女の供)、江戸	周回型、三所参り(金沢―鎌倉―江ノ島)
6	寛政9年閏7月	相中紀行	田良道子明甫(下野国烏山藩藩医、2名)、江戸	周回型、三所参り(江ノ島―鎌倉―金沢)
7	享和元年1月	三浦紀行	白英(俳人、4名)、江戸	周回型、三所参り(金沢―鎌倉―江ノ島)
8	文化2年9月	江の島	大島完来(俳人、3名)、江戸	周回型、三所参り(江ノ島―鎌倉―金沢)
9	文化4年3月	我衣	加藤曳尾庵(医師・寺子屋師匠、28名)、江戸	周回型、三所参り(江ノ島―鎌倉―金沢)
10	文化6年4月	鎌倉日記	扇雀亭陶枝(商人、家族・供数名)、江戸	周回型、不明(江ノ島―鎌倉―不明)
11	文化11年5月	鎌倉三勝日記	岩村恭久(狭山藩士、3名)、江戸	周回型、三所参り(金沢―鎌倉―江ノ島)
12	文化12年4月	我衣	加藤曳尾庵(医師・寺子屋師匠、2名)、江戸	周回型、三所参り(江ノ島―箱根塔ノ沢―藤沢―鎌倉―金沢)
13	文政4年4月	江の島の記	菊地民子(豪商佐野屋の妻)、江戸	周回型、三所参り(金沢―鎌倉―江ノ島)
14	文政4年	遊歴雑記	十方庵敬順(真宗僧侶、4名)、江戸	周回型、三所参り(江ノ島―鎌倉―金沢)
15	天保6年3月	四親草	松雨(武家、4人)、江戸	周回型、三所参り(江ノ島―鎌倉―金沢)
16	天保6年4月	鎌倉御覧日記	小山田与清(考証学者)、江戸	周回型・簡易型、三所参り(金沢―鎌倉―江ノ島)
17	天保10年4月	玉匣両温泉路記	原正興(沼田藩学者か)、江戸	周回型、三所参り(江ノ島―鎌倉―金沢)

	(1月18日)	(1月19日)	『神奈川県郷土資料集成』6	江ノ島講の代参講か
○(雪ノ下から、子供)	4月20日	4月21日	『鎌倉市史』近世近代紀行地誌編	
十二所村で鎌倉図を購入	8月20日	8月21日	『鎌倉市史』近世近代紀行地誌編	江ノ島参詣
	4月21日	4月22日	『鎌倉市史』近世近代紀行地誌編	

志』は、地誌のように編纂され、実際の行動を示しているとは考えにくいため、省略した。
中記がある。

このような諸論を踏まえつつ、本章では道中日記・紀行文類から歴史的名所の多い鎌倉への参詣行動の実態を把握する。その上で、参詣者を参詣行動へと突き動かした要因のひとつである知的充足感への志向を解明するため、より「私」「個」に近いレベルでの歴史意識の実態を追求していくこととする。[23]

(2)近世の鎌倉と史料の概観

本章の対象とする鎌倉の近世史は『鎌倉市史』近世通史編[24]でようやく光が当てられたが、それまでは中世史から見れば格段に関心が低く、紀行文・鎌倉絵図・名所記などの類の発掘、作者特定や年代測定など基礎的作業の段階にあった。[25]それでも近年は、それぞれ関心は違うものの、近世の鎌倉に対する関心は高まりつつあると思われる。[26]鎌倉の近世史は、中世前期における政治的中心都市から近代以降の観光都市へと移行する過渡期にあたる。近世前期においてさびれていたこの一地域が観光対象として再発見されていく過程は、歴史意識の形成の問題と不可分なものである。公儀権力維持・強化のための儀礼重視社会という近世社会の特質を考えた場合、武家の聖地としての鎌倉のあり方は恰好の材料となる。徳川幕府が鎌倉幕府の正当な継承者であることを強調することで国家権力を維持しようとしたように、[27]参詣者個々で鎌倉への対応においていかに差が出るかが、当時の歴史意識の形成の程度を把握する一定の指標となるだろう。

本章で対象とする史料は旅日記類である。本章ではこれを分析するに当たり、居

18	弘化2年1月	江ノ島参詣之記(書写)	森七三郎(吟味役)、江戸	周回型、三所参り(江ノ島一鎌倉一金沢)
19	安政2年4月	江の島紀行	李院(女性)、江戸	周回型、三所参り(金沢一鎌倉一江ノ島)
20	安政6年8月	東海紀行	小田切日新(不祥、姉・母と一緒か)、江戸	周回型、三所参り(金沢一鎌倉一江ノ島)
21	年不詳5月	鎌倉日記	祖祐(男女5名)、江戸	周回型、三所参り(金沢一鎌倉一江ノ島)

注1）原則として鎌倉内の行程がはっきりと判明するもののみとした。また安永8年の『山東遊覧
注2）鎌倉内の行動が不明であるため本表からやむなく除いたが、本文中に触れている旅日記・道

住地により二つに分類した（表1・表2）。それぞれの特徴を指摘すれば、前者は都市知識人層となり、ほぼ全てが紀行文である。後者は村落内上位層であり、おおむね道中日記であるが、若干紀行文的なものも含む。なお付記すれば、都市知識人層は江戸在住の地方藩士も包括する。また村落内上位層には、地方文人層と呼ばれる国学者・儒者・神主・医師なども含容される。これは、あくまでも分析概念にすぎず、総体としていかなる差違が浮き彫りとなるかを見ようというのであって、あまり厳密に過ぎる必要はないだろう。以下、都市知識人層を二節で、村落内上位層を三節で検討し、その上で四節において名所の形成と参詣者の対応について述べることとする。

第二節　都市知識人の参詣意識と行動

(一)都市知識人層の参詣意識

鎌倉は、近世後期には豊夥となる江戸近郊名所の中において、一早く構築された名所である。しかし、その初期はごく限られた階層によるものであった。代表的なものは、元和二年（一六一六）『丙辰紀行』の林道春（羅山）、寛永十年（一六三三）『鎌倉順礼記』の沢庵宗彭、延宝二年（一六七四）『鎌倉日記』の徳川光圀などである。万治二年（一六五九）『鎌倉物語』、貞享二年（一六八五）『新編鎌倉志』といった名所案内記類もこの時期である。それでも、十七世紀後半より次第に隆赫の兆しが顕著となり、鎌倉絵図の在地版元が出現した。このように、十七世紀の鎌倉参詣

案内者等	鎌倉到着日	鎌倉出発日	出　典	備　考
	7月18日	7月19日	『越生の歴史』近世史料	
	閏4月9日	同日	『鎌倉市史』近世近代紀行地誌編	東日本周遊
	6月21日	同日	『続矢島町史』上巻	
	6月26日	同日	『日本庶民生活史料集成』3	
○(何人にても100文)			『高畠町史』中巻	
○(10文)	6月3日	同日	『源蔵・郡蔵日記』	鶴岡宝物開帳
	6月3日	同日	『西国道中記』	
	7月4日	7月5日	東松山市立図書館蔵	
			『松本市史』第二巻	身延参詣
○(10にて100文)	2月6日	2月7日	『伊勢参宮所々名所並道法道中記』	
	7月14日	同日	『大郷町史』史料編2	
○	1月24日	1月25日	『寒河江市史編纂叢書』	
	6月29日	同日	『近世史資料』双葉町史資料シリーズⅣ	鶴岡宝物開帳
	1月16日	同日	『太子町史料　別冊(9)』	
	5月8日	5月10日	『日本庶民生活史料集成』2	
○(何人にても100文)	1月29日	1月30日	『石巻の歴史』第9巻資料編3近世	
	2月3日	同日	『多賀城市史』第5巻	
	閏6月3日	同日	『川里村史』資料編2近世	
	6月19日	同日	『三和町史』資料編近世	
	3月1日	同日	『多賀城市史』第5巻	
○(袖ヶ浦)	7月1日	同日	神奈川県立金沢文庫蔵	
	2月14日	2月15日	『浦和市史』第三巻	
	2月3日	2月4日	『津山町史』後編	

表２　村落内上位層の鎌倉内参詣行動

	出発年	史料名	出発地・著者	行動類型
1	享保７年６月	坂東順礼湯殿山道中記	武蔵国大谷村奥富万太郎(名主、５名)	巡礼型
2	宝暦12年閏４月	東海済勝記	播磨国高砂三浦迂斎(大庄屋、４名)	簡易型
3	明和２年３月	伊勢参宮・西国巡拝道中記	出羽国新庄村木村有周(武士、７名)	簡易型(金沢)、三所参り(江ノ島一鎌倉一金沢)
4	明和５年６月	富士日記	安房国和田村池川春水(医師、２名)	簡易型
5	明和５年12月	伊勢参宮道中記	陸奥国柏木目村中川清蔵(名主、10名)	不明
6	安永２年５月	西国道中道法弁名所泊宿附	陸奥国宝坂村古市源蔵(名主、34名)	簡易型
7	天明元年５月	西国道中記	常陸国下小瀬村岡崎藤七	簡易型
8	寛政元年６月	富士大山道中記	武蔵国本宿村与兵衛(５名)	巡礼型
9	寛政３年６月		信濃国白板村折井家(大庄屋)	不明
10	寛政６年１月	伊勢参宮所々名所并道法道中記	陸奥国迫庄兵衛(10名)	簡易型
11	寛政11年６月	道中記	陸奥国大谷成田村残間庄吉(山守、肝煎)	簡易型
12	享和４年１月	道中記	出羽国平塩村杉沼彦左衛門(名主)	不明
13	文化３年６月	伊勢道中記	陸奥国長塚村潤秀	簡易型
14	文化９年１月	西国順礼道中記	常陸国高柴村益子廣三郎(４名)	簡易型・周回型
15	文化14年５月	日本九峰巡礼日記	日向国佐土原野田成亮(修験)	巡礼型
16	文政６年１月	伊勢参宮旅日記	陸奥国大瓜村阿部林之丞(菊枝楼繁路)	簡易型
17	文政９年４月	万字覚帳	陸奥国大代村渡辺屋権太郎	簡易型
18	文政10年閏６月	西国道中日記覚帳	武蔵国屈巣村朝見富三郎(45名)	簡易型
19	文政11年６月	富士禅定道中日記	下総国諸川新田鈴木松蔵(７名)	簡易型
20	天保９年２月	道中記覚	陸奥国大代村渡辺屋権太郎(12名)	簡易型
21	天保９年６月	富士・大山道中雑記	甲斐国府中近郊農民(６名)	簡易型(藤沢)
22	天保12年２月	坂東道中記	武蔵国本太村(吉野家)(名主)	巡礼型
23	嘉永元年１月	伊勢道中記	陸奥国北沢村(９名)	不明、三所参り(金沢一鎌倉一江ノ島)

	7月1日	同日	蕨市立図書館蔵	
	7月5日	同日	狭山市立博物館蔵	坂東巡礼
	6月11日	同日	『秋保町史』資料編	
	2月19日	2月20日	『君津市史』史料集II	
○(4人分100文)	6月26日	同日	『両津市誌』資料編	出羽三山・大山参詣
	2月2日	2月3日	『桃生町史』第4巻諸史編	
	7月13日	7月14日	『石川町史』下巻	

してはおらず、金沢・藤沢を使用している場合は、その旨(　)内に記した。

を支えたのは都市知識人層である。

元禄七年（一六九四）『塔沢紀行』の記主藤本由己は、箱根塔ノ沢での温泉湯治の帰路に跋歴している。彼は柳沢吉保に仕えた医師であり、狂歌師でもある。その部分を引用してみよう（傍線は筆者、以下同）。

六日（中略）

藤沢のこなたくるまだといふ所より鎌倉に入、かたせ川を越て江ノ島に渡る。聞しにまさりて海岸四美の所なり、日くれてかまくらにつく。雪の下にとまりぬ。

七日、つるが岡の八幡にまうず、松の風、峯のあらし、うらの浪、鳥の声もひとつにひゞきあひてをのづからすゝしめのしらべと聞なせば、いとあはれに上久たる程いはんかたなし。鳥井にむかへば由比のはまよりなはをはへたるごとくに一すじに見ゆる。代々の武将のやどりしめ給ひたる所なれは、古跡つづきて彼山此寺此社彼屋形の跡などしるすに筆のあゆみつゞくべくもなし、いかさまにしても、のひとつも心にとめぬべくおもふかうち、さらぬ要事ども告来ぬれば又もといふ事になして、名残を星月夜の水にうつし契りを鶴が岡の松のちとせにかけて、その夜はとつかの駅にとまりぬ。(28)

24	嘉永２年６月	大山江之島日記帳	武蔵国蕨宿岡田門五郎(名主、８名)	簡易型(金沢)、三所参り(江ノ島—鎌倉—金沢)
25	嘉永２年７月	道中日記帳	武蔵国柏原村久保田太三郎	巡礼型
26	嘉永６年５月	伊勢道中記	陸奥国秋保柴田氏(21名)	簡易型
27	天保13年２月	坂東秩父順附	上総国東粟倉村熊切氏(組頭)	巡礼型
28	安政６年５月	(略道中記)	佐渡国坊ヶ崎村榛白弥十郎(名主・長百姓)(４名)	不明
29	弘化５年１月	伊勢道中記	陸奥国太田村三浦与左衛門	簡易型
30	万延元年７月	道中日記	陸奥国坂路村坂路河内頭(神官、２名)	不明

注）行動類型欄の「簡易型」は江ノ島—鎌倉—戸塚を基本型とするが、必ずしも全てが戸塚を利用

引用は藤沢から戸塚までの部分になるが、江ノ島に比して、鎌倉への圧倒的な関心の高昂さがうかがわれる文章である。また同時期の『新編鎌倉志』において、江ノ島と金沢は鎌倉名所の一項目として編集されている。(29)したがって、都市知識人層による当該地域への参詣行動の主たる目的が、鎌倉にあったことが容易に推察される。(30)十七世紀段階における参詣意識は以下のごときものであった。

林羅山は、源頼朝の石塔の前で、『吾妻鏡』に載る鴨長明の和歌にちなんで漢詩を詠んだ。

頼朝の墓とて人の教へければ、鴨の長明が、草も木もなびきし秋の霜きへて、といへる事を思ひ出て

満目鎌倉城郭亡。雲烟漠々樹蒼々。逍遥昔聴遊亀谷。報賽今無詣鶴岡。草偃匣中三尺水。苔深墓上五更霜。君公不識包桑計。千載英雄涙湿裳。(31)

千載の英雄の墓が苔深く、誰の墓だか分からないほどに桑で覆われていることに涙している。同じ事が、延宝八年（一六八〇）の『鎌倉紀』の記主自住軒一器子にも見られ、

昔鴨長明此御堂に来り頼朝の終り給ひし事をおもひ出て、草も木もなびきし秋の霜きへてむなしき苔を払ふやま風、とよみて堂の柱にかき付てけるとは聞及ぬれど、今は柱だにしかくそろはぬ程

なれば、

山風の空しき苔のあととへは　その言の葉もくち果にけり

すこし山をのぼりてちいさき石塔有。頼朝の石塔といへど、所は廟の跡成べし。しるしの石はあらぬものの墓を取すへたる物也。いかで上古の風なればとてさだか天下のあるじたり(32)。

と述べ、羅山と同様に『吾妻鏡』の故事を引き、和歌を詠み、一度は天下を治めた人物の墓がさびれている状況にはかなさを感じていることがうかがえる。そしてこれは各自の歴史観を反映した表現ともいえる。十七世紀までの参詣者は、眼前にある歴史的遺物に対して自己を没入しすぎず、客観性を保っているところが特徴である。自住軒一器子にしろ、藤本由己にしろ、直接的な感情表現が見られず、行間から読み取れるという程度のものである。これは、歴史的素養と深く関連している。高度な歴史的素養を背景に、自ら客観的であろうとしたためである。

ただし一方では、確実に中世への懐古の情の発現をみてとることができる。懐古の情とは、単なる懐古趣味ではなく、より確かな物をつかもうとする、永遠なるものへの希求を内包している。『鎌倉紀』には、「武家の天下に成りし始の地なれば（中略）代々の祈願所・廟所とて宮も寺も数おほく、伝記さだかにして。霊仏おほ(33)」しという記述がある。そこでは、鎌倉の持つ歴史の正統性が基本的な前提となっている。十七世紀末までの参詣者は、歴史的素養を備えた知識階級であり、元禄文化の担い手層よりもやや上位である。これは尾藤正英氏が元禄文化の要因として指摘した武士の身分的不安定さと不可分なものである(34)。武士階級、武家に仕える儒者や医師などが、自己の身分の根元を、「鎌倉」といういわば武士の聖地に求めたのである。この意識は、のちに安永八年（一七七九）の薩摩藩による源頼朝墓・島津忠久墓整備(35)、文政十年（一八二七）の長州藩による大江広元・季光墓の整備(36)などの具体的行為として立ち現れてくることになる。

十八世紀に入ると、社会的状況の変化とともにかかる傾向が拡大し、より明確な形となって現れた。天明四年（一七八四）の『東遊記』の記主橘南谿は、伊勢出身の京の医師・医学者である。本書は、京を出て陸奥国まで東日本を遍歴した際の書である。

　東武通行の人の見る所にして、珍しからねど、又したしく其地に臨めば、昔の俤、山川別しては神社仏閣に残りて、懐古の情にたへず。(37)

この紀行文で、昔の面影が残り懐古の情に堪えないとの感想が述べられ、具体的な感情の発露が見られる。この傾向はその後顕著となり、江戸の俳人一鶴堂白英の享和元年（一八〇一）の紀行文では、

　鎌倉の大意は、去卯年大山へ参り、紀行委敷記し置しかば、此度は只通りし所ばかり記し侍る。されども詣来ても上久わたり勇ましく尊くぞ思はれ、昔三代の盛んなりし事など古き史にも見るに就け、涙ぐみて、漫ろに過し事ども思ひやらるゝ。(38)

と、昔の鎌倉の歴史を思うと涙ぐんでしまうというやや大げさともいえる表現が見られる。同様に、江戸の俳人祖祐も、文政頃の紀行文で頼朝の屋敷跡を前にして、

　治承四年の頃より此処に移りましまして治め給ひしも、今ハ民之家などまばらに、田畑となりて往昔を思ひしのばれて、見るも中々に泪なりけれど、(39)

と記し、さらに山ノ内の禅興寺（元最明寺）に赴き、

　乍恐古代の御墳墓名将の御名残りて猶思ひ見奉ればいと尊く、偈仰の頭自らたて拝伏くし奉りて

　　恐れ伏す泪や袖に汗拭ひ　祐(40)

と、時頼の五輪塔の前でひれ伏し涙を浮かべている。十八世紀をまたぐと知識人層にも変化が見え、自己の内面に深く歴史的情景・事実を刻み、それを何らかの表現形態によって発散しようとする傾向が見出せる。感情の素

直な吐露が見られるようになるのである。
このような紀行文上における記述を踏まえて鎌倉の名所としての特質を探ると、それは単純に歴史的遺物を訪れるだけの行為ではない。橘南谿の紀行文に「懐古の情」という文言が見られたが、これが鎌倉の旅の大きな構成要素である。江戸の医師であり、寺子屋師匠でもあった加藤曳尾庵は、文化十二年(一八一五)の旅で、

九年以前幷六年以前に見物したる時よりは、鎌倉だんだん花美に成て古色を失ふ事なあげかわし。既に百四五十年以前に沢庵和尚の紀行に曰、建長寺、円覚寺に詣ふで、仏に香奉らんと思ひたるに、寺中に火の気ある所更になしとも見へたり。其比などは又今よりは殊勝にこそありし。(41)

と、九年前・六年前に来た時より、段々華美になって古色を失うことは嘆かわしく、沢庵和尚が鎌倉を訪れた頃(寛永十年=一六三三)は、今より殊勝であっただろうと感想を述べている。
次の松雨と号する武家の紀行文でも、同様な認識が見受けられる。彼が天保六年(一八三五)に江ノ島・鎌倉・金沢の三所を訪れて名所比較を行った部分を以下にまとめた。

鎌倉「懐旧感慨の情を起さしめ」「かまくらの古事」「鎌倉の荒涼に古を忍ひ」
江ノ島「風流華月のおもいを止めし」「江の島にまうて」「江のしまの浄域に塵胸をあらい」
金沢「風流華月のおもいを止めし」「金沢の勝景」「八勝に他日の鬱陶を散す」(42)

このうち鎌倉部分のみを総括するならば、鎌倉は、その古事によって「懐旧感慨の情」を惹起するが、それには鎌倉の「荒涼」が欠かせない、ということになる。つまり、決して華美になどならずに、荒涼とし、古色蒼然たる様こそが鎌倉の魅力なのである。十返舎一九作の案内記『滑稽江ノ嶋土産』(文化六年=一八〇九刊)においても、

鎌倉ハ武備兵将の居なるものなりと云云、此故に、鎌足の玄孫、染屋太郎太夫時忠、居住せしより以来、累

代武将相伝の在地として、麗異勝景の旧趾、今詣人の眼を驚し、松風羅月の感情をおこさしむること、往事大廈高楼のありけん程を、想像するの余りなり。[43]

とあり、大家高楼があった時を想像することで、「松風羅月」の感情を誘発されるとしていることからも傍証できよう。鎌倉の名所は、その寂寥さにこそ特質があり、数多く残る寺社、旧跡を眼前にして古に思いを馳せることが、鎌倉への旅の本質なのである。この都市知識人層に生まれた「懐古主義」的な潮流は、単なる懐古趣味というわけではない。一種のロマン主義な側面をも内包しているのである。いわばジョン・アーリのいう「ロマン主義的なまなざし」に近いものといえよう。アーリはそこには「孤独」、「まなざしの対象との個人的で半ば精神的な関係」があり、それを支えるものはその個人の知的収容能力であるとする。[44]ロマン主義とは、一般的には産業革命後近代社会突入の反動として生じた文化的潮流である。[45]また広義に捉えれば、転換期における自然を含めた世界との新しい調和的な関係の回復あるいは創出をめざす運動であり、文学や芸術にとどまらず、政治や科学・宗教にまで及ぶ。[46]その思想は中世への憧憬、古きものへの回帰・懐古、永遠なるものの希求、幻想、不安と孤独感といったものである。[47]

上述のような傾向は、十七世紀という未曾有の耕地大開発・人口増加の時代の終焉とともに、十七世紀中から都市知識人層の間に共有されていった過去への「懐古の情」がより明確に具体化された一例ではないだろうか。さらに過去への反省と低成長・不景気の時代に突入し、より一層自らの身分的不安定さをも露呈したことが過去や歴史への興味を引き起こしたのであろう。[48]元禄文化以降とくに文化的側面において肥大化する現実主義は、一見矛盾するようだが、かかる確かなものを摑もうとする「懐古主義」的側面も内包していた。

(2)都市知識人層の参詣行動

次に鎌倉内における都市知識人の行動をみていきたい。表1は、都市知識人として分類した人々の手による紀行文を表示したものである。その多くは江戸在住者である。表1の著者欄にあるごとく、武士、上層町人、学者、医師、寺子屋師匠、僧侶など多様な職種を含むが、彼らは従来都市文人層・知識人層と呼ばれてきた文化形成主体といえる層である。彼らの紀行文は、名所ごとに縁起・由来・歴史についていちいち述べるという史料の性格もあるが、鎌倉内にある名所旧跡のみならず、小名所についても詳細な記述が目立っている。

その行動形態で最も特徴的なことは、同じ宿（雪ノ下）に連泊して、そこを基点に三〜四日（二〜三泊）かけてじっくりと廻るということである。この事実自体は驚くべきものではないが、村落上位層と比較した時完全に異なる性質を見出せる。表3は都市知識人層（二一人）と村落内上位層（二七人）が、それぞれ鎌倉内へ訪れた回数別に示したものである。坂東巡礼をする巡礼型[49]の六名を除いて両者同数（二一人）で考察すると、村落内上位層が訪れた総数三四名所に対して都市知識人層のそれは二四二名所にものぼる。例えば『東海道名所図会』に掲載された名所は一二二カ所であるから、いかに丹念に名所を掘り起こしていたか歴然とする。そこには非常に高い目的意識が読み取られ、事前に歴史書・軍記物や『新編鎌倉志』などの地誌による学習が必要不可欠であったことを示唆している。

今一つ特徴的なことは、近世を通じて、江ノ島・金沢を兼ねた、いわば「三所巡り」の一環として鎌倉参詣が実行されていたということである。表1中の二一点のうち一九点（残り二点は不明）がこの「三所巡り」を行っている。早い段階から、都市知識人層は、三所の名所としての存在価値を認めていたのである。

また、複数回の訪問であったことも重要な点である。史料上判明する限りにおいても、自住軒一器子は二回、加藤曳尾庵は三回、白英は二回、十方庵敬順に至っては七回目であり、「三所巡り」は都市知識人にとって単に消費されるだけの名所ではなかった。自住軒一器子が「十八年いにしへ十月十四日ただ一日の逗留にて此元へ来

しが、その時見しさま夢のやうなれ共」[50]と述べ、また江戸小日向本法寺の僧十方庵敬順が、

予前髪のむかしよりゐのしま・鎌倉にあそぶ事今年にいたりて都合七度といへども、罷るたび初めての様に思はれ、心転じ気分快然として面白し[51]、

と語るように、「鎌倉中」全域をくまなく何度でも実見しようという知識欲的意識が働いていたものと考えられる。

第三節　村落内上位層における参詣行動

次に村落内上位層における参詣行動を見ていく。表2は本稿で村落内上位層であると分類した記主の手による道中記を表示したものである。そのほとんどが関東・東北地方の村落住人である。若干西国の者も含まれるが、そもそも西日本村落民による当地への訪問自体が少ないことにも起因しよう。その階層は、表2の著者欄によれば、庄屋・名主、村医師・神官などであり、その多くが代々村役人を務める家柄であるなど、村落内の知識的牽引者と考えられる。ただし、一〇名から三〇名くらいまでの人数による参詣の場合もあり、道中日記の書き手である人物がその指導者的立場にあることは容易に推察されものの、村落内指導者層を含むやや緩やかな総体として捉えていることを前提としている。

彼らは都市知識人層とは明確に異質な行動パターンを示している。表2に鎌倉到着日と鎌倉出発日の欄を設けているが、そこに同日とある例が多く、目を惹く。これはつまり鎌倉に到着したその日のうちに鎌倉を後にしたということであり、全体の約六割強を占める。残りの四割弱も、全国巡礼の一例を除き、すべて一泊である。すでに都市知識人層に比して、村落内上位層の訪問地が圧倒的に少ないことを述べたが、このことを時間的にも裏付けるものである。

表 3　都市知識人層と村落内上位層の鎌倉内訪問地

都市知識人層(21)		村落内上位層(27)			
		簡易型(21)		巡礼型(6)	
鶴岡八幡宮	21	鶴岡八幡宮	20	杉本観音	6
長谷寺(長谷観音)	19	長谷寺(長谷観音)	17	田代観音(安養院)	6
建長寺	19	建長寺	15	岩殿観音	6
大仏	17	円覚寺	14	長谷寺(長谷観音)	6
星月夜井(星井)	17	大仏	15	鶴岡八幡宮	5
御霊社	15	御霊社	14	円覚寺	4
円覚寺	14	頼朝館	4	建長寺	4
極楽寺	14	東慶寺	4	大仏	3
朝比奈切通	13	長寿寺	4	光明寺	3
荏柄天神	13	新居閻魔堂(円応寺)	2	御霊社	2
稲村崎	12	景清土牢	2	弁財天切通	1
新居閻魔堂(円応寺)	12	甘縄明神	2	極楽寺	1
景清土牢	11	英勝寺	2	東慶寺	1
光明寺	10	星月夜井(星井)	2	新居閻魔堂(円応寺)	1
寿福寺	10	虚空蔵堂	1	虚空蔵堂	1
滑川	10	冷泉為相石塔	1	芭蕉塚	1
日蓮袈裟懸松	10	阿仏尼石塔	1		
頼朝石塔	9	杉谷弁財天	1		
頼朝館跡	9	浄妙寺	1		
虚空蔵堂	9	三面大黒天	1		
光触寺	8	蛇形弁財天	1		
大塔宮土牢	8	矢柄地蔵	1		
長寿寺	8	北条屋敷	1		
東慶寺(松岡山)	8	薬師十二師尊	1		
浄智寺	8	盛久首座	1		
光則寺(大梅寺)	7	尊氏屋敷跡(扇谷村)	1		
英勝寺	7	巽荒神	1		
十六井(弘法加持水)	7	勝橋	1		
海蔵寺	7	六角堂の廻堂	1		
法華堂	7	人丸姫塚	1		
杉本観音	7	十六井	1		
冷泉為相石塔	6	扇井	1		
浄妙寺	6	網引地蔵	1		
梶原屋敷	6	十一人塚	1		
歌橋	6				
人丸墓(塚)	6				
鍛冶正宗屋敷跡	6				

妙本寺	6		
水無瀬川	6		
山ノ内管領屋敷	6		
安国寺	6		
明月院	6		
禅興寺（最明寺跡）	5		
阿仏尼屋敷跡（月影谷）	5		
針磨橋	5		
弁慶腰掛松	5		
塔辻（大町村）	5		
盛久首座	5		
甘縄明神	5		
畠山石塔	5		
芭蕉塚	5		
補陀落寺	5		
報国寺	5		
北条屋敷	5		
扇谷管領屋敷跡	5		
底抜井	5		
島津忠久墓	5		
覚園寺	5		
以下訪問数４回13箇所			
３回22カ所			
２回52カ所			
１回97カ所			

村落内上位層はその行動形態から大きく二つにわけることができる。一つ目は「巡礼型」である。これは、鎌倉周辺に点在する一番から四番までの坂東札所を、必ず杉本―岩殿―田代―長谷（その逆もあり）の順で廻るものである。むろん札所だけでなく、その合い間にいくつかの主要名所を組み込んでいる。二つ目は「簡易型」である。これは戸塚（金沢・神奈川）―鎌倉―江ノ島（その逆もあり）という順でまわり、なおかつ主要名所のみを廻るものである。坂東巡礼を行う「巡礼型」は特殊なものなので、ひとまず議論の対象外とする。そこで本章では「簡易型」に絞って考察していく。

表３によれば、村落内上位層の「簡易型」には六カ所の主要参詣地があることが分かる。それが鶴岡八幡宮・長

谷寺・建長寺・円覚寺・大仏・御霊社である。つまりこれだけに固定されていた。これは極めて不自然な行動パターンである。例えば、極楽寺は江ノ島へ向かう場合必ず門前を通る場所であり、村落内上位層も全員門前を通過していると推測されるが、誰ひとりとして訪れた記録がない。都市知識人層においては主要参詣地（八位）であったのとは好対照である。このような主要な名所のみを巡る行動様式を採択した要因は後述することとする。

表3の訪問地を地域分布という視点で見てみると、若宮大路を中心として東西に分けるならば、明らかに西側偏重である。東側に存在するのは頼朝館跡と北条屋敷、浄妙寺のみであり、その頼朝館跡と北条屋敷でさえ鶴岡八幡宮門前ともいえる場所に位置した名所である。

以上で明らかなごとく、鎌倉内西部の主要名所のみを一日か一泊で廻る行動形態が、「簡易型」の特徴である。さらに都市知識人層との差違を明確にすべく、表4と図1をみる。アルファベットは表・図相互に対応させているが、これは鎌倉内のいかなる方面をいかなる順序で訪れたのかを記号化したものである。都市知識人層は、抽象化することが不可能なほど多者多様の行動パターンを示すが、村落内上位層においては、D—A—Bかその逆のB—A—Dという基本的なパターンを抽出することができる。すなわち、戸塚から入り、山之内・雪ノ下・長谷と巡り、江ノ島に抜けるという一定の行動様式を採っていたのである。

村落内上位層の多くが、このような「簡易型」の参詣経路を一貫して利用した背景を考察しておこう。第一に、案内人雇用（何人にても一〇〇文）による案内人主導の参詣であったことに起因するだろうが、都市知識人層においても案内人を雇っている場合もあるので判断はしにくい。第二に道中記など村落内の先人によって残された書物による情報的制約が想定される。第三に、名所案内記の類の啓蒙が考えられるが、次の事例により明確に否定される。『東海道名所図会』には一二一カ所の名所が掲載されるが、これを村落ごとに分類すると、以下のごとくである（傍線は「鎌倉中」・「鎌倉十ヶ村」）。

扇ヶ谷（二二）大町（一三）雪ノ下（一一＋一鶴岡）二階堂（一一）山之内（一〇）小町（九）極楽寺（八）長谷村（七）西御門・浄妙寺・十二所・材木座（四）坂之下・大船・堀内・久野谷（二）乱橋・桜山・沼間・小坪・峠・常磐（一）

当たり前のことだが、決して西側のみに名所が形成されていたわけでもなく、西側のみの名所を紹介している

表4　鎌倉内参詣行動パターンの比較

史料番号	都市知識人層	史料番号	村落内上位層
1	ADABABACECFA	2	ABCD
2	ECAEFGDGBF	3	DA
3	EAEABCAFGAD	4	ABD
5	EABGDCAD	6	BAD
6	DABAFGCAE	7	AD
7	GFACD	10	BCAD
8	DCABE	11	BAD
9	DGDCEBA	13	BAED
10	DFABAGF	14	BACD
11	EABCD	16	BAD
12	BACADGE	17	BAD
13	EAEBCD	18	BA
14	DABAE	19	DBA
15	DABCAE	20	BD
16	EGABAD	21	DAB
17	DGFACBAE	25	DAB
18	DFGFAE	27	BAD
19	EAEBCAD	29	BAD
20	EABCACD		
21	EABFGD		
計20		計18	

注）史料番号はそれぞれ表1・2の史料番号に対応。またAは雪ノ下（鶴岡八幡宮、頼朝館跡、北条屋敷を含む）Bは山之内方面、Cは扇ガ谷方面、Dは長谷・極楽寺方面、Eは二階堂・十二所方面、Fは小町・大町方面、Gは材木座・森戸方面とした。

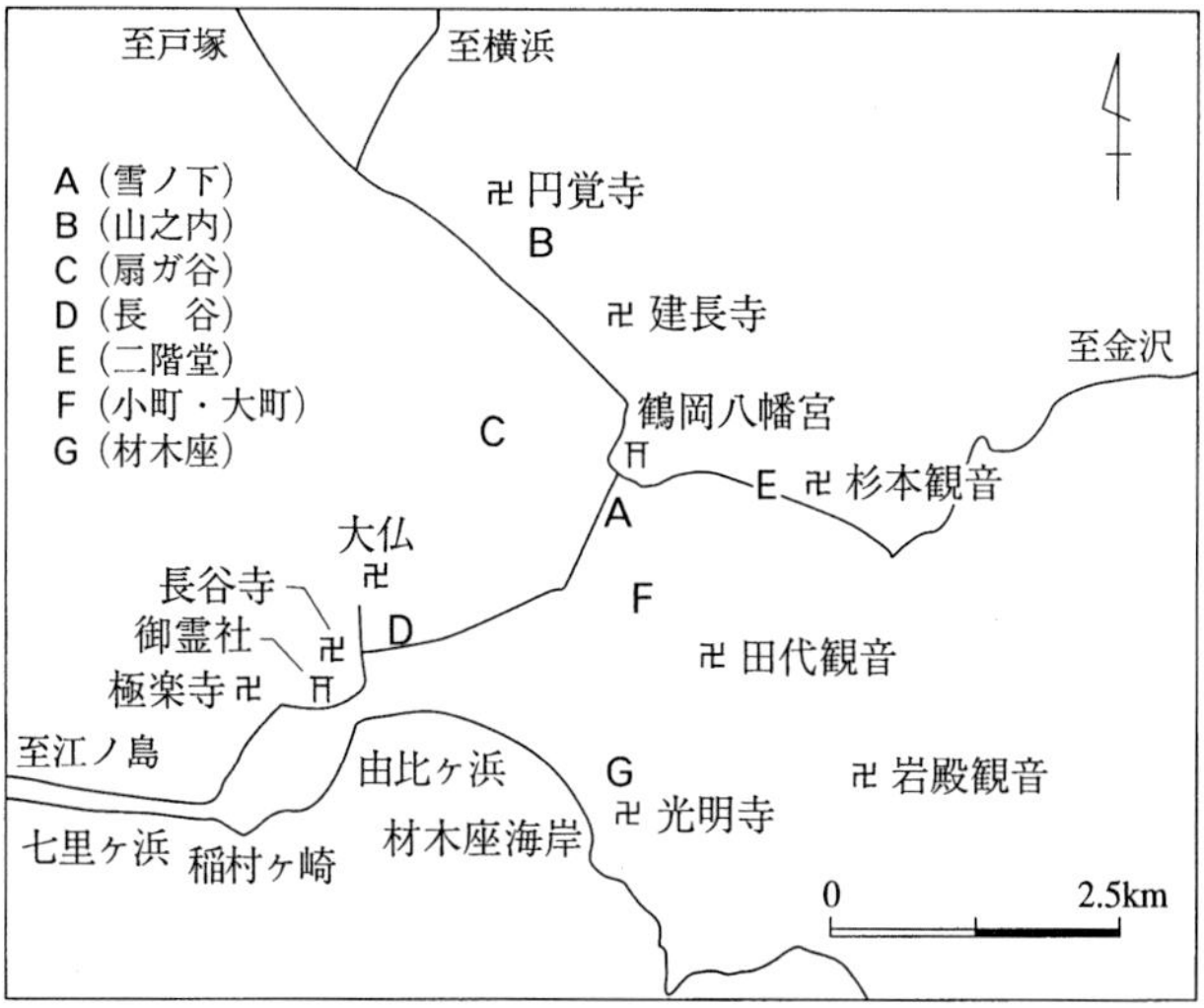

図1　鎌倉内主要参詣路

わけでもない。このことは、地誌・名所案内記の性格を考えればいうまでもないことである。第二の要因の影響の強いことは、伊勢参宮の事例等で明らかであるが、細かい地点に視点を落とせば決して先人の情報を鵜呑みにしていたわけではないことが分かる。(52)ミクロでは取捨選択の意思が働いていたのである。したがって村落内上位層の行動形態は一応選択の手続きを経た上のものと解釈される。そうであればこそ、鎌倉内の行動パターンは第二の要因だけでは説明はつかない。

第四として、歴史的教養・知識の不足にもその要因を求めることができよう。村落内上位層にあって、近隣の相模大山、江ノ島を主目的とした道中記は見受けられる。しかし、鎌倉を主目的とした道中日記を見出すことは容易ではない。このことから推察するに、村落内上位層が鎌倉を行楽として楽しむほどの歴史的素養を持ち合わせていなかったからではなかろうか。このことを背景として、結果、道中日記など先人の情報的制約の範疇を逸脱する手段を持ち得なかったのである。そうでなければ、いかに伊勢道中で時間的制約があろうとも、秋葉なり、津嶋なりにおいて取捨選択を行う人々が、上記のように、鎌倉内の訪問地偏重の傾向を示すことを理解できない。いかなる史蹟も、歴史的背景を知らない人にとってはただの場所に過ぎない。

ところで、この村落内上位層による参詣の新形態が誕生したのは、表2による限り宝暦・明和期と推測できるが、その点を次の史料から傍証していこう。(53)

差上申御請一札之事

一　私共村方之内老人並子供等農間為渡世年来鎌倉参詣之旅人荷物並道案内稼仕来候処、去ル天保十亥年中村方案内稼之者共雪ノ下村旅籠屋江休泊案内引付方ニ付、右旅籠屋より酒食或は酒代と唱ひ骨折銭差出候儀案内稼之もの共任勝手旅人引付方□□内に相成、其上宿屋方ニ而も酒食料物自然と高直ニ成行、旅人之難儀は勿論所々衰微に罷成不宜ニ付、御用之外荷物案内人決而立入不申様被　仰渡奉畏候

尤案内渡世之もの共不作法之義有之候ハヾ雪ノ下村宿屋江御立寄
二ノ鳥居より案内之者立入候儀御差留御座候処、弘化四未年六月中歎願書差出候ニ付、願之通御聞済被成下
難有仕合奉存候、已来案内稼之者共当
御山様
御役人中之鑑札相願御社中迄無差支案内仕様、且不礼之儀は勿論雪ノ下宿屋方より酒代等決而申受間敷、若
心得違之者候ハバ酒代貰候者共は案内渡世急度差押可申、縦令宿屋より差出候と茂決而受納申間敷之御請書
私共三ケ村名主より差上置候上は□□等之義無御座候筈之処（中略）

嘉永六
丑年七月
長谷村
名主　半五郎
坂之下村
名主　久四郎
極楽寺村
名主　与五右衛門
同神領名主
市郎右衛門

鶴岡

御一山
　　御役人衆中

この史料によれば、天保十年（一八三九）に、長谷・坂之下・極楽寺村の案内稼（老人・子供）が、雪ノ下の旅籠屋に旅人を紹介する代わりに酒食や酒代として受け取っていた骨折銭が高騰して宿側が困窮する事態が生じた。とはいっても、長谷・極楽寺の案内稼側にばかり責任があるともいえないようで、雪ノ下側の史料によれば、他村から荷物案内として旅人を連れてきた者へ酒食を与えていたが、次第に足下を見られる恰好となり、余分の酒代を出す方へ案内稼が旅人を連れて行くようになったと述べられる。(54)

この結果、天保十一年（一八四〇）以降に鶴岡八幡宮により、案内稼が二の鳥居・巨袋坂・大蔵より内に入ることが禁止された。(55)これに対して弘化四年（一八四七）に長谷村等三カ村役人が嘆願書を出して許され、八幡宮の役人が鑑札を発行することでいったんは収まった。しかし、嘉永六年（一八五三）には再び同様な事件が生じ、村役人が再度請書を差し出している。(56)

定を破ると五貫文の罰金あるいは旅館業・案内業の停止にもつながりかねない。(57)それにもかかわらずこのような行動を繰り返す背景には、これまで述べてきた参詣者の新型参詣行動、つまり「簡易型」の参詣経路の確立があると考えられる。戸塚から入り、山之内・雪ノ下・長谷から江ノ島へと向かうという経路をとる村落内上位層の当該地域への参入が、長谷・極楽寺と雪ノ下という地域主導の緩やかな連携を生み出した。そして、この「簡易型」の参詣経路の確立をもたらしたのは、江ノ島の風流名所としての自立と大山参詣の隆盛である。鶴岡八幡宮境内での案内稼と餅菓子を願い出た雪ノ下村民の願書には、「案内之儀平日者勿論石尊（大山）御祭礼中参詣之人多分候処(58)」「右商ひニ付平日者勿論、別而石尊祭礼中参詣人も数多有之候所(59)」とある。また長谷村等三カ村より案内稼再開の際提出された請書にも「江ノ島・鎌倉参詣之旅人荷物幷道案内之稼致来候所(60)」と記される。当該地域の常套文句だが、見過ごすことのできない文言である。

十八世紀に入り本格化した伊勢参宮・大山参詣がいったんピークを迎え[61]、江ノ島が元来の霊場としてだけでなく風流の名所として独自の発展を遂げつつあるなど行動文化の一層の昂揚がみられたのが宝暦・天明期である[62]。このような行動文化の進展の影響を受ける形で、鎌倉地域の参詣者構造に変化がもたらされ、都市知識人層とは異質な参詣者、すなわち村落内上位層が登場したのである。この村落内上位層の行動は、江ノ島における庶民参詣層の風流への志向と同じ動向であろう[63]。まさしく、それは都市知識人層に近づこうとする下からの主体的に文化的上昇を志向する参詣行動であり、参詣の低層化・広汎化と表裏一体のものである。

ここまで見てきた都市知識人層と村落内上位層のそれぞれの行動形態については、寛政元年（一七八九）の道中案内記『相州大山順路之記』[64]においても紹介されている。

雪の下茶店はたこや多し。鎌倉ハ古キ所にして中々委しくハ見尽しかたし。①よつて爰に逗留して案内させて見るへし。②江の島かまくらと一日に見る人多し。はじめにいふ如く是より山のうちを見て戸塚へ出候、是ハ一通り也。③又江の嶌より長谷・大仏・光明寺と見て雪の下に泊り扇ケ谷より山のうちを見て翌日金沢へ行道也を見る、是か中分なり。

②が村落内上位層の行動形態であり、①が初期都市知識人層、③が二泊三日の旅である。中期以降の都市知識人層の行動形態を指しているものといえよう。

第四節　名所の形成と参詣者の対応

(一)名所の確立と歴史知識の構築

名所は景色と古跡が構成要素であるとされるが[65]、『東海道名所図会』[66]に掲載される名所を分類してみると次の

仏教書	紀行文・日記	地誌等	歌　集
		倭名類聚抄(931～938)　1	万葉集(8C)　4 山家集(1175)　1
沙石集(1283)　2 元亨釈書(1322)　4	鎌倉紀行(海道記)(1223)　3 十六夜日記(1279～1280)　1 徒然草(1329～1331)　1		新古今集(1210) 拾遺愚草(1216)　1 後堀河百首(13C初)　1 新後撰集(1303)　1 夫木集(1305)　4 藤谷集(14C初)　3 拾玉集(1328)　1 新拾遺集(1363)　1
		新編鎌倉志(1685)　2	
	鎌倉記 1		歌枕　2

ようになる。

寺院・仏像（三七）神社（七）廃寺（六）屋敷跡（一七）墓・石塔（九）牢（三）井戸・水（一四）川（二）橋（三）木（一）切通・坂（三）地名（二〇）

他所と比べ、屋敷跡や墓・石塔、廃寺などの名所が数多く存在することが鎌倉の特色でもある。すなわち史跡が豊夥である。『東海道名所図会』の記述による限り、一二三名所中九四名所（七六％）が、特定の人物の由緒を有していた。よほど記載事項を絞っている名所図会であるから、この数字は高いといわざるを得ない。その名所図会の鎌倉部に登場する関連人物一三三名の登場回数を調べると、上位は源頼朝（一六回）、運慶（九回）、足利尊氏（六回）、源頼義・

表５　『東海道名所図会』鎌倉部の引用文献数

	歴史書	軍記物
古代		
中世	吾妻鏡(13C末～14C初)　17	保元物語(1219～1222)　1 長門本平家物語(1220)　2 太平記(14C)　5 鎌倉大草子(室町)　1
近世		流布本平家物語(1623)　2
不明		

注）書名、年代の後の数字は引用回数。

頼家・日蓮（五回）、行基・弘法大師（四回）となる。縁起、由緒にしては珍しく、英雄的人物よりもむしろ確かな歴史的史実の方に力点がおかれている。ここではとりわけ客観的立場をとる知識人層に対しても、由緒の「もっともらしさ」を与えるものであったという点を強調しておきたい。

近世以前は、かかる特定人物と結びついた館跡や石塔等の由来は、地元伝承として残存していたものと考えられる。例えば、『新編相模国風土記』で頻出する「土人曰」、「土俗」、「里俗」なるものである。この地元伝承が、その後いかに都市知識人層による文献に基づく考証過程を経て名所として確立していくかが問題となる点である。

それでは、都市知識人層がいかなる書物を典拠としていたかだが、表５は『東海道名所図会』に登場する引用文献を年代順に並べ、あわせて引用回数を示したものである。これによれば、『吾妻鏡』（一七）・『太平記』（五）・『元亨釈書』（四）の三書が多い。名所図会の記主秋里籬島は、頼政挙兵（治承四年＝一一八〇）から宗尊親王廃位（文永三年＝一二六六）までを伝える『吾妻鏡』と正中の変（正中元年＝一三二四）から細川頼之執事就任（正平二十二・貞治六年＝一三六七）までを南朝側から記す『太平記』の二書で大まかな通史を形作り、宗教関連は『元亨釈書』に依拠していたことが分かる。

その他の都市知識人はどうかといえば、表6に鎌倉の紀行文に引用された文献とその引用回数を示したが、こちらからも明白に鎌倉に関する歴史知識は『吾妻鏡』・『太平記』によるものであることが分かる。それ以外の空白期間・空白事項を、『平家物語』『源平盛衰記』『梅松論』『鎌倉（北条）九代記』『鎌倉大草紙』等の軍記物・歴史物語で補っていた。

ところが、こうした文献を読みこなし知識を得ていた都市知識人でさえ、多彩な書物の中において民俗伝承に疑問を呈しつつも、完全否定することができなかった。それはある一書の影響があったからである。その書とは、『新編鎌倉志』（貞享二年＝一六八五）である。延宝二年（一六七四）徳川光圀が自ら行った現地調査の結果に基づき編纂された地誌である。この影響は甚大であり、少なからず事実誤認を含みつつも多くの名所伝承が文献によ

引用文献（鎌倉に関わる部分に限る）
新勅撰和歌集
吾妻鏡(13)夫木集(5)元亨釈書(4)太平記・東海道名所記(3)大友興廃記・万葉集・海道記・発心集(2)曽我物語・塵嚢抄・新拾遺和歌集・関東兵乱記・鶴岡日記・無極抄・大納言公任家集・続古今和歌集・闇斎遠遊紀行・類聚名所和歌・楚忽百首・詞林采葉・後堀川百首・十六夜日記・神社考・発心集・沙石集(1) その他、鎌倉記(松村)・鎌倉物語(中川喜雲)・鎌倉順礼記(沢庵)を参考にした旨の記述あり。
吾妻鏡(5)太平記(3)
なし
なし
吾妻鏡(14)太平記(3)長門本平家物語・十六夜日記・梅松論(2)平家物語・夫木集・後堀川百首・万葉集・新古今和歌集・東宝記(1)
吾妻鏡(41)太平記(4)元亨釈書(3)北国紀行・鎌倉九代記・平家物語・鎌倉大日記(2)十六夜日記・北条五代記・上杉禅宗記・夫木集・梅松論・鎌倉年中行事・鎌倉大草子(1)
後堀川百首・北国紀行・沙石集・太平記・十六夜日記・千寿謡(1)
新編鎌倉志・吾妻鏡(1)
なし
新編鎌倉志・吾妻鏡(2)徒然草(1)
なし
なし
なし
太平記(1)
新編鎌倉志・元亨釈書・臥雲日件録(1)
吾妻鏡(2)源平盛衰記・太平記(1)
なし
なし
なし

表６　都市知識人層紀行文の引用文献数

	出発年	史料名	出発地・著者
1	寛永10年(1633)11月	鎌倉順礼記	沢庵宗彭(臨済僧)
2	延宝２年(1674)５月	鎌倉日記	徳川光圀
3	延宝８年(1680)４月	鎌倉紀	自住軒一器子(４名)
4	宝暦６年(1756)８月	鎌倉三五記	紀伊国屋文左衛門(材木問屋、４名)
5	明和４年(1767)４月	東路の日記	婦人(数名の男女の供)
6	安永８年(1779)	山東遊覧志	隠士葛郛
7	寛政9年(1797)閏7月	相中紀行	田良道子明甫(下野国烏山藩藩医、２名)
8	享和１年(1801)１月	三浦紀行	白英(俳人、４名)
9	文化２年(1805)９月	江の島	大島完来(俳人、３名)
10	文化４年(1807)３月	我衣	加藤曳尾庵(医師・寺子屋師匠、28名)
11	文化６年(1809)４月	鎌倉日記	扇雀亭陶枝(商人、家族・供数名)
12	文化11年(1814)５月	鎌倉三勝日記	岩村恭久(狭山藩士、３名)
13	文化12年(1815)４月	我衣	加藤曳尾庵(医師・寺子屋師匠、２名)
14	文政４年(1821)４月	江の島の記	菊地民子(豪商佐野屋の妻)
15	文政４年(1821)	遊歴雑記	十方庵敬順(真宗僧侶)
16	天保６年(1835)４月	鎌倉御覧日記	小山田与清(考証学者)
17	天保10年(1839)４月	玉匣両温泉路記	原正興(沼田藩抱学者か)
18	弘化２年(1845)１月	江ノ島参詣之記(書写)	森七三郎(吟味役)
19	安政２年(1855)４月	江の島紀行	李院(女性)
20	年不詳　５月	鎌倉日記	祖祐(男女５名)

り裏付られ、鎌倉名所の原型を形成することとなった。増補版ともいえる後年の『鎌倉攬勝考』（文政十二年＝一八二九）と比べても分かるが、およそ百五十年をへても決して鎌倉内の名所は大幅に増加はしていない。[67]これは、水戸徳川家・水戸学派の編纂した『新編鎌倉志』が名所各々に権威を与え、のちの都市知識人層に対して基本的な信頼性を与えたからである。そのことが新しい名所の創造を拒んでいたのである。

のちの『鎌倉攬勝考』（文政十二年＝一八二九）や『相州大山順路之記』（寛政元年＝一七八九）などは、大概を『新編鎌倉志』に依拠している。また江戸の葛郛による『山東遊覧志』（安永八年＝一七七九）や下野国烏山藩医による『相中紀行』（寛政九年＝一七九七）のごとく、故事来歴を述べる部分に『新編鎌倉志』との類似性を指摘できる紀行文がいくつか見受けられる。かかる場合は、『吾妻鏡』『太平記』の知識は『新編鎌倉志』から断片的に得ていた可能性さえ考え得る。

では、『新編鎌倉志』により歴史学的考証過程を経て比定された「畠山重保石塔」の事例をみてみよう。延宝二年（一六七四）の調査時では、

大鳥居ノ西ノ柱ノ側ニアリ。明徳二年、比丘道友ト刻テアリ。文字分明ナラズ。畠山六郎ガ為ニ後ニ立タルカ不審。[68]

として、畠山重保のために建てられたのかははっきりとしないとしていた。同時期、畠山石塔を訪れた『鎌倉紀』の自住軒一器子は、

末の鳥居の右の松なみの中に古き石塔あり。所の人それなん畠山の石塔と云。立より見るに明徳四年癸酉と有。かぞふれば弐百八十余年に及べり。然れば此畠山は秩父の重忠の一類か、それならば平氏にて五百年に及べり。その子孫の程経て後に追福の為に石塔を立しにや。又明徳年中ならば足利の畠山国清が氏族にや、それならば源家にて此年号の比にあへり、いづれの云伝へにやと尋ぬれ共、こたへ分明ならず。[69]

と考察して、土地の人に尋ねたところ、やはり畠山の詳細は不明であった。

ところが、光圀が現地調査の段階では何ら確証がないとしていたにもかかわらず、『新編鎌倉志』の編纂作業において、『吾妻鏡』の記事を根拠に、重保石塔と断定してしまった。そして畠山重忠の石塔だとする里俗を完全否定した。それが、以下の文章である。

畠山重保石塔は、由比濱にある五輪を云。明徳第四、癸酉霜月日、大願主道友と切付てあり。年号、重保より遙後なり。按ずるに【東鑑】に（中略）里俗、或は畠山重忠が石塔と指示し、又重忠が屋敷なりと云伝。恐は非ならん。重忠が屋敷は、筋違橋の西北にあり（後略）[70]

地元の伝承では、畠山重忠の墓であると伝えられていたものが、『新編鎌倉志』によって否定された。このため、のちの『鎌倉攬勝考』（文政十二年＝一八二九）、『相州大山順路之記』（寛政元年＝一七八九）、『新編相模国風土記稿』（天保十二年＝一八四一）などもすべて『新編鎌倉志』の説を踏襲することとなり、現在に至っている。この事例のように、『新編鎌倉志』によって名所伝承が覆された例は鎌倉内でも決して多くはないが、『新編鎌倉志』の影響力を伝える好事例であろう。このように、鎌倉名所は、近世初頭に存在していた民俗伝承（土俗・里俗）が、肯定・否定を問わず、『新編鎌倉志』に掲載されることで公的権威が付され[71]、構築されていった。

（2）参詣者の考証

それでは都市知識人層の名所との関わり方であるが、まずは十七世紀段階から見ていく。延宝八年（一六八〇）の『鎌倉紀』を事例としたい。自住軒一器子は、三浦泰村一族が、頼朝の墓前で自害したとする『吾妻鏡』の記述の真偽を確かめようとした。

東鏡をみれば三浦泰村一族を引つれ頼朝の影前にて二百八十人ならびて生害せしといふ法花堂はここ也。昔

を聞て今所をおもひあはせて実否をこころむべし。(72)

このような歴史学的考証は、他所訪問時にも見受けられる。大仏では、『太平記』の記述にある、北条時行の兵五〇〇人が大仏に宿泊し、颪により倒れた堂の下敷きになって全員死亡したとする記述について疑問を呈している。

太平記中前代蜂起の時に相模次郎が兵五百余人大風吹て此堂に宿せしに、堂の虹梁折れて残らず死せりとあるはおぼつかなし。五〇〇人いるべき程みえず。此大仏に付ても東鏡は実にて、太平記には文のかざりおほしとあるは思合侍りぬ。(73)

自住軒が『太平記』よりも『吾妻鏡』に高い史料的価値を与えていることも興味深いが、このように『吾妻鏡』『太平記』で得た知識を元に、その名所を実地見聞し、史料の記載事項自体の考証を行っていることに注目しておきたい。すなわち鎌倉は史料批判とフィールドワークの場であった。

こうした史料批判的精神に基づく鎌倉参詣は、やはり十九世紀に入るとやや視点がずれを見せる。文献上の記述の考証よりも、史料の無批判的信頼を前提として、目の前にある案内業者、寺の縁起、名所の伝説に批判の目が移った。「史料批判に基づく考証」から「史料批判の伴わない考証」へと変化をしたのである。例えば明和頃より多数文献に登場する案内人・講釈に疑問を呈する記述が散見される。文化四年（一八〇七）の江戸の医師・鑑定家の加藤曳尾庵は、

稲村ヶ崎、こゝに案内の者有り。四軒の百姓かわるかわるつとむ。必案内頼べからず。愚智無智の百姓にて、杜撰なることのみ物語也。(74)

と述べ、天保二年（一八三一）の源真澄は、

此地の案内人はたゝ、建久建保頃の事のみにて夫さへいひひかめ又ハ後より作なせしことのミ多くて更に誠と

しがたし。[75]

としている。さらに稲村ヶ崎には茶屋があり、鎌倉絵図（天保十三年＝一八四二、時一枚一二文）の講釈を行っていた。文化六年（一八〇九）の江戸の富商扇雀亭陶枝は、この茶屋について、

いなむらの崎の茶屋に休。ばゞが茶屋といふ由。ここにて鎌倉の絵図をひさぐ。家とじ我は顔に古都の講談す。其いへるところ古歌などのかなちがい、となへ違の詞のはし、はらをかゝへる事になん。[76]

と述べ、鎌倉案内稼の説明の誤りを指摘し、やや軽蔑するような記述を書き残している。

十七世紀までは、都市知識人層が過去への感慨に浸り、独自の歴史観により孤高に高度な歴史考証して楽しむだけの場であった。しかしながら、次第に文献の記述を疑うような趨向は影を潜め、代わりに文献に絶対的価値を付与していったように考えられる。その表れが、宝暦頃（一七五一～一七六四）より多彩な参詣者が混入するに伴って増えた農間余業的な案内稼などを批判的対象とした記述が生まれたことである。肯定的に捉えるならば、より一層懐古主義的傾向を強める一方で、単なる知識欲的意識に加え、広く実証主義・考証主義的な意識の芽生えていたことを示している。このような変容は、都市知識人層が一般民衆を相対化して教養人として自覚しつつあり、歴史が教養以上の意義を持たなくなったことを示している。ここに文化の大衆化の一因を見て取ることができる。

これに対して、村落内上位層は名所形成構造にいかなる影響を及ぼしたのであろうか。決まり切った場所のみ訪れる参詣行動の在り方は、非主体的でいかにも意思の介在しないもののごときである。道中日記の性格上、中小名所を省略したとも考えられるが、まったく東域に足を踏み入れない行動形態だけで充分その説明がつくものであろう。

なおかつ村落内上位層の歴史的知識のレベルにも、ある程度の制限を設けなければならない。近年地域社会の

文化ネットワークや村落における識字率、書物の普及の解明とあわせて「文化的中間層」の「知」「読み」「語り」の研究が盛んである。(77)歴史書・軍書という点でいえば、太平記読みが領主層から民衆まで幅広く楽しまれ、治者像・指導者像の共通認識、政治常識を形成し、各階層における自己形成の役割を果たしたとする若尾政希氏の研究もある。(78)だが、村落内上位層の鎌倉内における行動形態のみを見るならば、歴史書・軍書を受容した思想的背景を見出すことはできない。蔵書として所有し、貸借をした事実があろうと、それを完全に教養としてものにしたかどうかは別である。『吾妻鏡』や『太平記』を読みこなしているならば、当然鎌倉の東域にも数多く残る中世の遺跡・遺物・寺社を廻る欲求が発するはずであろう。だが、結果として西域の有名寺社のみにとどまったことは、歴史的知識の受容の度合いに限度を付さざるを得ない。まして歴史書の記述の真偽について考証しえた高度な知識人は村落内においては稀であったであろう。

村落内上位層の主要訪問地に御霊社が入っていることもこのことに起因するのではなかろうか。御霊社の祭神は開発領主の鎌倉権五郎平景政である。『保元物語』に登場するが、何よりも歌舞伎十八番「暫」(元禄十年＝一六九七初演)の主人公として有名である。それも、初演当初は主人公が必ずしも景政ではなかったものが、次第に景政に固まっていたという背景があり、民衆の反体制的願望を込めた英雄である。程近い極楽寺への参詣がまったくなく、御霊社が参詣ルートに組み込まれたのは、読本や浮世絵を含む大衆文化・芸能などからの、民俗的知に基づく歴史的知識摂取の結果であると考えられる。ともかく、ほぼ固定されていた村落内上位層の参詣経路の中にあって、御霊社は唯一参詣意識が発揮された痕跡を残す場所である。そうであれば、やはり歴史書・軍書からの直接的受容の程度には限界があるだろう。

第五節　寺社参詣と歴史意識

鎌倉を事例とし、都市知識人層と村落内上位層という分析概念によって参詣行動を考察してみると、大きく二種類の行動類型が見られた。ひとつが知識欲的参詣に基づく「三所巡り」である。その主体は江戸の知識人層であった。もうひとつが「簡易型」参詣である。その主体は村落内上位層であった。これには分析対象とした史料に伊勢道中記が多く、その経済的・時間的制約、村の先人が書き残した情報による制約などの要因もあり、一概には断定できない。だが、かかる条件に鑑みても、参詣地が西側の主要名所だけに偏った歴史的事実の背景には、それだけ中世鎌倉に関する歴史知識の受容が少なかったことを念頭に入れなければ説明がつかない。上記のような重層的な要因が絡み合い、村落内上位層を主体とする「簡易型」を形成させていたと考えられる。

また都市知識人層を総体として扱ったため浮き彫りにはならなかったが、表1の一六番の小山田与清が鎌倉まで供をした帰洛する智恩院宮尊昭法親王一行は、本稿でいう「簡易型」に近い。このように都市知識人層のなかには、行動形態からみれば、村落内上位層に近い形態をとるものもあった。本文中でも呼べたように、文政末年ごろから即物化の傾向をみせる。逆に村落内上位層にも表2の一四番の益子廣三郎のように、「簡易型」の形態を取りながらも知識欲的参詣をみせるものもいた。このような諸点にも留意しながら、今後の研究は展開をしなければならないだろう。

だが紛れもない事実として、村落において、鎌倉を主目的とした道中記史料がほとんど残存していないことを指摘しておきたい。また「三所巡り」を行う事例も寡少である。本来両者ともに鎌倉を主目的とした紀行文・道中記によって比較すべきであろうが、そうした比較を行い得ないこと自体にすでに差異が内包されているのである。その背景としては鎌倉を歴史的名所として十分に認知しうるほど、歴史知識の受容がなされていなかったことがあるのではなかろうか。一方では信仰的側面、すなわち念仏講による光明寺の十夜法要講、鶴岡八幡講、妙法寺の十六日講などの動向も看過できない。しかし彼らも、他の大山講・江ノ島講の動向から類推するに、「三所巡り」を行っていた可能性は極めて低いだろう。

江戸の知識人が主に鎌倉を主目的としたのは以下の理由による。知識人の一角をなす武家、僧侶にとって、鎌倉は武家政権の発祥地として、また由緒正しい寺社が犇《ひし》めく地として、まさしく聖地であった。こうしたことから近世初期から知識人層による参詣が行われていた。その行動には考証主義・実証主義が随所に垣間見えるものの、むしろ個人的な歴史観に基づいて孤高に歴史や文学を楽しむ風がみえる。

ところが、元禄期頃までの急激な大規模開発と人口増加、都市生活の向上、自己の身分的不安定感により、懐古主義的な思想が都市知識人層の間に共有されていった。過去への関心はすでに十七世紀の知識人にも見受けられたが、十八世紀以降のそれはもっと切実で内面化されたものであった。それは、永遠で確かなもの、遠くかけ離れたものへの憧憬、つまり中世への懐古、古典・歴史の再評価などに結実した。

十九世紀に入る頃になると、その考証主義も普遍化の様相を呈するも、弧高で内面化されたものではなくなりつつあり、そのレベルも低下していった。これは、知識人層にとって歴史的素養が自己満足の範疇に留まるものではなく、庶民参詣層を相対化しての教養人として自覚する手段としての意味しか持たなくなったことを示している。これに対応して、都市中下層民や村落民といった庶民参詣層が文化的に上昇を志向し、都市知識人層に追従した。彼らは都市知識人層と表面上同種の参詣行動に参加していったが、そこには主体性も垣間見えるも、その内実は文化的受容形態として依然異質な部分を残していたのである。「文化の大衆化」と一口にいってもかかる側面を内包していたといえるだろう。

他者から促されるわけではなく、自己のなかに歴史意識をいかに萌芽させていたかという意味においては、私的歴史意識の形成は村落民の間に見出すことは困難である。やはり民衆は、公的な場において促される形で公的歴史意識として形成していったと考えるのが妥当であろう。

（1）竹内誠「庶民文化のなかの江戸」（竹内誠編『日本の近世』一四、中央公論社、一九九三年）五一頁。
（2）拙稿「近世参詣地名所における参詣者意識――江戸十里以上の江の島参詣――」（『交通史研究』五一、二〇〇二年／本書第五章）。
（3）鈴木章生『江戸の名所と都市文化』（吉川弘文館、二〇〇一年）。
（4）表智之「〈歴史〉の読出し／〈歴史〉の受肉化」（『江戸の思想』七、ぺりかん社、一九九七年）。
（5）尾藤正英「日本における歴史意識の発展」（『岩波講座　日本歴史』二二別巻一、岩波書店、一九六三年）。
（6）同右、四八頁。
（7）同右、五〇～五八頁。
（8）大友一雄「献上役負担と運動の論理――遠州豊田郡只来・山東村の勝栗献上を事例に――」（『国史学』一三二、一九八七年、のちに同『日本近世国家の権威と儀礼』、吉川弘文館、一九九九年に収録）。井上攻「増上寺領村々の由緒と諸役免除闘争」（『日本史研究』三三四、一九八九年、のちに同『由緒書と近世の村社会』、大河書房、二〇〇三年）。山本英二「浪人・由緒・偽文書・苗字帯刀」（『関東近世史研究』二八、一九九〇年）。同「甲斐国「浪人」の意識と行動」（『歴史学研究』六一三、一九九〇年）。井上攻「由緒書と村社会」（『地方史研究』四一―六、一九九一年、のちに井上右掲書に収録）。吉岡孝「八王子千人同心の身分と文化――近世後期における文化と地域編成――」（『関東近世史研究』三二、一九九一年、のちに同『八王子千人同心』、同成社、二〇〇二年に収録）。岩橋清美「近世後期における歴史意識の形成過程――武蔵国多摩郡を中心として――」（『関東近世史研究』三四、一九九三年）。同「近世社会における「旧記」の成立」（『法政史学』四八、一九九六年）。
（9）白井哲哉「地誌調所編纂事業に関する基礎的研究」（『関東近世史研究』二七、一九九〇年、のちに同『日本近世地誌編纂史研究』、〈思文閣史学叢書〉、思文閣出版、二〇〇四年に収録）。同「近世政治権力と地誌編纂」（『歴史学研究』七〇三、一九九七年、のちに白井右掲書に収録）。

(10)羽賀祥二『史蹟論――一九世紀日本の地域社会と歴史意識――』(名古屋大学出版会、一九九八年)。
(11)安丸良夫『近代天皇像の形成』(岩波書店、一九九二年)。
(12)注(10)羽賀『史蹟論』、第一章及び第十章の尾張徳川家と紀伊徳川家の事例による。また、白井哲哉氏によれば、幕府が積極的に地誌編纂に乗り出すのは同じく享保期であるとされる(注9白井「近世政治権力と地誌編纂」)。
(13)久留島浩「百姓と村の変質」(『岩波講座　日本通史』近世五、岩波書店、一九九五年)。
(14)注(5)尾藤「日本における歴史意識の発展」。
(15)同右、三~五頁。
(16)柴田一『近世豪農の学問と思想』(〈日本史学研究双書〉、新生社、一九六六年)。
(17)塚本学『地方文人』(〈教育社歴史新書　日本史八四〉、教育社、一九七七年)。
(18)杉仁『近世の地域と在存文化――技術と商品と風雅の交流――』(吉川弘文館、二〇〇一年)。
(19)横田冬彦「益軒本の読者」(横山俊夫編『貝原益軒――天地和楽の文明学――』、平凡社、一九九五年)。同「近世民衆社会における知的読書の成立」(『江戸の思想』五、ぺりかん社、一九九六年)。同「近世村落社会における〈知〉の問題」(『ヒストリア』一五九、一九九八年)。
(20)若尾政希『「太平記読み」の時代――近世政治思想史の構想――』(〈平凡社選書一九二〉、平凡社、一九九九年)。同「政治常識の形成と『太平記』」(『歴史評論』六一一、二〇〇一年)。同「近世人の思想形成と書物――近世の政治常識と諸主体の形成――」(『〈一橋大学研究年報〉社会学研究』四二、二〇〇四年)。
(21)青柳周一「近世後期の絵図・地誌作成と「旅行文化」――近江の旅行史関係史料から――」(『民衆史研究』六七、二〇〇四年)。上杉和央「近世における浪速古図の作製と受容」(『史林』八五―二、二〇〇二年)。
(22)かかる研究は、歴史学において盛んだが、地理学においても取り組まれている。上杉和央氏は、本居宣長を対象として、地理的知識の形成過程を、書物や旅行体験などから詳細に追った。道中記研究においても今後重要な視点であると思われる(「青年期本居宣長における地理的知識の形成過程」、『人文地理』五五―六、二〇〇三年)。
(23)近世までの旅行を参詣ないしは参詣の一環と捉え、参詣の概念の変容、形態の変質を議論の俎上に乗せることが重要であると考える。論題及び本文において一貫して「参詣行動」の語を使用するのは、このような意図による。
(24)『鎌倉市史』近世近代紀行地誌編(吉川弘文館、一九八五年)。

(25) 澤寿郎「鎌倉古絵図篇」(『鎌倉古絵図・紀行』、東京美術、一九七六年)。白石克「『鎌倉名所記』諸版について」(『斯道文庫論集』一四、一九七七年)。同「江戸時代の鎌倉絵図――諸版略説――」(『三浦古文化』三四、一九八三年)。
(26) 鈴木良明『近世仏教と勧化――募縁活動と地域社会の研究――』(〈近世史研究叢書一〉、岩田書院、一九九六年)。同「浮世絵版画と名所地――金沢八景・鎌倉・江嶋・大山――」(地方史研究協議会編『都市・近郊の信仰と遊山・観光――交流と変容――』、雄山閣出版、一九九九年)。岸本覚「長州藩藩祖廟の形成」(『日本史研究』四三八、一九九九年)。加藤紫識「『鎌倉名所記』――版行とその周辺――」(『東洋大学大学院紀要』三八、二〇〇一年)。
(27) 深谷克己『綱ひきする歴史学――近世史研究の身構え――』(校倉書房、一九九八年)一九八頁。
(28) 「塔沢紀行」(『神奈川県郷土資料集成』第六輯紀行篇、神奈川県図書館協会、一九六九年)三七三頁。
(29) 「新編鎌倉志」(貞享二年／〈大日本地誌大系二四〉、『新編相模国風土記稿』第六巻、雄山閣、一九八〇年)。
(30) 「鎌倉攬勝考」(注29『新編相模国風土記稿』第六巻)では、『新編鎌倉志』において鎌倉の一名所として扱われていた江ノ島と金沢が、鎌倉と切り離され、独立した名所として取り扱われている。
(31) 「丙辰紀行」(注24『鎌倉市史』近世近代紀行地誌編)四頁。
(32) 「鎌倉紀」(注24『鎌倉市史』近世近代紀行地誌編)一一三頁。
(33) 同右、一三二頁。
(34) 尾藤正英『日本の歴史第一九巻　元禄時代』(小学館、一九七五年)三四五～三四六頁。
(35) 鹿児島維新史料編さん所編『鹿児島県史料　旧記雑録追録』六(一九七五年)五六五～五六六頁。
(36) 「毛利十一代記　巻之百二一　清徳公記」(東京大学史料編纂所所蔵冊子本)五三～五九頁。この経過については、注(26)岸本「長州藩藩祖廟の形成」に詳しい。
(37) 「東遊記」(注24『鎌倉市史』近世近代紀行地誌編)二一三頁。
(38) 「三浦紀行」(注24『鎌倉市史』近世近代紀行地誌編)二六二頁。
(39) 「鎌倉日記」(注24『鎌倉市史』近世近代紀行地誌編)三六一～三六二頁。
(40) 同右、三六四頁。
(41) 「我衣」(『日本庶民生活史料集成』五、三一書房、一九七一年)三一九頁。

(42)「四親草」（注28『神奈川県郷土資料集成』第六輯紀行篇）一二五・一四六頁。
(43)「滑稽江ノ嶋土産」（十返舎一九、文化六年／『神奈川県郷土資料集成』七、神奈川県図書館協会、一九七二年）。
(44)ジョン・アーリ著、加太宏邦訳『観光のまなざし——現代社会におけるレジャーと旅行——』（〈りぶらりあ選書〉、法政大学出版局、一九九五年（原典一九八九年））七九〜八〇頁。
(45)西川長夫「ロマン主義を考える三つの視点」（西川長夫他編『ロマン主義の比較研究』、〈立命館大学人文科学研究所研究叢書七〉、有斐閣、一九八九年）。
(46)同右、三頁。
(47)同右、一七、二九、三二〜三三頁。
(48)注(34)と同じ。
(49)表3中の村落内上位層の行動類型について、本論中で述べる一般的な参詣行動とは全く関係ない行動パターンを示す者たちがいる。これは坂東巡礼あるいは全国巡礼を行っている参詣者であり、鎌倉内において、四カ所の坂東順礼札所を巡ることを主目的とした計画となっている。この行動類型を「巡礼型」とし、一般的な村落内上位層の行動類型を「簡易型」とし、表3の行動類型欄に示した。
(50)注(32)、一一八頁。
(51)「遊歴雑記第四編巻之中」（注24『鎌倉市史』近世近代紀行地誌編）三三一頁。
(52)田村貞雄「近世のお伊勢参り道中日記一覧」（『地方史静岡』、二〇〇一年）に見られるような秋葉参詣をはじめとして、各所で各人の訪問地選択の様相がうかがえ、情報的制約の中にあっても一定度の恣意性を見出せる。
(53)「差上申御請一札之事（案内人不正取締一件）」（澤寿郎編『鎌倉近世史料三　長谷・坂ノ下編』、鎌倉市教育委員会、一九七五年）二六九〜二七〇頁。
(54)「鶴岡八幡宮御用留」（『鎌倉市史』近世資料編第一、吉川弘文館、一九八六年、二七三〜二七七頁）。この御用留に書き控えられた別の願書より、雪ノ下村の案内業者一七名の名前も判明する（同書、二七二頁）。彼らも、長谷村・極楽寺村の案内業者と同じく、雪ノ下の旅籠屋への斡旋収賄を行っていたのか、鶴岡八幡宮内における案内稼ぎを禁じられている。また同史料による限り、雪ノ下の案内稼ぎはあくまでも鶴岡八幡境内における案内稼ぎであったように読み取れ、鎌倉内を広域に案内する者は長谷村等三カ村の村民であったとも考えられる。

(55) 注(54)と同じ。
(56) 注(53)と同じ。また「御用留」によれば、鶴岡の役人より渡される鑑札は、二〇〇文の手数料がかかり、毎年改札であった。
(57) 「鶴岡八幡宮御用留」(注54『鎌倉市史』近世資料編第一)二七七頁。
(58) 同右、二七二頁。
(59) 同右、二七三頁。
(60) 同右、二七五頁。
(61) 伊勢参宮・西国巡礼の道中記を検討した小野寺淳氏、高橋陽一氏の論文によれば、それぞれ宝暦十三年(一七六三)、明和元年(一七六四)から道中記が多く残存するようになっている(小野寺淳「道中記にみる伊勢参宮ルートの変遷――関東地方からの場合――」、『筑波大学人文地理学研究』XIV、二〇〇一年、高橋陽一「多様化する近世の旅――道中記にみる東北人の上方旅行――」、『歴史』九七、二〇〇一年)。また大山参詣との関連でいえば、大山参詣者が江ノ島・鎌倉参詣に参入していくのも同時期である(拙稿「大山参詣をめぐる社寺参詣者の動向――藤沢・江ノ島・鎌倉との関連で――」(『史学』七〇―二、二〇〇一年、一～二二頁)。こうしたことから、宝暦・天明期は文化史上特筆すべき時期である。
(62) 西山松之助「江戸の町名主斎藤月岑」(同編『江戸町人の研究』四、吉川弘文館、一九七五年)四六一頁。比留間尚「さまざまな行動文化」(竹内誠編『日本の近世』一四、中央公論社、一九九三年)三一九～三二〇頁。
(63) 注(2)と同じ。
(64) 「相州大山順路之記」(東京国立博物館所蔵)。
(65) 鈴木章生「名所記にみる江戸周辺寺社への関心と参詣」(地方史研究協議会編『都市周辺の地方史』、雄山閣出版、一九九〇年)一二四～一二五頁(のちに注3鈴木『江戸の名所と都市文化』に収録)。
(66) 粕谷宏紀監修『新訂東海道名所図会　下』(ぺりかん社、二〇〇一年)。
(67) 注(24)加藤「『鎌倉名所記』」表1において、正徳(一七一一～一七一六)から安政(一八五四～一八六〇)までの『鎌倉名所記』の掲載名所がすべて表示されているが、この表をみても鎌倉内名所が増加したとはいえない。
(68) 「鎌倉日記」(注24『鎌倉市史』近世近代紀行地誌編)七二頁。

(69) 注(32)、一二二頁。
(70) 注(29)、一二五頁。
(71) エリック・ボブズボウム、テレンス・レンジャー編、前川啓治・梶原景昭他訳『創られた伝統』(〈文化人類学叢書〉、紀伊國屋書店、一九九二年(原典一九八三年))。本書は、伝統は実は様々な意図を持って創られたものであるとする構築主義的立場による研究である。鎌倉名所も水戸藩による政治的意図を以て、民俗伝承が名所の正統な由緒として構築された好事例であると考える。
(72) 注(32)、一一三頁。
(73) 同右、一二三頁。
(74) 注(41)、一〇五頁。
(75) 「雨降山の日記」(国立国会図書館所蔵)。
(76) 「鎌倉日記」(注24『鎌倉市史』近世近代紀行地誌編)二八五頁。
(77) 注(17)塚本『地方文人』、注(4)表「〈歴史〉の読出し/〈歴史〉の受肉化」、注(19)横田「益軒本の読者」・「近世民衆社会における知的読書の成立」・「近世村落社会における〈知〉の問題」、小林准士「近世における知の配分構造――元禄・享保期における書肆と儒者――」(『日本史研究』四三九、一九九九年)七二~一〇二頁。塚本学『生きることの近世史――人命環境の歴史から――』(〈平凡社選書二一五〉、平凡社、二〇〇一年)。杉仁『近世の地域と在村文化』。
(78) 注(20)若尾『「太平記読み」の時代』・「政治常識の形成と『太平記』」・「近世人の思想形成と書物」。

第七章　成田山新勝寺の経営と宣伝活動

一般的に、近世における寺社参詣の研究は、寺社内部の支配構造、宿坊経営と檀家廻りによって寺社参詣を支えたとされる御師の職務内容、檀家帳分析に基づく信仰圏の空間的、時間的、階層的解明に重点がおかれてきた。その一方で、歴史地理学の視点から、信仰圏、山岳宗教集落・門前町の形成・変遷に関わる研究も見られる。これは、各研究者が一書をまとめる際に、多分に学際的アプローチによる一山史の形態で発表する場合が多いことに由来するであろうし、あるいは寺社史料の編纂や寺社史の編集が寺社側の発意によって促進されるという事情もあるだろう。いずれにしても寺社側の視点であり、長らく宗教史の主流を占めた教団史の一部といえる。ところが、参詣する人々はどうかといえば、歴史学では完全に等閑視されていた感は否めないだろう。参詣する人々への関心といえばもっぱら民俗学の領域であったといっても過言ではない。これは、歴史学と民俗学の性格の差を如実に示したものといえる。十九世紀末からの文明史観・文化史の萌芽ないしは京都帝国大学での社会史、戦後歴史学へのアナール学派の影響がありながらも、所詮、参詣・旅といったものは歴史学の最大関心事のひとつにはなり得なかった。それゆえに宗教史とはいえ、本流の宗教史の流れを汲む寺史・社史研究（それでさえ古代中世からみれば相当な格差があるが）か、幕藩制国家論・身分論に基づく支配編成論あるいは地域社会論の立場から取り組まれたのは当然の流れであった。それでもようやく一九八五年頃から国文学・地理学との連携において、道中記研究が盛んとなり、地誌研究、名所論、温泉史も含め歴史学でも寺社参詣史の周辺がにわかに活況を呈してきたといえよう。

ただし本論文は寺社と参詣者の相互の規定性を課題としている。その意味において、寺社側の研究は欠くべからざるものがある。ところが、歴史学において、参詣対象とされる寺社側の動向・機能について論じた研究論文は意外にも少ない(1)。特に近世史にあっては中世史の比ではない(2)。つまり、参詣者の動向をも配慮しながら寺社側の動向を論じたものが乏しい。庶民の現世利益観に強く訴えかけた寺社縁起や、境内神仏の霊験譚・利生記などは、あくまでも寺社側の創作による部分が大きい。ゆえに広く低層にまで享受されるに到った近世的寺社参詣の成り立ちを考察する際には、寺社側からの庶民への働きかけ・歩みよりの行為も見逃すことはできない。寺社と参詣者の関係はいわば不即不離の関係にあり、個別に論ずることは不可能である。そこで以下、寺社側から寺社参詣興隆の実態に迫ってみることとする。

第一節　成田山の宣伝基盤の確立と経営状況

現在、多くの参拝者で賑う成田山神護新勝寺は、近世中期以降、江ノ島、相州大山などと共に江戸近郊の名所として栄えた霊地であった。成田山が不動信仰を柱として繁栄を見せ始めたのは、江戸で初の開帳が行われた元禄十六年（一七〇三）以降といわれている。これ以降、近世的名所化の流れの中で、江戸から多くの参詣者が群集し、飛躍的な発展を遂げた。つまり新勝寺は、江戸の生活水準の向上と、江戸独自の文化の萌芽がみられた「元禄」という時代に一躍脚光を浴び、江戸都市文化の高揚と共に寺勢を増して、やがて近世後期には無数の成田講を抱えるに至った。この比類なき寺勢興隆の歴史は、江戸論にも都市論にも有効な事例を提示していると考えられる。

そこでまず近世における成田山の発展の一つの契機となった、宝永期の寺格上昇と寺領拡大の過程を概観しておく。

中世までの新勝寺の様子を伝える史料は、ほとんど残っていない。実際寺が存在したことを示すものとして、わずかな板碑[(3)]と縁起一冊等が残存しているのみである。相模大山や高尾山が中世以来の文書を所有する[(4)]のとは対照的であり、このことからも近世以前の成田山は、ほとんど名の知られない地方の一寺院であったと考えられる。近世における成田山の史料上の初出は、慶長年間（一五九六～一六一五）である。この時住職として、のちに江戸弥勒寺の中興第一世となる宥鑁《ゆうばん》の存在が確認されている。「関東真言宗新義本末寺帳」[(5)]によれば、末寺として正福院、宝珠院、法性院、神光寺、宝蔵院、円勝坊の六つの寺院が挙げられており、寛永年間（一六二四～一六四四）には成田地方の中心寺院であったことが知れる。

成田山が寺格を上昇させたのは、宝永三年（一七〇六）のことである。[(6)]同年九月に江戸弥勒寺から出された離末証文（本末関係を解消することを認める証文）によれば、佐倉城主稲葉正通、護持院隆光の仲介によって、成田山が弥勒寺からの離末を成功させている。さらに翌宝永四年（一七〇七）三月十日には、門跡寺院である京都大覚寺の直末になっている。その翌日（十一日）には大覚寺の名跡塔頭である山城国宇治の金剛王院の院室を兼ねることになり、この後金剛王院新勝寺とも称した。また同年五月には京智積院覚眼僧正（新義真言宗智山派）および大和長谷寺小池坊尊祐僧正（新義真言宗豊山派）から、常法談林の寺格を与えられている。この二年の間の破格な寺格向上は、稲葉家の庇護がなければもちろん成功しなかったであろう。だが、その基盤には、寺の正統性、特に民衆に対する由緒的権威を高めようとする、新勝寺側の積極的な働きかけがあったのである。

成田山の寺領に関しては、天正十九年（一五九一）の「寺台村御縄打水帳」と文禄三年（一五九四）の「成田

借用金		支出	
		153両3分1朱	125貫327文
		625両2分	557貫651文
		329両1分3朱	581貫682文
		1027両2分1朱	850貫188文
		599両3分2朱	633貫484文
		584両3分1朱	375貫
林太兵衛より	50両	297両1分	528貫363文
資(祠)堂金より	77両　1朱　14文		
幸崎屋清助より	100両	370両　3朱	367貫521文
本堂普請金より	83両2分2朱　377文		
		399両3分1朱	313貫285文
		210両　1朱	446貫468文
林太兵衛より	100両	122両3分1朱	413貫 51文
伊坂仏心に入る	300両	3159両2分3朱	713貫223文
鳥羽屋十蔵	700両		
弥寺様	100両		
御同寺	200両		
和泉屋甚兵衛	500両		
坂口又右衛門	100両		
林太兵衛	150両		
大河平兵衛	300両		
他	200両		
	2960両2分3朱　391文		
		7880両3分1朱	5905貫243文

中世・近世史料編』(1986年、716頁5—5表)も参考にさせて頂いた。
面上はおよそ432両もの利益となる。

郷御縄打水帳」から、近世初期について大要が分かる。(7) かかる二つの史料から、成田山が寺台村に持っていた領地は、二町九反五畝九歩、石高で二六石八斗七升三合、成田村に持っていたのは九反四畝一五歩であり、おおむね三〇石余の寺領であったと考えられる。その成田山にあらたに寺領が寄進されるのが、宝永二年（一七〇五）九月のことである。九月十五日付の、佐倉藩主稲葉正通の黒印状により、成田村囲護台の内に新畑五〇石を成田

表１　安政２年成田山の年間収支

	収入		
	普通収入(御祈禱料、本堂賽銭、光明堂賽銭、本堂小奉納など)	居開帳寄進収入	預かり金
１月	564両2分 3朱1236貫831文	817両1分 3朱1196貫47文	
２月	348両 2朱 976貫567文		大屋利兵衛より 5両
３月	371両2分 2朱1979貫939文		
４月	215両1分 2朱 677貫594文		
５月	514両3分 759貫 10文		
６月	280両3分 404貫571文		仲之町伊勢講金より60両
７月	90両1分15朱 391貫180文		利兵衛より 15両
８月	163両1分 523貫338文		
９月	479両2分 659貫416文		
10月	97両 1朱 385貫973文		
11月	142両2分 2朱 278貫686文		
12月	461両1分 364貫360文		観我法印より 120両
計	3729両1分 3朱8637貫465文	817両1分 3朱1196貫47文	200両
	7707両 9朱9833貫903文		

注１）「毎月収納幷払辻勘定録」(安政２年、成田山霊光館所蔵)より筆者作成。ただし、『成田市史
注２）仮に金１両あたり銭６貫500文とすると、収入がおよそ9,220両、支出が8,788両となり、表

不動領として寄進され、[8]年貢課役が免除された。ただし、この新畑五〇石が、新勝寺の収入とどれほどの関係があったかは不明である。寺領収益の詳細はともかく、新勝寺の経営構造がいかなる状態にあり、寺領を含む普通収益が経営基盤としての充分な役割を持ち得たかという点についても不明である。新勝寺が急激に教線拡大を遂げる一七〇〇年前後の史料が現存しないためである。しかし後年のものとして、安政二年（一八五五）の居開帳時の「毎月収納并払辻勘定録」[9]があり、大まかな成田山の経営状況を把握することができる。

表1によると、この年の収入は、七七〇七両九朱九八三三貫九〇三文で、支出が七八八〇両三分一朱五九〇五貫二四三文であり、四〇〇両余の黒字とされている。このうち収入源の詳細に注目すると、居開帳によるものが八〇〇両余、借用金が三〇〇〇両弱ある。特に十二月の収支では、支出三一五九両二分三朱七一三貫二二三文に対して、普通収入は四六一両一分三六四貫三六〇文と、大幅な赤字である。これを、二五五〇両もの借用金によって補うだけでなく、こうした借用金でもって年間収支をも黒字に転換させていたことが分かる。借用先として江戸日本橋佐内町飛脚元締和泉屋甚兵衛、江戸図販売の林太兵衛、埴生郡飯岡村の豪農で地方文化に貢献した大河平兵衛などの名が見える。新勝寺の経済は、こうした大商人・豪農らによって支えられ、何とか維持されていたことが判明する。

第二節　成田山の宣伝活動

(一)開帳と勧化―相模大山寺との比較

成田山では、元禄十四年（一七〇一）に初めて開帳を行って以来、安政四年（一八五七）まで二三回の開帳をしている（後掲表4参照）。そのうち江戸での出開帳は一〇回を数えた。最初の江戸での出開帳である元禄十六年（一七〇三）では、「不動尊開帳（につき寄進帳）」[10]によれば、寄進、護摩料、賽銭などによる収入が二一二〇両余もあった。これにより、目的としていた元禄十四年（一七〇一）の五〇〇両の借財返済を果たすことができた。この開帳による収益が、近世後期において、成田山の経営の大きな柱の一つになっていたことは、先の安政二年（一八五五）の年間収支の検討で見た通りである。

そこで、この点について相模大山と比較してみたい。大山は、本尊を不動明王とする雨降山大山寺と、石尊大権現を祭る石尊宮を中心とした霊山である。古来より農業神、水を司る神として尊崇され、近世には江戸を始めとして関東一円より信仰を集めた。山内の行政の一切は大山寺別当八大坊ほか清僧が取り仕切っており、寺領一〇〇石・硯学領五七石からの収益[11]、賽銭、大山御師からの徴収が、平常時の主たる収入源であった。また非常事態が生じた時には、幕府権力の多恵に負うところ大であった。

表2は、大山において、大山寺本堂、石尊宮（本宮）などを修繕する必要が生じた時、あるいは火事で焼失した際に、いかにして再建を果たしたかを示したものである。この表によると、綱吉までの将軍家による多額の寄付の実態が判明する。家康、家光、綱吉期には、幕府が大山山内の伽藍の再建、修復を請け負うという形式を採っている。また寛永十五年（一六三八）には、家光より、金一万両を下賜され、伽藍の再興が成った。綱吉期にいたっては、三度の助成金下賜があり、これにより伽藍修復を行っている。

全国的には、十八世紀に入ってから次第に幕府からの助成金が縮小され、多くの御免勧化が許されるようになる。これに合わせるように、大山も寛延四年（宝暦元＝一七五一）に初めて御免勧化を行った。この御免勧化も十八世紀後半には、あまりの多さに幕府と縁の深い寺社に限られるようになる。しかるに、大山は、江戸末期に至るまで、依然として幕府から助成金や、勧化御免を与えられている。このことからも幕府の厚い待遇が分かるだろう。[12]これが新勝寺との決定的な違いである。

表3は、関東地方、特に南関東地域におけるいくつかの名所寺社の開帳、御免勧化、幕府からの助成金などを

及び勧化差許

内　　容	理　　由	結果(再建・修復箇所)
伽藍再建の命	不明	大山寺本堂以下18堂社 本宮五社
伽藍再興の命、金1万両	不明	本堂、本宮など諸伽藍25カ所
金200両、榑木5000挺 伽藍修復の命	本堂屋根繕料	本堂
金4251両2歩、銀4匁余 榑木48630挺 松丸太164本、槻、檜、竹 漆20桶正味4貫文	修復	本宮、本堂以下17堂社
伽藍修復の命 金2000両、榑木5000挺	元禄16年11月23日大地震による諸堂社破損	大天狗、小天狗、徳一権現、雨風社、白山社、別当上寺諸雑舎
金300両	6月の洪水による被害	詳細不明
金200両	4月4日本宮五社焼失	本宮五社
御免勧化	大山諸堂社大破	詳細不明
銀100枚	明和8年(1771)本宮石尊社焼失	本宮、大天狗、徳一社、雨風宮
銀50枚	安政2年諸伽藍焼失	詳細不明
御免勧化	安政2年諸伽藍焼失	詳細不明
御免勧化	安政2年諸伽藍焼失	詳細不明

写」「明和八年三月　石尊宮普請につき寺社奉行への書上」「万延元年閏三月　御免勧化につき由緒続大山、1994年)、『御触書宝暦集成』(岩波書店、1935年)、『御触書天明集成』(岩波書店、1936年)、1992年)より筆者作成。

表にしたものである。

近世において寺社の勧財方法としては、ここにあげた幕府からの被下金銀、拝借金銀などの助成金、御免勧化、開帳の他に、富突、私勧化、境内での芸能興行など様々な方法があった。寺社は、長い年月の中での腐食、地震・風雨による破損、火災による焼失を起こした際、このような方法で資金を作っていくのである。有名寺社であればあるほど、それに見合うだけの建築物が要求される。[13] そのため、例え成田山のように信心の厚い檀家を持っていたとしても、その負担に頼ることはできない。もちろん先程見たように、経常収入ではとても賄いきれるものでなかった。そこで幕府に願い出ていくことに

表2　大山寺における幕府の助成

	年　　月	将軍
1	慶長10年4月(1605)	家康
2	寛永15年4月7日(1638)	家光
3	延宝4年(承応2年か)(1676)	家綱
4	元禄6年(1693)	綱吉
5	宝永元年5月19日(1704)	同
6	宝永2年(1705)	同
7	享保4年5月28日(1719)	吉宗
8	寛延4年10月(1751)	家重
9	安永6年2月(1777)	家治
10	安政5年(1858)	家定
11	万延元年閏3月(1860)	家茂
12	慶応2年12月23日(1866)	同

注)「大山寺古実本記」「大山寺記録書写」(以上『伊勢原市史』史料編『幕末御触書集成』2(岩波書店、

なる。幕府は縁の深さ、寺格の高さによってその願書の採否、助成の方法を決めていた。比留間尚氏によると、御免勧化が老中段階の免許であるのに対して、開帳は寺社奉行段階の寄合で差許され、助成段階としては一段低い[14]。すなわち開帳寺社の大部分は幕府による直接助成の枠から外れて、自力での修復助成を余儀なくされていたのである。[15]

表3を見ると、まず幕府から助成金を与えられていた寺社は、この中で大山寺、鶴岡八幡宮、清浄光寺だけである。御免勧化を許されているのは、大山寺、武蔵御嶽山、箱根権現、江ノ島弁財天である。そのどちらの記録もないのは、新勝寺、川崎大師平間寺、高尾山薬王院、大雄山最乗寺である。比留間氏の説に従えば、金銀を「被下」たグループが、最も将軍家にゆかりのあり寺格の高いグループである。次が勧化を許されているグループであり、開帳のみの寺社はこの中では最も最下層に位置するということになる。

確かに川崎大師平間寺は、寺伝によると、慶安元年(一六四八)に幕府により六石の朱印地をもらっているとはいえ、その後寛政八年(一七九六)に将軍家斉が参詣し五〇石寄進する[16]まで、これといった史料は残っていない。また荏原郡宝幢院末から醍醐三宝院直末となり寺格を上げるのが文化二年(一八〇五)と遅い。つまり新勝寺同様幕府との縁の深い寺とはいえない。

高尾山には、後北条氏関連の書状が残され、慶安元年(一六四八)に三代将軍徳川家光から七五石の朱印状を

表3　江戸近郊(南関東)名所寺社の開帳、御免勧化、被下・拝借金銀

	出開帳(江戸府内)	居開帳	御免勧化	被下金銀、拝借金銀
大山寺 (古義真言)			寛延4(申8～子11) (相模、武蔵、安房、上総、下総) 万延元(申4～丑3) (相模、武蔵、安房、上総、下総) 慶応2(寅12～卯10) (御府内)	安永6(銀100枚)
新勝寺 (新義真言)	元禄16(永代寺) 享保18(永代寺) 宝暦元(平井燈明寺) 宝暦12(永代寺) 寛政元(永代寺) 文化3(永代寺) 文化11(永代寺) 文政4(永代寺) 天保4(永代寺) 天保13(永代寺) 安政3(永代寺)	元禄14 文化4 文化12 文政5 文政12 天保6 天保15 安政2 安政4		
川崎大師平間寺(新義真言)	安永3(回向院) 文化3(回向院) 天保10(回向院)	宝暦元 安永8 天明4 文化11 文政6 天保5 安政4		
高尾山薬王院 (新義真言)	元文3(本所大仏勧化所) 寛政3(湯島天神) 文政4(新宿太宗寺) 文久元(回向院)	元禄17 享保16 宝暦5		
武州御嶽山	延享元(護国寺) 文化6(橋場神明)	寛政4	文化3(寅3～卯9)(武蔵)	
鶴岡八幡 (古義真言)	享保19 元文2 寛保元(永代寺) 宝暦6(市ヶ谷八幡) 天明2(永代寺) 文政12(永代寺)			寛政6(700両) 文化4(1593両) 文化14(700両) 文政11(銀100枚)

清浄光寺 (時宗)				寛政9(銀30枚)
箱根権現 (古義真言)	元禄4(永代寺) 文化4(永代寺) 天保12(浅草念仏堂)		寛延4(申10月まで) (相模、常陸、陸奥) 宝暦3(当年8月まで) (相模、常陸、陸奥) 明和6(丑7～同12) (関八州、御府内) 明和7(当年7月まで) 享和2(戌3～子3) (相模、武蔵、甲斐) 文政元(卯3～巳3) (武蔵、上総、下総)	
大雄山最乗寺 (曹洞)	天明4(回向院) 文政2(渋谷長谷寺)			
江ノ島弁財天 (新義真言)	文政2(永代寺) 安政3(永代寺)	寛延2 宝暦5 宝暦11 明和4 安永2 安永8 天明5 文化6 文化12 文政4 文政10 天保4 天保10 弘化2 嘉永4 嘉永4	宝暦14(申～子)(関八州)	

注）比留間尚「江戸開帳年表」(『江戸町人の研究』2、吉川弘文館、1973年)、「寛政二年十月　湯島天神境内において開帳願一件」「文政三年九月　新宿太宗寺境内において開帳願一件」「万延元年　両国回向院において開帳につき立札設置場所書上」(『高尾山薬王院文書』2、法政大学、1989年)、『成田市史』中世・近世編（5―4表）(1986年)、『御触書寛保集成』(岩波書店、1934年)、『御触書宝暦集成』(岩波書店、1935年)、『御触書天明集成』(岩波書店、1936年)、『御触書天保集成』(岩波書店、1941年)、『幕末御触書集成』2(岩波書店、1992年)より筆者作成。

受けていることもあって、(17)決して近世初頭以前の状況をたどれない訳ではない。ところが、寺伝によれば、古来より常法談所（宗派特定の学問所）であり、寛文年中（一六六一～一六七三）法印宥清の代まで勤めていたものの次第に寺勢が衰えた。(18)また延宝年中（一六七三～一六八一）には火災で寺院を焼失している。(19)このため元禄十五年（一七〇二）九月に常法談所の免許を願い出るまで荒廃していたと考えられる。(20)なお、新勝寺と並び、近世を通じて少なくとも一〇回は江戸出開帳を行った京嵯峨清凉寺も、幕府から開帳以外の助成策の恩恵に浴した記録はなく、積極的な出開帳策を採らざるを得ない背景がうかがえる。

新勝寺の経営の面からいえば、開帳は必ずしも成功するというものではない。天候、開催場所、政治的・社会的背景などの条件によって左右されるものであった。予想したほどに人が集まらず、日延べすることも多かった。そのため、結果的には大成功をおさめたものの、最初の元禄十六年（一七〇三）の開帳は、照範上人にとって大きな賭けであったことは否めない。(21)

一地方寺院に過ぎなかった寺にとって、当初は莫大な利益をもたらした開帳収入であったが、次第にその影響力は寡弱化していった。表4によれば、十九世紀における新勝寺の開帳は一見すると成功していないようである。なぜなら、江戸で開帳した翌年か翌々年に、必ず成田で居開帳を開催しているからである。次の史料は文化十一年（一八一四）に提出された居開帳願である(22)（傍線は筆者、以下同）。

乍恐以書付奉願候

一当山諸堂修復為助成、本尊不動明弁ニ二童子霊宝等、於江戸深河永代寺境内、当三月朔日より日数六十日之間開帳仕度段奉願候処、願之通被　仰付難有仕合奉存候、然ル処右開帳中雨天続修復助成ニ相成兼難義仕候、依之天国宝剱幷ニ霊宝等、来ル亥年三月十二日より日数廿日之間先規之通於自坊開帳仕度奉願候、何卒以御慈悲願之通被　仰付被下置候ハヽ、難有仕合奉存候、已上

文化十一戌年十月

成田村

新勝寺

右新勝寺奉願上候通被為仰付被下置候ハ、、一同難有仕合奉存候、已上

右村

役人

右によると、本年江戸で開帳をしたが、雨が続き期待外れだった。ゆえに来年の三月十二日から二十日間自坊で

表4　成田山の開帳年表

	年	分　類	場　所
1	元禄14(1701)	居開帳	自寺
2	元禄16(1703)	出開帳	深川永代寺八幡宮
3	享保6(1721)	巡業開帳	下総国ほか
4	享保11(1726)	巡業開帳	常陸・下野国ほか
5	享保18(1733)	出開帳	深川永代寺八幡宮
6	宝暦元(1751)	巡業開帳	江戸府内ほか 葛飾平井燈明寺
7	宝暦12(1762)	出開帳	深川永代寺八幡宮
8	明和元(1764)	巡業開帳	常陸・武蔵国ほか
9	寛政元(1789)	出開帳	深川永代寺八幡宮
10	文化3(1806)	出開帳	深川永代寺八幡宮
11	文化4(1807)	居開帳	自寺
12	文化6(1809)	出開帳	匝瑳郡八日市場見徳寺
13	文化11(1814)	出開帳	深川永代寺八幡宮
14	文化12(1815)	居開帳	自寺
15	文政4(1821)	出開帳	深川永代寺八幡宮
16	文政5(1822)	居開帳	自寺
17	天保4(1833)	出開帳	深川永代寺八幡宮
18	天保6(1835)	居開帳	自寺
19	天保13(1842)	出開帳	深川永代寺八幡宮
20	弘化元(1844)	居開帳	自寺
21	安政2(1855)	居開帳	自寺
22	安政3(1856)	出開帳	深川永代寺八幡宮
23	安政4(1857)	居開帳	自寺

注）神崎照恵『新修成田山史』（新勝寺、1968年）、『成田山新勝寺史料集5』（新勝寺、1998年）より

開帳したいと、その理由が述べられている。だが、この文言は新勝寺の言葉であるため、額面通りに受け取ることには慎重でなければならない。そこで、ここでは、もう少し視野を広げ、文芸作品などから、十九世紀段階の出開帳の実像に迫ってみたい。

文化十一年（一八一四）の江戸出開帳に関しては、「我衣」に記述がある。[23]まず、最初の箇所には、

又成田の不動、深川八幡にて開帳。おびただしき送り迎いの人数、凡壱里斗続続々たり。深川に着は二月廿日也（中略）成田不動開帳大繁昌。捧物奉納もの、凡五六百両余。夫を板行にして番付と号し、うる事はじまる。（中略）成田不動の開帳、五月十一日終日。古今未曾有の大群衆。近年開帳の最第一たる物也。

と、その様子を伝えており、新勝寺の願書とは全く異なり、大成功に終わったことを示唆するものである。

また、『遊歴雑記』においても、

成田の不動ハ近頃にては文化三丙寅年三月開帳に来りし刻ハ（中略）その年の開帳ハさらに参詣なくあハれなる体なりし（中略）又同じき十一年甲戌の三月開帳に出府せし砌ハ相応に繁昌せしが又今年又文政四辛の巳の三月開帳に来りし頃ハ春より天気つづき繁昌せしは仕当たりといふべし、[24]

とあり、文化十一年（一八一四）の出開帳は、一定の成果を収めたことは疑いない。ゆえに、居開帳願の文言は、明らかに開帳の許可を得るための常套文句である。ただし、かかる文言を利用するのは何も新勝寺に限ったことではない。したがってここで肝心なことは、ある程度開帳に成功しながらもなぜ居開帳を行わざるを得なかったかである。その要因の第一は、やはり新勝寺の経営破綻に求められるだろう。安政二年（一八五五）には、開帳による八〇〇両余の収益がありながら、年間収支は、借用金を除くと二〇〇〇両余の赤字となったように、江戸出開帳の収益のみで新勝寺の財政が潤うことはなかった。むしろ十九世紀には、短期間で大きな利益を生む開帳に頼らなければ、まったく立ち行かない構造に陥っていたと考えられる。

また、「嬉遊笑覧」[25]の中で、「下手談義」の、「元禄宝永の頃迄は開帳こと手軽く仕掛けて入用すくなく云々、近年の開帳は荘厳つくろひ帳番に対の看板染貫のはをりも昔は夢にだもみず云々……」という記述が引用されているごとく、当時の開帳は大掛かりで華美な風潮にあった。そのため開帳による純益である五・六〇〇両なり八〇〇両から、開帳の準備金など諸入用を引くと、期待したほど手元に残らなかったと考えられる。

ちなみに、安政二年（一八五五）の「毎月収納并払辻勘定録」によると、新勝寺は「本堂普請金」として、毎月の収入の中から金銭を引いていた（先の表1の収入には、この「本堂普請金」は含まない）[26]。一月には五六両一分二朱と一二三貫六〇〇文、二月は三五両と九七貫六四八文、三月は三七両二朱と一九八貫、四月は一〇三両一分と一八七貫三〇〇文、五月は五〇両三分三朱、それぞれ「本堂普請金」（六月以降記載なし）に回されている。したがって、表1の支出には、本堂建築費用は含まれていない可能性が高く、やはり慢性的な赤字経営の状況であったと考えられる。つまり、成田山の開帳収入は、臨時収入というよりむしろ経常収入的な側面を持っていたのである。特に江戸後期における相次ぐ開帳は、本堂新築（安政五年）を控えていたとはいえあまりに多く、経常収入のみでは、経営が不安定であったことを物語っている。これは、大山寺には伽藍の修復、再興の必要がある時以外は、寺としての勧化活動の記録が見えないのとは対照的な動向である。

(2)庶民への宣伝

開帳は元々神仏と民衆との結縁を意図したものだったが、次第に寺社の資金作りを目的としたものに変容した。江戸時代において開帳が盛んになった元禄期には、早くも収益を目的とした開帳となっている。

そのため、開帳の際には、人を集めるための様々な工夫がなされていた。元禄十六年（一七〇三）に関しては、開帳の様子を詳細に伝える史料がない。しかし、文化三年（一八〇六）の「江戸開帳日記」を例に取ると、まず江戸の各地に建札を立てる。(27)場所は、永代寺の表門前（大）、永代橋・両国広小路・浅草観音前・品川大木戸（以上中）、千住宿・板橋宿・四ッ谷御門外・市谷八幡宮前・糀町天満宮前・芝明神宮前・湯島天神宮前・和泉殿前・五百羅漢前・赤坂御門外・新吉原・上野山下・根津権現前・江戸橋・芝赤羽（以上小）の計二〇カ所に、大中小三段階の大きさの建札が建てられた。

また、本尊の江戸入りの際には、開帳の宣伝のためにわざわざ迂回をして、深川永代寺に入った。同じ「江戸開帳日記」(28)によれば、千住から小塚原町、天王前、新町、箕輪町、日本堤、吉原大門前、聖天町、花川戸、浅草雷神門前、並木町、諏訪町、御蔵前浅草御門、馬喰町、横山町、塩町、油町、大伝馬町、本町二丁目、室町、日本橋際小田原町、小網町、北新堀町、御船手御組屋敷前、永代橋、永代寺八幡社地というように江戸の繁華街といえる場所を回る予定になっていた。

天保十三年（一八四二）の出開帳に際しては、次のような申渡がなされている。(29)

来ル廿三日、成田山不動開帳江戸着ニ付、迎ひへ出候もの共、揃ひ衣類ハ勿論、都而大行之儀無之様、各支配限り早々此段可被申渡候事、

寅二月十二日　南隠密廻り
定　廻り
臨時廻り

江戸では、「迎ひへ出候もの共、揃ひの衣類」で行列を作り、「開帳成田山不動明王」と記された大幟、小印を押し立てて、禁令が出されるほどの華美さであった。また新勝寺は必ず深川永代寺で開帳を行っているが、これは成田不動の開帳は永代寺というイメージの定着を図ったものと考えられている。(30)

開帳の際には、単純に開帳自体を宣伝するだけでなく、本尊不動明王の霊験を広める努力もなされていた。新

勝寺には、古くから伝えられる縁起が三つ残されているが、それらとは別に元禄十六年（一七〇三）の「成田山略縁起[31]」という縁起が存在する。これは最初の出開帳に合わせて作成されたものと考えられる。この縁起には仮名がふられ、新勝寺創設の伝承ならびに、のちの増上寺第九世道誉上人の利生記[32]が組み込まれていた。しかもまことに興味深いことに、同じく増上寺の第三十六世に座した祐天上人についても、道誉上人とほぼ同内容の利生記が残存している。これはすなわち、時代の変遷とともに、中身はそのままに、より民衆に身近な同時代の名僧へと主人公をすげ替えたことを意味している。とくに祐天上人の利生記は、その後講談、読本、歌舞伎などに取り上げられ、庶民の間に隆洽された。同時に元禄十六年（一七〇三）四月には、開帳に合わせて市川団十郎が自作の「成田山分身不動」を演じており、相乗効果があったものと推察される。その結果、先述のごとく、元禄十六年（一七〇三）の開帳の「寄進帳」によると、一二二一〇両もの収益をあげたのである。次の史料を見てみよう[33]。

深川にて開帳仕候不動、成田之不動之由。田賀之釈迦以来之不動にて、作之不動の由。新田之不動と同じ時分に開帳仕、最前は是も参無之。すでにもはや仕間敷と存候処に、不思議なる事ども有之候故、金子三千両ほど集め申候由。はいでんもどこも米計をつみ置申候由。

この史料によると最初はほとんど参詣もなかったが、最終的にはたくさんの参詣者があり、「金子三千両ほど集め申候由。はいでんもどこも米計をつみ置申候由」というような状況になったとされている。極めて短期間で江戸都市民の間で成田不動の名が敷放されたことが分かる。参考に以下の史料をあげておこう。「わすれのこり[34]」には、

下総国成田不動明王、深川八幡の境内にて開帳ありしが、其ころ世間物騒にて参詣すくなし、其上火災しばしばあり、亦いたずら者ありて、軒下に寝たる非人を多く突き殺す。落首に、不動さん剣と火えんを背負て来て人を突いたり、江戸を焼いたり、

とあり、成田山が元禄十六年（一七〇三）に開帳を行った当時、庶民が不動明王に対して畏怖の念を抱いていたことが分かる。聖観念は魅惑と畏怖という二つの要素を有するとはドイツの宗教哲学者ルドルフ・オットーが論ずるところだが、[35]日本の神仏としては特に不動明王がこれに当てはまるだろう。成田不動明王への恐怖心を信仰心に変えていく過程で、霊験譚の果たした役割は甚大であったと考えられる。

また、「我衣」には、文化十一年（一八一四）の出開帳の際に始まったという風俗が書き留められている。[36]

成田不動開帳大繁昌。捧物奉納もの、凡五六百両余。夫を板行にして番付と号し、うる事はじまる。

とあり、信者の奉納物を番付けした刷り物が出回ったことを示している。

いまひとつ成田山の宣伝活動の中で忘れてならないのは、成田山旅宿《おたび》の存在である。この御旅宿は、天保十二年（一八四二）に御蔵前八幡町大護院内へ移転したが、[37]もともと坂本町にあり、その創設は元禄十六年（一七〇三）の開帳の際とされる。[38]この運営を担ったのが、成田不動講の中でも由緒のある内陣五講、内陣十六講である。また移転後はこれも古参である浅草十講の後援を受けた。この御旅宿は、こうした内陣各講、浅草十講を形成していた江戸の札差、問屋、芸能界などの人々にとって信仰的紐帯の機能を果たしていた。その意味において、伊勢、津島、多賀などの「御師」や「先達」と変わらぬ存在であった。また新勝寺まで直接踰参することの叶わない人々が参詣する場でもあり、各地の富士塚のような役割を果たしていた。いかに近世の寺社にとって本体はもちろんのこと、実質的には宗教的介在者や出張所のごとき宗教的施設が欠くべからざる要素であったかということである。逆にいえば、かかる装置なくしては檀家との関係が維持され難い状況にあったのである。この点については第一章において検討した通りである。

第三節　成田山新勝寺と成田村

以上、成田山がいかなる手段により江戸庶民に近づき、教線を拡大したいったかについて見てきた。次に本節では、新勝寺運営の基盤であり、発展を支えた成田村の人々との相互関係を検討していく。

成田村は、近世初期には、まったくの地方の一農村であり、元禄十四年（一七〇一）には、戸数九八軒で、旅館は存在しなかった。門前町は、享保期には東方の銚子、九十九里方面に向かって形成されていた。[39]しかるに、新勝寺の発展と共に江戸よりの参詣者が増えるにつれ、南西方面すなわち江戸に向かって、寛政十年（一七九八）の紀行文に「両側商人有泊屋数々あり、坂下に猶はたごやあまた」と記されたような町並みを形作っていった。[40]文化九年（一八一二）の滑稽本においても、「御門前の町屋。奇麗なる料理茶屋軒をならべ。けにも繁昌の霊地なり」とその隆盛ぶりを伝えている。[41]

この門前町を含む成田村の村人は、天保十年（一八三九）三月の「亥年人別宗門御改下帳[42]」によると、総数一七〇軒、総人数八三二人である。そのうち禅宗安養寺、天台宗行屋（無住）を除き、全員が新勝寺の檀家であった。この村人との相互協力関係は、大きく成田山の発展に寄与していくことになった。新勝寺の開帳時には、村人が大きく関わっており、出開帳の際には、成田村の子供、老人以外の男性は全員参加した。[43]また、寺僧は仏事をもっぱらにし、雇い人は数も少なく、雑用とお札売りがおもな仕事であった。[44]そのため、講中が来ると、梵鐘をついて村民をよび集め、お札売りや奏楽の手伝いを依頼していた。[45]

このように村人は成田山の行事に協力するだけでなく、開帳の決定の際にも深く関わっていた。文化三年（一八〇六）の江戸出開帳を例に取ると、その前年の文化二年（一八〇五）六月十五日に、村役人との話し合いがもたれている。[46]その結果、開帳の催行が決定され、次のように佐倉藩役所へ願書が提出された。[47]

乍恐以□付奉願上候

一当山経堂幷鐘楼堂及大破修復仕度候得共、自力ニ難叶奉存候ニ付、（中略）依之此段茂江戸表開帳仕、右寄進助成を以修復仕度奉存候、願之通御許容被成下候ハヽ、来ル寅三月朔日より日数六十日之間、江戸深川永代寺八幡宮於社地開帳仕度段、江戸御奉行所江御願ニ罷登申度、右之趣被　仰付被下置候ハ、難有仕合ニ奉存候、以上

閏八月

成田村

新勝寺

御奉行所

右新勝寺奉願上候通、被為　仰付被下置候ハヽ、私共迄難有仕合□候、以上

右村

名主　源五右衛門

組頭　清四郎

同　重右衛門

同　善兵衛

同　与五右衛門

百姓代　治郎左衛門

御役所様

これによると、新勝寺は、江戸深川永代寺八幡宮における開帳の許可を得るため、江戸へ嘆願に行くことを願

い出ている。ここで重要なことは、添書として成田村の名主、組頭、百姓代の名で「右新勝寺奉願上候通、被為仰付被下置候ハヽ、私共迄難有仕合□候、以上」と記されていることである。さらにこの江戸出開帳の日延願を佐倉藩役所へ提出した際にも、まったく同様の文言で添書されている。[48]また、享保十年（一七二五）十二月の常陸国での巡業開帳願いでも、[49]

乍恐以書付奉願上候

一当山経堂塔建立之儀、（中略）地主妙見宮往古ハ大社ニ御座候所ニ、中比及大破当分借屋ニ致直候間、建立仕度奉存候得共自力ニ難叶難儀仕候、然ル所ニ常州下妻文殊院ハ愚院与法類ニ御座候故、右社建立為助成、且遠国老若結縁旁不動尊請待仕開帳頂拝致させ度旨願来候間、依之来三月始方本尊奉守於彼地開帳仕度奉存候、右之段被為　仰付被下候様ニ奉願上候、以上

享保十巳十二月

成田山
新勝寺

寺社御奉行所

一右之通拙者共一同奉願上候、被為　仰付被下候ハヽ、難有可奉存候、以上

成田村
名主　源左衛門
同　組頭　重左衛門
同断　作右衛門
同断　勘左衛門
同断　伊左衛門

寺社御奉行所様

とあるごとく、成田村の名主、組頭の名で「右之通拙者共一同奉願上候、被為　仰付被下候ハヽ、難有可奉存候、以上」と記され、寺社奉行所へ提出されている。

このことを他所と比較してみよう。高尾山薬王院の寛政二年（一七九〇）十月の「湯島天神境内において開帳願一件」には、湯島天神境内での開帳願に際して、新義真言宗の江戸触頭四箇寺へ添簡を依頼した文書が記録されているが、その前半部に薬王院から寺社奉行へ出された願書が写されている。(50)

乍恐以書付を以奉願上候

武州多摩郡上椚田村高尾山薬王院諸堂社大破仕候ニ付、（中略）然所当八月廿日大風雨ニ而本社幷諸堂大破仕、修復自力ニ難及難渋仕候、依之来ル亥ノ三月十五日より五月十四日迄日数六十日之間、於御府内湯嶋天神社地、本社飯縄権現幷本地不動明王霊宝等開帳仕、右之余力を以諸堂社修復造営仕度奉存候、何卒　御憐愍を以、右願之通被為　仰付被下置候ハヽ、難有仕合奉存候、以上、

武州多摩郡上椚田村
高尾山
新義真言　薬王院無印

寛政二年戌十月

寺社御奉行所

右之通　御奉行所江奉願上度候間、御添簡被成下候様奉願上候、以上、

高尾山
薬王院印

御四箇寺様

御役所中

これには薬王院がある武蔵多摩郡上椚田《くぬぎた》村の村役人の名はなく、他の薬王院文書も含めて、村役人が添書する例は管見の限り見当たらない。また武蔵国御嶽山が文政八年（一八二五）十二月に、浅草御蔵前華徳院境内において富突興行を開催したい旨の願書を寺社奉行所へ差し出している。(51) 差出人として、大宮司の金井左衛門の名と共に、御師惣代の片柳長門の名が記されている。御嶽山には他の願書においても、御師惣代の名が記される例が多く見受けられる。高尾山、御嶽山とも、それぞれ山内支配構造の特色を如実に示したものといえるが、新勝寺のごとく村役人が必ず添書する例は見られない。

高尾山においても、上椚田村の村人が高尾山での作業の手伝いを行い、高尾山がそれをねぎらって振る舞うという関係があった。(52) ところが、労働力を提供する他に、高尾山の運営に関わったことを示す史料がない。したがって、成田山と成田村役人との間に見られるような、共同運営的結合はなかったと考えられる。また武州御嶽山では、そもそも十八世紀より幕末まで、祭礼中の役目などをめぐり、神主金井家と御師集団との間にたびたび争論が起こり、そのたびごとに寺社奉行所へ訴え出るなど慢性的な対立構造が存在した。(53)

このような関係は、村人からの一方的な信仰により構築されたものではない。新勝寺側も成田村と共存を図るため兎角尽力している。例えば新勝寺では特別な来客以外は寺中に止宿させないという方針が採られていた。この慣習は、村に存在する旅籠屋の権益を最大限侵さないようにするという成田山の配慮から生まれた習慣である。(54) また天保十三年（一八四二）の新勝寺に多数残されている「講中記」類数点によれば、「大のや」「ひしや」「えびや」等が各講の定宿となっていることが判明する。(55) 寺側の史料に各講中の宿泊先として「定宿」の文言が明記される意義は大きく、権利が公認されていたことを示しており、ここにも共存体制が一端が垣間見える。

また文政二年（一八一九）には、京都嵯峨清涼寺の本尊釈迦如来を成田山境内で開帳してほしいという願書を、寺社奉行所へ提出している。(56) その文言に「拙寺国許村方之儀者不及申上、近村近郷之老若男女信心之輩、兼而拝礼ニ出府仕念願ニ御座候処、老人足劣等之族ハ其儀難相叶、心願空罷成一同残念ニ存居候、仍遠近乃村々信心之者とも挙而拙寺江請待之儀相願呉候様由来候」と記されており、仁王門普請中とはいえ、成田村のみならず近郷の村々への配慮が伺える。なお、清凉寺本尊の招致は、村内一同評議の上で決定した事であり、清凉寺と懸け合って承諾を得たのも村役人であった。

第四節　神仏分離の質的差違の内在的要因

相模大山においては、慶長五年（一六〇〇）以降、山内の一切を取り仕切る別当八大坊、大山御師、大山町人等の存在があった。特に大山御師は、慶長の山内改革で山下に下ろされた修験者と、以前より御師を営んでいた家とが檀家をめぐって互いに競合することとなった。彼らは新たな経営基盤を求めて熱心に各地を廻り、結果として信仰圏を拡げていった。かかる歴史的変遷を経た大山御師に対して、別当八大坊は、延宝二年（一六七四）、元禄十五年（一七〇二）、正徳三年（一七一三）、享保六年（一七二一）、宝暦三年（一七五三）とたびたびにわたって、檀家や参詣者への対応の仕方など、細かい指示を出している。(57)また御師が檀家より受けた初穂料の一部や、祈禱の際の供僧への取次料などを徴収していた。

この結果、大山御師は大山寺に対して不満を抱くようになり、明治維新期に至ると、積極的に官軍に近付いた。(58)逆に幕府と密接な関係を持っていた別当八大坊は動けず、山頂石尊宮の支配は、慶応四年（明治元＝一八六八）閏四月に神官となった御師の手にゆだねられた。明治六年（一八七三）には、大山寺本堂以下、全ての山内の諸堂社が取り壊され、不動明王は女坂来迎院の地へ移されるなど、大山寺は大きな打撃を被った。大山山内における不和が、大山の衰退を招いたのである。(59)

この時期成田山も同様に寺領を没収されているが、その影響は最小限度に踏みとどまった。村上重良氏は「新勝寺は、もっぱら寺領と檀家に依存する一般の真言寺院とは異なり、江戸中期いらい、江戸の町人と関東各地の農民の不動信仰に支えられて興隆した寺院であったから、新政府の神道国教化政策によっても、ほとんど影響を受けなかった」[60]と指摘する。この点に異存はないが、ただそれだけでは成田山の今日の繁栄を説明するには不足である。大山もまた江戸町人や関東一円の農漁山村民の、石尊大権現、不動明王に対する信仰に支えられていたことには変わりはない。したがって、神仏分離期における成田山と相模大山の対比を行う際、庶民の信仰心の厚薄に原因を求めるのではなく、より内的な部分、つまり神仏分離期に当たっての霊山内の体制の強弱に注目したい。成田山が明治維新後も、不動信仰を支柱にして発展を遂げることを可能にしたのは、寺と村民の協力体制の維持であろう。[61]その結果、『武江年表』の明治六年（一八七三）の項に、[62]

四月五日、下総国成田山不動尊、深川永代寺に於いて、当月十七日より六十日の間開帳に付き今日到着、遠近より送迎の人夥しく出る。例の通り神田のものは一人も出ず。開帳中、境内茶店食店等六百余軒を列ねたり。又見せ物多く十八軒出る。日毎に群集す。

と、明治六年（一八七三）の江戸における出開帳の盛況ぶりを伝えているように、庶民による成田不動信仰は揺るがなかったのである。

成田山は近世前期においては、一農村の檀那寺であった。しかし十七世紀に行われた二回の本堂建立を、寺領と檀家からの収入のみでは到底賄うことができなかった。ゆえに必然的に元禄十四年（一七〇一）の居開帳、同十六年（一七〇三）の永代寺での出開帳を試みざるを得なかったのである。もちろん開帳の成功は約束されたものではなく、時期、場所、天候などに左右されるものであり、まして江戸都市民には全く馴染みのなかった成田山にとって、ひとつの賭けであったことは否めない。だが出開帳に際して、不動明王の御利益を説く縁起を作成するなどの宣伝活動を行い、多大な成功に結びつけた。特に後期になると、開帳を知らせる立札、人目を惹き付ける派手な行列などの多種多彩な工夫を凝らしたのである。また成田山は単に布教と宣伝を行うだけではなかった。宝永期（一七〇四～一七一一）に寺格の上昇と寺領の拡大への動きが見られ、江戸中期以降は祈禱寺へと性格を変化させていった。しかも以前からの檀家は、従来通り成田山の運営に大きく関わっていたのである。

しかし、十八世紀末以降の度重なる開帳に見られるように、成田山の経営は寺領や参詣者の賽銭のみでは不安定であった。たとい佐倉藩の庇護があったにせよ、短期間で莫大な利益を生む開帳や、商人や富農層からの借財に頼らざるを得なかったのである。

一方、大山は朱印地である寺領を経済的基盤としていた。また夏山季大祭を柱とした賽銭、御師からの収奪によって経営を成り立たせており、近世前期から祈禱寺としての性格を持ち、将軍家との深いつながりがあった。したがって、幕府よりの助成、御免勧化が許され、寺格向上への積極的な活動も見られなかったのである。このため、成田山とは対照的に、大山寺自体が宣伝活動を行うことがあまりなく、もっぱら大山御師の手によって担われた。慶長の山内改革で収入源を失った御師は、檀家数の増加による収益増大を志向し、積極的に檀廻・坊入を行い、その結果大山の信仰圏を拡大させた。ところが明治維新期を迎えると、寺領は消滅し、幕府への恩義を感じていたことで別当八大坊は官軍に近付きえず、また初穂料、供僧への取次料の取り立てにより、潜在的な別当八大坊と御師の対立が表面化した、などの諸条件が重なった。これ以降参詣者が激減し、抗争に勝利したはずの御師までも経営状況の悪化で、その数を減らすことになった。

これと同時期、新勝寺は、安政五年（一八五八）の本堂建立でつくった八〇万両ともいわれる多額の借金を抱えており、決して経営状態は良くなかった。けれども、寺領召し上げによってあまり影響を受けなかった。諸堂社はほとんど破壊されることもなく、不動明王を庶民信仰の柱に据えて、着実に発展した。何よりも、近世において新勝寺自体が、宣伝活動を行っていた「経験」が生きている。現在成田山の年中行事を見ても、大山では阿夫利神社の神事が大半を占めるのに対して、新勝寺は成田の町と一体化して、仏事以外にも多くのイベント的なものを積極的に取り入れる姿勢が見られる。

現在、正月の初詣参拝者数が、全国で明治神宮に次いで第二位という地位を占める新勝寺だが、近世にはひとたび知名度を上げると、今度はそれに見合うだけの存在感を求められるという、尽きることのない課題が立ちはだかっていた。かかる新勝寺の苦闘の歴史をみると、いかに一寺社のあり方に幕府の寺社政策という条件が深く関与しているか思い知らされる。だが、近代から現代までを通観してみると、近世において激しい宣伝戦略を展開させた努力が実を結んでいるともいえる。本来ならば、新勝寺だけでなく、他の寺社との比較検討を試みる必要があるだろうが、ともあれ近世に顕著となった「経営戦略と一体化した宣伝活動」、この「経験」の有無が明治維新後の寺社の盛衰を左右した一因であると考えられる。

(1)　近世の御師を扱ったものとして浅香幸雄「大山信仰登山集落形成の基盤」(『東京教育大学地理学研究報告』一一、一九六七年、のちに圭室文雄『大山信仰』〈民衆宗教史叢書二二〉、雄山閣出版、一九九二年に収録)、西垣晴次『お伊勢まいり』(岩波書店、一九八三年)、相蘇一弘「御師・伊勢講・おかげ参り」(藪田貫編『家持から野麦峠まで――中山道・北陸道をあるく――』、〈歴史の道・再発見三〉、フォーラム・A、一九九六年)、外山徹「高尾山信仰の興隆期と薬王院の動向」(村上直編『近世高尾山史の研究』、名著出版、一九九八年)、福江充『近世立山信仰の展開――加賀藩芦峅寺衆徒の檀那場形成と配札――』(〈近世史研究叢書七〉、岩田書院、二〇〇二年)などが挙げられる。寺社の対社会的動向を論じたものとしては、唯一統一的に確固たる研究成果を挙げているのが開帳である。代表的なものに、小倉博「近世成田不動の開帳について」(『成田山教育・文化福祉財団研究紀要』二、一九七〇年)、比留間尚「江戸の開帳」(西山松之助編『江戸町人の研究』二、吉川弘文館、一九七三年)、北村行遠『近世開帳の研究』(名著出版、一九八九年)、湯浅隆「江戸の開帳における十八世紀後半の変化」(『国立歴史民俗博物館研究報告』三三、一九九一年)などがある。その他、宗教的介在者についてはほとんど論じてはいないが、信仰全体の統一的な理解よりもむしろ地域ごとの受容のされ方を課題とした三木一彦「江戸における三峰信仰の展開とその社会的背景」（『人文地理』五三―一、二〇〇一年）なども挙げられる。
(2) 中世史では、新城常三『社寺参詣の社会経済史的研究』（塙書房、一九六四年）、宮家準『山伏――その行動と組織――』（〈日本人の行動と思想二九〉、評論社、一九七三年）、西山克『道者と地下人――中世末期の伊勢――』（〈中世史研究選書〉、吉川弘文館、一九八七年）、小山靖憲『熊野古道』（〈岩波新書新赤版六六五〉、岩波書店、二〇〇〇年）など無数に存在する。
(3) 渡辺照宏『不動明王』（〈朝日選書三五〉、朝日新聞社、一九七五年）一〇四頁。
(4) 『伊勢原市史』資料編古代・中世（一九九一年）。及び法政大学多摩図書館地方資料室委員会編『高尾山薬王院文書』一（法政大学、一九八九年）。
(5) 「関東真言宗新義本末寺帳」（『江戸幕府寺院本末帳集成』上、雄山閣出版、一九八一年）一四六頁。
(6) 『成田市史』中世・近世編（一九八六年）六九四頁。
(7) 同右、六八七～六八八頁。
(8) 『成田市史』近世編史料集五下（一九八〇年）二六四頁。
(9) 「毎月収納弁払辻勘定録」（安政二年）、成田山霊光館所蔵。
(10) 「不動尊開帳（につき寄進帳）」（注8『成田市史』近世史料集五下）二七八～二八八頁。
(11) ちなみに、他の名所寺社の寺領を参考までに挙げておくと、川崎大師平間寺が六石、高尾山薬王院が七五石、高幡山明王院金剛寺が三〇石、武州御嶽山蔵王権現が三〇石、箱根権現別当金剛王院（東福寺）が二〇〇石、清浄光寺が一〇〇石であった。
(12) 拙稿「江戸庶民の社寺参詣――相模国大山参詣を中心として――」（『地方史研究』二八〇、一九九九年）によると、大山を訪れた参詣者の中に、家光期再興の大山寺本堂伽藍の額に彫られた「当伽藍者征夷大将軍従一位左大臣源家光公御再興成」という文字を書き留める者が複数おり、将軍家との縁に対する関心の高さがうかがえる。
(13) 本堂その他の建物の造営は、庶民への宣伝になるとともに、寺社の正統性を強調する手段でもあった。
(14) 注(1)比留間「江戸の開帳」、三三〇頁。
(15) 同右、三三二頁。

(16)「遊歴雑記」二（十方庵敬順、文化十二年／三弥井書店、一九九五年）三九九頁。
(17)「天保四年八月　薬王院代々由緒書案」（注4『高尾山薬王院文書』一）一二七頁。
(18)「元禄一五年九月　高尾山薬王院常法談所免許願書案」（注4『高尾山薬王院文書』一）一一三頁。
(19)同右、一一三頁。
(20)外山徹氏によれば、近世初期における高尾山は、史料上の制約があり、あまり具体的に明らかになっておらず、ようやく享保期以降、信仰活動の様子を知り得る（外山徹「近世における高尾山信仰」、注1村上編『近世高尾山史の研究』三六頁）。そのため、将軍家との関係、または江戸後期の紀州藩のような、特定の大名・武家の帰依の有無を知る手がかりが極めて少ない。
(21)小倉博『成田寺と町まちの歴史』（聚海書林、一九八八年）二〇頁。
(22)『成田市史』近世編史料集五上（一九七六年）二二九〜二三〇頁。
(23)「我衣」（加藤曳尾庵／『日本庶民生活史料集成』五、三一書房、一九七一年）。
(24)「遊歴雑記」四（文政六年／三弥井書店、一九九五年）二七四頁。これを『武江年表』の記事と比較してみると、文化三年（一八〇六）が「三月より永代寺にて、成田不動尊開帳」、文政四年（一八二一）が「三月十五日より、深川永代寺にて、下総成田山不動尊開帳」とのみ書かれているのに対して、文化十一年（一八一四）は、「三月朔日より、永代寺にて、成田不動尊開帳（奉納の幟、大提灯、米俵、造り物等夥しく有り、此の時より奉納目録に絵を加え、板行して売歩行事はじまる）」と記されており、成功したことはほぼ間違いない。
(25)「嬉遊笑覧」（喜多村信節、文政十三年／『日本随筆大成　別巻嬉遊笑覧』三、吉川弘文館、一九七九年）二九三頁。
(26)注(9)に同じ。
(27)「文化三年　江戸開帳日記」（注8『成田市史』近世編史料集五下）二九八〜三〇〇頁。
(28)同右、三一〇頁。
(29)『幕末御触書集成』五（岩波書店、一九九四年）二二四頁。天保十二年（一八四一）からたびたび神仏開帳の際の華美禁止の御触が出されているが、名指しで禁止されているのは、成田山のみである（他に、同年五月十九日がある）。

(30)注(21)小倉『成田寺と町まちの歴史』、二一五頁参照。小倉氏の注(1)「近世成田不動の開帳について」は、文化三年(一八〇六)江戸出開帳時における出願から帰途までの全経過を詳しく紹介しており、ぜひ併読されたい。

(31)「成田山略縁起」(元禄十六年)、成田山仏教図書館所蔵。その他同館には、文化二年(一八〇五)、安政二年(一八五五)の「成田山略縁起」が所蔵されている。

(32)道誉上人は天性愚鈍であり、学問が進まないことを嘆き、参籠持念すること一〇〇日目の夜、夢の中で不動尊が持つ利剣を呑み込んだ。はっと目を覚ますと、黒い血が床に流れており、それ以後知恵を授かり、高僧となったという話である。のちに祐天上人に主人公が移り、時代や人物設定を変えて、不動尊の霊験譚として伝えられた。元禄十六年(一七〇三)の時点では、祐天上人は増上寺住職に就任する前であり、未だ伝説化されるには至っていなかったと思われる。

(33)「世間咄覚書」(元禄十六年/『元禄世間咄風聞集』、〈岩波文庫黄二七〇—一〉、岩波書店、一九九四年)三一四頁。

(34)「わすれのこり」(国立国会図書館所蔵)。

(35)ルドルフ・オットー著、山谷省吾訳『聖なるもの』(〈岩波文庫青四二八〉、岩波書店、一九六八年(原典一九一七年))五九~六〇頁。

(36)注(23)、二六六頁。先に紹介した『武江年表』にも同様の記述が見られる。

(37)成田山新勝寺史料集編纂委員会編『成田山新勝寺史料集』三(大本山成田山新勝寺、一九九二年)四三五~四三六頁。

(38)新勝寺編『新修成田山史』(一九六八年)二七三~二七六頁。

(39)「佐倉古今眞佐子」(渡邊善右衛門/『日本庶民生活史料集成』八、三一書房、一九六九年)八〇〇頁。

(40)「成田の道の記」(寛政十年/成田山仏教図書館所蔵)。

(41)「成田道中黄金の駒」(赤須賀米、文化九年/『房總文庫』一、一九三〇年)一九頁。

(42)「亥年人別宗門御改下帳」(注8『成田市史』近世編史料集五下)一六三~一九二頁。

(43)注(21)小倉『成田寺と町まちの歴史』、二一七頁。

(44)嘉永度の宗門帳によると、僧一二名、道心五人、抱人(寺賄)四名計二一名が新勝寺に住まっていた(成田山新

勝寺史料集編纂委員会編『成田山新勝寺史料集』六、大本山成田山新勝寺、二〇〇二年、八四四～八四五頁)。
(45) 村上重良「明治維新と原口照輪」(田中久夫編『不動信仰』、〈民衆宗教史叢書二五〉、雄山閣出版、一九九三年)二七一頁。
(46) 「文化三年　江戸開帳日記」(注8『成田市史』近世編史料集五下)二八九頁。
(47) 同右、二九〇頁。
(48) 同右、三二五頁。
(49) 「(妙見宮建立につき巡業開帳願)」(注8『成田市史』近世編史料集五下)二八八頁。
(50) 法政大学多摩図書館地方資料室委員会編『高尾山薬王院文書』二(法政大学、一九九一年)二四八頁。
(51) 斎藤典男『武州御嶽山史の研究』(〈日本史研究叢書五〉、隣人社、一九七〇年)二三五頁。
(52) 注(20)外山「近世における高尾山信仰」、三八～三九頁。
(53) 慶應義塾大学須崎家文書。史料上「祭礼時役儀方争論」という文言で登場する長年の争論があり、天明期、文化元年、同六年、文政四年、弘化四年、嘉永二年と頻繁に生じている。
(54) 注(21)小倉『成田寺と町まちの歴史』、四一頁。
(55) 注(44)、九四～七六二頁。
(56) 注(37)、二〇五～二〇六頁。
(57) 「宝暦三年七月　大山寺山法」(『伊勢原市史』史料編　続大山、一九九四年)二三～二七頁。
(58) 手中正「大山の神仏分離」(地方史研究協議会編『都市・近郊の信仰と遊山・観光――交流と変容――』、雄山閣出版、一九九九年)。手中家は、大山御師と宮大工を兼帯した家で、大山の普請には代々関わっただけでなく、旧相模国を中心に関東の神社には広く手中明王太郎が手がけた社殿、御輿などが残されている(たとえば伊勢原市三ノ宮比々多神社御輿)。そのため手中氏には、神仏分離以外にも、大山に関して様々な御教示をいただいた。また松岡俊「幕末明治初期における相模大山御師の思想と行動――神仏分離を中心として――」(『伊勢原の歴史』五、一九九〇年、のちに注1『大山信仰』に収録)によれば、御師の間でも新たな秩序形成をめぐって主導権争いがあった。
(59) 鈴木道郎「明治初期における相模大山御師の経済生活」(『地理学評論』三九―一〇、一九六六年、のちに注1

『大山信仰』に収録）によれば、大山御師が、宗教活動からの収入減で、種々の営利事業に手を出し、またその数が四〇人以上も減少した。

(60) 注(45)村上「明治維新と原口照輪」、二七二頁。

(61) 『成田市史』民俗編（一九八二年）によれば、昭和三十年頃には、以前の参詣客を取り戻すべく、旅館、飲食店、みやげもの店などで結成したキャラバン隊に、成田山もお札、供物を携えて同行し、全国を廻った。

(62) 『武江年表』二（〈東洋文庫一一八〉、平凡社、一九六八年）二五四頁。

第八章　淡島信仰にみる都市の医療と信仰

第一節　江戸における庶民信仰と現世利益

都市江戸では、宝暦・天明期以降の近世後期宗教文化を語る場合の大前提として「行動文化」「流行神」という概念が用いられており、多くの都市民衆が多様な宗教文化に埋没する像が構築されている。そうした行動文化に身を投ずる結果として「自己解放」を達成するとの因果関係が説明され、これが「日常に非日常を織り込む」(1)という都市的ハレ空間の創出であるとされる。だが、相模大山等江戸より一定の距離を保つ場合、日常空間と非日常空間の境目が消滅しつつも、何らかの自己解放が達成可能であると考えるが、より日常と非日常の境界が曖昧な都市内部の宗教文化における自己解放の論理については決して検討が十分とはいえないため、都市内部あるいは都市近郊の寺社を例に取り、日常圏内における自己解放について考察していきたい。

都市近郊の寺社参詣をめぐる議論は、江戸の都市化により失われた自然景観への憧憬と都市的な信仰形態により地域の変容がもたらされたと加藤貴氏が指摘し、(2)鈴木章生氏は、江戸周辺の参詣が、自然景観に触れ、寺宝等の見聞や信徒の姿に接することで知的・精神的充足を得ようとする営みであるとする。(3)つまり、都市の寺社参詣とは知的欲求を満たすことを目的としたものであるとされ、現代に置き換えれば、案内書に掲載される名所を一つ一つ制覇するような行為のことを指すのであろう。だがこれには、訪れる側の教養の深さが大前提となる。寺宝なり伽藍なりも歴史的素養があってこそ初めて知識的欲求を満たすに足るわけで、果たして都市中・下層民がこの前提に堪えられたのかが問題となる。無論、寺社側が略縁起等で積極的に民衆に迎合していたことは確かで、その成果は否定しようがない。このことは本章においてより一層明らかにされるところである。しかし、かかる知的欲求だけのために、都市内部、都市近郊という近場での寺社参詣を行う動機になったのか、より深く検討する必要があるのではないだろうか。率直にいえば、信仰的要素はそれほど薄弱化していたのか確認する必要がある。そこでまず江戸における祈願と現世利益を考察することとする。

現世利益には個人祈願と共同祈願の二種類があることは知られている。共同祈願とは、例えば相模大山（雨乞い）、三峰（火除・盗難除）、妙義（火除）、高尾（火除・虫除）のごとく、ある程度祈願が特定され、その内容も個人的なものではなく、村全体あるいは同業者など複数の人間が望むものである。代参講も含めて講による参詣がこの母体と考えられるが、かかる霊山には個人参詣も多い。(4)これは江戸町人による個人祈願が主体と考えられるが、江戸中期以降都市の参詣圏に包摂された結果、いずれの山岳霊地でも利益内容は多様化を見せてくるのである。例えば大山では、雨乞いや豊漁祈願がそもそもの祈願であるが、江戸後期には開運守護、病気治癒や商売繁盛、火除けといった機能的分化を見せている。(5)

それでは江戸および江戸近郊ではいかなる状況であったのか。これまで斉藤幸孝や月岑といった人々の行動から、寺社参詣は「行動文化」の一つとして位置づけられ、大衆が物見遊山的に年中あちらこちらの祭礼をめぐるという認識でほぼ一致している。(6)しかし、かかる人々だけであったのであろうか。しかして本当に信心深い人々の姿がないのか。本稿ではこのような問いに答えていきたいが、それではまず手がかりとして次の二点の表をみていきたい。

表1は、『江戸神仏願懸重宝記』に掲載された願掛けの内容から分類したものである。『江戸神仏願懸重宝記』はよく知られた史料で、神仏への願掛けの案内記である。[7] 三一の願掛け対象が収録されているが、これを分類してみると諸病治癒が一八点、諸願が七点、これに安産・夫婦和合・蛇除け・盗難除けがそれぞれ一点である。これにいわば厄除けともいえるものが二点あり、これを見る限り三一点中一八点が病気治癒で、最も江戸都市民の関心の高い祈願内容であるといえる。また表2は、江戸の名所案内記『江都近郊名勝一覧』に掲載された寺社の

表1　『江戸神仏願懸重宝記』にみる願掛内容

分類	願掛内容	願掛対象
諸病治癒	頭痛の願	高尾稲荷の社
	疱瘡の願	錐大明神
	虫歯口中一切の願	おさんの方
	小児百日咳の願	石の婆様
	頭痛の願	京橋の欄檻
	百日咳の願	日本橋の欄檻
	ほうそうの願	鎧の渉の河水
	一さいの痰	痰仏
	痔の願	痔の神
	疱瘡の願	孫杓子
	瘧の願	幸崎甚内
	脚気の願	大木戸の鉄
	歯の願	榎坂の榎
	疱そうはしかの願	浅草寺の仁王
	口中の願	三途川の老婆
	眼病の願	茶の木の稲荷
	いぼの願	疣地蔵
	腰の下の病	子の聖神
諸願	諸願	頓宮神
	諸願	久米の平内
	諸願	日限地蔵
	諸願	縄地蔵
	諸願	王子の鑓
	諸願	松屋橋の庚申
	諸願	御張符
安産	難産	節分の札
夫婦和合	ふうふの中のむつましくなる	女夫石
蛇除け	蛇よけの札	北見村伊右衛門
盗難除け	とうぞく除	熊谷稲荷の札
その他	けがせざる守	鶏印の守札
	小児の月代	目黒の滝壺

注）大島建彦編『江戸神仏願懸重宝記』（国書刊行会、1987年）影印本により筆者作成。

表2　弘化4年刻『江都近郊名勝一覧』にみる諸祈願状況

名　所	別名、場所(史料中記載事項)	利　益	備　考
東の方			
(神田)東光院	薬王山医王寺	眼病	薬師如来夢想の目薬
鷲大明神	日蓮宗長国寺	開運出世	
富士浅間	浅草寺中修善院境内	火除	麦わらの蛇
宰府天満宮	亀戸天満宮	火除	火除の守
半田稲荷	東葛西領金町	疱瘡	
手児奈の旧蹟	手古奈明神	安産、疱瘡	
鬼子母神堂	中山本妙法華経寺内	病気治癒	
西の方			
寅薬師	麹町常仙寺	小児薬嫌い	薬袋を煎じて飲ませる
蛸薬師如来	天台宗成就院境内	諸願	
北沢淡島明神社	北沢村八幡山森厳寺	病気治癒	灸治(夢想の灸点)
除蝙蛇神符	北見村内宿斎藤伊右衛門が家	蝮除	
妙法寺	堀内村	厄除、諸願、病気治癒	加持符
高田稲荷明神社		眼病	榎の椌の湧水
南の方			
咳嗽耆嫗	築地稲葉家江風山月楼	口中の疾、咳	耆の石像、嫗の石像
御穂神社	本芝正福寺	疱瘡	
石神社	高輪	縁結び	
戸越八幡宮		疱瘡	境内の小石
北の方			
鬼子母神堂	雑司ヶ谷	諸願、孩児守護、乳なき婦人	三ケ用井(三角井)
鷲大明神	雑司ケ谷鬼子母神堂内	疱瘡	
羽黒権現社	戸田川渡し向左	病気治癒	椋よりの湧水
日蓮大菩薩	安立山長遠寺、土腐店の祖師	諸願	
富士浅間社	駒込	火除	麦藁の蛇
王子権現社		火除・盗難除	竹の鉾
金輪寺	王子権現・稲荷両社の別当	病気治癒、小児の病	吾香湯(五香湯)

注）安政5年版『江都近郊名勝一覧』(弘化4年刻、国立国会図書館所蔵)に掲載された163寺、199社のうち、利益について記載されたもののみを抽出。

中から、利益について触れられた寺社のみ抽出したものである。本書は東西南北別に構成されているので、掲載順はそれに従った。これによると、二四件のうち一四件が病気治癒の範疇に含められる利益を掲げている。その他やはり諸願、安産、蝮除け、盗難除がみられるほか、火除けや開運出世、縁結びなども散見されるが、こちらも病気治癒の御利益を紹介するものが多い。その祈願の対象となる病気も、疱瘡や麻疹などの流行病や歯病・頭痛・眼病・咳・痰・疣・瘧・痔・脚気だけでなく、帯下といった婦人病も見受けられ、極めて多様化していることが分かる。都市が発達すると、衛生状態が悪化し、病の発生しやすい環境を生み出すことは、産業革命期のイギリスの例でも分かる。(8)日本ではむしろ雇用構造や有配偶率に注目する研究が盛んで、(9)都市の死亡率の高さを立証するものは少ないが、逆に現在のところ都市の「蟻地獄説」(10)を否定するものもない。江戸の町人人口は五十数万人で、(11)その人口の七割前後が店借層であったこと(12)を考えると、病気にまつわる利益の多いことも十分に説明がつくものであろう。この社会的状況は江戸だけのものではない。表1で使用した願掛重宝記はもう一点大坂のものが残されている。この文化十三年（一八一六）の浜松歌国「神社仏閣願懸重宝記」初編を分析した田野登氏(13)によれば、治病に関するものが七六％を占めており、近世都市に共通する現象であったといえる。

参詣者に与えていたものも、火除・盗難除に麦わらや竹の作り物・守札などが出されているのに対し、病気治癒には神田東光院の本尊薬師如来夢想の目薬や北沢淡島社の灸治、高田稲荷社の湧き水、王子金輪寺の吾香湯など、単に神霊を移した物、あるいは民俗的心意が込められた物というだけでなく、治療ともいえる目に見える形での施しをしていることも注目すべき点である。元来薬は山岳信仰や寺社から生み出されたものが多いことは周知のごとくで、かかる潮流は当然ともいえる。江戸中期以降、都市を中心として医師が多数出現して医療に接する機会が増え、また売薬が大量に出回り、行商が医療の知識を伝播したとされる。(14)かくて、人々が医療に関する知識を蓄えつつある状況下、寺社と薬問屋との結びつきが生まれ、右のような都市内寺社からの施薬が多産されたと理解される。[15]

それにしても医療と医学的知識が普及しつつある一方、依然として神仏へ依存するのはなぜか。この点に関しては塚本学氏により、十八世紀までは病を患うとまず祈願であったのが、十九世紀以降になると今度は真っ先に医療に向かい、そこで治らないと次に祈願に向かうという図式が想定されている。[16] つまり十八世紀までは漠然と神仏に祈願するのみであったものが、十九世紀以降は、医療が日常生活に浸透したことにより、逆に医療では治すことのできない病気をはっきりと認識させる結果となったといえるのではないだろうか。現世利益とは自分の周りのことをより良くしようとする参詣者の積極的な願いに寺社側が対応した結果であり、参詣者の願いが切実であればあるほど、より即効性のある実際的な利益を探求していくものであると考えられる。それゆえ、自然と寺社側の現世利益は医療・治療と区別のつきにくい面も持ち合わせていくのである。

次節以降、本節で登場したもののうち、灸による治療を行っていた北沢淡島社を具体例として、江戸都市民の病気治癒の現世利益に対する考え方、及び当社が流行っていく歴史的変遷を追う過程で流行神現象や「行動文化」の一つとしての寺社参詣について検討していく。

第二節　北沢淡島明神社の流行

下北沢村にある淡島明神社は「夢想の灸点」なる灸によって栄えた神社である。本社は紀伊国海部郡加太浦に鎮座する淡島神社である。加太淡島社は、社伝によれば祭神は少彦名命・大己貴命・息長足姫（神功皇后）を合祀したものであり、元々は淡島に祀られていたが、仁徳天皇行幸時に現地に遷し、息長足姫を合祀したとされている。[17] 当社は現在三月三日の雛流し神事で広く知られ、雛人形・手道具などの奉納が多く、現在本殿内とその周辺は雛人形をはじめとした種々雑多な人形で埋め尽くされている。淡島信仰は、淡島願人らにより近世以降顕著

表3　文政12年宗門改帳にみる下北沢村民の檀那寺

寺名	檀家数	人数	男	女	宗派	本寺	在所
森厳寺	54軒	228人	124人	104人	浄土宗	京都知恩院末	荏原郡下北沢村
法界寺	1軒	6人	3人	3人	浄土宗	川越蓮馨寺末	豊嶋郡幡ヶ谷村
円乗院	10軒	47人	23人	24人	真言宗	世田ヶ谷村勝国寺末	荏原郡代田村
永泉寺	1軒	3人	1人	2人	真言宗	多摩郡中野村宝泉寺末	荏原郡太子堂村
龍光寺	2軒	6人	3人	3人	真言宗	多摩郡中野村宝泉寺末	多摩郡和泉村
正春寺	3軒	12人	7人	5人	浄土真宗	浅草本願寺末	豊嶋郡代々木村
福泉村	25軒	99人	54人	45人	天台宗	山王城琳寺末	豊嶋郡代々木村
	96軒	401人	215人	186人			

注）高橋家所蔵文書「文政12年下北沢村宗門改帳」により作成

な全国的展開が見られ、婦人病・安産祈願・縁結びのご利益と針供養の神事により、特に女性の篤い信仰を受けている。

北沢淡島社は、浄土宗知恩院末の八幡山森厳寺浄光院境内に建立され、当寺が別当を務めている。当寺は結城秀康の祈願所として慶長十三年（一六〇八）に建立され、[18]寺領七石四升である。[19]文政十二年（一八二九）の「下北沢村宗門改帳」によれば、住職以下八名の住人が知られるが、この宗門改帳から作成した表3によれば、下北沢村九六軒（四〇一人）のうち五四軒（二二八人）が森厳寺の檀家であり、下北沢村最大の檀家を有する葬祭寺院としての基盤を有している。『江戸名所図会』に掲載される当社の縁起は、次のようなものである。[20]

祭神は、紀州名草郡加太の淡島明神に同じ。相伝ふ、当寺開山清誉上人（紀州名草郡の産なり。ゆゑに産土神とす）修行成就の後、当寺を開創せらるるといへども、つねに腰痛の患ひあり。よつて、年月淡島明神に祈願を籠め奉り、夢中霊示あるをもつて灸治し、つひに積年の病痾を遁れたりしかば、その報賽として紀州加田淡島明神の神主に告げて、この御神をこの地に勧請なし奉り、法楽ありしといふ。

というものである。この縁起は、同じ斉藤月岑の手による『東都歳時記』[21]の一月の項に、

（一月）むかし当社の別当森厳寺の開山清誉上人、腰痛の患あるがゆゑ、紀州淡島明神に祈願し、夢中に霊示ありてこの法を授かり、本快を得て当社を建立すといふ。

と記載され、「東都遊覧年中行事」[22]にも、

社説に曰、むかし当社の別当森厳寺の開山清誉上人腰痛になやみ、紀州加太淡島に平癒をいのりしに、夢想に灸点の法をさづかり、本ぶくしたるゆゑ、当社を建立し、諸人助けの為とて灸点をほどこしたりといふ。

とあることから、北沢淡島社の縁起として、右のような縁起が流布されていたことは確実である。その内容をまとめると、淡島社の別当である森厳寺の開山清誉上人が腰痛に悩み、故郷の紀伊国淡島社に祈ったところ、夢の中で灸の方を授かり、腰痛を治すことができた。よってその報賽として当社を建立したというものである。当社の縁起・略縁起は伝存していないので[23]確証はないが、右の縁起は一般向けに出された略縁起を典拠としていると考えられる。森厳寺の縁起は、一見下北沢淡島社の由緒を述べる形をとりながら、その実「夢想の灸点」の宣伝効果を狙ったものである。具体的には、この灸治法は本社の祭神淡島明神から授かったものであること、またそれは当寺開山以来連綿と続いているものであることを盛り込み、いわば縦横両面から「夢想の灸点」の由緒を権威付けようとしている。

ところが、『新編武蔵風土記稿』では、別当森厳寺の縁起として結城秀康との関係は詳細に触れているにもかかわらず、淡島社の縁起については、「こゝにをさむる縁起あれどもとるべきことなく、其上近き頃のものなればもらしぬ」として、完全に省略している。[24]ただし地誌調書上の提出段階で省かれたとは考えにくく、おそらくは編集段階で除かれたのであろう。森厳寺開創まもなく建立されたはずの淡島社の縁起が「近き頃のものなれば」とされていることに、地誌調掛の認識が見られる。と同時に、淡島社の縁起が『新編武蔵風土記稿』の編纂事業時からさほど遠くない時期に創作されたものであることが推測される。

では、いつ頃から北沢淡島明神社は流行したのであろうか。文政三年（一八二〇）五月三日に当地を訪れた御三卿清水家の老臣村尾嘉陵は、事前に次のような噂を伝聞していた（傍線は筆者、以下同）[25]。

二三十年来殊にはやり出で、日々灸するもの多く、煩労に不堪、依て月の三八の日を灸の定日とし、来る者に一番二番の札を与へ、いくたびにも灸をあたふ、人ことに只三壮のみ、けふも定日なれば、参る人、八の鐘鳴頃までに、既に二百余人に及ぶといへり、

「二三十年来殊にはやり出で」との文言から、およそ寛政年間（一七八九～一八〇一）頃からはやりだしたと推測され、それが「夢想の灸点」によるものであることは明らかである。また小日向本法寺十方庵主の敬順（津田大浄）は、「予四五ヶ年以前より罷りて様子見んものと思ひしに[26]」と、文化十一年（一八一四）に訪れる四、五年前より下北沢村淡島社の噂を耳にしており、訪れてみたいと考えていたようである。つまり、文化六～七年（一八〇九～一八一〇）頃には、下北沢村淡島社の隆熾な状況が江戸市中に伝聞されていた。また村尾嘉陵が二、三〇年前より「殊に」としている点にも注目しておきたい。すなわちそれ以前より繁栄の素地があったとも受け取ることができよう。表4によれば、当社は、安永六年（一七七七）に麴町平河天神、天明二年（一七八二）に茅場町薬師、文政五年（一八二二）に再び麴町平河天神で開帳を行っている。比較的狭い間隔で行なわれた一・二回目の開帳の実態は、史料の制約により明らかでないが、寛政期以降の流行の前段階を形作ったと評価できるだろう。また本社紀州加太淡島社の開帳が明和三年（一七六六）に行われており[27]、これを受けて北沢淡島社が勧請されたとも推測される。開帳については、前章で取り上げた成田山新勝寺のごとく[28]、北沢淡島社も御府内での出開帳が名を売る契機になったと考えられる。

このように、十八世紀末頃より「殊に」隆盛を見せた下北沢淡島社は、十方庵が訪れた文化十一年（一八一四）には、

る淡島信仰関連寺社の開帳記録

開帳期間	開帳寺社	開帳場所	開帳神仏
4月1日より60日間	下総国相馬郡大井村福満寺	江戸	正観音・淡島明神・将門明神
7月2日より60日間	紀州加太淡島明神	浅草寺	虚空蔵菩薩・御輿
不明(4月か5月)	北沢淡島明神	麹町平河天神	虚空蔵
3月1日より60日間	荏原郡北沢村森厳寺	茅場町薬師	淡島明神・虚空蔵
4月1日より60日間	都築郡折本村淡嶋大明神	芝円福寺	淡島神
3月5日より60日間	荏原郡北沢村森厳寺	麹町平河天神	淡島明神・虚空蔵
3月1日より60日間	浅草寺	浅草寺	三社権現・淡島明神
5月25日より(途中で中断)	紀州加田淡島明神	回向院	不明

(国立国会図書館蔵)、『武江年表』(平凡社、1968年)及び比留間尚「江戸開帳年表」(『江戸町人の文館、1973年) より発表者作成

実にも人口に風聞する如く森厳寺の門前には、新たに酒食をひさく家三四軒然も広々と路傍を建つらね置、遠く来る人は止宿もするよし、いかにもその家々幾座敷となく間広々と見へたり、人の出這多かる中に、食事をしたゝむる人、酒を酌人、枕せる老夫、待詫て欠《あくび》する少女、又門外の出茶屋よりは、待詫たる徒を番数高らかに呼出すもありけり、斯て門を入境内を見るに玄関と覚しき所には、大勢群集して見へしは、番数の着帳にやあるらん、

という盛況ぶりであった。(29)またその六年後の文政三年(一八二〇)に訪れた村尾嘉陵は、

寺の前に酒飯あきなふ家一戸、此外近くにも猶あり、民家より灸ある日ことに路次出茶屋をまふく、こゝかしこに在、参る人かなたこなた、心まかせに憩ふをもて、貧民又少しの銭を得、又淡島の神の利益なさしむる処成べし、

と述べ、(30)この二人が訪れた施灸日には酒食を鬻ぐ店が数軒出るだけでなく、付近の農民の農間渡世と思われる茶屋まで何軒も出ていたことが分かる。十方庵は、その七年後の文政十年(一八二七)四月五日にも、上北沢村庄屋鈴木左内家の牡丹花壇を見に行く途中で立ち寄っている。ところが、その日は施灸の日でないにもかかわらず、「北沢の淡島明神の巷にいたる、此所に食店酒楼両三軒ありて飢を凌ぐによ

表4　江戸におけ

年次(西暦)
享保19年(1734)
明和3年(1766)
安永6年(1777)
天明2年(1782)
文化4年(1807)
文政5年(1822)
天保7年(1836)
天保9年(1838)

注)「開帳差免帳」
研究』2、吉川弘

し[31]」とあり、常時商いが行なわれ、平日でも参詣者が一定数いたことが分かる。これにより、「夢想の灸点」による治病利益への信仰が、淡島明神自体への信仰へと深まっていった過程を読み取ることができる。その証拠に、淡島社は文化九年（一八一二）に火災に遭っているが[32]、『新編武蔵国風土記稿』（文政十一年）に、

此明神は世の人あまねく信ずる所にして、疾あるものは祈願などかけて常に参詣のもの多かり、是も回禄にかかりたれば今は仮殿に移せり、されど今もまうつる人はたえず（中略）本社の正面に石の鳥居のこれり、其傍にものあきなふ家なども多くありて、遠くよりまうでくる人は必こゝにいこへり、

と記されているように[33]、火災に遭い、狭い仮殿となっているにもかかわらず相変わらず流行っていた。江戸で淡島明神が医薬の神、諸病治癒の神として信仰されていたことを示す断片が次の二例である。寛政七年（一七九五）の『譚海』に、「痔疾には、芝増上寺地中淡島明神の社より出す青き油薬奇功有、痛所に指にてぬりて吉[34]」という話が収録されている。また淡島信仰を全国に広める役割を担った淡島願人の江戸における口上に、

淡島明神、鈴をふる願人（中略）御本地は福一まんこくぞう《（満虚空蔵）》、紀州なぎさ《（名草）》の郡加田淡島大明神、身体堅固の願・折針をやる。

とある[35]。折針とは針供養のことであるが、この針供養と「身体堅固の願」つまり健康を約束する神であると宣伝しているのである。あるいは針供養に「身体堅固」の祈願を込めたものとも読み取れる[36]。いずれにせよ淡島明神を身体堅固に通ずる医薬の神や諸病治癒の神とする認識を基底に、病気治癒という現世利益が成立した。これにより「夢想の灸点」の成功が諸病治癒・医薬の神としてより深い信仰を喚起し、灸日でなくとも願掛けで訪れる参詣者を誘発したものと考える。「夢想の灸点」はあくまでも、淡島明神の霊威を背景とした治療なのである。

第三節　夢想の灸点と「流行神」現象

それでは、北沢淡島社が流行する要因となった「夢想の灸点」とはいかなるものであったのだろうか。十方庵と嘉陵は、当社を訪れる前にそれぞれ次のように伝聞していた。十方庵は、

武州瀬田ヶ谷領北沢村淡島大明神といふは（中略）当時の住持は、灸点に感応せしとて、毎月三八の日には未明より終日灸点を施し、淡島明神より夢想の告によりて名灸の治法を得たりとかや、大の艾よりも三増倍大きなるを三灸づゝすえる事なり、（「遊歴雑記」[37]）

との情報を入手し、村尾嘉陵は、

此住持其古しへより、淡しまの神夢想也といひて、足の陰経に灸す、大人、小児、男女とも、皆同じ処に灸するのみにて諸病に験あり、（「嘉陵紀行」[38]）

という噂を聞いていた。二人が事前に得ていた情報を総合すると、次のようになる。大のものよりも三倍もの大きさの艾を、大人・子供・男女問わず、同じように足の陰茎つまり膝の裏（膕）に三荘（三回）点灸を据えて、諸病に効き目あるというのである。

十方庵は、実際にここを訪れて、次のような感想を書き記している。

彼灸治して帰る人を見れば、男は左の足の内膝の引かゞみに灸の跡あり、女は右の内膝の引かゞみへ灸治し、別に外の点法なく、謝礼には淡島明神へ初穂拾弐銅の定めあれど、尊卑によりては多少もありとなん、病症全く治する迄は、三八の日ごとに来て灸治するをよしとし、我宅にして貯ふる艾にすえる時は効能なしとて、六斉には必づ通ふ人ありとぞ、然るに予が知己の徒の内九人、彼処へ通ひて灸治せしが、弐人はいかにも日頃の病ひ治して全快し、七人は悉くいぼひて起居動静もなりかね久しく床に起臥服薬して漸くに本症に服し

ける。[39]

これによれば、男は左の膝裏、女は右の膝の裏に灸をするという男女の違いはあるものの、やはりこれ以外に、特別な方法はなかった。それでも、十方庵の知り合いの中に「夢想の灸点」の治療に預かった人が九人いたが、そのうち二名は持病を完全に治しているのである。[40] この成功率は一見少ないように見えるが、確実な治療法を持たない近世にあって、二名も実際に回復した人がいたことは、治病利益を願う者に、一度は試してみようという価値観を創出させるには十分であったであろう。

この「夢想の灸点」は、天保七年（一八三六）の『江戸名所図会』に「累世の住僧、連綿としてこの灸治の法を口授相伝し、衆病悉除のため、毎月三八の日これを施せり」[41]とあり、また天保九年（一八三八）『東都歳時記』には、「毎月三・八の日を定日とす。ただし正月三日・八日、三月十三日、七月十三日、十二月二十八日は休日なり」[42]とある。さらには、嘉永四年（一八五一）の「東都遊覧年中行事」には「毎月三八の日を定日とす、但し正月三日、八日、三月十三日、十二月廿八日は休也」[43]とあり、七月十三日が休日であるか否かについて記述が異なるものの、正月十三日にはじまり、十二月二十三日まで、年六七、八回「夢想の灸点」が施されていたことになる。村尾嘉陵は、「日々灸するもの多く、煩労に不堪、依て月の三八の日を灸の定日とし」[44]という説を載せるが、定日とすることで人々に覚えやすくさせ、年中行事化する効果を狙ったものである。実際、森巌寺の目論見通り、三・八定日は年中行事に織り込まれることとなった。天保九年（一八三八）の年中行事『東都歳時記』[45]には、正月と三月の項に、

（正月）十三日毎月下北沢村淡島社にて夢想の灸点を諸人に与ふ（後略）

（三月）十三日（中略）下北沢村淡島社祭礼。別当、森巌寺

と収録された他、安政六年（一八五九）の「武江遊観志略」[46]にも、

（正月）十三日（中略）下北沢村淡島社夢想灸点、三八定日

（三月）十三日（中略）下北沢淡しま社祭礼

と組み込まれるようになり、三・八定日は、当社の祭礼（三月十三日、灸は休み）と共に江戸都市民の年中行事として認識されたと考えられる。この「夢想の灸点」が森巌寺の経営戦略的に構築されたものだと考えられるのは、次のような教えを敷放していたことによる。「遊歴雑記」によれば、

謝礼には淡島明神へ初穂拾弐銅の定めあれど、尊卑によりては多少もありとなん、病症全く治する迄は、三八の日ごとに来て灸治するをよしとし、我宅にして貯ふる艾にすえる時は効能なしとて、六斉には必づ通ふ人ありとぞ、(47)

と、自宅で灸をしても効果がなく、三・八の施灸の日ごとに通わなくてはならないと説いていた。同様に、「嘉陵紀行」においても、

此灸夢想にて、自宅に在て、みづから灸してはしるしなし、必灸するごとにこゝに来りて、灸を請にあらざれば、病治せずと云、故にくる人ことに、今日は早かりし、たれたれは遅かりし抔かたみにいふ、(48)

と、これもまた自宅での灸では効果がなく、必ず施灸に通うべきとの教えを唱導していた。その後天保十一年（一八四一）の「江都近郊名勝一覧」(49)には、

北沢淡島明神社（中略）灸治を求むる輩遠きを厭はず、こゝに群参する事市の如し、三十六度に及べば難治の重病も癒るといふ、

と、三六回すなはち、六カ月は通わなくてはいけないとの教えもあり、明らかに参詣者が何度も寺に来て灸を受けることを狙ったものである。やがて「嘉陵紀行」に「くる人ことに、今日は早かりし、たれたれは遅かりし抔かたみにいふ」とあるように、施灸者同士に顔馴染みの状況が生まれてきた。ちなみに灸に対して、「尊卑によ

りては多少もあ」るものの、一応一二文（両足二四文）の初穂の決まりがあった。二四文というのは近世後期における灸の一般的な値段である。一日三〇〇人として七二〇〇文、年間四八二、四〇〇～四八九、六〇〇文、金換算すると年間七一～七二両近い収入があったと考えられる。(50)

かかる寺社側の宣伝行為について、いわゆる都市知識人層はいかなる立場をとっていたのだろうか。真宗の僧である十方庵は、

灸治して後必ず、その跡より腫物の如くいぼひ膿夥しく出べし、かくの如くなる時は、惣身の凝血悪毒悉く出盡し、無病壮健なり、一切諸病の煩ひに善しといひ、広めるが故に諸人これを信じて、三八の日は山をなして群集しつゝ（中略）人々の性来にもよるにや依て誇る徒あり、貴ぶ人あり、いろいろの人ごゝろも又面白し、

と述べ(51)、村尾嘉陵も、

灸する者も日ごとに六度、遙遙の途をあゆみ来るをもて、気運動し食を消化し、病これによりて自ら愈ぬべし、自宅にて灸して験なきはこの故にや、売僧銭を欲するの挙也とそしる人もあれど、また概してあしとも云まじきにや、

と感想を漏らしているように(52)、「夢想の灸点」を受けることもなく、寺内での状況を比較的客観的な目で見つめる彼らは、明確に森巌寺の宣伝戦略であることを承知していた。つまり、知的欲求の対象として訪れていたのであり、根本的に一歩引いたところから記述しているのである。(53)武士である嘉陵は比較的寛容に捉えているが、同じ仏門に身を置く津田大浄が厳しい目でみていることも興味深い点である。一方において実際に夢想の灸点を信じて通う者もおり、下北沢村淡島社は彼らによって支えられていたこともまた事実である。「嘉陵紀行」(54)には、

来る者に一番二番の札を与へ、いくたびにも灸をあたふ、人ごとに只三壮のみ、けふも定日なれば、参る人、

八の鐘鳴頃までに、既に二百余人に及ぶといへり、

とあり、午後二時頃までに施灸に訪れた者がすでに二〇〇人にも及んでいた。また十方庵も以下のように人数のことに触れている。[55]

施点に預らんが為に、繁々に来る人は講中と号し、一番より五十番までは、札を除置もらひて灸点にあふこととなん、依て振がゝりに来る人は、夜を籠て三八の日は早朝にいたるといへども人先の施点にあふ事はなりがたし、朝より暮に及ぶまで、番数三百有余に満るは儘ある事とかや、

右の文面から、嘉陵と十方庵が訪れた化政期には、およそ三〇〇人近い施灸者の存在が確認される。しかし何よりも注目されるのが、一番から五〇番まであらかじめ札を優先的に確保している人々がいたという事実である。「講中」と名乗ったこの五〇名程の熱狂的な信者と、一時的な又は興味本位の二五〇名近い被施灸者が存在し、さらにこの境内の光景を客観的に見つめる知識人層がいるという、いわば三段階構造を想定することが可能であろう。特に講中ではなく、灸を受けに来ていた二五〇名程の人々の行動は、人間の行動の普遍的な要素を含んでいる。彼等はより効能のある利益を求めて流動的に江戸内外の寺社を廻っていたものと考えられ、その中から各寺社に帰依する信者を生み出す母体ともなっていた。江戸内外における「流行神」という社会現象は、まさしくこの「流動的存在」ともいうべき人々が創り出していたのである。つまり参詣者は宗派・神仏の種に必ずしも囚われず、利益があると聞けばそこに集中するという本質を持っていた。このため彼らの中から熱狂的な信者を獲得できたかどうかが、「流行神」で終わるか否かの分かれ目であったといえよう。北沢淡島社の場合、単なる願掛けや配札だけでない、灸という実際に施される御利益こそが、この「流動的存在」の内から信者を獲得し、一時的な流行神で終わることをくい止める役割を果たしたのである。

第四節　北沢淡島信仰の拡大と参詣圏

では、いかなる人々が北沢淡島信仰を支えていたのか、もう少し詳しく検討してみたい。宿帳のごときものが全く存在していないため、史料的制約があるが、ここでは可能な限りその実像に迫ることとする。表5ならびに表6は、北沢淡島社（森巌寺）境内の諸石塔や金具に残された銘を調査し、一覧にしたものである。その対象年代は寛政十二年（一八〇〇）五月（忠誉代）より天保七年（一八三六）正月までである。したがってこの表5・6により、十九世紀前半における北沢淡島社の信仰拡大の歴史的変遷をある程度追跡することが可能である。

まず注目されるのが下北沢村民の存在である。先述のごとく、当村にはこの諸石塔とほぼ同時期の宗門帳が残されているため幾名かの村民が明らかになる。[56]その中で特に頻出するのが、下記の四名である。

伊東半蔵（名主）　二六石四斗九升四合七才（一一名、半三郎・幸蔵は半蔵の息子）
鈴木喜左衛門（百姓代）　一一石七斗四升二合五夕八才（八名、代々木村福泉寺檀家）
阿川平蔵（年寄）　三八石三斗五升一合二夕八才（八名、代田村円乗院檀家）
月村善左衛門　一二石三斗八升九合二夕三才（七名）

このうち伊東家と月村家は明治十年（一八七七）の段階で当寺の檀家・世話人総代を勤めた家であるが、[57]鈴木家と阿川家は森巌寺の檀家ではない。さらにこの四家は、村の九割が五石以下という零細状況にあって、そのまま下北沢村の持高階層の上位四名でもあり、右記のごとく村役人を兼帯する村の指導者的立場にある家である。このことから、寺の檀家であるか否かの垣根を越えて、ある時は奉納者銘に名を連ね、ある時は「当地世話人」として勧化の役を務めるなど、下北沢村を上げて森巌寺を支える活動を行っていたことが判明する。

そもそも森巌寺は下北沢村鎮守の八幡社（現北沢八幡神社）の別当であったとされており、北沢淡島社も村人

右	左	奉納年月	別当
倉田屋伊兵衛 近江屋七兵衛 松屋太平 亀屋茂兵衛	上総屋金兵衛 大黒屋弥右衛門 美濃屋利平治 万屋治兵衛	寛政12年5月	忠誉
		同上	同上
	麻布坂下町石工三良兵ヱ	文政5年6月	不明
		寛政9年3月	忠誉
吉野屋茂兵衛 秩父屋萬次郎 松原村留五郎 幡谷長左ヱ門 大和屋安兵衛 柏屋清五郎 柳屋新右ヱ門 深沢村佐吉 上馬引沢三郎兵衛 用賀村兵蔵 同所　与四郎 伊東市五郎 新町　政五郎 植木屋鎌五郎 新町　金太郎 万屋太郎右ヱ門 石屋市右衛門 世田ヶ谷　三次郎 同所　岩次郎 同所　紋次郎 同所　要助	伊東半蔵 鈴木喜左衛門	天保2年5月	明誉

表5　淡島社(森厳寺)境内諸石塔等にみる祈禱檀家

	前	裏
淡島堂前常夜燈一対(右)	四谷講中山田屋善兵衛 松屋忠八	竹屋文蔵 大黒屋善右衛門 三河屋幸七 大黒屋平蔵
(左)	市ヶ谷田町壱丁目・四ッ谷簞笥町女人講中	
淡島堂前水盤(右)		芝新門前　同行　先達　世田ヶ谷丹下利八 世話人　花屋文蔵 滝山幸助 絣屋善治郎 大橋長治良 万屋弁之助 松代屋吉五良 橘屋幸助 田中宗助 (田中)文右ヱ門 松本屋栄吉 土屋定七
(左)		
淡島堂前御燈一対(右)		世話人　美濃屋八兵衛 藤木屋儀右ヱ門 真木屋平蔵 新町鋳五郎 辰巳屋完蔵 内藤新宿　石工　甚蔵

用賀村平五郎 三軒茶屋新兵衛 同所　　平蔵 代々木村岩右ヱ門 同所　　重右ヱ門 宮坂彦兵衛 代々木村平吉 万屋権右ヱ門			
伊東半蔵 鈴木喜左衛門	赤(坂)　保科屋重次郎 釘安出店釘屋七兵衛 真木屋宮吉 当所世話人　伊東半三郎 伊東幸蔵 若松屋与□□ 中村屋□□ 月村屋利兵衛 堀江与十郎	同上	同上
		天保5年6月13日	明誉
(惣施主之面々) 赤坂御神酒講　伊勢屋長兵衛 蔦勘五郎 紀伊国屋源七 青山　黒田嘉兵衛 結城屋弥右ヱ門 河内屋限次郎 和泉屋文助 針屋参十郎 佐々木仁左衛門 渡辺源五郎 新宿御道具講　若狭屋太兵衛 豊倉屋茂兵衛	(惣施主之面々) 赤坂御神酒講　近江屋八五郎 大和屋平右衛門 美濃屋権八 出雲屋定八 豊田屋幸太郎 壺泉伊平治 信濃屋大治郎 扇屋十兵衛 久保町豊次郎 伊勢屋文右衛門 青山　同　万屋要助 羽生屋忠兵衛	(天保5年11月)	明誉

(左)		
鉄製貯水槽一対(右)水槽	世話人　芝金杉　松木屋市五郎 幸間屋儀助 大泉助治郎 赤坂　川井屋直治郎 麻布　大工庄兵衛 谷屋彦四郎 木具屋又兵衛 赤坂　伊勢屋□吉 青山　鴻池金兵衛 渡辺八十吉 和泉屋文助 佐々木仁左衛門 芝□　伊勢屋善四郎 対山堂彦右衛門	武(州)川口　鋳物師金太郎
(右)台座	(惣施主之面々) 麻布御畳講　山田屋彦四郎 堺屋四郎兵衛 永井利兵衛 伊勢屋善四郎 上練馬　増田藤助 四谷御花講　錺屋ふく 相模屋みき 美濃屋なを 山本いよ 芝金杉御蠟燭講　紀伊国屋吉兵衛 佐倉屋岩右衛門 塩野清右衛門	御艾講　青木六兵衛 惣施主之面々 大黒屋吉兵衛 松葉屋金治郎 四ッ谷　佐野屋市五郎 同　尾張屋安右衛門 牛込　松崎屋万右衛門 本所　日野吉兵衛 同　岩本氏 深大寺　浅田平蔵 神田　横山幸吉 麻布　伊勢屋次兵衛 同　石屋太右衛門

岡野屋弥兵衛 万屋太兵衛 駿河屋長右衛門 市ヶ谷柳町 四ッ谷御高盛講　上州屋治兵衛	植木屋粂五郎 鴻池善右衛門 三河屋豊吉 坂本小兵衛 高倉義三郎 黒田利兵衛		
		天保5年6月13日	明誉
惣施主の面々 青山　伊東内蔵之助 御用屋敷　吉田巳之助 新町　井筒屋常七 道玄坂　中嶌喜三郎 京橋　モりしま文兵衛 築地　住吉屋民兵衛 木挽町　佐倉屋三右衛門 当所　世藤栄三郎 芝新地　重田屋太兵衛 麻布十番　伊勢屋佐七 落合村　利七 四ッ谷　坂鉄	(惣施主の面々) 当所門前　松五郎 七之助 与五郎 市五郎 清三郎 辰五郎	天保5年11月	同上
築地講中		文化6年3月	燈誉

	塩野清七 源助町いさ 宇野久左衛門 内田屋久兵衛 日野出屋清兵衛	桜田町　荒井東馬 稲田屋市郎兵ヱ 芝　伊勢屋利右衛門 □　橘屋彦右衛門 青山　栗木氏 新宿下　石工利助
鉄製貯水槽一対(左)水槽	世話人　市ヶ谷　岸田屋九兵衛 武蔵屋太郎兵衛 (麹)町　藤井藤三郎 和泉屋吉左衛門 山口屋喜兵衛 建具屋甚五郎 絹屋文右衛門 新宿　駿河屋忠兵衛 紅屋彦平 亀田屋藤七 市ヶ谷　大黒屋伊平衛 伊勢屋又七 尾張屋米蔵 当所　伊東半蔵	武(州)川口　鋳物師金太郎
(左)台座	(惣施主の面々) 当所　伊東半三郎 鈴木喜左衛門 阿河平蔵 同　月村善左ヱ門 伊東権左ヱ門 木挽町畳講　桜井 三輪十兵衛 中村岩次郎 稲毛　岩間彦左衛門 佐原芥次郎 岩田孫兵衛 宮益　伊勢屋治兵衛 吉町　伊勢屋源兵衛 川越　清右ヱ門 四ッ谷　内田泉内 松本町　鈴木隠居 赤坂　紀伊国屋かつ	惣世話人之面々 四谷御高盛講　□右ヱ門 桜田町御畳講　又兵衛 新宿御道具講　忠兵衛 赤坂御神酒　右吉 青山　同　金兵衛 金杉御蠟燭講　義助 下練馬御燈明講　鉄五郎 伊三郎 青山新宿　沓木氏 市ヶ谷艾講　太兵衛 赤坂御鏡講　直治郎 市ヶ谷　尾張屋粂蔵
淡島堂前狛犬一対(右)	築地　道具屋忠 同　芋屋新平 同　□屋勘右衛門 同　八百屋平六 同　麦屋十吉 同　八橋市右衛門	世話人　八百屋吉五郎 道具屋仙蔵 伊勢屋平兵衛

築地講中	御屋鋪　田中忠八	同上	同上
新宿　小倉屋忠助 同　　美濃屋円蔵 同　　倉崎屋富十郎 当所　月村善左衛門 同　　阿川平蔵	世話人　当所　阿川平蔵 同　　月村善左衛門 新宿　美濃屋圓蔵 同　　小倉屋忠助 同　　倉崎屋富十郎	天保4年5月	明誉
	世話人　当所　阿川平蔵 同　　月村善左衛門 新宿　美濃屋円蔵 同　　小倉屋忠助 同　　倉崎屋富十郎	同上	同上
	四ッ谷塩町二丁目　足利屋新兵衛 同所　内田屋久七 同所　近江屋仁兵衛 同所伝(馬)町　秋田屋治助 同所忍町　本橋屋吉兵衛	文化11年3月	燈誉

	同　水屋吉五郎 同　福嶌屋伊兵衛 同　武蔵屋要吉 同　万屋弥兵衛 同　坂田屋宗助 同　河内屋弥兵衛 同　芋屋長蔵 同　杵屋利兵衛 同御屋敷　中山氏 鉄砲洲　遠藤丹蔵 同御屋敷　堀氏	
(左)	築地小田原町　上総屋伊兵衛 鉄砲洲明石町　中村屋勝五郎 同　近江屋惣次郎 同　和泉屋八兵衛 同　炭屋伊兵衛 同　かじ屋六兵衛 同　伊坂長八 同　越前屋久助 茅場町　鈴木文次郎 本八町堀　八百屋喜三郎 同　万屋要助 同　花屋長八 同　山田屋金次 同　相模屋七五郎 木挽町　油屋庄七	世話人　八百屋吉五郎 道具屋仙蔵 伊勢屋平兵衛
山門前常夜燈一対(右)	内藤新宿上町旅籠屋中	石工　甚蔵
(左)	内藤新宿上町旅籠屋中	
淡嶋堂前淡島明神碑	四ッ谷塩町二丁目　中村屋佐兵衛 同所　伊勢屋与兵衛 同所　建具屋甚五郎 同所忍町　信濃屋万五郎 同所　溝口屋佐七	

注）平成14年7月及び8月17日筆者調査による。

にとって一種の鎮守として機能を果たしていたものと考えられる。また「門前」として六名の名が見えるが、このうち松五郎（四二才、三石）、与五郎（二四才、四斗二升三合三夕、ただし正春寺檀家）、市五郎（六五才、二石）の三名は明らかに下北沢村民であるが、他の七之助・辰五郎・清三郎は他村の者である可能性が極めて強い。そのため第二節で触れたごとく、当該地域では農間余業として商われていた茶屋が文政年間より次第に定着していく傾向を見せるものの、この六名は必ずしも常時門前町を形成していたわけではないことが分かる。この時期世田谷に限らず江戸西郊全域において縁日市が催され、住居村のみならず近在の市日を渡り歩く「市商ひ渡世」の者が出現していた。弘化元年（一八四四）十二月十五日発行の「東都近郊全図」によれば、北沢淡島社でも毎月二十八日に縁日市が営まれていた[58]。他村の者と考えられる三名は、こうした露店商人かと考えられる。例えば淡島社門前では、北沢牡丹と呼ばれた名牡丹も出品されていた[59]。この北沢牡丹とは、第二節で触れたごとく、十方庵が二度目に北沢淡島社を訪れた際の主目的地であった上北沢村名主鈴木左内家の花壇に造られた牡丹である。およそ三八五種もの牡丹により都下の名所となり[60]、『江戸名所花暦』にも「多摩郡下高井戸村の左、南の方なる北沢村の村長の園中。盛りのころは遊客きそひてあゆみをはこぶ[61]」とある名花である。この北沢牡丹が淡島社門

奉納年月	別当
天保７年(正月)	明誉カ
天保７年正月	同上
同上	同上
同上	同上
同上	同上
同上	同上
同上	同上
文政13年３月13日	明誉

表6　天保7年建立淡島社及び文政13年建立閻魔堂(不動堂)の金具等にみる祈禱檀家

	奉納者(講中)名	世話人名
淡島堂唐戸扉	高盛講中	世話人　四谷伝馬町壱丁目　上州屋次兵衛 四谷新堀江町　絹屋文右衛門 四谷塩町弐丁目　建具屋甚五郎
淡島堂擬宝珠 (正面右奥)	新屋敷北村佐太郎 四ッ谷御礼講中	世話人　相模屋みき 錺屋ふき 美濃屋なを
(正面左奥)	麴町八丁目秩父屋みち	
(正面右)	原田良元 麴町服部保則 深川高橋三河屋茂兵ヱ 同某 日本橋西川岸三川屋安兵ヱ 宇佐美銅蔵 久保田三右ヱ門	
(正面左)	伝三 芳村小代吉 四ッ谷御花講中	世話人　相模屋みき 錺屋ふき 美濃屋なを
(正面右前)	芝三田御花講中	世話人　道具屋ひさ 池田屋くに
(正面左前)	代田村柳屋かん 四ッ谷御花講中	世話人　相模屋みき 錺屋ふき 美濃屋なを
閻魔堂(不動堂) オミクジ箱	芝神明町伊勢屋吉左衛門 店　文助 清八 麻布新町　重助	世話人　重兵衛 井筒屋常七

注）世田谷区教育委員会編『世田谷区社寺史料』第2集建築編(1982年)を参考に筆者確認。

前でも売られていた事実は、同様の行為が広範囲に行われていたことをうかがわせる。

次に、講の存在を検討していきたい。表7は、表5・表6に登場する講中を年代順に並び替えたものである。寛政期には四谷講・市ヶ谷田町講・四ツ谷簞笥町女人講、文化・文政期には築地講・芝新門前講といった限られた地域の講が見られる。これが天保期以降になると、内藤新宿上町旅籠屋講をはじめとして赤坂御神酒講・青山御神酒講・新宿御道具講・四谷御高盛講・御艾講・麻布御畳講・四谷御花講・芝金杉御蠟燭講・桜田町御畳講・下練馬御燈明講・市ヶ谷艾講・赤坂御鏡講・木挽町畳講・芝三田御花講などが見られ、講が形成される地域が拡大しただけでなく、講の神酒・燈明・鏡・艾・蠟燭など奉納物による名称の違いが見られ、講の形態も多様化したことがうかがえる。蠟燭・艾など直接灸に関わる品を奉納する講もあるが、神酒や鏡など祭礼に奉供することを目的とした講も目立つ。灸だけでなく、本来の淡島信仰に基づく檀家も増加したことを示すが、これが灸から発展したものであるか否かは不明である。

地域の広がりと絡めると、講を形成するなど祈禱檀家の中心は、寛政年間にすでに講を形成していた四ツ谷講中に代表される内藤新宿・四ツ谷・市ヶ谷の住人である。また天保五年（一八三四）六月十三日と十一月の奉納物に「惣世話人の面々」として勧進の核となった人物が挙げられている。これによれば前三所以外の地域にも、赤坂御鏡講（川井屋直治郎）・赤坂御神酒講（伊勢屋右吉）・青山御神酒講（鴻池金兵衛）・桜田町御畳講（又兵衛）・芝金杉御蠟燭講（義助）といった講名（世話人名）が見られ、あるいは「世話人」として麻布・麴町・芝町の住人の名が見える。また天保七年（一八三六）には芝三田、文化六年（一八〇九）には築地講中、文政五年（一八二二）には芝新門前の住人の名が見える。つまり、個人的参詣者も含めると、渋谷・青山・麴町・赤坂・桜田町・麻布・三田・芝などに講や信者が存在した。かかる信者の地域的偏りを鑑みると、甲州道中あるいは青山通大山道を媒介として信仰が拡大していったことがうかがわれる。その証拠に北は牛込・落合、南は三田・白銀・

表7　銘文等にみる淡島講

奉納年月日	講中名(信仰圏東部・主に御府内)	講中名(信仰圏西部)	講中名(場所不明)
寛政12年5月(忠誉)	四谷講中 市ヶ谷田町壱丁目女人講中 四ッ谷篁笥町女人講中		
文化6年3月(燈誉)	築地講中		
文化11年3月(燈誉)	四ッ谷高盛講		
文政5年6月(不明)	芝新門前(講)(同行　先達　世田ヶ谷丹下利八)		
文政13年3月13日(明誉)	なし		
天保2年5月(明誉)	なし		
天保4年5月(明誉)	内藤新宿上町旅籠屋中		
天保5年6月13日(明誉)	芝金杉御蠟燭講 赤坂御鏡講 麻布(講) 赤坂御神酒講 青山御神酒講 芝(講) 市ヶ谷(講) 四谷御高盛講 新宿御道具講 市ヶ谷(講)		
天保5年11月(明誉)	四谷御高盛講 桜田町御畳講 新宿御道具講 赤坂御神酒講 青山御神酒講 芝金杉御蠟燭講 市ヶ谷艾講 赤坂御鏡講 市ヶ谷(講) 麻布御畳講 四谷御花講 木挽町畳講	下練馬御燈明講	御艾講
天保7年正月(明誉カ)	四谷高盛講 芝三田御花講中 四ッ谷御花講中		

注）表5及び表6をもとに筆者作成。

目黒を境にほとんど名前が見えず、また東は日本橋・築地・京橋までで、大川(隅田川)の川向の本所・深川や江戸北郊地域にも奉納者の名がほとんど見えない。このことから、御府内へは同心円状というよりも、むしろ寺社から街道を媒介にして横に細長く楕円形状に信仰が広まっていたことが明らかである。こうした傾向は、例えば彦根藩世田谷領代官大場家の日常の交際範囲とも同じである。無論、桜田・赤坂・千駄谷にあった彦根藩江戸屋敷の御用を勤める関係もあっただろうが、文化十年(一八一三)の「万覚帳」「金銀出入帳」によれば、江戸での交際相手は渋谷宮益坂、渋谷道玄坂、青山善光寺門前、青山新屋敷、永田馬場山王門前など、皆ほぼ大山街道沿いである。(62) また大場家では、その実態は不明ではあるが、北沢淡島社で行われていた無尽に毎年参加しており、(63) 別に森巌寺より金壱両弐朱の借り入れもしている。(64) このように、甲州道中と大山街道のほぼ中央に位置する北沢淡島社が両街道をつたわり、(65) 日常の生活関係に便乗する形で信者を獲得していたのである。

江戸から江戸周辺に目を転じても同様である。近在の馬引沢村などに若干ではあるが村民名が見えるのは当然としても、やはり大山街道沿いに深沢村・新町村・用賀村・稲毛、甲州街道沿いに幡ヶ谷村・代々木村・深大寺村の信者の名があり、都市であるか否かにかかわらず街道筋に信仰が拡大していったことが明白であろう。下北沢村と同じ目黒筋に属する近村の上・中・下目黒村、碑文谷村、衾村などの住人が全くいないことがこのことを雄弁に物語ってくれる。

では日常生活関係とはいかなるものかということであるが、これに答えることは史料上非常に困難である。だが、それが公的な関係により生じたものであるか否かについては考察する方法がある。表8によれば、まず明和九年(安永元＝一七七二)内藤新宿の定助郷指定から天保五年(一八三四)御三卿清水家の御借場指定まで必ず同じ組合に入っているのが、代田村・松原村・若林村・太子堂村・三宿村といった近隣村であり、相互に結び付きの強い村々であると考えられる。ところが、奉納者名には意外にも代田村・松原村にそれぞれ一名見えるのみで

表８　近世下北沢村の地域編成状況

	村　　名	依拠史料
内藤新宿助郷村（明和９年以降）	雑色村、和泉村、永福寺村、烏山村、船橋村、粕谷村、下祖師ヶ谷村、上祖師ヶ谷村、廻り沢村、大宮前新田村、金井村、高井土新田、無礼村、給田村、本郷村、井草村、上荻久保村 ○四番組（**下北沢村**、代田村、松原村、池尻村、池沢村、若林村、太子堂村、三宿村） 赤堤村、経堂在家村、下馬引沢村、上馬引沢村、野沢村、角筈村、代々木村、幡ヶ谷村	明和９年２月「内藤新宿（内藤新宿助郷村33カ村石高書上）」、慶應義塾大学古文書室所蔵渡辺家文書854、明和９年８月「相定申書付之事（内藤新宿助郷組合33カ村議定）」、慶應義塾大学古文書室所蔵渡辺家文書1655
改革組合村（文政10年以降）	武州荏原郡下北沢村組合（３組27村） **下北沢村**（寄場惣代）、角筈村（大惣代） ○北沢組（**下北沢村**、池尻村、池沢村、三宿村、代田村、松原村、赤堤村、経堂在家村、野沢村、太子堂村、若林村、上馬引沢村、中馬引沢村、下馬引沢村） ○豊沢組（上渋谷村、上豊沢村、中豊沢村、中渋谷村、下渋谷村、下豊沢村、原宿村、穏田村、麻布町） ○角筈組（角筈村、千駄ヶ谷村、幡ヶ谷村、代々木村）	「旧幕御府御料中麻布領角筈組元五区従前組合高控」、慶應義塾大学古文書室所蔵渡辺家文書461 元治元年８月「寄場入用割合帳十二社会席」、慶應義塾大学古文書室所蔵渡辺家文書467
清水家御借場（天保５年以降）	３領５組64村のうち ○品川領２村○馬込領９村 ○世田ケ谷領猪方村組合（駒井村、岩戸村、和泉村、上野村、覚東村、小足立村、入間村、八幡山村、喜多見村、宇奈根村、大蔵村、横根村、岡本村、鎌田村、瀬田村、上野毛村、野良田村、尾山村、用賀村、弦巻村、世田ヶ谷村、新町村、猪方村、下野毛村） ○世田ヶ谷領粕谷村組合（粕谷村、廻り沢村、船橋村、上祖師ヶ谷村、下祖師ヶ谷村、赤堤村、経堂在家村 ○世田ヶ谷領深沢村組合（深沢村、等々力村、下野毛村、上沼部村、下沼部村、石川村、奥沢本村、奥沢村、衾村 ○世田ヶ谷領下北沢村組合（**下北沢村**、代田村、松原村、太子堂村、三宿村、野沢村、若林村、上馬引沢村、中馬引沢村、下馬引沢村）	天保６年12月以降「清水宮内卿様御借場一件控」『世田谷区史料』第４集森家文書

ある。また最も奉納者が多様化する天保二年（一八三一）は、改革組合村編成に伴い、下北沢村を寄場親村とした二七村による組合が発足して四年目という時期である。下北沢組合のうち角筈組の惣代を務める角筈村名主渡辺家には、改革組合村の運営をめぐって下北沢村の伊東半三郎・阿川平蔵らとのやりとりを示す六点の史料が残されている。[66]また寄場の用で品川・内藤新宿や組合村々に阿川平蔵などが頻繁に出掛け、あるいは代官や関東取締出役の見廻りの際に惣代が赴くなど、改革組合村々における交流の機会は多かったと思われる。[67]だが、角筈組の幡ヶ谷村に一名と代々木村に三名いる他は、豊沢組・角筈組を通じて奉納者名はなく、肝心の角筈村にも全く見当たらない。それよりむしろ大山街道沿いの深沢村・新町村・用賀村の奉納者が目立っている。

この二点から、都市近郊の寺社参詣は、支配編成などの枠に囚われず、むしろ姻戚関係や商業的関係といった人間的結合の上に立脚していたこと、したがってそれは主に街道沿いに楕円形状に浸透していくものの、近隣よりもむしろ若干距離を隔てた場所からの信者の多いことが分かる。鎮守の八幡社の別当であったとされる森巌寺内淡島社が宗派の垣根を超えて村民に支えられる構図は当然想定されるものではあるが、下北沢村を取り巻く村々の奉納者が決して多くない事実は上記のように理解せざるを得ない。

参詣講は経済的問題を解決するためのものであり、宗教的な目的と頼母子講方式が混交した性格を持ち、地方では地縁的結合による代参講の形態をとり、都市の講は同業者で結成されるケースが多いとされてきた。ところが、大師講或いは日待講などは別にして、従来の位置づけとは違い、江戸近郊の寺社で地縁的結合による講がこれだけ広範囲に形成された事実は注目に値する。しかも御府内に講が多く、世田谷など郊外の信者には個人の多いことも、道玄坂からわずか二〇町という北沢淡島社の微妙な立地が如実に反映されており興味深い。これらの人々が全て「夢想の灸点」の信者であるとは言いがたいが、とりあえず確実なことは下北沢村最大の葬祭寺院であるにもかかわらず、むしろ御府内の祈禱檀家に支えられていた側面があるということである。例えば武蔵国都築郡折本村淡島社も同じく『江戸名所図会』や『江都近郊名勝一覧』に掲載された名所である。しかしながら、唯一寛延二年（一七四九）正月に江戸日本橋二宮銀衛が奉納した石塔一基があるのみで、他は近世・近代を通じて全ての石造物が折本村民により建立されている。[68]下北沢淡島社とは好対照である。このことはすなわち北沢淡島社が江戸の都市民により支えられていたことを裏付けるものである。

また築地講のように、同じ講のなかに町を越えて、かつ武士と商人が混在するなど、幅広い階層を有していることも特徴的である。病気平癒が対象であるため、そもそも無階層を本質とすることはいうまでもないが、そこに存在するのは、それを信じるか信じないかの差である。これは北沢淡島社の場合、村尾嘉陵や十方庵敬順のごとく一定の距離をとる人物と、灸の施しを受ける者との差に置き換えられる。主に行動文化を担ったと思われる知識人層が、多くの場合興味本位での参詣を行い、客観的な記述を残した可能性が指摘できるが、時には逆の立場になることもあった。十方庵敬順は、「兎角眼力衰へぬれば灸治して見ん」として、多摩郡上井草村百姓田中宗兵衛による「眼病一道の灸点」を試している。[69]この灸を取り巻く状況は北沢淡島社と同じで、この灸治をしている間は目薬及び一切の療治を禁じ、施灸日の毎月二十三・二十四日には茶屋などが出るなど名所化していた。結局十方庵は「眼力能からざる事以前の如し」と末尾で批評を加えているが、[70]この例にみられるように常は批判的精神で寺社の宣伝行為をみつめる知識人・文人も、いざ病が我が身に降りかかると、その病気に効能があるとされる寺社に祈願し、寺社で行われた治療行為に身をゆだねたのである。信じる者たちは、病にかかるとその解決法を求めて各地に出かけ、その範囲が局地的なものではなく、御府内に止まることなく軽くそれを飛び出していったのである。北沢淡島社が繁栄を見せる時期とは、すでに江戸で町医師が当然な存在と認識されており、各村々でも次第に一人以上の村医師が抱えられていくようになり、庶民の生活に医学が大きく入り込んでいた時期である。[71]かかる医学の浸透の反作用として、医学の力の及ばぬ病を認識させることとなった。上述のような都市民の行動は、そうした病に直面した時、以前にも増してなお一層神仏への依存を深めた結果と理解される。そしてその中でも実践的医療を渇望していたのである。

第五節　江戸における淡島信仰と針供養

ここまで「夢想の灸点」を中心として北沢淡島社の近世的展開を論じてきた。ところで、淡島信仰には、もう一方で「針供養」の神事という掲札がある。現在二月八日に行われる針供養は、江戸では森巌寺と新宿正受院、浅草寺淡島堂の三所が知られ、このうち森巌寺と浅草寺淡島堂が淡島信仰を核としたものである。『俳諧歳時記栞草』の二月八日の事始めの項に、

婦人は針の折れたるを集めて淡島の社へ集め、一日糸針の業を停む。是を針供養と云。其由来いまだ詳ならず。

とあり、この淡島社が何処の淡島社であるかは不明であるものの、江戸においても事八日の一環として針供養が行われる風習があったことが分かる。だが、その他の年中行事では針供養の記事さえ見出せず、決して定着した習俗ではなかったといえる。

淡島信仰とは異なる奪衣婆の信仰から発祥した新宿正受院の針供養は、昭和三十二年（一九五七）二月八日に東京和服裁縫組合を中心とした和裁業関係者の寄進により、針塚が奉納された頃より盛大に開催されるようになっている。ただそれ以前より針を納める習慣はあり、明治十八年（一八八五）頃までさかのぼれるようであるが[72]、いずれにしろ近世からのものではない。浅草寺淡島堂の針供養が二月八日に盛大に行われるようになるのは昭和七年（一九三二）からのことである。それ以前は必ずしも日が特定されず、小規模ながら淡島堂へ古針を納める習俗は見られ、その時期も安永年間までさかのぼることができる[73]。北沢淡島社及び折本淡島社でも、服装関連団

体からの針塚その他の奉納物の多くは大正期以降のものであり、針供養は近代から盛んとなったものであることは疑いない。ただし、北沢淡島社に関して、

「まかりたる針も納る淡島八人をつりこむ御夢相の灸[74]」

「淡しまに灸をそすうる女等の針さす癪もをさまりにけり[75]」

といった狂句も残されており、浅草寺淡島堂と同じく針供養が細々と行われていたこともまた事実である。

ここで重要な点は、近世には日が固定されていなかったことである。『浅草寺志』の注解者の内藤貞太郎氏は、淡島社の項で「昭和七年二月八日始めて針供養を神前に行ひ、これを例として、旧暦毎月十三日これを行ふこととなれり。蓋し針の霊を慰するなり[76]」と注釈を加えており、旧暦毎月十三日に針供養が行われていたことを示唆している。北沢淡島社の三月十三日の祭礼とは、京法輪寺の十三詣に見られるごとく、淡島明神の本地仏虚空蔵菩薩にちなんだ祭礼であると考えられるが、その一習俗として針供養祭も行われていたことが推測される。このような事例は関東でも多く見られ、現平塚市下島の淡島堂では三月十三日の「淡島待」と呼ばれた縁日において針供養が行われていた。また、現前橋市南町の淡島社では、祭日は三のつく日で、二月八日に奉納された針のおたきあげを二月十三日に行っている[77]。さらに現横須賀市芦名の淡島社では、祭礼が十三日ではなく三月三日に行われているが、同日に針供養が行われているなど[78]、祭日にあわせて針供養のある例は多い。表9に掲げた江戸周辺の淡島社でも、毎月十三日に紀伊藩蔵屋敷内淡島社、三月十三日に南品川宿番場海徳寺への淡島参りがそれぞれ盛んであり、十三日の虚空蔵参りと同時に針供養も執り行われていたことが指摘できる。

こうした江戸独自の展開の在り方は、次の史料でより明らかとなる。第二節では最後部のみ抽出したが、ここでは全文を掲げる[79]。

淡島明神、鈴をふる願人、天照皇大神宮第六番目の姫君にて渡り給ふ。御年十六歳の春の頃、住吉の一の后

表9　江戸及び江戸近郊における淡島社(近世)

寺社名	年中行事・地誌における各淡島社関連記事
森厳寺(八幡山浄光院、浄土宗京都知恩院末)内末社	(1月)「十三日　毎月　下北沢村淡島社にて夢想の灸点を諸人に与ふ(後略)」(『東都歳時記』、1838) (3月)「十三日(中略)下北沢村淡島社祭礼。別当、森厳寺」(『東都歳時記』) (1月)「十三日(中略)下北沢村淡島社夢想灸点、三八定日」(『武江遊観志略』、1859) (3月)「十三日(中略)下北沢淡しま社祭礼」(『武江遊観志略』) 「十三日(中略)毎月、北沢村の淡島社にて足痛を治する、淡島夢想の灸点を諸人に与ふ」(『東都遊覧年中行事』、1851)
都筑郡折本(織本)村淡島明神社	○祭礼2月3日、縁日毎月3日・13日、神主雲路氏、祭神少彦名命・神功皇后(『江戸名所図会』、1836) ○「相模海道大熊村より左り折本村にあり。神主雲路氏奉祀す、鎮座年歴詳ならず、祭神少彦名命と神功皇后二座也といふ、祭礼二月三日、縁日毎月三日参詣あり」(『江都近郊名勝一覧』、1847) ○文化頃、筆者の斉藤幸孝は、江戸近郊を訪ね歩く旅の中で、丸子の渡しを渡り、相模街道(中原往還)を新羽村・大熊村と行き、左へ折れて折本淡島大明神に詣で、神奈川宿へ出る旅をしている。(『郊遊漫録』、1815) ○現在境内に唯一江戸の住人(日本橋)による寛延2年(1749)奉納の石碑あり。 ○「例年二月三日は祭礼なれば群参して甚賑やかなり(中略)神体元より淡島姫なれば、若き女ども誘引合打群れて櫛の歯を挽くが如く、依て男女縁組の見合等多くは、此日を定めて吉祥日とする事なれば、うら若き男女けふを晴着とおもひおもひに、伊達の衣裳を粧ひかざり、芙蓉の媚を繕ふも古風に、田舎めき一品ありて一興といふべし」(『遊歴雑記』)→2月3日の祭礼時に縁結びの風習が見られる。また妊婦が社前にある鈴の下げ緒を借りて腹巻にすると安産になるとか、恋する人の名を書き、榊の枝に結んで祭りの前日、社殿の裏に差して供えると、二人は結ばれるとの伝説があり、加太と良く似た民俗を持ち合わせる。
紀伊藩蔵屋敷内	(1月)「十三日　毎月　箱崎紀州家御蔵やしき、淡島参り」(『東都歳時記』) 「十三日(中略)毎月、箱崎紀州侯御蔵屋敷の内、淡島参詣をゆるす」(『東都遊覧年中行事』)
南品川宿番場海徳寺(自覚山松陽院、日蓮宗京都本国寺末)	(3月)「十三日(中略)品川南番場海徳寺、淡しま祭り」(『東都歳時記』、1838) (3月)「十三日(中略)品川南番場海徳寺淡島祭り」(『武江遊観志

内末社	略』、1859) (9月)「三日　南品川海徳寺、あはしま祭り」(『東都歳時記』) (9月)「三日　南品川海徳寺あはしま祭」(『武江遊観志略』) 海徳寺(中略)大黒淡島合社　北の方にあり、四間に三間半、年々九月二十三日祭、(『新編武蔵風土記稿』、1828) 現在淡島尊天像、絵札の版木のみ残存、境内に「粟島」と記された石塔あり
浅草寺(金龍山伝法院、天台宗東叡山寛永寺末)内末社	『江戸砂子』(1732)の「浅草寺図」に境内社として見える 『江府名勝志』(1733) 「東武あさくさ浅草寺境内、本堂の西淡島大明神の池へ掛けわたせし」(『遊歴雑記』) 「淡島社　本社二間四方拝殿貳間に壱間半、神躰木像丈五寸、本地佛虚空蔵菩薩、東照宮様御宮蹟ニテ石橋等も其儘有(中略)針納之石御座候(後略)(『御府内寺社備考』、1827) 『江戸名所図会』(1836)によれば、東照大権現社が寛永19年に紅葉山に遷座した跡地。 『新撰東京名所図絵』第四篇・第五編(1897)の浅草寺の図・説明文中に記載あり。
東宰府天満宮(亀戸天神社)内末社	『江戸砂子』(1732)の「宰府天満宮(図)」に境内社として見える 「三輪明神淡島明神合社」(『新編武蔵国風土記稿』、1828)
吉祥寺村光専寺(月秀山井頭院、浄土宗京都知恩院末)内末社	『江戸名所花暦』(1827)に記載あり 「客殿の前にあり、一間半に二間、」(『新編武蔵国風土記稿』、1828) 現在本堂脇の不動堂内に淡島明神像を安置
羽田村正蔵院(喜修山了仲寺、新義真言宗高畑村寶幢院末)内末社	「淡島明神八幡春日合社　本堂の右にあり、社は二間に二間半なり、此淡嶋の像弘法大師の作と云、(後略)」(『新編武蔵国風土記稿』、1828)
目黒滝泉寺(目黒不動堂)(泰叡山、天台宗東叡山寛永寺末)内末社	「淡島明神社　神体坐像木にて作る、長二尺許」(『新編武蔵国風土記稿』、1828) 「疱瘡神・粟島明神・石地蔵尊・秋葉権現・六所明神・荒神宮いずれも仁王門入りて右の方にあり」(『江戸名所図会』、1836)
鈴森八幡社境内笠島神社	「天満宮、豊宇賀娘命、猿田彦命、鹿島大明神、淡島大明神、菊理姫命　右六座、合殿の祠は本社の南西の隅にあたりてあり」(『新編武蔵国風土記稿』、1828) 「祭る神六前、豊宇賀姫・猿田彦・菊理姫・天満宮・淡島・鹿島等なり」(『江戸名所図会』、1836)

北品川宿養願寺(明鏡山善行院、天台宗南品川常行寺末)内末社	「淡島社　門を入て左にあり、一間に九尺の塗籠なり」(『新編武蔵国風土記稿』、1828)
芝神明宮(飯倉神明宮)内末社	「淡島神社　間口六尺五寸奥行五尺五寸高一丈五寸、祭神少名彦命、鳥居間口六尺高七尺五寸、千木勝男木二、祭礼三月三日」(『御府内寺社備考』、1827) 『江戸名所図会』の「飯倉神明宮」図に「弁天・淡島」と記された社あり。現存せず。
芝増上寺(三縁山広度院、浄土宗総本寺)末社	「痔病には、芝増上寺地中淡島明神の社より出す青き油薬奇功有、痛所に指にてぬりて吉」(『譚海』、1795)
橘樹郡東子安村神明淡島相社	「神明淡島相社　是も海道往還にあり、元来神明ばかりを祭りてありしに、今の神職萩原伊豫が先祖五十年前淡島を配祀せり、夫より後は却て淡島の社を以て専称し、大師河原村辺の漁者とも産砂神となす、淡島の神體は長一尺四寸童子の姿なり」(『新編武蔵国風土記稿』、1828)
小杉村最明寺(龍宿山金剛院、新義真言宗江戸愛宕真福寺末)内末社	『江戸名所図会』において最明寺境内に淡島堂(社)の絵あり
その他	その他、群馬県前橋・同吉井町・神奈川県横須賀・新潟県粟島・山形県酒田・長野県松代・長野県山口村・京都宗徳寺・岡山・香川県詫間町粟島・徳島阿南・熊本宇土・鳥取県米子・大分県国東・大分県宇佐・長崎県国見・なども知られる。東京都豊島区要町淡島神社については史料では確認できず。

そなはらせ給ふ神の御身にも、うるさい病をうけさせ給ふ。綾の巻物、十二の神楽をとりそへ、うつろ船にのせ、さかひは七度の浜より流され給ふ。あくる三月三日淡島に着給ふ。巻物をとり出し、ひな形をきざませ給ふ。ひな遊びのはじまり、丑寅の御方は、針さしそまつにせぬ供養、御本地は福一まんこくぞう《(満虚空蔵)》、紀州なぎさ《(名草)》の郡加田淡島大明神、身体堅固の願・折針をやる。

この口上が書き留められた『続飛鳥川』の成立年代は正確には不明だが、およそ文化末年とされている。(80)この口上は、加太淡島社への手道具の奉納を代行し、全国に淡島信仰を敷放した淡島願人が、(81)針供養の宣伝をして江戸の街々を練り歩いた際のものとされる。ここで注目すべき点は、天照大神の六女で住吉明神の后とするこの縁起は、少彦名命を祭神とする加太淡島社の縁起とは異なったものであるということである。『紀伊国名所図会』『紀伊続風土記』の双方においても、加太淡島社が少彦名命を主祭神としていたことは確認でき、(82)明らかに本社と異なる縁起をこの淡島願人が唱えていたことになる。つまり、この淡島願人は加太淡島社の関係者ではなく、江戸周辺のいずれかの淡島社が独自に宣伝のために遣わしたもの、ないしは勧進を請け負っただけの、淡島社とは何ら縁のない願人坊主と考えられる。

また加太淡島社の縁起及び略縁起によれば、渡海安穏・武運長久・縁結び・子授り・安産・帯下・針供養・織物縫物上達など数々の利益が見える。(83)確かに江戸の淡島信仰といえば、史料上ほぼ針供養に限られる。このことから、江戸では、決して年中行事に記載されるほど日常生活に浸透したわけではないものの、十八世紀末より連綿と針供養を核として淡島信仰が育まれていたといえよう。北沢淡島社や浅草寺淡島堂をはじめとする江戸周辺の淡島各堂社は、明和三年（一七六六）の加太淡島社の開帳を契機として江戸に広まった。しかしながら、その後は加太淡島社と異なる縁起・祭神を造りだし、住吉明神の后であった淡島明神が帯下により流される話から、婦人病や病気治癒の神として信仰され、また針供養祭を十三日に縁づけて催行するなど江戸独自の展開を遂げた。

とりわけ北沢淡島社は、三・八定日の「夢想の灸点」を生み出し、江戸都市民の利害と一致する形で栄えた。この繁栄が病気治癒の神としての淡島明神を印象づけたのである。婦人病という特性が為せる技か、淡島（粟島）堂社は、全国的に見れば独立した形で祀られることが少なく、境内末社あるいは小祠として祀られることが多い。北沢淡島社が、近世的名所として成立し、豊夥な御府内檀家を確保した要因は、淡島信仰本来の婦人病や日の限られる針供養ではなく、多くの病を受け入れる「灸」という包容力のある実践的治療行為に他ならない。

第六節　寺社と参詣者の相互規定性——非行動文化・非流行神要素の抽出——

江戸の各淡島堂社は針供養を信仰の核としていたが、北沢淡島社は「夢想の灸点」によって独自の展開をみせた。北沢淡島社は、神仏の威を背景とする治療を行った点において、江戸から多数の参詣者を引き入れることに成功した。なおかつこの御府内の祈禱檀家は数多の講を結成したことが奉納物からうかがい知れ、周辺村よりむしろ御府内の熱心な講中に支えられていた面がある。またこの講中に限らず奉納者名には幅広い階層が含まれているが、そもそも病気という性格上、階層を問わないものであるから当然であるといえよう。

淡島信仰の受容過程を例にしても分かるように、寺社側は、それぞれの地域に浸透していく過程で、時代に適応し、適宜縁起内容などを変化・創作し、信仰する側に歩み寄っていた。また信仰・参詣する側は、必ずしも特定の宗派・神仏に捉われることなく、より即効性のある現世利益を求めて流動的に参詣し、その過程で信仰する寺社を見出していった。また寺社側は特定のご利益を掲げて細分化し、一方では広く万人に受け入れられる「諸願」・「諸災」・「諸病」といった文句を謳うという寺社と参詣者との綱の引き合いの様相が象徴的に具体化されていくのが近世宗教の特徴である。そしてまさにこの流動的な民衆が、十九世紀以降顕著になった「流行神」という社会現象を巻き起こしていた本質的な存在といえよう。社会不安からくるメシア思想や世直し思想が「流行神」現象の根底にあるという考え方は、踊念仏や御蔭参りといった特異な現象あるいは天保期以降の打ちこわしと同種の思想を持つ幕末期のええじゃないかといった現象には当てはまるであろうが、病気治癒という現実的な祈願が大方を占める日常の信仰生活には必ずしも妥当ではない。

病気は、今もなお人類にとって最大の「悩み」である。江戸の火事を如実に反映して、三峰山、妙義山、古峰原、秋葉山などが「火除け」祈願として参詣対象となった。一方で、都市内部、ないしはその周辺に病気治癒を掲げる寺社が林立したという事実も大いに注目される。これは、医療では解決の出来ない病気が明確になり、そのような病を一気に解決する手段として神仏による救済が希求され、こうした社会的状況に寺社なりに対応した結果である。病気治癒を目的とした参詣行動は決して目立つものではないが、確実に営まれていたのである。関東周縁部に点在した霊山よりも、むしろ至近距離にある江戸内外の寺社に病気平癒の現世利益が育まれたことは、それだけ個人的で日常に密着した即効性・即応性のある利益への江戸都市民の期待が具現化されたものであると評価できるであろう。これは都市生活の根本的不安を暗示している。これに対して、山岳信仰においても現世利益的信仰内容が目立つが、それは生活の余力から生まれたものであることが多い。開運守護にしろ、祖霊信仰にしろ、都市生活においては、必ずしも第一の懸念材料ではない。まして「風流」への志向対象である場合などは、いうをまたない。歴史は一面において「生きてある不安」が動かすのであり、それはつまり「日常」であり、非行動文化的要素である。

(1)　宮田登『江戸歳時記――都市民俗誌の試み――』〈江戸選書五〉、吉川弘文館、一九八一年）一四一頁。
(2)　加藤貴「江戸近郊名所への誘い」（『大江戸歴史の風景』、山川出版社、一九九九年）一六五～一六六頁。
(3)　鈴木章生「名所記にみる江戸周辺寺社への関心と参詣」（地方史研究協議会編『都市周辺の地方史』、雄山閣出版、一九九〇年）一二四～一二五頁（のちに同『江戸の名所と都市文化』、吉川弘文館、二〇〇一年に収録）。

（4）拙稿「江戸庶民の社寺参詣――相模国大山参詣を中心として――」（『地方史研究』二八〇、一九九九年）六二～六六頁。

（5）鈴木章生「相模大山信仰の成立と展開――民衆参詣の動向と信仰圏をめぐって――」（『秦野市史研究』六、一九八六年、のちに圭室文雄編『大山信仰』〈民衆宗教史叢書二二〉、雄山閣出版、一九九二年に収録）の表6を参照されたい。また宮田登氏は、現世利益の機能分化と同時に近世後期に顕著となる「諸願」の登場について、民衆のメシア思想の表出であるとする（『近世の流行神』〈日本人の行動と思想一七〉、評論社、一九七二年、のちに一部増補して『江戸のはやり神』〈ちくま学芸文庫〉、筑摩書房、一九九三年、一六二頁）。

（6）竹内誠「庶民文化のなかの江戸」（『日本の近世』一四、中央公論社、一九九三年）。比留間尚「さまざまな行動文化」（『日本の近世』一四）。

（7）注（5）宮田『江戸のはやり神』一六〇～一六二頁。宮本袈裟雄「『願懸重宝記』をめぐって」（『歴史公論』三―九、一九七七年）。これらの論考に紹介されてきたが、大島建彦編『江戸神仏願懸重宝記』（国書刊行会、一九八七年）によって、影印本として出版されている。

（8）スーザン・B・ハンレー著、指昭博訳『江戸時代の遺産――庶民の生活文化――』（〈中公叢書〉、中央公論社、一九九〇年）第四章「都市の公衆衛生の発達」。ハンレー氏は、欧米の各都市との比較により、上水・下水の管理、排泄物・ゴミの処理などの点おいて、江戸の公衆衛生のレベルの高さを論じている。そのほか大木昌『病と癒しの文化史――東南アジアの医療と世界観――』（Historia008、山川出版社、二〇〇二年）がある。

（9）斎藤修『商家の世界・裏店の世界――江戸と大阪の比較都市史――』（〈社会科学の冒険六〉、リブロポート、一九八七年）。佐々木陽一郎「江戸時代都市人口維持能力について――飛驒高山の経験値にもとづく一実験の結果――」（社会経済史学会編『新しい江戸時代史像を求めて――その社会経済史的接近――』、東洋経済新報社、一九七七年）。

（10）速水融『近世濃尾地方の人口・経済・社会』（創文社、一九九二年）二七八頁。

（11）幸田成友「江戸の町人の人口」（『社会経済史学』八―一、一九三八年、のちに『幸田成友著作集』二、中央公論社、一九七二年）「江戸町人人口表（第一種）」。

(12)　松本四郎「江戸市中の住民構成」(『三井文庫叢書』四、一九七〇年)第一表。
(13)　田野登「「梅田牛駆け粽」考――都市生活者から見た農村行事――」(『日本民俗学』二一一、一九九七年)。
(14)　立川昭二『江戸老いの文化』(筑摩書房、一九九六年)一四四頁。
(15)　同右、二三四頁。
(16)　塚本学『近世再考――地方の視点から――』(日本エディタースクール出版部、一九八六年)一六五～一六六頁。
(17)　「加太淡島神社縁起」(簗瀬一雄『社寺縁起の研究』、勉誠社、一九九八年、一〇二一～一〇二四頁)及び略縁起研究会編『略縁起　資料と研究二』(勉誠社、一九九九年、九～一二頁)。またより一般向けの略縁起「加太淡島神社略々縁起」(中野猛編『略縁起集成』二、勉誠社、一九九六年、一七四～一七五頁)でも、同じ祭神を掲載している。これらは年代不詳だが、文化八年(一八一一)刊の『紀伊国名所図会』初・二編(臨川書店、一九九六年、五〇八～五一二頁)においてもほぼ同じ縁起内容を掲載しており、近世後期には確実に加太淡島社がこの三神を祭神として祀っていたことが分かる。
(18)　『世田谷区史』(一九六二年)一二六五～一二六六頁。
(19)　『新編武蔵国風土記稿』三(文政十一年刊/雄山閣、一九二九年)二一頁。また森厳寺は、寛永九年(一六三二)編纂の「浄土宗諸寺之帳」・「浄土宗増上寺末寺帳」及び寛文五年(一六六五)の「御朱印帳」にも掲載されていない。これらに掲載されていないことが即座に存在を否定するものではないが、結城秀康の祈願所でありながら記載されていないことは不思議といえる。明治十年(一八七七)の「浄土宗明細簿」によれば、津山松平家の当主松平康倫より「金襴葵紋織七条五條」二肩が寄付されており、近代以降の当家の帰依はうかがい知ることができるものの、近世における津山藩との縁や寄附金の有無は現在のところ確認できていない。
(20)　『新訂江戸名所図会』三(斎藤幸雄・幸孝・月岑編、天保七年/〈ちくま学芸文庫〉、筑摩書房、一九九六年)二一九頁。
(21)　『新訂東都歳時記』上(斎藤月岑、天保九年/〈ちくま学芸文庫〉、筑摩書房、二〇〇一年)五五頁。
(22)　「東都遊覧年中行事」(幽篁庵(久松祐之)編、嘉永四年)、東京国立博物館所蔵。
(23)　加藤正康現住職によると、口伝により先述の通りの縁起が伝わっているという。
(24)　森厳寺は、結城秀康の祈願所として、秀康が深く帰依していた万世和尚の弟子である清誉孫公和尚が開山したとされていることから、『新編武蔵国風土記稿』には、次のような縁起が記載されている。

森巌寺（前略）開山清誉存廓孫公和尚明暦元年七月十一日示寂す、開基は結城中納言秀康卿なり、寺伝に云孫公和尚の師は万世和尚といひ、越前国一乗院に住職せり、中納言殿常に万世に帰依したまひしが、かの卿慶長十二年四月八日御終焉の期に臨ませ給て、黄金若干を賜ひ当国にして一寺を造営せんことを遺命ありしに、万世和尚も齢ひ傾きて其事もはかばかしくならざれば、又弟子孫公和尚師の命ありしゆへ、師の意をうけて当寺を開山せりと、秀康卿法号浄光院殿黄門森巌道慰運正大居士と謚をもて、当寺を浄光院森巌寺と号せりと（後略）。

(25)「嘉陵紀行」四（村尾嘉陵／『江戸叢書』一、名著刊行会、一九六四年）二三八頁。
(26)「遊歴雑記」初上（津田大浄／『江戸叢書』三、名著刊行会、一九六四年）七二頁。
(27) 本社加太淡島社の開帳については、『武江年表』によれば、明和三年（一七六六）七月に、「同二日より、浅草寺境内にて、紀州加太淡島明神本地虚空蔵菩薩開帳」（『武江年表』一、〈東洋文庫一一六〉、平凡社、一九六八年、一七八頁）とあり、また天保九年（一八三八）五月に、「同二十五日より、回向院にて、紀州加田淡島明神開帳（銭にて紙雛の形を額に作りて納む。其の外奉納物あまた有り。此の開帳故ありて半途に止む）。」（『武江年表』二、〈東洋文庫一一八〉、平凡社、一九六八年、九三頁）とある。
(28) 小倉博「成田山新勝寺の江戸出開帳について」（『法談』四四、一九九九年）及び拙稿「近世名所寺院の経営と宣伝活動——成田山新勝寺における江戸庶民との接点——」（『千葉史学』三五、一九九九年）などを参照。
(29) 注(26)、七二頁。
(30) 注(25)、二三八頁。
(31)「遊歴雑記」五下（津田大浄／『江戸叢書』七、名著刊行会、一九六四年）三六六頁。
(32)「寺院明細帳」〔七〕荏原郡（年不詳／『世田谷区寺院台帳』、世田谷区立郷土資料館、一九八四年）五二頁。
(33) 注(19)、二一頁。
(34)「譚海」（津村宗庵、寛政七年／『日本庶民生活史料集成』八、三一書房、一九七九年）二三七頁。
(35)「続飛鳥川」（『日本随筆大成』第二期一〇、吉川弘文館、一九七四年）二九頁。
(36) 加太淡島社が淡島明神に比定している祭神少彦名命と大己貴命（大国主命）は、例えば那須温泉神社・伊香保神社にみられるように医薬神・温泉神としてセットで各地に祀られている。加太淡島社に奉納された絵馬には、手道具の奉納の代わりに病気治癒を願う例も見られ、こうした習俗は現在三月三日に催される雛流しの神事と不可分の要素と考えられる。しかしながら後に第五節で触れる通り、この江戸を徘徊していた淡島願人は、加太とは別系統で出現した者である。すなわち加太淡島社の江戸出開帳の影響を受けつつも、江戸の淡島信仰は独自に淡島明神＝医薬・医療神という概念を生み出したものと考えられる。

(37)　注(26)、七一頁。

(38)　注(25)、二三八頁。

(39)　注(26)、七三頁。

(40)　膝の裏には、三点ツボ（委中・委陽・曲泉）がある。その効能は坐骨神経痛、変形性膝関節症、変形性腰椎症など足痛や腰痛、足腰のだるさであり、こうした持病を持った人々には効き目があったものと考えられる。実際「東都遊覧年中行事」（注22）には、「十三日（中略）毎月、北沢村の淡島社にて足痛を治する、淡島夢想の灸点を諸人に与ふ」とあり、具体的に足痛に効き目があることを示唆している。「東都遊覧年中行事」が世に出た嘉永四年（一八五一）以前の史料では、寺側より「諸病」に効き目があるとされていることから、実際に足痛の病人が治癒した例などから次第に足痛に効果があると信じられるようになったものと推測される。このことは、安政三年（一八五六）刊「狂歌江戸名所図絵」十五・六編に、「足よわもきうにありけてきた沢のあつき恵の淡しまかへり」（『世田谷地誌集』、世田谷区立郷土資料館、一九八五年、四四頁）という歌があることからも分かり、何となく足痛・足弱に効能があることに感づいていたといえよう。実際、最近まで行われていたこの灸治療はリュウマチや脚気に良いといわれていたようである（『下北沢』〈世田谷区民俗調査第八次報告〉、一九八八年）。足の病気の中でも、手足のしびれからはじまり知覚異常や全身の倦怠感、さらには歩行障害・衝心を引き起こし、ついには死に至る脚気は、近世に入ってから庶民の間で特に顕著になった病気である（酒井シズ『病が語る日本史』、講談社、二〇〇二年、一三一～一四〇頁）。白米ばかり食し、副食を疎かにすることで引き起こされるこの病気は、化政期に最盛期を迎えており、北沢淡島社の流行の一因ともいえる。

(41)　注(20)、二一九頁。

(42)　注(21)、五五頁。

(43) 注(22)と同じ。
(44) 注(25)、二三八頁。
(45) 注(21)、五五、一四六頁。
(46) 「武江遊観志略」(龍尾園尋香(般若道人)、安政六自序)、国立国会図書館所蔵。この他「東都遊覧年中行事」でも年中行事として組み入れられている(注40参照)。
(47) 注(26)、七三頁。
(48) 注(25)、二三八頁。
(49) 「江都近郊名勝一覧」(松亭金水作、弘化四年刻成、安政五年再版)、国立国会図書館所蔵。
(50) 地方史研究協議会編『新版地方史研究必携』(岩波書店、一九八五年)二二一頁(表四―一二)。なお当表は、草間直方『三貨図彙』(日本経済大典三九・四〇)、三井高維編『両替年代記関鍵』(岩波書店、一九三三年)を基にしている。また「狂歌江戸名所図絵」十五・六編に、「三八の灸てなおれハ淡しまの二十四銅て両あしそたつ」(注40、四五頁)とあることから、基本的には男は左の膝裏、女は右の膝裏という定めはあっても、両足に施灸を受け、倍の初穂を納める者もいたのだろう。
(51) 注(26)、七一〜七三頁。
(52) 注(25)、二三八頁。
(53) 例えば池川春水は、土佐藩下級武士の家に生まれ、江戸で開業後、安房国和田村の医師となり、奥州旅行の際の「奥遊日記」などでも知られる人物だが、明和五年(一七六八)に富士・大山参詣を敢行している。この際、幾度となくもっともな理由をかかげて参詣者から銭を取ろうとする寺社側の対応に憤慨している。こうした批判的精神は、知識層の旅日記・紀行文などに頻出しており、嘉陵や十方庵にも通ずるところがあるだろう(「富士日記」明和五年/『日本庶民生活史料集成』三、三一書房、一九六九年、三七七〜三七八頁)。
(54) 注(25)、二三八頁。
(55) 注(26)、七二頁。
(56) 「文政十二年下北沢村宗門改帳」(高橋家所蔵文書/『世田谷区史料』第四集、一九六一年)一〇七〜一三二頁。
(57) 「浄土宗明細簿」(『世田谷区寺院台帳』、一九八四年)四七〜五二頁。

(58)『世田谷区史』(一九六二年) 九六八～九七〇頁。ちなみに、灸日には檀家が灸の順番札を配る手伝いをしていたという (注40『下北沢』)。
(59)「江都自慢」、国立国会図書館所蔵。この見立番付によれば、「あわしまより物　北沢ぼたん」との記載がある。
(60) 注(31)「遊歴雑記」五下、三六五～三七一頁。
(61) 市古夏生・鈴木健一校訂『江戸名所花暦』(岡山鳥、文政十年刊／〈ちくま学芸文庫〉、筑摩書房、二〇〇一年)。同書は、四季折々の景物四十三項目を四季ごとに分け、それぞれの名所を示した案内書であり、花に限らず納涼や雪など花鳥風月全般に渡っている。
(62)「文化十年正月万覚帳」「文化十年正月金銀出入帳」(『世田谷区史料叢書』一四、一九九九年)。
(63)「文化十年正月金銀出入帳」「文化十一年正月金銀出入帳」「文化十四年正月金銀出入帳」(注62『世田谷区史料叢書』一四)。
(64)「文化十年正月万覚帳」「文化十年正月金銀出入帳」(注62『世田谷区史料叢書』一四) 九〇頁。
(65) 例えば内閣文庫所蔵「目黒筋御場絵図」(文化二年) などを参照。同図を収録した「文化二年目黒六カ村絵図」(東京都立大学学術研究会編『目黒区史』資料編付録、一九六二年) によれば、下北沢村の村名のすぐ上に北沢淡島社が描かれている。
(66) 渡辺家文書 (三九、三五七、五七二、三二二四、三二五〇、三三二七)、慶應義塾大学古文書室所蔵。
(67) 渡辺家文書 (四六七)「元治元年八月　寄場入用割合帳　十二社会席」、慶應義塾大学古文書室所蔵。
(68) 平成十三年九月及び十二月の筆者現地調査による。
(69)「遊歴雑記」二上 (津田大浄／『江戸叢書』四、名著刊行会、一九六四年) 六～八頁。
(70) 注(69)に同じ。
(71) 信濃国松代周辺の村々では、村医師が、天明期には十カ村に一カ村の割合であったものが、文化・文政期 (一八〇四～一八三〇) から増加し、弘化期 (一八四四～一八四八) には一カ村に一人以上も存在するようになるなど、十九世紀に入ると医師が身近な存在となっていたことが知られる (『長野県史』通史編世二、五五六～五六二頁)。及び注(16)塚本『近世再考』、一六四頁。
(72) 長沢利明「針供養と奪衣婆――東京都新宿区新宿・正受院――」(『西郊民俗』一二四、一九八八年、のちに改題して同『江戸東京の庶民信仰』、三弥井書店、一九九六年に収録）二二一〜二二四頁。
(73) 長沢利明「浅草の針供養——東京都台東区浅草淡島堂——」（『日本民俗学』一七八、一九八九年）一二五〜一二六頁。
(74) 「狂歌江都名所図会十五・十六編」（天明老人撰、立原広重画、安政三年／『世田谷地誌集』、一九八五年、四三頁）。『江戸名所図会』の影響を強く受ける形で『江戸名所図会』に収録されたいくつかの名所を撰び、それを題材に詠まれた狂歌集である。
(75) 同右、四四頁。
(76) 網野宥俊編・内藤貞太郎註『浅草寺志』上巻（松平冠山編、文化十年／浅草寺出版部、一九三九年、のちに復刻、名著出版、一九七六年）三〇一頁。
(77) 『群馬県史』資料編二六民俗二（一九八二年）九八頁。
(78) 『神奈川県史』各論編五民俗（一九七七年）四四三、五八九頁。
(79) 注(35)、二九頁。
(80) 同右、一〜三頁（解題）による。
(81) 五来重『異端の放浪者たち』（〈宗教民俗集成三〉、角川書店、一九九五年）二〇三頁。同『修験道の歴史と旅』（〈宗教民俗集成一〉、角川書店、一九九五年）八八〜八九頁。淡島願人についても、柳田國男が指摘した来訪神信仰から来る大師伝説を全国にもたらした高野聖と似たような伝説が各地に残されている。例えば、現群馬県多野郡吉井町多比良神社（諏訪神社）境内にある淡島神社には次のような縁起が伝わっている。淡島明神の像を背負った巡礼がやって来て数年止まった。この巡礼が出立する際、お礼にと置いていった淡島明神像をのちに祀ったのが現淡島社である、というものである。
(82) 『紀伊国名所図会』初・二編（高市志友編著、文化八年／臨川書店、一九九六年）。『紀伊続風土記』（仁井田好古編、文化十二年〈海部郡〉、歴史図書社、一九七〇年）。なお注(36)参照。
(83) 「加太淡島神社縁起」・「加太淡島神社略々縁起」（注17）はいずれも年代不明だだが、前者は少なくとも十八世紀中頃までには成立していたと考えられ、後者の略縁起はその利益内容から見て、近世後期から末期にかけて作られたものと推定される。

第九章　伝承成立の歴史的考察と御師

第一節　「片参り」忌避伝承

前七章において近世における宣伝戦略の「経験」こそが、門前町を包括した挙山一致の体制を確立し、神道国教化政策の波をも乗り切る原動力となったことを示した。次に本章では御師に着目していく。

近世期の寺社参詣形態の大きな特徴の一つとして、旅人が参詣地を複合化する傾向がある。この要因について新城常三氏の『新稿社寺参詣の社会経済史的研究』[1]以降、中世末期から顕著となった物見遊山化の傾向の一つとする見方が一般的である。ただこれについては批判もある。[2]複数の参詣地を周回する意識ないしは無意識的構造をいかに捉えるかということは、意識レベルであろうと無意識レベルであろうと「巡礼」と「参詣」、「信仰」と「遊山」という永劫なる課題に帰結する。一方、二カ所ないしは三カ所の特定された名所の組み合わせ[3]の場合、そうした問題とは別に取り組まなくてはならない。というのも、かかる事例においては民俗伝承が残されており、その背景に容易に御師の関与が想定されるからである。寺社参詣を成立させた一要因として検討せざるを得ない問題である。

本節で取り上げる二カ所参詣の事例は全国にも多い。熊野と伊勢、伊勢と多賀、伊勢と津嶋、善光寺と別所温泉の北向観音、善光寺と飯田の元善光寺など枚挙に暇がない。なかでも本節で取り上げる富士山と相模大山は、両山ともに、近世中期以降、夏季に江戸町人をはじめとする参詣者が群集した霊地である。この富士山と大山には、富士講の間で語られていたとされる「片参り」忌避なる伝承が存在した。これは富士山だけに登ることを「片参り」といって嫌い、必ず往復のいずれかに大山へも立ち寄ったというものである。または「富士だけの片参りはいけない。その年か、次の年には大山にも参らなければならない。」ともいわれていたとされる。(4)

この「片参り」忌避の成立背景については、先行研究でいくつかの理由が考察または紹介されている。①まず富士と大山はその山容から、富士山が陰、大山が陽であり、和合習一の民間信仰に起因しているとするものがある。(5)確かに富士山山頂は噴火口があり、窪んだ形をしているのに対して、大山は先鋭な三角形の形容を見せている。②また記紀によれば、富士浅間神社の主祭神である木花咲耶姫と、大山阿夫利神社の主祭神である大山祇神は父娘の関係にある。そのため、娘に当たる木花咲耶姫に詣でて、父親である大山祇神社の方へ詣でないのはよろしくないという論理もある。(6)これは大山側からの由緒の正統性の主張として捉えることができる。③富士山と大山の神は姉妹であり、「富士山をほめるでないよ、富士山と大山は姉妹」といわれ、大山に登った際に富士山をほめると怪我をするという伝承を紹介したものもある。(7)この伝承は大山側の富士への対抗意識の表象であろう。

伝承や寺社縁起の内容の当否を云々することは無意味であって、それよりもむしろその伝説がその地域に生まれ、連綿と受け継がれてきたことの意義への歴史学的考察がなされなければならないことは自明の理であろう。(8)このことを十分念頭に入れてこれらの諸説を問い直してみると、②の説は明らかに宗教者の介在をうかがわせるものであり、これは富士参詣者への大山側の宣伝的接触に他ならない。「大山だけの片参りはいけない」とする全く逆の伝承も残っている点などは、まさしく富士と大山の相克の歴史を強固に裏付けるものであろう。

それでは実際、富士・大山参詣を兼ねる例はどれほどあったのだろうか。まず、文芸作品中の、富士と大山のセット化に関する記述を紹介してみよう。『譚海』[9]（寛政七年＝一七九五）においては、

○相州の大山より小田原へこゆるには、一の沢ごえといふをするなり、大山麓より不動堂まで五十町あり、其十六町めの坂の脇に、一の沢ごえのわかれ道あり、半里ほどくだればすなはち一の沢也、二の沢、三の沢迄有、石尊権現参詣の頃は、やくらごえして富士山に参詣する人多ければ、ここに茶屋有て水を売なり、（傍線は筆者、以下同）

とあり、大山山頂の石尊社への参詣が可能となる夏山祭礼中に、富士山へも登拝する人の多いことが書き記されている。また『嬉遊笑覧』[10]（文政十三年＝天保元・一八三〇）では、

「懐子」四「行水に数かく垢離や富士詣」など俳諧にみゆれども、大山詣は古き発句などもなきにや、年毎に富士参する者は大山にも詣するなり、多年登山したるものを先達といふ、其むれいとおほし、是を富士講中と唱ふ、

と「懐子」の以下の部分を引用し、大山参りを兼ねる富士参詣者が年々増えていると述べられている。

次に、大山と「掛越」する場合、登山口として利用される須走口の御師家の宿帳を検討してみよう。[11] 須走村御師米山家に残る宿帳をもとに、宝暦二年（一七五二）六月三日より七月十七日までの武蔵国からの参詣者（五二組）のうち、吉田口をも利用した者を表1に示した。これによれば一五組が須走口と吉田口の両方を利用している。そのうち一一組は、須走口より吉田口へ向かったことを表す「吉田江」との文字があり、残る四組は文字が判読不能であるが、やはり吉田へ向かったことを示すと思われる。これは、一般的に富士参詣者は吉田口より登拝し須走口に下るとされる定説に反するものである。また、表1に提示した参詣者は、主に須走口を利用したとされる相模国・上総国・安房国の住人ではなく、武蔵国からの旅人であることにも注目しておきたい。富士への

表1　宝暦2年宿帳に見る吉田への「掛越」

	住居地	代表者	同行者	
6月7日	川越志き町	伝兵衛	5人	吉田 不明
27日	足立郡嶋巣町	新蔵、新三郎、又平	19人	吉田 不明
29日	玉郡和田村	三右衛門、権九郎、庄左衛門	5人	吉田江
	引郡小川村	喜左衛門、三次郎	7人	吉田江
晦日	小玉郡八幡山村	伝次郎、千太郎	2人	吉田江
7月□日	賀美郡金久保村	栗原忠七、伊藤理助、花方平右衛門	10人	吉田江
2日	入間郡川越領水子村	長兵衛、太兵衛、平五郎	6人	吉田 不明
□日	玉郡奈良橋村	権八、九郎兵衛、吉三郎、藤右衛門、伊右衛門	5人	吉田江
3日	賀美郡ちよく河原村	清左衛門、義平	13人	吉田江
5日	玉郡村山みつき	健左衛門、源七、平十郎、五右衛門、伊兵衛	17人	吉田江
□日	入間郡上谷貫村	源六、庄左衛門、勘兵衛、喜左衛門、九兵衛、作左衛門	6人	吉田江
12日	引郡松山領石橋村	忠右衛門、久次郎、五兵衛	8人	吉田江
13日	玉郡日野原村	孫右衛門、源六、藤左衛門	8人	吉田江
14日	新座郡野日留村	勘左衛門、武左衛門、治左衛門	3人	吉田 不明
15日	秩父郡日野沢村	佐平次、忠兵衛、久右衛門、十兵衛、金平	5人	吉田江

注)『駿東郡須走村米山豊彦家文書』(89)(小山町史教育委員会所蔵写真帳)より作成。武蔵国からの宿泊者を記した宿帳より、吉田口をも使用したと考えられる者のみ抽出した。

近道であるはずの甲州街道を通り吉田口から登拝するのではなく、わざわざ遠回りをして須走口から登山していることになる。したがって、十八世紀中頃までは大山へ登拝後富士へ参詣する旅人が、富士参詣の一つの大きな潮流であったことがわかる。このことを傍証してくれるのが、十返舎一九の『大山廻富士詣』[12]である。この刊行年は文政五年（一八二二）である。この作品は、東海道小田原宿から足柄峠を越え須走口から富士詣を行い、その後大山に参詣する構成となっている。また文政六年（一八二三）の『新撰富士詣』[13]では、日本橋から東海道を藤沢まで行き、四ツ谷より右に折れて先に大山登拝を行った後須走口より富士登頂を果たし、その後吉田口に降りて甲州道にて戻るルートを紹介している。大山と富士の登山順序が逆ではあるが、いずれも須走口からの富士登拝を骨子としている。

表2　天保2年大山夏山祭礼中の村山坊入者による掛け越し

月　日	人数	住　居　地	代表者名	備　　考
6月28日	8人	下総葛西金町	平治郎	「富士下向」
7月1日	2人	下総奥戸村	清五郎	「富士江掛越」
	1人	本所菊川町	上州屋幸七	「富士下向」
2日	1人	武蔵山崎村	長治郎	「一之沢江参詣、夫より本宮参詣下山掛立寄……」(昼通り)
	3人	下総七熊村	藤右衛門	「富士下向」
3日	8人	深川土橋	浜屋半蔵	「富士下向」(昼通り)
	2人	下総本郷村	理左衛門	「道了江掛越」
7日	5人	江戸本八丁堀	武兵衛	「打越」(昼通り)
8日	2人	武蔵葛西領小金新田	名主喜太郎	「富士下向」(昼通り)
	5人	下総古和釜	弥治兵衛	「富士下向」
10日	4人	下総小金町	村田屋茂兵衛	「富士下向」(昼通り)
14日	4人	上総富津仲宿	多田屋庄五郎	「道了江掛越」
15日	3人	武蔵下釜田村	名主茂三郎	「富士江掛越」(昼通り)
17日	3人	葛西奥戸村	仁右衛門	「富士参詣」
合　計	51人			

注)「夏山祭礼中諸収納控帳」(『伊勢原市史』続大山 資料編、1994年)より作成。天保2年夏山祭礼中(記述は6月26日より7月18日までの23日間)に村山坊を訪れた延べ人数は、857人である。

富士が勢力を増す十九世紀に入ってもなお、民衆生活文化をやや飛躍的ながらも象徴化する滑稽本で、登下山の主な舞台を須走登山口としていることの意義は大きい。大山詣が盛んとなるのは、富士参詣より五十年ほど早い寛延・宝暦期頃であることを考え合わせると、少なくとも十八世紀段階では、大山を往復のいずれに組み込むか、あるいは吉田口に抜けるか否かは別として、大山詣を兼ねた須走口よりの登拝が、富士登山の主流であったとも推測できるが、これはあくまでも推論の域を脱し得ない。

表2は、大山の御師家の一つ、村山坊に残る天保二年(一八三一)の「夏山祭礼中諸収納控帳」(14)に記された坊入り者のうち、他の名所と兼ねていたことが判然としている者を表にしたものである。道了尊(大雄山最乗寺)・一之沢(浄発願寺)への参詣者も見られるが、富士山への参詣者が最も多いことは明らかで、道了尊・一之沢・不明な者を除くと、夏山祭礼中で三九名の例が見られる。こ

の富士山と兼ねて参詣している者には、「夏山祭礼中諸収納控帳」中に、三通りの記述がある。備考欄に示したように、「富士下向」「富士江掛越」「富士参詣」の三種である。このうち、「富士参詣」は、これから富士へ参詣するという意味であるのか、単に富士参詣を主目的としているという意味であるのか定かではない。「富士江掛越」とは、この後富士へ向かうという意であり、人数は五名である。また「富士下向」は、富士登拝を済ませた後、大山に訪れた者であり、三一名を数える。よって富士参詣後、須走口または須山口より、足柄・箱根などを踰越して大山へ向かう人が多かったことがわかる。ただしこれは、村山坊が把握していた数であり、実際には、表に抽出した以外にも存在したと考えられる。したがって、天保二年（一八三一）当時、一五〇軒ほどの御師家が実存していたことを考え合わせると、全体としては相当な人数に上ったと推察される。従来は吉田口よりの富士登拝が主流という画一的な理解にとどまっていたものの、少なくとも十八世紀までは、大山参詣後富士へ回る人の流れも一つの大きな勢力となっていたことだけは確かなようである。かくのごとく、大山が力を持っていた十八世紀初頭から連綿と続く富士・大山間の参詣者獲得競争の中で「片参り」の伝承が生み出されたのである。「富士だけの片参りはいけない」という伝承と、その逆の「大山だけの片参り」だけではいけないという二つの伝承が残っているのは、両山それぞれが互いの山の繁栄を羨み、妬み、利用した歴史の足跡なのである。(15)

第二節　セット化成立の背景と参詣者意識

以上みてきたように、富士と大山のセット化成立の要因とされてきた「片参り」を嫌う風習が、富士と大山の間で、互いに権威が流動し合う中で生み出されてきたものであることをつきとめた。しかるに、管見の限りでは、近世の富士・大山関連の道中案内記・道中記・滑稽本などには、「片参り」に関する記述をまったく見ることができない。無論、存在自体を否定しようというのではない。むしろここで問題としたいのは、参詣者の間でどれだけの人が信じていたのかということである。そこで、大山と富士山のセット化成立の要因を、「片参り」忌避以外の事柄に求めてみたい。

まず地理的関係だが、吉田口より富士登拝を行う者にとって、大山への掛け越しを妨げる「山内の禁」が存在した。すなわち富士山を南北に縦断して登下山することを、「山を割る」として禁忌するものである。この伝承は多くの文献に記されているため、富士参詣者の間に深く浸透していたと考えられる。たとえば、『富士山道知《みちし》留辺《るべ》』（万延元年＝一八六〇）では、「山内の禁」として、「南より登りて北へ下り、北より登て南へ下るを山を裂といふて忌む」(16)と紹介している。また『隔掻録』（文政八年＝一八二五）では、「行者ハ南ニ登リテ北ニ降リ、北ニ登リテ南ニ降ルヲ御山ヲ裂クト称シ、（中略）忌ム事ナリ」(17)と述べている。ここで、近世期の登山口に関するいくつかの文献を整理しておこう。『隔掻録』（文政八年＝一八二五）では、(18)

北口ヲ吉田口ト云、南口ヲ須山口・須走口・大宮口・村山口云フ、（中略）須走口ハ山上八合目ニ至リ吉田口ト合シ、村山口ハ幾計モ無大宮口ト合ス、故ニ山上ニハ吉田口・大宮口・須山口ノ三口トナレリ、南ヲ表トシ、北ヲ裏トスレトモ、

として五口を紹介している。『富士山真景之図』（弘化四年＝一八四七）は、(19)

東北は都留郡なり、是より登る路を北口といふ、南大宮より登る路を南口といふ（中略）北口を吉田口といふ、東口を須走口・須山口、大宮口、四口各村名を以て呼ふなり、須走口ハ山上八合目にいたり吉田口と合し、村山口ハ大宮口と合す、ゆへに山上には南北二口あるのミ、南を表とし北を裏とすれとも、

と述べている。『富士山道知留辺』においては、(20)

東南ハ駿東郡・富士郡の二郡に当て、是より登る道路三口あり。須走口・須山口・大宮口等なり、又西北ハ都留郡に当つて、是より登る道を北口といふて吉田口これなり。山下にてはかく四口にわかつといへとも、

山上にて八三口となりて、吉田口八須走口と八合目にして合して一路となり鳥居御橋へいで、須山口ハ頂上銀名水へいで、大宮村山口ハ表大日堂へ出る、

としているが、本文中では、須走口および須山口を「東口の一なり」と、また大宮口を「南口の一にして又村山口ともいふ」と紹介している。

したがって、大宮口・村山口を南口とし、吉田口を北口とすることには異存はないが、須走口・須山口に関しては、東口とするか南口とするか不確定であったことがわかる。つまり、各登山口の方角認識が不統一であったため、北の吉田口から登る際、南の大宮口・村山口に降りることさえ避ければ、須山口・須走口へ下ることも可能だという解釈も成り立つ。実際、吉田口から登り、須山口・須走口に下る例は、日記・紀行文の作者のみならず、富士講者の間に見ることができるのである。[21] 須走口・須山口に下れば、必然的に足柄峠を越え、道了尊（大雄山最乗寺）に立ち寄りながら、関本より矢倉沢往還を通り、大山へ参詣するコースが成り立つ。『富士山道知留辺』[22]では、江戸よりの富士参詣路を絵図で紹介しているが、そのルートは、江戸より甲州街道を通り吉田口から富士に登る道筋を往路とし、「富士山より大山石尊へ廻り江戸へ入る道路」を復路としている。さらに凡例には、「参詣の便利に随ひ甲州道を上り道とし東海道大山道を帰り道とす……」との記載まである。富士登拝の帰路に大山へ立ち寄ることが、いわば好都合だという認識を、幕末期の案内記から読み取れるのである。

次に富士詣の行われる時期を見てみたい。富士山への登山が許されるのは、六月朔日の山開きから、七月二十四日までの間である。[23] これに対し大山では、石尊大権現を祀る山頂の石尊宮（本宮）への参拝が許される夏山祭礼中は、六月二十七日から七月十七日までの間である。[24] 両山の参詣時期が重なっており、大山と富士を兼ねて詣でるには、絶好の条件が揃っていたといえる。

また、元禄期以降、交通網の整備、都市生活水準の向上、名所記・道中案内記・道中記などの普及による情報

の多様化が進み、寺社参詣を主とした旅が盛んになったといわれているが、依然として庶民にとって旅は貴重なものであった。例えば伊勢参りでは、関東・奥州より伊勢神宮へ参拝する場合、その多くが高野山・金比羅・善光寺などへも立ち寄っており、「一生に一度」という性格を持っていた。(25)より近郊の大山詣でさえも、当地への旅日記は、管見の限り五十数点にのぼるものの、このうち大山以外の名所へ立ち寄らず帰宅したのは、寛政八年(一七九六)の『雨降山乃記』(26)のみである。その他はすべて、富士山・道了尊・江ノ島・鎌倉・金沢などへも訪れている。また富士信仰においては、駒込富士をはじめとした各地の富士塚に、富士詣と同じ時期に参詣が行われており、富士山まで詣でることの叶わない老人・女性・子供らが集まっていた。(27)これは、旅が一般化したとはいえ、こと富士参詣に関する限りでいえば、いまだ容易ならざるものであったことを示している。

さらに、富士や大山・江ノ島・高尾山・武州御嶽山・成田などでは、都市・農村・漁村を問わず、いずれも講の形成が見られた。特に農村では、代参講方式をとる場合が一般的であった。それに対して、江戸にごく近い川崎大師では、講の形成がほとんど見られなかったのも、(28)大山詣・江ノ島詣でさえ簡単ではなかったことを物語っている。生涯に幾度も旅へ出ることが叶わなかった近世にあって、富士詣のついでに、帰り道に位置する大山へ参拝したくなるのは、至極自然なことであったのではないだろうか。このように見てくると、特に富士講のように信仰対象が限定されていた一定の人々を除けば、近世中期以降の参詣者には、合理性に富んだ参詣者意識を見ることができる。

以上、ここでは富士と大山を例として「名所のセット化」が成立する背景を検討してきた。従来先行研究で述べられていたような「片参り」伝承はまったく文献上に現れず、どれほど参詣者によって意識された俗信であるのか疑問が付きまとう。むしろ参詣時期や、旅人の自主性に基づくより多彩な魅力の追求など、参詣者側の極めて合理的観点から生み出された参詣行動なのである。そしてこれが参詣側の論理なのである。これは国家権力のみならず情報・交通事情等社会的にも一定の規制を受けつつも、その中で最大限に自由意志を働かそうと参詣者が努力するという近世的寺社参詣の在り方を鑑みると、こうした参詣行動は歴史的必然の産物といえる。

第三節　社会・経済的影響と富士・大山参詣の動向

次に、富士山と大山の二カ所参詣が地域社会へ与えたさまざまな影響を見ていき、近世における富士・大山参詣者の動向を把握する。その上で御師の役割について論じていきたい。

天保九年（一八三八）の『富士・大山道中雑記[29]』に、次のような興味深い記事がみられる。六月二十九日、松田宿酒屋吉兵衛方を出立した一行は、昼頃に蓑毛に到着し、「永楽やと申茶屋にて昼食」を取った。それより、大山山頂を目指したのだが、その際に、荷物を「永楽や」に預け、それを「表口子安宿酒屋大津屋権十郎」へ人足をもって回送している。一行は、「永楽や」より「押切印之切手受取」、登山を終えて大津屋へ到着した際に、「送り切手と引合せ、荷物大津やより受取」という手順をとった。このような切手によって荷物を運ぶシステムが、子安村と蓑毛村の間に成立していたことがわかる。これは富士詣と大山詣を兼ねて行う、旅人への一種のサービスに他ならない。さらに天保三年（一八三二）に富士詣の帰路大山へ登拝すべく蓑毛口を訪れた府中六所宮（現大国魂神社）宮司猿渡盛章も、

田原といふ里を過て蓑毛に至る、田原・ミの毛ハ永録（禄）の分限帳にミえたる地名なり、けふも未過るころなれハこゝにてしばしやすらひ物くひなどす、さてあるじにはかりて箯などのらうがはしきものハ人して子易の町へ送り置て雨降山へ登りゆく（中略）こゝより下ハ坂路の左右に神人商家軒をならべて数多し、左に良弁が滝あり、右に引入て大滝あり、下り尽して銅の鳥居あり、大山寺といふ額をかゝぐ、しばしにして子易の町に至る、こゝに子易観音子易地蔵の堂あり、また子易ノ明神といふ社もありて（中略）さて彼蓑毛より人

して筲など送りたりしやどりハ此子易ノ明神の前にて、こゝにむかひの人を出してまち居たりけり、

とあり、先述したシステムと同様のサービスを利用して、筲などの手荷物を子安へ回送したことがわかる。[30] 子安村の宿の方でも、子安明神の前に迎えの人を出すなど、宿泊客へのきめ細かい対応が見られる。[31] この蓑毛・大山町間の荷物回送システムの値段は、文化三年（一八〇六）の伊勢参宮者の旅日記に、大山から蓑毛まで「御荷運銭壱人三十弐文」とある。[32] このようなシステムは、他地域においても存在している。筑波山麓では、坂東巡礼二十四番札所雨引観音あるいは真壁から大御堂まで荷物を回送し、筑波男体山・女体山を登拝し大御堂（二十五番札所）まで下りてきた参詣者に届ける体制があったことがうかがわれる。[33] また鳳来寺山麓では、秋葉山から鳳来寺に参詣し、御油方面に抜ける旅人のために、大野から門谷まで荷物を回送するシステムがあったが、[34] この事例が最も大山町・蓑毛村の事例に近いものである。この場合、単なる地域間協力というよりも、早めに宿泊客を確保できるという利点で一致した宿同士個々の連携の総体であるとも考えられるが、これ以上の詳細は不明である。その他、伊勢街道と奈良街道の追分である月本には、大坂道頓堀芝居町の旅籠大和屋弥三郎が支店を出しており、伊勢参宮者に配布したと思われる引札には、「此月本ニ私方出店御座候而、手代相つとめ居申候間、上方へ御廻り之節ハ御不用之御荷物大坂へ御廻被遊候而御勝手よろしく間違は決して無御座、早速御届ケ可申候[35]」とあり、値段は不明だが、月本から大坂まで荷物の回送サービスを展開していたことが分かる。これは、地域間協力体制の事例ではないが、名所を掛け越す参詣者に着目することで生まれた商売である。この大和屋は船持で、京や金毘羅へも船による荷物回送していることも分かり、大坂・京・金比羅・伊勢（月本）という四カ所の本店・支店を基点に、広域な連関組織の中で旅籠屋と荷物回送業を営んでいたのである。逆に言えば、参詣者にとって見れば、伊勢参宮を果たす前に大坂の宿と金毘羅へ渡海する手段、さらには丸亀等四国での宿までおのずと決まっていたことになる。

また明治十年（一八七七）刊の『大山敬慎講社定宿』(36)を見ると、富士登山の客に対しても、大山の配慮がなされているのがわかる。本史料は、大山講者（大山敬慎講社）のための案内書であり、道順の案内とともに、敬慎講社の協定旅舎（定宿）の紹介がされている。これによれば、定宿が矢倉沢に二軒、竹ノ下に二軒、御殿場に一軒、古沢に一軒あり、さらに富士山登山口の一つである須走に四軒もの定宿が存在していたことは、注目すべきことである。(37)

これらは、富士詣と大山詣をセット化する参詣者が少なくないことを示すものであるが、彼らの動きは当然道中の村々に変容をもたらした。『箱根山七温泉江之島鎌倉廻金草鞋廿三編』（天保三年＝一八三二）では、旅が三島宿から始まり、箱根・道了権現（最乗寺）を経て大山へ向かう。次の文章は、関本より蓑毛に至る道筋を紹介した部分である。(38)

関本・曾賀野・猪の江

せきもとはふじ《（富士）》かいどうなり、これよりあしがらたけのした《（足柄竹ノ下）》のかたへゆきて、ふじのすばしりくち《（須走口）》へいづる也、また大やまのかたへは、せきもとより一りゆきて、そが《（曾我）》といふにいで丶、また一りすぎて、いのゐ《（猪江）》といふにいたる、みな山みち、いたってなんじょのみちなり、

十日市

いのゐより一り半ゆきて十日市なり、このかいどう、ふじ・大山の道にて、なつはたび人もおほく、ちゃやもあれども、つねはばんどうじゅんれい《（坂東巡礼）》おうらいするばかりなり、

蓑毛

十日市よりみのげまで一り半、みのげより大山廿一丁めへいづる、（中略）これより大山へかゝる、みのげにもおし《（御師）》のいゑあり、

これによれば、猪江（猪口の間違いか）より十日市（現秦野市）までの間の街道は、平常は坂東巡礼者が往来するのみであったが、夏期には、富士・大山への旅人が行き交い、臨時茶屋が出ていた。また文久元年（一八六一）の『滑稽富士詣』(39)には、

富士の下向の同者等ハ、小田原の駅を左りにまがり、飯住の観音より道了宮に参詣して、関本に一夜をあかし、ころしも夏すぎ文月のはじめに移る大山時、さらバ石尊権現に詣んものとうちつれて、これより十文字の川瀬を渡り、町田勘山篠窪等の村々をうちすぎて、曲り松といへる里にきたれる頃ハ午刻下り、常にハ淋敷往来も、水無月の末つかたより石尊詣の人足しげく、農家ハ軒端に日除をさしかけ、一ぜん飯屋酒さかな、三国一夜手造りの富士の甘酒餅水菓子、団子五引て串のこる、十露盤づくの際物商内、利益ハ積る大山の神の恵としられたり、此村はづれの団子茶屋ハ、見せ先より奥のかたまで道筋長く土間となりて、庭いとひろく見はらしよければ、あまたの参詣どうしや達、ミな立寄てやすらふほどに、殊更はんじやう他に過ぎたりと、関本村から蓑毛村へ向かう途中に位置する曲松（現秦野市）の、大山詣時分における様子が描かれ、道中筋の村が大山の夏山祭礼中に臨時の農間余業を行っており、主に富士山との掛越の参詣者で賑わっていたことがうかがわれる。

ここで、『富士・大山道中雑記』一行が宿泊した、松田の継立をめぐって起きた争論を見てみたい。江戸より足柄峠を越えて駿河に至る矢倉沢往還の継立地に定められた当地域は、神山村と松田惣領村が共同で人馬の継立を行っていた。(40)両村の間で富士・大山への参詣者をめぐって起きた論争について、安永八年（一七七九）十月、次のように決められた。(41)

一富士・大山参詣之導者、神山村枝郷清水幷松田惣領町屋道筋ニ而往返通行有之、泊休馬継仕来申候、然処清水ニ而泊導者駄賃取引之儀ニ付及諍論、松田惣領ニ而茂駄賃古例仕来之儀申之、神山村ニ而茂古例仕来之儀申

之、右訳合ニ付出訴ニ茂可及之所、八沢村太兵衛・松田庶子作右衛門両人ニ而取噯、左之通内済仕候
一登り下り駄賃之儀、松田惣領・神山村古例仕来之儀申候得共、噯人双方取用不申、此度両村一村同様ニ馴合、昼駄賃ハ不及申、泊り導者宵極・朝駄賃共、両村之者清水・町屋ニ而拵次第取之候様ニ取噯、両村熟談得心之上内済仕り候事

（中略）

一清水・町屋は富士・大山往来継場ニ而、馬・駕籠に乗候旅人、前々より登りハ清水ニ而卸シ申候、下りハ町屋ニ而卸シ申候、都而何村之馬・駕籠ニ而、一切乗せ通し不申、卸シ来申候事（後略）

矢倉沢往還の通行者の駄賃に関して、松田惣領と神山村の間で双方より申し立てがあったが、結局両村が一村同様に継立を行い、互いの村で自由に駄賃を取れるようにとの内済があったことがわかる。さらに注目すべきは、傍線部分にあるように、松田惣領・神山村の両村が「富士・大山往来継場」と明記されていることである。矢倉沢往還が、つまりは富士・大山への参詣者の道であるとの認識がなされていた。この「富士・大山往来継場」に関しては、両村の役割を明確にしており、富士詣・大山詣を行う旅人が一時に集中する夏期は、その収益の高さゆえに、日常の駄賃稼ぎとは区別し、綿密な取り決めをせざるを得なかったのであろう。

同様に、矢倉沢往還の宿場的役割を果たし、なおかつ大雄山最乗寺の門前町的機能も兼ねる関本村では、富士詣の旅人をめぐっていくつかの訴訟・騒動が起きた。次の史料は、安永三年（一七七四）十一月に関本村より最乗寺へ出された内済証文である。[42]

内済一札之事

一去ル七月十四日晩、同十五日之昼、富士参之旅人当村江宿を取置、御山江致参詣候所、右之旅人を格庵ニ被留置候ニ付、当村之者共御境内をも不憚大勢罷越、庵主へ対シ過言申、其上村役人之差図与申、惣門ヨリ

格庵門外迄両三人宛日々致番候ニ付、（中略）自今ハ格庵ニおゐて御山ニ因縁在□（哉カ）、亦ハ御輪番御現在様方御縁辺之衆中ハ格別、只壱通参詣之旅人ハ一宿停止ニ被仰渡候由、是亦忝承知仕候、為後日内済一札如件（後略）

この騒動の発端となったのは、あらかじめ関本村で宿を取っていた富士参詣の旅人を、最乗寺の格庵で止宿させてしまったことである。これに対して、関本村の村民が格庵へ大勢押し掛けて抗議をし、かつ毎日三人ずつ番の者を置くなど、格庵へ狼藉を働くという騒動に発展した。一般的に、道了尊へ参詣する場合、関本村を拠点とするため、同村では、道了尊へ赴く旅人を相手とした諸商売が行われ、村人の重要な財源となっていた。かかる状況下、格庵がすでに関本村に宿を取っていた旅人を泊めたのであるから、権益を著しく侵害したものと村人の目には映ったであろう。おそらく史料上の「富士参之旅人」は、七月十四・十五日という時期からして、富士詣と大山詣を兼ねた旅人であったと推定される。この富士と大山をセット化した参詣が行われる六月中旬から七月中旬までの期間は、その道筋に位置する関本村および最乗寺にとって、特に大きな収益を期待できる時期であるからなおさらである。そのため、ただ一人の旅人の宿泊をめぐって、ここまで大きな出入へと発展したのである。

また翌安永四年（一七七五）には、関本村と矢倉沢村との間で、脇道における駄賃稼ぎをめぐって争論が起きた。

富士導者之儀、登り者松田村観音前ヨリ山道越ニ矢倉沢御関所下江罷出候ニ付、先達而御願奉申上置候右山道を、先月廿七日矢倉沢村惣右衛門と申者旅人馬ニ乗通り候ニ付、当村文右衛門与申者内山村へ用事御座候而罷通り、右馬ニ行合見付候ニ付、何れ之筋ニ而此道を駄賃取参り候哉与相尋候所、申訳無之候間、内分ニ而相呉候様ニ申候得共、見逃候而若シ後日相知れ候ハ、難相立存、罷帰り私共江申聞候ニ付捨置かたく存、矢倉沢村名主五郎左衛門方へ人を以申遣候者（後略）

この史料によれば[43]、富士への参詣者は、つねづね矢倉沢往還の継立場である関本村を通らず、松田村観音と矢倉沢関所下を直接結ぶ脇道を利用していた。安永四年（一七七五）六月二十七日、矢倉沢村の惣右衛門が旅人を馬に乗せて、この脇道を通行していたところ、関本村の文右衛門に発見された。駄賃稼ぎを奪われていた関本村では、矢倉沢村名主へ再三抗議したが、矢倉沢側は、参詣者の頼みを聞き入れただけであり、今後も頼まれれば応じるとの回答を繰り返した。そこで組合村一同で話し合い、先方の組合と対談を行ったが、それでも埒があかず、当年七月代官へ訴え出たのである。[44]

ここで注目したいのは、これらの争論が起きた時期である。最乗寺と関本村の出入が安永三年（一七七四）であり、関本村が矢倉沢村を訴えたのが安永四年（一七七五）である。また松田惣領と神山村との争論が起きたのが安永八年（一七七九）であり、安永期に集中している。ここで富士山麓に目を移してみると、安永八年（一七七九）には、宝永四年（一七〇七）の富士山噴火と砂降りによって中絶していた須山口からの登山道が再興されている。[45]須走村名主兼御師であった大申額坊米山家には、深山（須山）口再開に関する文書が、安永五年（一七七六）八月二十一日、同八年二月、天明元年（一七八一）六月付で、三通残されている。[46]特に後者二通は、須走村より提出された訴願状であり、深山登山口の開設に反対する内容となっている。また安永元年（一七七二）には、行き倒れた死人の処理を契機として、須走村と富士本宮の間で、八合目より頂上までの支配権をめぐる紛争が起きた。[47]それぞれ幕府寺社奉行へ出訴に及び、ようやく安永八年（一七七九）に幕府の裁許がなされた。米山家にも、この富士山出入一件に関する文書が多数存在しており、事件の大きさを物語っている。これら安永期に起きた須走村をめぐる紛争を視野に入れると、安永年間（一七七二〜一七八一）は、富士参詣興隆の一つの大きな契機と捉えることができよう。須山口の再開は、参詣者の増加に伴うものであろうし、須走・矢倉沢・関本・松田において生じたさまざまな軋轢は、富士および大山参詣者が、これら道中筋の村々にとって、すでに不可欠な要素となっていたことを示している。

また関連することとして指摘できるのは、御師や先達などの宗教者の介在である。次の史料は、元文五年（一七四〇）二月に吉田村が寺社奉行所へ女性の登拝を願い出たものである。[48]

乍恐書付を以奉願上候

富士山北表
甲斐国吉田御師八拾余人
惣代　鴈丸駿河
同断　田辺帯刀

（中略）

一富士山之義者三国第一山之霊山故、往古より（中略）世上ニ無隠繁華之場所ニ而御座候処ニ、弐拾余年以来相州大山石尊繁昌ニ付、富士懸之道者、大山より須走と申所江罷出、富士山江登山仕、又須走村江下向仕候ニ付、古来之北表吉田口衰微仕、多勢之御師共不残相続難成、大破同前ニ困窮仕及難義申候、勿論参詣無之ニ付、師旦那之縁茂段々薄可罷成与迷惑ニ奉存候（中略）

元文五年庚申二月八日

寺社御奉行様

この元文五年（一七四〇）より二〇年以前、つまり享保五年（一七二〇）前後より、「相州大山石尊繁昌ニ付」、東口須走村を通り富士山へ登拝する参詣者が多く、吉田村は非常に困窮している。そのため庚申縁年の今年ばかりは、女性の駒木野関所通行を許可してほしいとの願書である。吉田村の「衰微」「大破同前ニ困窮」との言葉は、女性の登拝客を一手に集めようとする吉田御師の意図から考えると、額面通りには受け取れないが、享保年間頃からの大山詣の隆盛と、それに伴う須走口よりの登下山者の増加が、吉田村にとって脅威となっていたのは確かである。吉田口からの登下山を原則とする身禄派の流れを受け継ぐ丸山教では、「山を割る」ことを嫌う伝承を持ち出して、露骨に大山詣とのセットを禁じている。これは、参詣者による大山への「掛越」が、信仰登山集落としての吉田村の存在を危うくするものであるからである。これらを総合して考えてみると、あくまでも推測の域を出ないが、「片参り」忌避の伝承成立の背景には、須走村・須山村の御師、またはこれら御師と深い繋がりを持つ先達、あるいは富士への参詣者を取り込もうとする大山御師の存在などが考えられる。つまり「片参り」忌避の伝承は、大山と富士をセットにした参詣を正当化するための、極めて好都合な伝承であったといえる。

第四節　「片参り」伝承の成立と宗教者の介在

以上、富士と大山の間に見られた「参詣地の複合化」とりわけ「二ケ所参詣」成立の背景、名所間相互の影響、セット化によるさまざまな地域的変容を検討してきた。その結果、当該地域を例に取れば、名所を結びつける要素は以下の八点が考えられる。

①交通上の地理的関係、②参詣時期、③旅の貴重性・困難性、④一方の名所周辺に集聚する名所群、⑤一方の名所にない魅力（一方の知名度的優位性も含む）、⑥伝承、⑦民俗的意義、⑧宗教者の介在

およそ八つの要素を挙げたが、それぞれ成立の次元が異なる。参詣者の立場にたてば、①から⑤までは合理的観念に基づくものである。⑥から⑧はその逆の方向性を指針するものである。だが本論でみてきた通り、二カ所参詣の場合⑥⑦は⑧に集約されるといっても過言ではないだろう。

先行研究によって述べられる名所を結びつけるがごとき伝承は、史料上に記述されることがなく、広く敷衍された形跡はない。逆に、「山を割る」といって南北に登下山することを嫌う伝承は、多くの文献上に姿を見せるが、特定の集団では露骨に大山詣とのセット化を禁じるなど、その成立背景には極めて政治的な面がある。しかるに文芸作品で触れられてこなかったとはいえ、現在にまで「片参り」を忌む伝承が生き長らえたことに目を向ける必要があろう。その場合、やはり宗教者の介在を念頭に入れなければならない。「片参り」忌避という伝承と、いわばそれと完全に対立するような「山を割る」ことを忌避するという伝承の存在は、その背後に吉田御師と須走御師の対立構造と大山御師の介在を浮かび上がらせるのである。

他地域のセット化の事例も全く同様である。まず善光寺と別所北向観音、善光寺と飯田元善光寺の事例は、いずれも「善光寺だけの片参りではいけない」とするものであり、別所北向観音・元善光寺が善光寺の参詣者の目を自寺へも向けさせ、善光寺の恩恵に預かろうとしたものである。そしてそれを成り立たせるためには、北向（善光寺の方角を向き、善光寺の本堂と対面している）であることが条件であり、元来善光寺が存在した場所であるとの由緒が必要であったわけである。伊勢を取り巻く状況も同じである。近江国多賀大社と伊勢神宮の間には、「お伊勢参らばお多賀に参れ、お伊勢お多賀の子でござる」や「お伊勢七度、熊野三度、お多賀さんへは月参り」といった俚謡があり、前者は、祭神が伊邪那岐命と伊邪那命の二柱であることから考案されたものであろう。多賀大社も近世においては神宮寺が力を持ち、その配下の「坊人」と呼ばれる勧進僧が全国に展開していた。多賀御師とも呼ばれた彼らが、布教の過程で、伊勢参りの高揚に対応する形で、前記のような文句を唱え広めたものと考えられる。津島神社でも「伊勢と津島とどちらが欠けても片参り」といわれていたとされるが、東日本より伊勢参りをする際、その途中に位置しているため、伊勢神宮との関係を必死に唱えたのであろう。この津島にも、三十数名の御師（社家）がおり、関東や東北地方への壇廻を盛んに行っていた。東日本の住人にとっては、伊勢参宮の途中で立ち寄ることが可能であるという地理的好条件は魅力で、そこに御師の付け入る隙があり、特に津島より東方面に信仰を拡大することになった最大の理由であろう。御師に限らず、御師と同様な役割を担う勧進僧などが寺社参詣史の近世的展開において果たした役割はきわめて大きいのである。

富士山麓の各登山口の御師がそれぞれの立場から、大山などの近隣の有力寺社との集客力関係を見ながら、自分たちに有利な伝承を流布していたわけだが、「片参り」伝承は口承として残り、南北に「山を割る」ことを避ける伝承だけが名所案内記に掲載され、広く知られることとなった。ところが、その「山を割る」伝承でさえ必ずしも守られなかった。富士講の内身禄派に属する集団は、吉田口からの登下山を原則としていたものの、一般の参詣者は須走口・須山口からも下山したり、須走口から大宮口・村山口へと抜けるなど、山を割る行動をとっていたことは、数多くの旅日記・道中日記が示すところである。かかる行動をとる背景には、参詣経路の計画上好都合であることや参詣時期が合致するなど、複合的に理に適った大山への掛け越しがその背後にあることはいうまでもない。決して迷信に惑わされることなく、自分の意志で合理的参詣行動を採る参詣者たちに、近世の寺社参詣の一つの大きな特徴を見出すことができよう。

だが、それは決して仲介役である御師の役割を過小評価することにはならない。文芸作品等で触れられてこなかったとはいえ、現在まで「片参り」「山を割る」といった伝承が生き長らえたことにこそ意義がある。宣伝活動の一端として創作した伝承は、文芸作品の作者たちに興味深い物として受け入れられることはなかったが、山岳信仰同士や山岳宗教集落（登山口）同士の攻防の歴史の痕跡を確実に伝える遺産なのであり、近世的寺社参詣の展開を支える存在として再認識させる手掛かりとなるものである。

（1）　新城常三『新稿社寺参詣の社会経済史的研究』（塙書房、一九八二年）。

（2）岩鼻通明『出羽三山信仰の歴史地理学的研究』（名著出版、一九九二年）。

（3）ただし三カ所参詣については、若干の研究の蓄積がある。代表的なものは五来重『熊野詣――三山信仰と文化――』（淡交新社、一九六七年）。また桜井徳太郎氏は、淡路島に残る「高山まいり」習俗の一つに、正月に先山・論鶴羽山・南辺寺山の三山に登ることを「三つ山」をかけるといって、三山登拝を行う風が南淡路町周辺に残っている事例を紹介している（同著『民間信仰』〈塙選書五六〉、塙書房、一九六六年）。

（4）浅香幸雄「大山信仰登山集落形成の基盤」（『東京教育大学地理学研究報告』一一、一九六七年、のちに圭室文雄編『大山信仰』〈民衆宗教史叢書二二〉、雄山閣出版、一九九二年に収録）。根本行道『相模大山と古川柳』（東峰書房、一九六九年）など。また、「大山だけの片参りはいけない」とする逆の伝承も残る（橋本健一郎「双六に見る旅案内――北斎画『鎌倉、江ノ島、大山、新板往来雙六』を中心として――」、『神奈川県立博物館研究報告』一二、一九八五年、および今野信雄『江戸の旅』〈岩波新書黄三四九〉、岩波書店、一九八六年）。

（5）注（4）浅香「大山信仰登山集落形成の基盤」、四四七頁。及び注（4）根本『相模大山と古川柳』、四一頁。

（6）注（4）根本『相模大山と古川柳』、六八頁。及び注（4）橋本「双六に見る旅案内」、四一頁。

（7）岩科小一郎『富士講の歴史――江戸庶民の山岳信仰――』（名著出版、一九八三年）四〇一頁。大野一郎「聖地のセット化と信仰の相互関連」（『地方史研究』四八―四、一九九八年）。

（8）この問題については、日本民俗学において柳田國男氏や宮本常一氏が着目しているところであり、文化人類学でも特に神話の構造主義的分析により、レヴィ・ストロース氏が口頭伝承研究を成立させている（荒川幾男ほか訳『構造人類学』、みすず書房、一九七二年（原典一九五八年）の第十一章「神話の構造」（初出一九五五年））。また近年では平川新氏が、実証を不可欠な要素とする歴史学において、特に近世史の分野で、伝説や伝承を歴史史料として活用した例がきわめて少ないとし、これまでもっぱら民俗学と国文学で行われてきた伝説・伝承研究を歴史学の分野において、できうる限り伝説の期限と成立過程を確定し、そこから変容過程や民衆意識を探ろうとする方法論を提示した（同著『伝説のなかの神――天皇と異端の近世史――』、吉川弘文館、一九九三年、五～七頁）。

（9）「譚海」（津村宗庵、寛政七年／『日本庶民生活史料集成』八、三一書房、一九六九年）一三五頁。

（10）「嬉遊笑覧」（喜多村信節、文政十三年／『日本随筆大成別巻　嬉遊笑覧』三、吉川弘文館、一九七九年）二五一頁。

(11) 駿東郡須走村米山豊彦家文書（八九）、小山町立図書館所蔵。
(12) 「大山廻富士詣」（十返舎一九、文政五年）、東京大学図書館所蔵。この版本は、非常に短文で、旅の経路を紹介する程度にとどまっており、道中案内記としての性格を持たせたものといえる。また文中には「木花開耶姫命大山祇命の御娘なり」とあることから、記紀を読破していた知識人階級は、富士と大山の祭神における関係性への意識を多少なりとも持っていたものと考えられる。
(13) 「新撰富士詣」（晋米齋玉粒撰書、文政六年、永壽堂西村屋與八板）、慶應義塾大学図書館所蔵（二三〇・一七四・一）。この文中にも、「祭る所の神体ハ木花開耶姫命と申奉り大山祇命の御女にて……」とある。
(14) 「夏山祭礼中諸収納控帳」（天保二年）（『伊勢原市史』資料編 続大山、一九九四年）。
(15) 近世を通じて、大山の御師数（蓑毛を除く）を伝える史料はいくつかあり、天明六年（一七八六）の一四五軒をはじめ、おおむね一五〇前後で一致している。そのうち天保六年（一八三五）に大山町民が地誌御取調出役内山孝之助外一名に差し出した「大山地誌調書上」（東京大学史料編纂所所蔵写本）によれば、御師家は一四九軒であった。
(16) 「富士山道知留辺」（梅園松彦、万延元年刊）、東京国立博物館所蔵。
(17) 「隔掻録」（文政八年／『富士吉田市史』史料編五、一九九七年）二五八頁。
(18) 同右、二五八頁。
(19) 「富士山真景之図」（弘化四年／注17『富士吉田市史』史料編五）二八一頁。
(20) 注(16)に同じ。
(21) 丸山教の祖である伊藤六郎兵衛は、大山とのセット化参詣を「お山を割る事」を諫めることで禁じているが、「山を割る」ことを禁じるのは、丸山教として参詣する時だけである（注7大野「聖地のセット化と信仰の相互関係」、三七頁）。
(22) 注(16)に同じ。
(23) 富士山登山の山留の時期については諸説あるが、ここでは「金谷上人御一代記」（横井金谷／『日本庶民生活史料集成』一六、三一書房、一九七〇年、八二九頁）の「元来七月廿四日を以て山留とす、古来の山法なり、当年の登山不叶といふ」との記述によった。
(24) 大山の夏山祭礼の期間については、六月二十七日とする説と、二十八日とする説があり、富士山同様確定し得ない。

(25) その他にも秋葉山・鳳来寺・熊野・吉野・久能山・江戸・妙義山・榛名山なども、随時コースに組み込まれていたことは、数多くの先行研究において報告され定説化している。

(26) 「雨降山乃記」（坂本栄昌、寛政三年）、宮内庁書陵部所蔵。

(27) 富士塚については、三浦家吉『富士信仰と富士講』（甲文堂出版部、発行年不詳）に詳しい。

(28) 三輪修三「川崎大師信仰の展開」（地方史研究協議会編『都市・近郊の信仰と遊山・観光――交流と変容――』、雄山閣出版、一九九九年）。また「江戸諸講中挑灯講中札控帳」（文化七年）では、一七六点の講中札・挑灯のうち、新橋永代大師河原講、御蔵前永代大師河原御水引講、中橋大師河原護摩講の三点の講中札が見えるが、大山（九〇点）に比べると、はるかに少ない（『江戸の参詣講――挑灯と講中札にみる霊場信仰――』、秦野市、一九九五年）。

(29) 「富士・大山道中雑記」（天保九年）、神奈川県立金沢文庫所蔵。

(30) 「奈末与美能日記」（猿渡盛章、天保三年／『府中市郷土資料集』四、一九八〇年）一五一～一五二頁。

(31) 「雨降山乃記」（宮内庁書陵部所蔵）の筆者坂本栄昌は、大山に参詣した時間が遅く、前不動辺りで日が暮れてしまった。子安の宿へ戻るのが以下の部分である。

　ともなふ人にもをくれしに、宿よりともしひとらせてむかへの者こしけるに逢てうれしく、ともにかへりてものたうへゆあミなどして、

とあり、「雨降山乃記」では、どこに迎えの者が来ていたか定かではないが、「なまよみの日記」同様子安村の宿が迎えを出していた事が書き留められている。

(32) 「伊勢道中記」（『近世史資料』、双葉町教育委員会、一九八六年）一四八頁。

(33) 「坂東順礼湯殿山道中記」（奥富万太郎、享保七年／『越生の歴史』近世史料、越生町、一九九二年）二六五頁。

(34) 桜井邦夫「近世の道中日記にみる手荷物の一時預けと運搬」（『太田区立郷土博物館紀要』九、一九九八年）一〇二～一〇四頁。桜井論文は、手荷物の一時預けと手荷物運搬について網羅的に考察したもので、荷物運搬の事例が複数挙げられているが、大山の事例と近い事例は、この鳳来寺のものだけである。ただし、全国的に調査すれば、特に山岳信仰において、多数の事例がみつかるものと推測される。

(35) 「大坂大和屋弥三郎引札」（『お伊勢参り――江戸時代の庶民の旅――』、大宮市立博物館、一九九三年）一二頁。

(36)「大山敬慎講社定宿」、大山阿夫利神社所蔵。

(37)「北口講社　定宿附」(明治十二年／日野市ふるさと歴史館所蔵)によれば、逆に吉田口より登拝する講の定宿が、大山(こまや太右衛門)、江のしま(さぬきや八郎左衛門、岩本すけやす)、かまくら(かどや正左衛門)、金沢(あづまや安右衛門)などの名所のみならず、藤沢(たばこや銀三郎、豊本元司)、戸塚(くらや文右衛門)などの東海道中、田村(まつや与左衛門)、一のミや(高砂や五郎兵へ)、用田(かめや中次郎)、長後(角や伊平)、荻の(たつミや清太郎)といった大山街道中に張りめぐらされていたことがわかる。

(38)「箱根山七温泉江之島鎌倉廻金草鞋廿三編」(十返舎一九、天保三年／『神奈川県郷土資料集成』一〇、神奈川県図書館協会、一九六九年)八〇～八三頁。

(39)「滑稽富士詣」下(仮名垣魯文、文久元年／古典文庫一六四、一九六一年)三九三～三九四頁。

(40)山本光正「近世神奈川の交通について」(村上直編『近世神奈川の研究』、名著出版、一九七五年)三〇八頁。

(41)足柄上郡神山村北村精家文書二(『神奈川県史』資料編九近世六、一九七四年、三一七～三一八頁に収録)。

(42)『南足柄市史』八(別編寺社文化財、一九九〇年)四二〇～四二一頁。

(43)『南足柄市史』二(資料編近世一、一九八八年)五二〇～五二三頁。この史料については、すでに注(40)山本「近世神奈川の交通について」において検討がなされており、この後天保年間に起きた、峰道をめぐる訴訟などにも触れられている。

(44)『小田原市史』史料編近世三藩領二収録の「御尋ニ付乍恐以書付奉申上候御事」は、代官よりなされた同事件に関する御尋に対して、矢倉沢村が返答した文書であるが、この史料中に「先月廿七日郡内吉田之大山参り」とある。

(45)須山登山口は、宝永の大噴火後、三三年間途絶えていたが、庚申縁年の元文五年(一七四〇)より八年の間再興された。しかるに、名主が導者宿のとりしきりを独占したことから、再び中絶し、安永期に至っていた(『裾野市史』三　資料編民俗、一九九七年、七二五～七二六頁)。

(46)駿東郡須走村米山豊彦家文書(一五八、一七一、一七九)。

(47)『小山町史』七(近世通史編、一九九八年)五〇九～五一一頁。

(48)『富士吉田市史』(史料編五近世三、一九九七年)五九六～五九八頁。

終章

第一節　行動文化論の再検討

西山松之助氏は、江戸及びその近郊の寺社へ頻繁に出かける江戸庶民の行動様式を「行動文化」の一つと評価した。「行動文化」とは、神社・仏閣への参詣、湯治、納涼、花見、縁日、開帳、茶の湯、おどり、音曲など多様な文化的行動に多くの人が参趣した現象であり、それはまた参加者にとっては自らの解放の行動であり、人間としての原点回帰とでもいうか、自由なる世界にあそぶことを目指した行動であるとしている。この行動文化論の骨格ともいえる「自己解放」には、次のような二通りの過程が想定されている。

①現実を遮断する変身の論理によって別世界を組織し、身分階層をさえ逆転させるもの
②文化的行動の群衆の中に埋没して差別そのものの現実的存在を消すことによって人間本来の自己に回帰するもの

西山氏は明記していないが、寺社参詣は②の「自己解放」に属するものと思われる。ここで重要な点は、自らの解放であるため、それは即時的で無目的な行動であるとしている点である。(1)つまり、ふと思い立って出かける

というイメージである。そもそも行動文化論は、町名主斎藤月岑の日記に依拠して構想されたものである。この「行動文化」について、宮田登氏は、特定の心願で行われたわけではないことは明らかであるとした上で、「斎藤月岑のような数多くの神仏巡りは、あるいは特例のような理解の仕方もあるだろうが、どうもそうではなく、大なり小なり規模の差こそあれ、江戸町人と一括できる人々の日常生活は、江戸という都市空間の中で、それを特徴づけるような神仏巡りを行事化していた」[2]と述べている。しかし、ここに一つ大きな問題が潜んでいる。従来江戸における寺社参詣史といえば、随筆や名所記の類から「老若男女問わず参詣群集す」とか「都下の貴賤を問わず参詣夥し」といった言葉を引用し、ある種イメージによって参詣現象を捉えようとするものが多かった。つまり行動文化論は、斎藤月岑という一人の行動に右のイメージを重ねたものであるといえる。先の宮田氏の論も、実証をされた上での言説ではなく、こうした感覚を基にしたものであろう。文化、あるいは文化論というものは、その対象とする社会を均質なものとみなすことを前提とする。西山氏の行動文化論も、宮田氏の行動文化論理解も江戸町人社会を均質なものとして議論を進めているのである。

だが、文化は確かに均質なものだが、開かれていることと享受できることとは同一視できない。近世の町人社会において、行動文化と呼べるような文化が享受されていたことは、いくつもの日記類、随筆類が示すところである。しかるに、これを無理やり江戸町人社会全体に当てはめることには慎重にならなければならない。一般民衆と呼べる江戸中下層民の参詣行動、参詣意識を分析するには、上層町人が残した史料を用い、それを一般化するのは危険である。そのためには、まずあらゆる史料を駆使して具体像を復元する。その上で他分野の成果を援用しつつその復元された参詣行動を分析をする必要があろう[3]。

さて、行動文化論における旅という観点でいえば、行楽の側面には研究が進んでいる。中でも加藤貴氏は、江戸の都市化により失われた自然景観への憧憬と都市的な信仰形態により周辺地域の変容がもたらされたと指摘する。[4]前者については、江戸の都市空間から失铘された自然景観を求乞していった結果、名所が外へ拡大していったという歴史的変遷が鈴木章生氏、[5]渡辺勝彦氏[6]により実証されている。だが、後者の「都市的な信仰形態」の部分については、いまだ実例不足でもあり、実態が判然としていない。一方で俯瞰的な視野で寺社参詣の行為、思想、近世社会における意義を問う試みは稀少である。西山氏はほとんど寺社参詣に関する部分では行動文化論を深化させていないにもかかわらず、である。それでも鈴木章生氏は、江戸周辺の参詣が、自然景観に触れるだけでなく、寺宝等の見聞や信徒の姿に接することで知的・精神的充足を得ようとする営みであったとする。[7]確かに『遊歴雑記』の著者十方庵敬順には、上記のような文化的行動が認められる。そして彼らは行動文化の主要な担い手であっただろう。だが、こうした諸文芸作品の書き手は、あくまでも都市における知識人層なのである。問題となるのは中下層民の行動である。儒教は武家社会においては根本的思想とされたが、民衆の生活レベルでは根付かなかったとされる。[8]行動文化論を無批判に適用するのは、儒学ひとつをもって近世社会全体の思想的基盤とするようなものである。鈴木氏は、考察の対象とした池上本門寺の信徒を地元＝田舎の人間とした上で、本門寺が十方庵敬順ら江戸から来た人々、つまり都市民と田舎人との交流の場となっていたとする。[9]しかし、第八章で述べたように、「信徒」の構成員には地元民のみならず御府内の民衆も多数含まれていた。こうした事実ひとつを見ても、無批判に行動文化論を振りかざすのは実態を見誤る危険を孕んでいるといえよう。[10]

また行動文化に関連して、宮田登氏は多くの神仏が流行っては廃れる点に注目した。いわゆる「流行神《はやりがみ》」である。宮田氏は、主に稲荷信仰を中心に分析され、流行神という一種の社会現象の背景には、庶民信仰の多様化や社会的不安があったとしている。[11]またそれは新たなる神仏信仰に結集する民衆の即時的宗教運動であって日本民衆の潜在的な終末観が投影されているともしている。[12]このように、近世後期は「行動文化」など江戸文化が最高潮に達したと評価される一方で、社会への不安感を背景とした流行神現象が顕著となることが指摘されている。

この点に関して、西山氏は「行動文化」は反封建社会的行動で、支配者と被支配者との間の矛盾を解消し、被支配者たちの自由を得るための行動であるとしている。[13] つまり、社会的不安と日本人の潜在的な終末観を背景とした世直し思想あるいはメシア（生き仏）思想に流行神の原因を求める宮田氏とは、世界の革新を願うものであるか否かの違いはあるものの、両氏とも日常生活における不安感に根源があるとしている点で結節点を見出すことができる。

中世後期より日本の文明化の進展と連動して現世利益が宗教史の表舞台に登場してきた。このことは非常に大きな意義を持っていて、現在の日本人の信仰形態に近いものが誕生したのである。そしてそれは来世への希望を待たずとも、現今の日常生活に基本的には満足していることの表れである。その日常生活において、抗しえない事態が生じた時、そのすみやかな解決を求めて信仰に向かうという図式が構築された。共同体的祈願という側面を並存させつつも、より〈個〉による祈願が可能となったのである。かかる歴史的過程を鑑みて、西山氏のいう被支配者的立場、あるいは反封建社会的行動という用語は、執筆時の歴史学の潮流の影響からか、[14] あまりにも穿《うが》ち過ぎているように感ぜられる。被支配者的立場というよりもむしろ日常置かれた社会的立場、社会的諸関係からの一時の脱却という程度が実態に則していると考える。

それでは欧米の文化人類学、社会学、宗教学における巡礼（寺社参詣）に関わる議論を大まかに振り返り、都市中・下層民における寺社参詣をひもとく手がかりとしたい。かつて中井信彦氏が、

一見奇異に思われるであろう発端に触れた構造主義や機能主義への関心も、それらを反動性ゆえにはじめから無視してかかるのでなく、人文社会諸科学の多様な展開のなかから、社会科学としての歴史学の方法を、教条的にでなく、より有効的なものに練り上げていくための模索に出るものなのである。[15]

と述べている。さらにこうも述べている。

われわれは、具体的な個別史実に基づいて、歴史の総体ないし全体を再構成しようとする。その際の方法論としてあるのが、包括的な史的弁証法なのであるが、それは、個別史実と総体の構造および構造的変化を分析し総合する方法として正しいと同時に、それらを媒介する諸多の下位構造の分析・総合の方法として貧しいという弱点をあわせもつことを否めないと思う。構造主義や機能分析主義のような、異質な対場の方法論に対する私自身の関心は、それらのうちから、歴史学のもつ右のような意味での方法的貧しさを補強しうるものを摂取したいと考えるところに出るのである。(16)

こうした意見に私も同感である。西山氏の行動文化論が乗り越えようにも乗り越えられない高い壁として眼前に立ちはだかっている以上、そして後述するが、西山氏の行動文化論が文化人類学の成果に近似している点がある以上、自分なりの答えを模索する過程として、こうした他分野の成果を参照していく作業は決して無駄ではないと考えている。無論安易な妥協は避けられるべきであるし、日本の歴史であるがゆえに欧米の潮流に左右されるべきでなく日本型のモデルの作成を目指すべきとの認識も当然のことながら存在している。

さて後世に大きく影響を与えたのがアルノルト・ファン・ヘネップ氏である。ヘネップ氏は、それまで人生における多彩な儀礼が無関係に研究されてきたものを、「通過儀礼」として考察することにより、諸儀礼を総体的に捉え、体系化することに成功した。通過儀礼は、分離儀礼、過渡儀礼、統合儀礼の三段階に分析されるとし、これらの諸段階は、諸民族の様々な儀礼、たとえば出生、妊娠、加入礼、結婚、養子縁組などに顕著に見られるとした。(17)ヘネップ氏は、通過儀礼を、人生における死と再生観念、聖俗観念によって論旨を進めているが、聖観念について可変的であるとも述べている。聖と俗は、「物の見方や分類の仕方によって、今まで俗であったものが、あるときには聖になったり、またその逆にもなる」(18)という価値の転換が起こると述べている点は、聖観念の両義性を述べたものとして注目される。

その後の通過儀礼研究は、このヘネップ理論に少なからず影響を与えられ、大きくいって二つの流れを作っている。その一つがデュルケーム氏からリーチ氏へと継承され発展された「振り子運動」説であり、もう一つが本論文の関心からいえばより重要かつヘネップ氏の強い影響を受けたターナー氏によるものである。彼は、従来の通過儀礼論、聖俗論のようにレヴィ・ストロース氏のいう意味での構造、無意識レベルにおいて儀礼の持つ意味を問う研究スタイルから脱却し、意識レベルでの考察を推し進めた。

ターナー氏が作り出した概念に〈コミュニタス〉がある。氏は、社会の二通りの見方を示している。そのひとつが社会的地位の構造化され分化された、しばしば階級的な体系としての社会様式である。もう一つは平等な個人で構成される未組織、未分化な社会様式であり、これをコミュニタスと呼んでいる。すなわちコミュニタスは均質的な社会形態で、反構造的なものであり、それはどっちつかずの境界的な時期に認識される。[19]

ターナー氏は、ヘネップ氏の通過儀礼論に影響を受け、[20]ヘネップ氏が通過儀礼の三段階とした「分離」「境界」「再統合」のうちとくに「境界」の状態にあることを〈リミナリティ〉と呼び、このリミナリティな状態において取り結ばれる人間関係が〈コミュニタス〉であるとする。[21]地位の変化に注目すれば、低い地位から高い地位へと移行する際、いちど地位のない過渡期（リミナリティ）をへる。ここでは日常対立するものであっても相互に構成し合い協力しあう。つまり構造的な人間関係はいったん解消されるのである。このような過渡期をへて再び構造のある社会へと引き戻され、新たなる地位へと就くのである。

本論文の関心からいえば、ターナー氏の大きな業績は、この『儀礼の過程』で示されたコミュニタス論を巡礼に適用したことである。[22]彼は、巡礼も境界的現象であるとして、コミュニタス性が見られるとした。[23]そして、「巡礼は一般に実存的コミュニタスの生成を促すといえようが、実は規範的なコミュニタスこそが巡礼者のあいだに独特の社会的紐帯を作り出す[24]」という。つまり「巡礼には、ある程度の組織と規律が不可欠なのである[25]」とする。さらに彼は義務と自発性について論じている。巡礼における義務と自発性の関係は、巡礼の境界的性格のゆえか、どっちつかずで曖昧なものである。ただし、義務的な面も内包しつつも、日常の社会構造から比べれば「巡礼には自由と選択それに自発的な意志、さらには非構造性といったものがかなりの程度まで表現されていた」[26]ことを強調している。すなわち、巡礼によって「地位や役割でがんじがらめになった日常生活の圧迫から解放され、自由な選択を行なえ」、「人間みな兄弟といった連帯感を示すモデルを提供してくれる」のである。[27]

またターナー氏の独創的な点は次なる展開である。「巡礼の境界状態は加入儀礼の場合よりもずっと長期にわた」り、「聖なる場所に到る長旅に年月がかかる」ことを重視する。[28]つまり、彼は、「構造」から「過程」へ視点をずらし、巡礼センターを含む巡礼路を研究対象としたのである。巡礼者が特定の場所を往復する過程において、いくつかの過程がネットワークとして結ばれる。具体的には、巡礼の過程で築かれる友好関係、商業的関係、情報の伝達などにより地域と地域が結び付けられていく。[29]一方巡礼者自身は、遠距離にある聖地への巡礼への旅は、次から次へと聖なるものに出会うものであり、巡礼路は神聖なものとなる。やがて聖地へ近づくにつれ神聖の観念は個人にとどまらず集合表象となり、強い信仰心を抱かせるのであるとした。[30]

こうしたヘネップ、ターナー両氏の儀礼論・巡礼論に則して日本の「巡礼」「参詣」を理解しようとする方向性に対して疑問を投げかけたのが青木保氏である。青木氏は、ターナー氏の「死と再生」をテーマとする「通過儀礼」論を継承しつつも、木曾御嶽山登拝を事例に、そこには別の儀礼の構造が現れているとする。それは、デュルケーム氏からリーチ氏へと受け継がれた「祭」モデルである。リーチ氏は、聖＝非日常と俗＝日常が振り子運動のように繰り返されることにより、節目がつけられ時間が生み出されていくとした。[31]青木氏は、御嶽登拝の後草津温泉などに泊まり観光して帰ることに着目し、全体が厳粛な沈黙の信仰部分と、俗的で無礼講に近い騒音部分とに分かれているとし、このリーチ氏のモデルを適用した。[32]さらに細かく見れば、二つの部分の過程においてもめまぐるしく「聖」と「俗」の転換が行われており、少しずつ「静」と「騒」を転換させながら登拝巡礼儀礼の全体を「厳粛から乱痴気へ」ともっていく儀礼としての枠組を示しているとした[33]。

また青木氏は個にも注目する。「巡礼はその共同体と個人の全体（集合）への埋没とが強調されるが、実際にはむしろ個人が更めて自己を確認する場となっている[34]」とし、それを「自己覚醒」とする。ターナー氏のコミュニタス論が集団への埋没と均質性あるいは無階層性を重んじるのに対し、一石を投じた恰好であるが、あくまでも現代巡礼の事例であり、近世に即援用可能とはいうわけにはいかない。すなわち、「巡礼は超俗的な目的があり、その達成には多くの場合苦難がともなうゆえに、やはり旅や観光とは異なるレベルを含む[35]」という指摘は、近世の旅の多くが寺社参詣であること、また遙かに現代に比して困難な過程であったことを鑑みると、そのまま受け入れがたいことは明らかである。なおかつ、聖と俗との均質化ないしは聖への俗の凌駕の状況にある現代社会だからこそ、青木氏の述べるパーソナル・シンボルや身体運動をことさら強調しなければならないという社会的制約もあろう。木曾御嶽山は明治維新後教派神道を生み出した地でもあり、近代以降の宗教的動向からすれば、山岳登拝による自己覚醒、自己の救済も、新宗教と連動したもので、現代にあっては奇特な信仰の在り方といえる。またこの青木論に対し、霊的な体験が個人的ではあることは認めるものの、それは「集合的な承認を得、宗教的に正しい経験だと認められるのが、巡礼の場[36]」だとする橋本和也氏の批判もある。

文化史的立場からいえば、「自己解放」は意識レベルの用語であり、少なからず参詣者の個人性・自主性を重んじることを前提としている。しかし、自己解放は差別そのものをなくす大衆行動のなかに身を投ずることによって達成される（自己解放②）。したがって、参詣講は無論のこと、個人参詣の場合でも、集団性の中において、〈他者〉の目を意識することにより〈自己〉の解放が達成されるという基本的構造があることを確認しておきたい。

だが青木保氏の指摘にあるように、日本の寺社参詣にはもう一つ別の儀礼の構造が隠されている。つまり「精進落とし」と銘打たれた集団的昂揚の場である。これは西山氏のいう①の「自己解放」の特性に近く、身分階層を逆転させるものである。まさしく無礼講なのである。結局、近世の寺社参詣は、西山説の二つの自己解放の論理（①②）の両方が達成される機会であったのである。この指摘は、薗田稔氏の祭りモデルにも近似する。(37)薗田氏もまた、リーチ理論を取り入れ、祭りには、日常に内在する規律を極端なほど厳密に強調した行為を通して日常性を超える「祭儀」(ritual) と、日常の規律を逆転する破戒行為に徹して日常性を突破する「祝祭」(festivity) の二つの要素により構成されているとする。(38)この相反する二つの要素が複合して初めて祭りの超越的な表象力が発揮されるとした。(39)この日本の祭りモデルは、青木氏の説のみならず、これから明らかにする寺社参詣に併存する二つの「自己解放」説をも強力に裏付けるものである。

ところで、中世後期から寺社への参詣が上流階級のもの、特定の宗教者のものから徐々に民衆のものへと降下した。また現世利益的傾向が、寺社側、参詣者側双方に強まっていった。さらには元来信仰色の強かった寺社参詣に、物見遊山的な要素が加わっていくこととなる。こうした動向を信仰的か遊山的かという視点で分析していくことは極めて困難である。筆者は両者ともに併存した形態であると理解し、その上で、それぞれの要素がいかに存在したかを論点に据えることが重要であると考える。

そこで分析概念として、「自己解放」を精神的なものと身体的なものとにわけて論ずる。本源的な寺社参詣における自己解放は、差別そのものをなくす大衆行動のなかに身を投ずることによって達成される。自己を解放するとはどういうことか。道元の『正法眼蔵』の「現成公案」には仏道の解脱の過程が説かれる。

仏道をならふといふは、自己をならふ也。自己をならふといふは、自己をわするゝなり。自己をわするゝといふは、万法に証せらるゝなり。万法に証せらるゝ、といふは、自己の身心および他己の身心をして脱落せし

むるなり。悟迹の休歇なるあり、休歇なる悟迹を長々出ならしむ。(40)

道元による解脱の説明は、西山氏の「自己解放」に通ずるものである。即身成仏、天台本覚論流にいえば即身即仏することが仏教の行の目的であるならば、寺社参詣における神仏との結縁も道元の説明するような形で達成されるはずである。すなわち、なお聖性が維持されていればいるほど寺社参詣における「自己解放」は解脱と同質なものとしてみなされよう。ただし、ここで注意しなければならないのは、「自己解放」というのはあくまで分析概念に過ぎないことである。その精度を高めようとするあまり、その多様性を削ぎ落とすようなことだけは避けなければならない。そこで、ここでの「自己解放」は本来解脱をするような無の境地に達することであるという程度に留めておく。そして、社会的には、参詣者に日常的な社会的関係、社会的地位を離れることを可能にする機能を果たしていたといえよう。

本書では、寺社参詣という儀礼的行為を果たすことによって得られる無意識的達成を「身体的自己解放」と呼ぶ。一方、実際的に得られる意識的な達成を「精神的自己解放」と呼ぶこととする。いずれも日常を離れた聖なる空間・時間において達成されるが、近世にあっては「身体的自己解放」とは信仰性の保持を重んじる概念であり、「精神的自己解放」は行楽性を重んじる概念となる。

青木氏の説にしたがえば、「参詣」の過程で「俗」と「聖」が交互に立ち現れ、こうした過程を繰り返すうち、次第に聖性が増すということになる。いわば「精神的自己解放」と「身体的自己解放」の蟬聯《ぜんれん》たる交換である。中世の熊野詣にみられるように、幾度となく旅の過程で禊行を重ねていき聖地にたどり着くというあり方は、(41)こうした逆説的な聖性高揚の構造が投影されているのである。

寺社参詣における自己解放の論理として、身分差をなくす大衆への埋没という特質があるとされる。ところが、都市知識人層の場合、必ずしもそれを欲していない。〈他者〉の存在により〈自己〉の解放を成し遂げるという寺社参詣の形態は、むしろ庶民参詣層にあてはまるものではないだろうか。無論、都市知識人層の寺社参詣に、大衆への埋没を志向する意識を見い出せないことはない。だが、彼らのそれは孤高で内省的なものである。むしろ〈個〉を愉しむ風でさえある。そして知識欲的でもあり、客観的でもある。鎌倉参詣の場合、総体としては寂寥とした古都への憧憬（懐古主義）の念が読み取られるが、個々に着目すれば、その目的は実に多様なものである。まして鎌倉は近世を通じて極度に大衆化した名所では決してなく、大衆への埋没という目的には適さない名所である。つまり、前述の通り、従来の行動文化論を体現する存在は知識人層であるが、その論理である身分差を解消する「自己解放」をもっともよく体現するのは都市中・下層民なのである。よって、ここでもう一つの新たな「自己解放」論を提示しうる。すなわち、孤高で内省的な行動文化によって果たす自己解放である。

自己解放の論理

①変身、身分階層の逆転

②群衆への埋没―群衆行動の享受

―群衆のなかの「個」の享受

また西山松之助氏の理論では寺社参詣のものと想定されていない①の論理についても、近世寺社参詣の中に見出しうる。その理由は以下の通りである。庶民参詣層の寺社参詣とくに信仰的な営みには、二つの構造が内包されていた。それは形式的で修行儀礼的な側面と「精進落とし」のごとく集団的な昂揚をもたらす仮装性のある儀礼的側面である。この二つの要素が有機的に結合してこそ寺社参詣が儀礼として秩序づけられるのである。相模大山参詣を事例にすれば、大川（隅田川）での千垢離から始まる一連の参詣過程が前者の形式的な側面であり、西山氏の指摘通り、②の群集への埋没が果たされる。また後者の仮装性のある側面こそが①の変身、身分階層の逆転による「自己解放」が許される場なのである。そしてこの寺社参詣の二つの儀礼過程は、数多く名所記、年中行事に掲載されることで分かる通り、都市の一年の流れを啓発し、秩序付けるものとしての社会的機能を果たしていたのである。

第二節　近世寺社参詣の位置

中世宗教が顕密体制とそこから湧き出した変革運動(42)（ないしは新仏教）、庶民仏教の時代とするならば、近世宗教は宗教（者）統制と寺社参詣の広汎化の時代と捉えることができよう。筆者は、隆盛した寺社参詣がもはや単なる宗教史上の問題にとどまらず、文化の大衆化と相俟って、庶民文化史としても捉えられることを近世宗教史の特色として考えている。こうした近世寺社参詣史を成立させている基盤としてまず真っ先に検討せねばならない課題が、寺社側の動向である。

人びとの寺社参詣を啓発するものとして寺社側からの働きかけが必要不可欠なものであったことは本論で述べた通りである。具体的には、寺社の勧化活動や開帳、富籤、相撲興行など多彩なる宣伝活動である。幕府直営による寺社造営・修復は綱吉期を境に影を潜め、それに代わる被下金銀、御免勧化、開帳差許などの他力本願な助成策が打ち出されたが、これら全ての寺社助成政策は、幕府との由緒等に基づきその許可段階が決定された上、後者の助成策も次第に規制された(43)。宣伝活動を趨向する寺社は、その内在的要因は決して一様ではないものの、こうした幕府の寺社助成の枠から洩れたものが多い。相模大山は、近世初頭より幕府による堂社建造・修復の恩恵に預かったが、それでも次第に被下金銀、御免勧化へと格下げされた。だが、ついに江戸出開帳など積極的な宣伝活動に打って出ることはなかった。一方で、端から寺社助成策より除外されるという逆境を跳ね返して、わずか数十年で驚異的に寺勢を高める寺社が登場した。その代表例が成田山新勝寺である。武蔵国下北沢村淡島社の事例でも実証済みだが、近世寺社はその勢力を増すため、寺社縁起の創出を初めとして、あらん限りの手段を尽くした。新勝寺では本尊不動明王の開帳（出開帳・居開帳）が頻繁に行われたが、この際にも様々な宣伝活動が敢行された。当寺の現代までの歴史を俯瞰すれば、こうした宣伝の「経験」が今もなお生かされていると断言できる。近世において、一地方寺院から大寺院へと変貌を遂げた寺社は、無論一部に過ぎない。だが、新勝寺が体現したものは、いわば近世宗教社会を取り巻く不可抗力をはねかえすべく生み出された宣伝行為によってもたらされた歴史的必然にほかならない。

生活圏外にある寺社への信仰がいかに生ずるかについては、池上廣正氏が「外来宗教者――先達、法印、山伏等――によって外から持ち込まれたものである。随って、これは外来宗教者を媒介として山に結び付く」とする。(44)一方、宮田登氏は山が可視的であるか否かを重視したが、(45)それも一つの契機となり得ようが、やはり具体的な形で信仰を持ち込んでくる数多の宗教者によってはじめて実際的に喚起されたものと考える。とくに人々が心願の必要に迫られた場合、寺社側では、一定度「雨乞い」なり「火除け」、「虫除け」など現世利益の機能分化が進んでいたため、容易に寺社の選択が可能だったのではないだろうか。例えば、第一章で扱った武蔵国長尾村では、毎年暮れに来村する御嶽山御師との間に密な師檀関係が構築されていた。ところが、「雨乞い」の祈願には御嶽山ではなく相模大山へ代参者が送られ、村では堂籠りなどをして降雨を祈願していた。平生頻繁に来訪する御師は、次第に淘汰され、特化されていくが、それでもなお総体としては衆多な宗教者が来訪していており、多様な宗教に出逢う機会があった。このような御師とその背後にある寺社との接触の「記憶」が、参詣者による祈願所選択の際には生かされたことだろう。ただし、御師を媒介として誘発された参詣講・個人参詣者は、多くの場合御師にとって綱渡りのような不安定な師壇関係を基礎としており、とくに都市ではそれが顕著であった。このことを鑑みると、御師の機能は、人々に「記憶」を遺していくことと、師檀関係を保持することにおいて大いに評価される。

次に参詣者側の視点による考察をまとめる。本論文では、江戸に主眼をおいて考察を進めたが、これはあくまでも文献による実証を試みようという目的のためである。近世人の宗教意識を考察するためには、地方《じかた》史料では自ずから限界がある。都市ならば地誌、名所案内記、随筆など分析手段が多い。ただし、それにも限界はある。都市中下層民に関しては、上記史料の記述から傍証するよりほかないからである。そこで、文献史学により明らかにしうる範囲で、都市中下層民の参詣行動を復元し、その上で他分野の成果に学びつつ、こうした参詣行動がもつ意義を考察したのである。

本論文の考察の結果、江戸周辺の寺社参詣の歴史的変遷と参詣行動の形態変容をまとめておくと、次のような五期に分けられる。

第Ⅰ期

十七世紀半ばには早くも相模大山における上層町人の参詣記録が見られ、伊勢・大山参詣習俗を禁止する町触が出されている。これらの点より、相模大山は十七世紀中より相模国など近隣からの参詣者を含め、江戸からも文人層を中心とする参詣者が少なからず存在する二重構造の状態にあったことを示唆している。延宝期に大山を訪れた自住軒一器子の記録は、そのことを如実に語ってくれている。だが彼のような参詣行動は、独立したものというよりむしろ江戸の最上位の知識人層による鎌倉参詣とそれに付随する江ノ島参詣・金沢参詣の延長線上にあるものと理解される。また寛永・慶安・寛文期と数十年にわたり江ノ島岩本院と上之坊との間に本末論争が生じたように、江ノ島地域においても徐々に名所化の動きが加速化されていた。鎌倉鶴岡社人を中心とした在地出版が開始され、鎌倉絵図・金沢絵図が出されるのが寛文期であったことからも、鎌倉を中心とする江戸町人の三所参詣が一六五〇年前後より行われ、それに伴い江戸からの大山参詣も増加したということであろう。ただし相模大山は江戸町人の参詣が行われる以前に山麓を中心とする相模国内からの参詣者によって支えられていたことは十分に考慮されるべき点である。なぜなら、江戸の拡大・発展と共に諸参詣地が名所として勃興したものと考えがちであるが、こうした一元論的な構想の反証とも成りうるからである。

第Ⅱ期

十七世紀末元禄期に入ると、江ノ島内において新たな騒動が生じた。岩本院と下之坊本末論争がそれであり、延宝期と宝永期に起きている。これは圭室文雄氏が指摘されているように、もっとも江戸町人との繋がりを有する下之坊が岩本院の勢力下を脱し、自己の権力を主張し得るほど江戸町人の参詣が盛んになりつつあったのである。江ノ島はこの時期に至り、はじめて地元村民だけでなく広域に祈禱檀家を保持する段階に進んだのである。

この時期は、そのほか関東周縁部に居並ぶ榛名・三峰など諸山岳信仰をはじめ今日にも名所と目される寺社に対して、江戸を中心とする参詣講が確立されていく時期に当たっている。例えば、成田山新勝寺では、元禄十六年（一七〇三）に最初の江戸出開帳が行われ、名所寺院として地位を獲得していくきっかけを摑んでいる。また高尾山では享保期に常法談林所の復興が行われ、大山では寛延期にようやく夏山祭礼中の信仰習俗が江戸の年中行事として掲載された。ただし大山の場合、農漁村部に参詣講が形成されていくのはこの寛延期にはじまり宝暦期あたりまでの一七四〇年代から一七五〇年代までの間であろうと推察され、やや他所に比べて遅い。

このように都市江戸及び関八州で動態化する寺社参詣だが、その要因はまだ提示できる段階ではない。十六世紀には成立していた稼いで遊ぶという人生観が、勤労という新しい倫理意識や美意識、政治批判意識に支えられて元禄期の上方に拡大し、それをもたらしたものは小商品生産を含む経済の発達であるとする高尾一彦氏[46]や、高尾説を継承しつつ、明暦大火前後から寛文期を経て熟成されつつあった遊びと好色の雰囲気が延宝・天和期には充ち満ちており、町触・禁令などではどうにもしがたいほど高まっていたと、庶民の自立的な生活意識を重視して元禄前夜の時代像を描いた水江漣子氏[47]、さらには近世の参詣発達の要因として「民衆の上昇」「交通環境の好転」「参詣の遊楽化」「乞食参詣の横行」「御師・宿坊の発達」「講の発展」「封建的規制」を挙げた新城常三氏(48)など諸説ある。寺社参詣の大衆化は、決して一元的な要因による産物ではないことは確かであるが、例えば新城氏が提示された諸要因についても、きちんと寺社参詣の発達と絡めて議論されたことはあるだろうか。本書でもいくつか取り上げてはいるが、本格的に取り組むのは後期を期したいと考える。

第Ⅲ期

次の段階は明和・安永期である。足柄地域（富士・大山間）ほか各地の大山街道沿で、富士・大山参詣者をめぐる争論が多発しており、かかる潮流は富士・大山の両参詣者の構造に何らかの変化が生じたものと理解される。江ノ島内に中村座・市村座の灯籠が奉納され、江ノ島に芸能の神としての要素が加わっていくのもこの時期である。また伊勢参宮の道中日記が関東・東北で多数残り始めるのも明和・安永期以降のことである。識字率の問題、紙の問題、史料の残存状況の問題などあるが、おおむね伊勢参詣が爆発的に増加するのはこの時期と考えて良いだろう。したがって、明和・安永期を境に関東地方における各名所寺社の参詣者層にも大きな構造的変化をもたらしたといえよう。とりわけ東北地方からの伊勢参詣者の流入により、日光、筑波をはじめ東国三社（鹿島社・息栖社・香取社）、成田、江戸周辺寺社、鎌倉、江ノ島、大山、道了尊をはじめ中山道沿いの妙義、榛名、さらには善光寺といった各寺社が、既成の祈禱檀家に加え、遠国からの一過性の強い参詣者をも迎え入れることになったわけである。この結果、それまで各名所ごとで異なる参詣者を受入れていたものが、双方向的に参詣者の掛越が見受けられるようになり、参詣者層が互いに均質化していくこととなった。こうした現象が、二カ所参詣をはじめとした「参詣地の複合化」を各地に乱立させるきっかけを与えたというのは過言であろうか。

そのほか十七世紀段階から文人層が三カ所参詣（三所巡り）を行っていたが、当該地域の地誌などによって「遊人」と認識され区別されていたこの参詣者層と庶民参詣層との間に文化的接触が生じていくのもこの時期であろう。早くから鎌倉や江ノ島などを文化的名所・景観的名所と認知し、行動文化を創造し先導していた都市知識人層の文化的行為における啓蒙的な側面と、こうした「遊人」に対して、庶民参詣層の間に、彼らと同化しようとする文化的な上昇志向が芽生えたという側面があるだろう。この象徴的な場が江ノ島岩屋本宮前の魚板石であった。かかる変容は、都市知識人層も村落内上層民も都市中下層民もすべからく参加する、まさしく一時的に身分差を消し去る「寺社参詣」という機会だからこそなせる技である。こうした名所における無階層性が各地に頻出していくのも、やはり伊勢参宮者をはじめとした各地参詣者の参詣形態の変化により相互の文化的交渉の状況へと引き込まれていった結果であろう。

例えば、鎌倉参詣には二形態が現れ始めた。第II期まであまり行われなかった庶民参詣層による鎌倉参詣もこの時期以降行われはじめ、既成の文人層の鎌倉参詣や坂東巡礼者に加え、伊勢参宮や大山参詣、さらには徐々にであるが富士参詣など多目的な参詣者がここに集った。だがこうした新勢力である庶民参詣層は、鎌倉内の主要な六カ所の寺社だけを廻るという簡易なものであった。これに対して近世初期より三カ所参詣を行ってきた文人層は、一貫して鎌倉中を隈無く廻る「滞在型」といえる行動形態を示した。また庶民参詣層の場合、武州金沢へ行く事例はきわめて少なく、戸塚宿から鎌倉、江ノ島を経て藤沢宿へ抜けるという形（あるいはその逆のルート）をとる場合が多い。したがって名所としての金沢八景はほとんど文人層の聖域として維持されていたといっても過言ではない。こうした文人層によって行われる滞在型の鎌倉参詣の背景には、豊富な読書量で裏打ちされた歴史知識とそれに基づく歴史観があった。こうした強い歴史意識は、元禄期前後からの武家層に通底する身分的不安や逼塞感に基づく中世への懐古主義と、のちに萩藩や鹿児島藩による藩祖廟整備に到達する武家・学者層によるアイデンティティとしての鎌倉探索意識によって形成されたものである。このことは鎌倉参詣、鎌倉内名所の成立過程において前期水戸学の強い権威が付せられた彰考館編の地誌『新編鎌倉志』の強い影響力が各所に散見されることからも立証される。明和・安永期の意義は、参詣地の複合化をきっかけとして、参詣地同士の参詣者層の均質化すなわち横の交流と、それに伴う文人層と庶民参詣層の縦の交流を生みだしたことにある。

第Ⅳ期

第Ⅳ期は、文化・文政期であり、いうまでもなく寺社参詣の大衆化、そして行動文化の最盛期である。従来もっとも研究の多い時期でもあり成熟期であることは疑いない。かかる影響は、医療と信仰との在り方にも深く及んでいる。同時期には、都市内をはじめ農村部でも在村医療が滲透しつつある時期である。医療が信仰を凌駕したのである。その結果、皮肉なことに医療では手に負えない「病」を明確化させることになり、より一層病気治癒の現世利益を求めて都市内外を徘徊する人々を生んだ。この現象が宮田登氏が指摘する「流行神」現象なのである。これは封建社会からの脱却とか革命的思想というものではなく、もっと地に足が着いた日常的な信仰の在り方なのである。かくして都市内外に病気治癒にまつわる御利益を掲げる寺社を数多く存在せしめたのである。

第Ⅴ期

天保期には、金沢八景参詣が最盛期を迎え、享保期より出版に意欲的であった能見堂に加えて金龍院も参入し、金沢の在地出版が活況を呈した。この潮流を支えたもう一つの動向が江戸の書肆・書物問屋による当該地域出版への参画と、独自の出版物の製作である。とりわけ金沢八景図もしくは八景図を背景とした美人画など多様な絵図が刊行され、それは同時に江ノ島、さらにはやや遅れて横浜にまで及んだ。こうした背景には、十九世紀に入り、『新編武蔵風土記稿』の編纂事業や『江戸名所図会』の刊行により、それまで諸条件によって相州鎌倉と強く結びついていた武州金沢が、急速に江戸郊外並びに武蔵国内として認識され、また自覚されるに至ったからに他ならない。この時期の特徴として、出版文化が強く庶民の参詣行為に影響を与えているということである。初期から存在した文人層の参詣行動の個別性、独自性は不変のものであるだろう。しかし大衆化した寺社参詣のそれは、『江戸名所図会』の刊行、江戸の書物問屋・地本問屋の絵図販売などによって強く方向付けがなされたといえる。寛政頃から盛んとなった旅の往来物が、文化年間には大方の江戸近郊の名所を網羅し、このV期ともなると、売れ筋の往来物のみ再版され、より実用的な改訂が加えられるようになるのも、その一例である。

ところが幕末期になると、高野山などでも顕著であるが、全国的に参詣者が減少してくる。管見の限りにおいても、道中日記類が嘉永期あたりを境に減少傾向にあると断言できる。この要因ともなると先行研究でもほとんど触れられることはない。幕末期の混乱状況だけに帰して良いのか否か残念ながら、嘉永後二十年間をどのように分析するかは筆者はまだ結論を用意できていない。文人層はもちろん庶民参詣層にも少なからず様々な社会的制約のなかでの自主性・選択性を見いだしたい筆者としては、幕末期の極度な変化状況のなかにあっても、日常生活に基づく寺社参詣は変わらず行われていたと考えたいが、その根拠もいまだ持たない。今後の課題である。

このように概観すると、従来文化史において言われてきた寛文、元禄、宝暦・天明、文化・文政、嘉永という時代区分にきわめて重なるものである。決して意識した訳ではないが、研究対象地域の事例に基づくとこのような結論が導き出される。しかしながら、寺社参詣史の場合、明和・安永期がひとつの画期であるといって良い。各参詣地ごとに異なる参詣者を抱えていたそれまでの状況を一変させ、双方向的に参詣者が行き交い、各参詣地が相互交渉的状況に陥った明和・安永期は文化・文政期以上に重要な時期であろうと考えられる。近世寺社参詣特有の参詣地の複合化はこうした動きのなかで生み出されたものなのである(49)。

こうした動向を先導し、庶民参詣層とは異質な参詣形態を見せたのが都市の知識人層である。寺社参詣の民俗的意義を疎み、寺社側の宣伝戦略を冷徹に見極めようとする姿は多分に非信仰的であり、近代的である。彼らは独自な観点から、必ずしも安易な情報媒体や徘徊する宗教者に左右されることなく、都市近郊の名所を次々と開拓し、また既成の名所を穿《うが》っていった。その行動の源泉となっていたのは紛れもなく豊富な読書量にある。その参詣行動への反映の仕方は多様でも、過去の文献を多量に読みこなし、独自の歴史観や歴史的知識を基底にして、眼前の光景とのずれを楽しみ嘆く行為は、一種中国の文化人の模倣であり、文化の大衆化への知識人層なりの抵抗だった。津田左右吉は、シナ思想は知識や思想がそれのみ絶対視され尊重されて受け入れられ、文芸に表現されたが、実生活とは乖離したものであったということを一貫して主張しているが[50]、この場合、宋代以降形成された中国文人層の文化をそのまま輸入し体現していたといっても過言ではない。その代表的な場が江ノ島であり、鎌倉であったのである。武家を含む都市の文人層だけではない。天保六年（一八三五）四月には、知恩院宮尊昭法親王が、芝増上寺での碩学の帰途、金沢・鎌倉・江ノ島を訪れている[51]。その二年後の九月には、徳川家慶の将軍宣下に伴い江戸へ参向した二条左大臣斉信が、その帰路に鎌倉・江ノ島に立ち寄っている[52]。朝廷においても、鎌倉・江ノ島は、文人層の文芸の聖地として受容されていたのである。

従来イメージ化されてきた行動文化を体現する主体は、金沢八景・鎌倉・江ノ島などの各参詣において独自な文化を築いた文人層である。この層は幕藩権力者層と都市中下層民の狭間にあり、元禄以降の諸文化の主たる担い手ともなっていく。時代が下るにつれてこの層は拡大し、庶民参詣層の文化的な上昇志向ともあいまって、行動文化は飛躍的に大衆化していく過程が予想される。しかし、それでもなお行動文化の全体化には慎重でなければならない。やはり行動文化論が立脚する史料は、町名主であり僧侶であり武家の史料なのである。中下層民はある程度民俗的〈知〉を媒体とし、信仰的要素を包括した寺社参詣を育んでいた側面もある。とくに都市の病気治癒に関する参詣行動にはそれが顕然である。そもそも西山氏の「江戸っ子」研究が画期的であったのは、従来の江戸っ子研究が極めて中下層民を意識したものであった点を批判したものであったためである。にも関わらず、化政期以降の「行動文化」が中下層民の行動までも包括する概念として利用されてしまった。西山氏のいう「主流江戸っ子」と「自称江戸っ子」という階層差を睨んで理論化されなかったため、その後「文化の大衆化」という言葉に乗り、広範な概念として流用してしまったような気がしてならない。今後行動文化論は階層差を念頭において論じられなければならないだろう。

さて山岳登拝に限らず、寺社参詣には参詣地の複合化という現象がある。構造的には、参詣者は常に新たな聖なる修行の空間を求めて前進することを強いられる。よって往路と復路を違えざるを得ず、必然的に参詣地が複合化されることである。だが近世にはこうした理屈は形式的な側面が強い。出版文化が飛躍的に発展したとはいえ、それでもなお情報が限られ、一定度先人が書き残した書物を頼りにせざるをえないという情報的制約もあった。また各地に残る旅人の埋葬に関する文書や往来手形に示されるように、道中の危険もいまだに大きいという交通的制約、そして費用という経済的制約もあった。こうした様々な「近世的なるもの」の社会的制約を受け、伊勢参宮に代表される「モデル・ルート」が生み出されたのであろう。ところが、細かいところへ視点を落とせば、話は別である。伊勢・西国巡礼道中日記類によれば、その途次に富士山、相模大山、江ノ島・鎌倉、秋葉山・鳳来寺山・津島・岩国・出雲大社などへ行くか否かの選択は、実に個々多様性に富んだものである。そこには多くの寺社を効率よく巡ろうとする一定の自発性も看取される。つまり明和・安永期以降加速化された参詣地の複合化は、形式的な側面と本質的な側面の両方を満たすための「知恵」から生まれたものなのである。その意味において合理的な観念が介在している。いかに遍歴する宗教者が「片参り」のような説を広め、各地に類似する伝承が残存しているとしても、かかる伝承がきちんと遵守されていたかというと、道中日記などによる限り決してそうとはいえない。やはり合理性、利便性、そして自主性に基づく選択が優先されるのである。

しかしながら、参詣地の複合化は、こうした諸社会的制約や参詣者側の自発性とだけ一口で言い切れない側面もある。出羽三山や相模大山の参詣行動に着目すると、山岳信仰には「単一の山岳登拝のモデル」というべき形態が見える。すなわち真っ先に目的地を趣向し、その登拝後定まった数カ所の名所を巡り帰路につくものである。

たとえば、出羽三山ならば鳥海山であり、相模大山であれば、江ノ島、鎌倉である。こうした数カ所に特定された山岳登拝における参詣地の複合化には、さほど恣意的な参詣行動形態を看取できない。また、より儀礼的な構造を色濃く残していたのが板東巡礼である。たとえば巡礼者は、大山参詣の際には、あまり利用されることのない「日向口」を一貫して利用していた。また鎌倉参詣においては、やはり他の旅人と一線を画して、四つの板東札所を順番に廻ることと鶴岡八幡宮を廻ることのみを最大かつ唯一の目的とするような参詣行動を示していた。このように、山岳信仰や板東巡礼を事例とすると、必ずしも形式的と言い切れない、そして強い合理性や自主性を見い出すことのできない参詣形態も併存していたのである。これは逆にいえば、寺社参詣の大衆化への趨向の中、聖性を維持するわずかな手段だったのである。

ところで本論でも繰り返し述べたように、寺社参詣は中世末期より徐々に俗化の傾向を示したとされる。[53]伊勢、熊野、西国巡礼、坂東巡礼などいずれもそうである。より時期を特定するならば十五世紀末以降のことである。中国史の時代区分や邪馬台国論争に大きな足跡を残した東洋学者内藤湖南氏が講演で次のように語ったことは広く知られている。

大体今日の日本を知る為に日本の歴史を研究するには、古代の歴史を研究する必要は殆どありませぬ、応仁の乱以降の歴史を知って居つたらそれで沢山です。それ以前のことは外国の歴史と同じ位にしか感ぜられませぬが、応仁の乱以降は我々の真の身体骨肉に直接触れた歴史であって、これを本当に知つて居れば、それで日本歴史は十分だと言つてゐゝのであります。[54]

歴史学が現在と過去との弛《たゆ》まざる対話の学問であるとの立場に立てば、実際現在の我々の生活の基盤には、十五世紀後半以降に形作られたものが多い。朝尾直弘氏は、内田銀蔵や三浦周行などの京都学派の先学を継承しつつ、その代表例として次のようなものを挙げている。[55]古代以来の支配階級が没落し、下層階級が台頭した。それまで日本の社会体制を支えてきた中国文明の影響力が後退し、西洋文明へ指標が移行した。庶民生活においては、麻などに代わり木綿が主流となった。さらには近世に入り、その多くが木造平屋建ての板または畳の床を持つ居住生活に入り、菜種油や蠟燭の普及により夜の生活を享受するようになった。一日に三度の食事もそうである。このように応仁の乱以降一〇〇年の間に、実に多くの変革がもたらされ、現今の生活習慣の土台が築かれたのである。

また網野善彦氏は、十四世紀後半から十六世紀にかけて、日本列島が文明化し、経済活動が活発化する中で、漂泊民・遍歴民に対する差別、穢れの忌避、女性への賤視が生み出されてきたと述べる(56)。また尾藤正英氏は、国民国家形成論と交えて古代・中世を広い意味での古代、近世・近代は広い意味での近代であるとし、近世とはまさに日本における近代の始まりであるとしている(57)。

さらに内藤氏は、「当時の全体の傾きは（中略）凡ての文化といふものが大体特別な階級即ち当時迄政治に勢力のあつた貴族の階級から一般の階級に普及するといふのが、当時の実際の模様であつたと思ひます(58)」と述べた上で、伊勢神宮と高野山の例を挙げている。「朝廷から保護を受けることの代りに日本の一般人民から受けるといふことになりますので、御師が一般参拝人の取次をして誰でも参拝せしめる仕掛にしたのであります(59)」「当時朝廷とか主なる貴族即ち藤原氏といふやうなものから保護されて居つたのが、乱世になつてそれが頼まれぬ処から、一般人民の力に依て維持されるやうになつたのは、応仁を中心にした足利時代の一般の状態であります(60)」と述べ、寺社の経済構造の変化により、伊勢御師や高野聖の勧化活動が動態化したとしている。

十五世紀後半を境としての文明化の傾向は、内藤氏が述べるように、荘園制の緩やかな解体と権門体制の崩壊(61)のなかにあって、寺社の経営形態に大きな変革を迫った。当然のことながら、こうした寺社の変革は、信仰する側の在り方にも影響を与えたものと推察される(62)。十四世紀頃までは、修験道に代表される山岳修行には死と再生の構造が確実に営まれていた。そこでは、身体的にも精神的にも、無意識的にも意識的にも自己解放が達成されていた。仏教の説くところの「身心一如」「心身合一」がその前提としてある。しかし、十五世紀以降次第に社会が文明化の様相を呈するなか、人々が宗教や聖なるものに聖性を感じえなくなる状況が生まれた。ましてやこうしたものを、訝しいもの、いかがわしいものとして差別し排除する機運が社会に顕在化するのである。(63)

近世の寺社参詣は、特定宗教者のものから大衆のものへと拡大・変容したが、参詣者は、熊野詣など古代以来の社寺参詣のプロセスを、簡略化したものとはいえ一応踏んでいる。その意味において、身体・無意識のレベルでは構造的そして形式的に自己解放が成し遂げられている。しかしながら、精神・意識レベルにおいては、自己解放の達成は形骸化しつつあった。そのため参詣者は、より象徴的な聖的空間の創造、つまり集団的昂揚の場を設置し、そこへの自己投入と、それによる自己解放の達成を希求し、寺社参詣のなかに並置並存させた。こうした二儀礼併存の構造そしてその延長線上にある参詣地の複合化が、明和・安永期以降狭義に「物見遊山化」「遊楽地化」、広義に「大衆化」「民衆化」と形容される近世寺社参詣の実態である。一方では、信仰的要素が弱寡されつつある状況下、より現世利益的である祈禱的宗教への希覬《きき》も表面化しつつあった。徳本上人、観正上人などの遊行勧進僧の出現は、その徴候の具現化の一つである。幕末期には、「神々のラッシュアワー」(64)と評されるほど、新宗教の生生不断なる状態が待ち受けているのである。祈禱寺社でさえも民衆の希求に応えるものではなくなりつつあったのである。

(1) 西山松之助「江戸の町名主斎藤月岑」(同編『江戸町人の研究』四、吉川弘文館、一九七五年)四五九~四六二頁。
(2) 宮田登『江戸歳時記――都市民俗誌の試み――』(〈江戸選書五〉、吉川弘文館、一九八一年)一九三頁。

(3) こうした発想は、中井信彦『転換期幕藩制の研究――宝暦・天明期の経済政策と商品流通――』(塙書房、一九七一年)の「われわれは、具体的な個別史実に基づいて、歴史の総体ないし全体を再構成しようとする。その際の方法論としてあるのが、包括的な史的弁証法なのであるが、それは、個別史実と総体の構造および構造的変化を分析し総合する方法として正しいと同時に、それらを媒介する諸多の下位構造の分析・総合の方法として貧しいという弱点をあわせもつことを否めないと思う。構造主義や機能分析主義のような、異質な立場の方法論に対する私自身の関心は、それらのうちから、歴史学のもつ右のような意味での方法的貧しさを補強しうるものを摂取したいと考えるところに出るのである」(一八頁)等の記述、および同著『歴史学的方法の基準』〈塙選書七八〉、塙書房、一九七三年)に影響を受けている。

(4) 加藤貴「江戸近郊名所への誘い」(同編『大江戸歴史の風景』、山川出版社、一九九九年)一六五～一六六頁。

(5) 鈴木章生「名所記にみる江戸周辺寺社への関心と参詣」(地方史研究協議会編『都市周辺の地方史』、雄山閣出版、一九九〇年、のちに同『江戸の名所と都市文化』、吉川弘文館、二〇〇一年に収録)。

(6) 渡辺勝彦「江戸と名古屋の名所とその景観」(『季刊自然と文化』二七、一九八九年)一七頁。

(7) 注(5)鈴木「名所記にみる江戸周辺寺社への関心と参詣」、一二四～一二五頁。

(8) 津田左右吉「東洋文化、東洋思想、東洋史」(『歴史教育』六―八、一九三一年、のち『津田左右吉歴史論集』〈岩波文庫青一三一―四〇―九〉、岩波書店、二〇〇六年)一四一～一四二頁。同『シナ思想と日本』(〈岩波新書赤版三〉、岩波書店、一九三八年)九八～一〇二頁。同「文学に現れたる国民思想の研究二――武士文学の時代――」「同――平民文学の時代上――」(『津田左右吉全集』五・六巻、岩波書店、一九六四年、初刊は一九一七年)。

(9) 注(5)鈴木「名所記にみる江戸周辺寺社への関心と参詣」、一二三頁。

(10) 西山氏行動分化論や流行神説は無批判に論文の前提として利用されることが多い。流行神であれば、南和男『幕末江戸の文化――浮世絵と風刺画――』(塙書房、一九九八年)にあげられている。

(11) 宮田登「江戸町人の信仰」(西山松之助編『江戸町人の研究』二、吉川弘文館、一九七三年)二七〇～二七一頁。

(12) 宮田登『近世の流行神』(〈日本人の行動と思想一七〉、評論社、一九七二年、のちに一部増補して『江戸のはやり神』、〈ちくま学芸文庫〉、筑摩書房、一九九三年、一八二～一八三頁)。

(13) 注(1)西山「江戸の町名主斎藤月岑」、四六一頁。

(14) 例えば、遠山茂樹『明治維新』(〈岩波全書一二八〉、岩波書店、一九五一年)。井上清『日本現代史Ⅰ 明治維新』(東京大学出版会、一九五一年)。明治維新史研究の基礎的文献である両書に「ええじゃないか」に関する記述がある。例えば遠山著書では、「ええじゃないか」に強く作用した伝統として「お陰参り」を挙げ、その「自由奔放な気分は、鬱積した民衆の封建秩序への反発の感情が、明確な階級意識をとらず、むしろ社会組織からの一時的な遊離として、流民化し群集化することによって、偶発的に病的に表現されたものであった」とし、こうした大衆混乱との接触の伝統が、「ええじゃないか」の際に、「いとも簡単に、宗教的エクスタシーと、それをかりての性的倒錯の放埒状態の中に、革命的エネルギーを放散せしめてしまったのである」と結論づけている。
(15) 注(3)中井著書、一六頁。
(16) 同右、一八頁。
(17) アルノルト・ファン・ヘネップ著、綾部恒雄・綾部裕子訳『通過儀礼』(弘文堂、一九九五年(原典一九〇九年))八~九頁。
(18) 同右、一〇~一一頁。
(19) ヴィクター・W・ターナー著、冨倉光雄訳『儀礼の過程』(新思索社、一九九六年(原典一九六九年))一二八~一二九頁。この書で、ターナーはリミナリティには、身分を逆転させるものと、身分を昇格させるものと二つの主要な型があるとしている(二三六~二三七頁)。
(20) 同右、一二五~一二六頁。
(21) 同右、一二六~一三〇頁。
(22) ヴィクター・ターナー著、梶原景昭訳『象徴と社会』(〈文化人類学叢書〉、紀伊國屋書店、一九八一年(原典一九七四年))一二一頁。
(23) さらにターナー氏は、コミュニタスには三つの規定があるとする。一つが実存的コミュニタスである。二つ目は規範的コミュニタスであり、本来自然発生的なはずの実存的コミュニタスが、それを持続するために組織化されたものである。三つ目がイデオロギー的コミュニタスであり、実存的コミュニタスが目指すべき、そして最適と期待されるユートピア的社会様式であり、青写真のようなものである。そして歴史上すべての実存的コミュニタスは、型にはめられ、構造や法律へと後退していくとする((注19)ターナー『儀礼の過程』、一八二~一八三頁)。

(24) 同右、一二六頁。
(25) 同右、一二八頁。
(26) 同右、一三八頁。
(27) 同右、一七九～一八〇頁。
(28) 同右、一四六頁。
(29) 同右、一五七頁。
(30) 同右、一六六頁。
(31) エドモンド・R・リーチ著、青木保・宮坂敬造訳『文化とコミュニケーション――構造人類学入門――』(〈文化人類学叢書〉、紀伊國屋書店、一九八一年(原典一九七六年))二二六～二二八頁。
(32) 青木保「現代巡礼と日本文化の深層」(ヴィクター・ターナー・山口昌男編『見世物の人類学』、三省堂、一九八三年、のちに同『境界の時間――日常性をこえるもの――』、岩波書店、一九八五年に「現代巡礼論の試み」と改題して収録)一〇二～一〇三頁。
(33) 同右、一〇四頁。
(34) 同右、一〇五頁。
(35) 同右、一〇七～一〇八頁。
(36) 橋本和也『観光人類学の戦略――文化の売り方・売られ方――』(世界思想社、一九九九年)七四頁。
(37) 薗田稔『祭りの現象学』(弘文堂、一九九〇年)。
(38) 同右、六〇頁。
(39) 同右、六〇頁。
(40) 道元「現世公案」(水野弥穂子校注『正法眼蔵』、〈岩波文庫青三二一―三一九〉、岩波書店、一九九〇年)五四～五五頁。
(41) 宮地直一『熊野三山の史的研究』(国民信仰研究所、一九五四年)。五来重『熊野詣――三山信仰と文化――』(淡交新社、一九六七年)。小山靖憲『熊野古道』(〈岩波新書新赤版六六五〉、岩波書店、二〇〇〇年)。
(42) 黒田俊雄『日本中世の国家と宗教』(岩波書店、一九七五年)。

(43) 圭室文雄『日本仏教史　近世』(吉川弘文館、一九八七年)。比留間尚「江戸の開帳」(『江戸町人の研究』二)。
(44) 池上廣正著・池上廣正先生著作刊行会編『宗教民俗学の研究』(名著出版、一九九一年)一一八頁。
(45) 宮田登「岩木山信仰――その信仰圏をめぐって――」(和歌森太郎編『津軽の民俗』、吉川弘文館、一九七〇年)。
(46) 高尾一彦『近世の庶民文化』(〈日本歴史叢書〉、岩波書店、一九六八年)第一章「庶民文化序説」。
(47) 水江漣子『江戸市中形成史の研究』(弘文堂、一九七七年)第五章第三節。
(48) 新城常三『新稿社寺参詣の社会経済史的研究』(塙書房、一九八二年)六九九～八五一頁。
(49) 宝暦・天明期への着目は、文化史に限らず、林基「宝暦――天明期の社会情勢――」(『岩波講座　日本歴史』第一二巻、一九六三年、のちに同『続百姓一揆の伝統』、新評論、一九七一年に収録)や注(3)中井著書など百姓一揆や商品流通史など広い分野に認められる。そのほか古島敏雄『信州中馬の研究』(伊藤書店、一九四四年)、鎌田久明『日本近代産業の成立』(ミネルヴァ書房、一九六三年)など。
(50) 注(8)津田著書に同じ。
(51) 小山田与清『鎌倉御覧日記』、慶應義塾大学図書館蔵(一一四―六八―一)。知恩院宮は、三月末から将軍家斉や世子家慶とその夫人で姉の楽宮、兄の輪王子宮公猷法親王や徳川斉昭、松浦静山らと会い別れを告げたあと、四月十四日に江戸を立っている。鎌倉では、同宗派の光明寺に宿り、鶴岡八幡、大塔宮土牢、荏柄天神、建長寺、長谷寺、高徳院(大仏)などに詣でており、鎌倉の要所を隈無く巡っている。光明寺では、浄土宗末の僧侶が接待をしている。
(52) 「天保八酉年八月十三日　御参向御用度元方金銀出入帳」(慶應義塾大学所蔵「二条家文書」(一四―B①―三五)。九月二日の将軍宣下の後、猿楽の饗応を受け、その帰路の九月十九日に、戸塚から建長寺、鶴岡八幡宮、江ノ島を廻り、藤沢宿に宿泊している。
(53) 新城常三『社寺参詣の社会経済史的研究』(塙書房、一九六四年)。
(54) 内藤湖南「日本文化史研究　応仁の乱に就て」(大正十年八月史学地理学同攻会講演、一九二一年、のちに『内藤湖南全集』第九巻、筑摩書房、一九六九年)一三二頁。応仁の乱前後を一つの画期とする見解は、同時期を都市の発達が促進された時期と見る三浦周行(同「中世都市の発達」、『日本史の研究』第一輯、岩波書店、一九八一年、初刊は一九二二年)と、同時期以降近世(元和二年頃)までを、文学の復興、商工業・都市・金銀貨幣流通の発達、政治的統一によって、国民生活と文化が成熟する「近世」へ橋渡しをした過渡期とみた内田銀蔵『日本近世史』（平凡社、一九七五年、一五九〜一六二頁、初刊は一九〇三年、ただし第一編第一章まで）にすでに見られる。内田・三浦は内藤と同じく、明治四十年（一九〇七）京都帝国大学文科大学に創設された史学科の講師に任ぜられており、次に掲げる朝尾直弘氏も含めその卓見の継承が看取される。

(55) 朝尾直弘「「近世」とはなにか」（朝尾直弘編『日本の近世一　世界史のなかの近世』、中央公論社、一九九一年）四一〜四三頁。

(56) 網野善彦『日本社会の歴史』下（〈岩波新書新赤版五〇二〉、岩波書店、一九九七年、四六〜五二頁）。

(57) 尾藤正英「近世社会の特色――文化の普及について――」（愛知大学綜合郷土研究所編『近世の地方文化』、名著出版、一九九一年）一五七〜一五八頁。

(58) 注(54)内藤「日本文化史研究　応仁の乱に就て」、一四〇頁。

(59) 同右、一四一頁。

(60) 同右、一四二頁。

(61) 黒田俊雄「中世の国家と天皇」（『岩波講座　日本歴史　中世二』、岩波書店、一九六三年）。黒田氏もまた公家権門、宗教権門、武家権門が相互補完的に権力を維持する権門体制が崩壊する契機として応仁の乱を挙げている。

(62) 豊島修氏のように、そもそも熊野信仰において皇族、上級貴族の熊野詣より以前に庶民信仰の基盤があるとする説もある（同『熊野信仰と修験道』、名著出版、一九九〇年。同『熊野信仰史研究と庶民信仰史論』、清文堂出版、二〇〇五年）。

(63) 網野氏の前掲書に限らず、網野氏の諸著書にこのような中世後期への歴史観が貫かれている。

(64) H・N・マックファーランド著、内藤豊・松本武之訳『神々のラッシュアワー――日本の新宗教運動――』（社会思想社、一九六九年）。

【国内著者参考文献】（五十音順）

相蘇　一弘「御師・伊勢講・おかげ参り」（藪田貫編『家持から野麦峠まで――中山道・北陸道をあるく――』、〈歴史の道・再発見三〉、大阪フォーラム・A、一九九六年）

青木　保「現代巡礼と日本文化の深層」（ヴィクター・ターナー・山口昌男編『見世物の人類学』、三省堂、一九八〇年、のちに同『境界の時間――日常性をこえるもの――』、岩波書店、一九八五年に「現代巡礼論の試み」と改題して収録）

青木美智男「一茶と北斎――かれらを支えた文化的基盤――」（『文化への視点』、光和堂、一九八二年、のちに同『文化文政期の民衆と文化』、文化書房博文社、一九八五年）

青柳　周一『富嶽旅百景――観光地域史の試み――』（〈角川叢書二一〉、角川書店、二〇〇二年）

　同　「近世後期の絵図・地誌作成と「旅行文化」――近江の旅行史関係史料から――」（『民衆史研究』六七、二〇〇四年）

朝尾　直弘編『日本の近世　世界史のなかの近世』（中央公論社、一九九一年）

　同　『都市と近世社会を考える――信長・秀吉から綱吉の時代まで――』（朝日新聞社、一九九五年）

浅香　幸雄「大山信仰登山集落形成の基盤」（『東京教育大学地理学研究報告』一一、一九六七年、のちに圭室文雄編『大山信仰』〈民衆宗教史叢書二二〉、雄山閣出版、一九九二年に収録）

阿諏訪青美『中世庶民信仰経済の研究』（〈歴史科学叢書〉、校倉書房、二〇〇四年）

阿部　往寛「藤沢を通る大山道」（『藤沢市史』五、一九七四年）

網野　善彦『日本社会の歴史』下（〈岩波新書新赤版五〇二〉、岩波書店、一九九七年）

有山　麓園「梵天祭と大山石尊詣」（芳賀登編『町人文化百科論集二　江戸のくらし』、柏書房、一九八一年）

池上　廣正著・池上廣正先生著作刊行会編『宗教民俗学の研究』（名著出版、一九九一年）

板坂　耀子『江戸温泉紀行』（〈東洋文庫四七二〉、平凡社、一九八七年）

伊藤　幹治「日本文化の構造的理解をめざして」（『季刊人類学』四―一、一九七三年）

井上　攻『由緒書と近世の村社会』（大河書房、二〇〇三年）

井上　清　『日本現代史Ⅰ　明治維新』（東京大学出版会、一九五一年）
今野　信雄　『江戸の旅』（〈岩波新書黄三四九〉、岩波書店、一九八六年）
岩科小一郎　『富士講の歴史――江戸庶民の山岳信仰――』（名著出版、一九八三年）
岩田　慶治　『カミの誕生――原始宗教――』（〈世界の宗教一〇〉、淡交社、一九七〇年、のちに『岩田慶治著作集二　草木虫魚のたましい――カミの誕生するとき・ところ――』、講談社、一九九五年）
岩橋　清美　「近世後期における歴史意識の形成過程――武蔵国多摩郡を中心として――」（『関東近世史研究』三四、一九九三年）
同　「近世社会における「旧記」の成立」（『法政史学』四八、一九九六年）
岩鼻　通明　『出羽三山信仰の歴史地理学的研究』（名著出版、一九九二年）
同　『出羽三山信仰の圏構造』（岩田書院、二〇〇三年）
上杉　和央　「近世における浪速古図の作製と受容」（『史林』八五―二、二〇〇二年）
同　「青年期本居宣長における地理的知識の形成過程」（『人文地理』五五―六、二〇〇三年）
同　「十七世紀の名所案内記にみえる大坂の名所観」（『地理学評論』七七―九、二〇〇四年）
内田　銀蔵　『近世の日本・日本近世史』（〈東洋文庫二七九〉、平凡社、一九七五年）（初刊は富山房・一九〇三年、但し第一編第一まで）
内海　弁次　『相州大山』（神奈川新聞社・かなしん出版、一九九六年）
大木　昌　『病と癒しの文化史――東南アジアの医療と世界観――』（〈Historia008〉、山川出版社、二〇〇二年）
大友　一雄　『日本近世国家の権威と儀礼』（吉川弘文館、一九九九年）
大野　一郎　「聖地のセット化と信仰の相互関連」（『地方史研究』四八―四、一九九八年）
大室　幹雄　『西湖案内――中国庭園論序説――』（旅とトポスの精神史　岩波書店、一九八五年）
大山阿夫利神社　『相模大山街道』（大山阿夫利神社、一九八七年）
小倉　博　「近世成田不動の開帳について」（『成田山教育・文化福祉財団研究紀要』二、一九七〇年）
同　『成田寺と町まちの歴史』（聚海書林、一九八八年）
同　「成田山新勝寺の江戸出開帳について」（『法談』四四、一九九九年）

小野寺　淳　「道中日記にみる伊勢参宮ルートの変遷――関東地方からの場合――」（『筑波大学人文地理学研究』XIV、一九九〇年）
表　智之　「歴史の読出し／歴史の受肉化」（『江戸の思想』七、ぺりかん社、一九九七年）
加藤　紫識　「「鎌倉名所記」――版行とその周辺――」（『東洋大学大学院紀要』三八、二〇〇一年）
加藤　貴　「江戸近郊名所への誘い」（『大江戸歴史の風景』、山川出版社、一九九九年）
金子　勤　『大山道今昔――渡辺崋山の「游相日記」から――』（〈かなしんブックス三〉、神奈川新聞社、一九八五年）
川崎市立多摩図書館　『大山街道――二子から上有馬までを訪ねて――』（一九七三年）
川崎市立高津図書館　『写真で読む今昔・矢倉沢往還――大山道――その1・2』（〈高津郷土史料集一二・一三〉、一九九〇年）
神田　由築　「文化の大衆化」（歴史学研究会・日本史研究会編『日本史講座七　近世の解体』、東京大学出版会、二〇〇五年）
岸本　覚　「長州藩藩祖廟の形成」（『日本史研究』四三八、一九九九年）
岸本　英夫　『宗教学』（大明堂、一九六一年）
北村　行遠　『近世開帳の研究』（名著出版、一九八九年）
葛生　雄二　「江戸名所・夕顔観音の盛衰と「情報」――風聞・文芸・縁起・刷物――」（『葛飾区郷土と天文の博物館研究紀要』七、二〇〇〇年）
黒田　俊雄　『日本中世の国家と宗教』（岩波書店、一九七五年）
同　「中世の国家と天皇」（『岩波講座　日本歴史』中世二、岩波書店、一九六三年）
久留島　浩　「百姓と村の変質」（『岩波講座　日本通史』近世五、岩波書店、一九九五年）
幸田　成友　「江戸の町人の人口」（『社会経済史学』八―一、のちに『幸田成友著作集』二、中央公論社、一九七二年）
小林　准士　「近世における知の配分構造――元禄・享保期における書肆と儒者――」（『日本史研究』四三九、一九九九年）
小林　信也　『江戸の民衆世界と近代化』（山川出版社、二〇〇二年）
小山　靖憲　『熊野古道』（〈岩波新書新赤版六六五〉、岩波書店、二〇〇〇年）

五来　重　『熊野詣』（淡交新社、一九六七年）
同監修　『山岳宗教史研究叢書』全一八巻（名著出版、一九七五〜一九八四年）
同　『修験道の歴史と旅』（〈宗教民俗集成一〉、角川書店、一九九五年）
同　『異端の放浪者たち』（〈宗教民俗集成三〉、角川書店、一九九五年）
斎藤　修　『商家の世界・裏店の世界――江戸と大阪の比較都市史――』（〈社会科学の冒険六〉、リブロポート、一九八七年）
斉藤毅・古田悦造「「地の島」に関する空間認知とその受容――神奈川県江の島の場合――」（『人類科学』三九、一九八六年）
斉藤　典男　『武州御嶽山史の研究』（〈日本史研究叢書五〉、隣人社、一九七〇年）
酒井　シズ　『病が語る日本史』（講談社、二〇〇二年）
桜井　邦夫　「近世における東北地方からの旅」（『駒沢史学』三四、一九八六年）
同　「旅人百人に聞く江戸時代の旅」（大田区立郷土博物館図録『弥次さん喜多さん旅をする』、一九九七年）
同　「近世の道中日記にみる手荷物の一時預けと運搬」（『太田区立郷土博物館紀要』九、一九九八年）
桜井徳太郎　『日本民間信仰論』（雄山閣、一九五八年）
同　『講集団成立過程の研究』（吉川弘文館、一九六二年）
同　『民間信仰』（〈塙選書五六〉、塙書房、一九六六年）
同　『神仏交渉史研究――民俗における文化接触の問題――』（吉川弘文館、一九六八年）
同　「結衆の原点――民俗学から追跡した小地域共同体のパラダイム――」（鶴見和夫・市井三郎編『思想の冒険――社会と変化の新しいパラダイム――』、筑摩書房、一九七四年、のちに桜井徳太郎『結衆の原点――共同体の崩壊と再生――』、弘文堂、一九八五年に収録）
同　「門前町の移り変わり」（『祭りと信仰――民俗学への招待――』、新人物往来社、一九七〇年）
佐々木陽一郎「江戸時代都市人口維持能力について――飛驒高山の経験値にもとづく一実験の結果――」（社会経済史学会編『新しい江戸時代史像を求めて――その社会経済史的接近――』、東洋経済新報社、一九七七年）
澤　寿郎　「鎌倉古絵図篇」（『鎌倉古絵図・紀行』、東京美術、一九七六年）

澤　博勝「宗教から地域社会を読み得るか――分野史から全体史へ――」（『歴史評論』六二九、二〇〇二年）
柴　桂子「旅日記からみた近世女性の一考察」（近世女性史研究会編『江戸時代の女性たち』、吉川弘文館、一九九〇年）
柴田　一『近世豪農の学問と思想』（〈日本史学研究双書〉、新生社、一九六六年）
島薗　進「民俗宗教の構造的変動と新宗教――赤沢文治と石鎚講――」（『筑波大学哲学・思想学系論集』六、一九八〇年）
同『現代救済宗教論』（青弓社、一九九二年）
同「国家神道と近代日本の宗教構造」（『宗教研究』三二九、二〇〇一年）
同「一九世紀日本の宗教構造の変容」（小森陽一他編『岩波講座近代日本の文化史二　コスモロジーの「近世」』、岩波書店、二〇〇一年）
下山　弘『川柳江戸の四季――祭・祝い・信仰・遊び――』（〈中公新書一三五七〉、中央公論社、一九九七年）
白井哲哉『日本近世地誌編纂史研究』（〈思文閣史学叢書〉、思文閣出版、二〇〇四年）
白石　克「「鎌倉名所記」諸版について」（『斯道文庫論集』一四、一九七七年）
同「江戸時代の鎌倉絵図――諸版略説――」（『三浦古文化』三四、一九八三年）
新勝寺編『新修成田山史』（新勝寺、一九六八年）
新城常三『社寺参詣の社会経済史的研究』（塙書房、一九六四年）
同『新稿社寺参詣の社会経済史的研究』（塙書房、一九八二年）
真野俊和「四国遍路への道　巡礼の思想」（『季刊　現代宗教』秋季号一―三、エヌエス出版会、一九七五年）
同『旅のなかの宗教――巡礼の民俗誌――』（〈NHKブックス三六四〉、日本放送出版協会、一九八〇年）
同『聖なる旅』（〈民俗宗教シリーズ〉、東京堂出版、一九九一年）
菅根幸裕「近世の大山講と大山御師――上総国作田村の大山講史料を中心に――」（『山岳修験』一八、一九九六年）
杉　仁『近世の地域と在村文化――技術と商品と風雅の交流――』（吉川弘文館、二〇〇一年）
鈴木章生「相模大山信仰の成立と展開――民衆参詣の動向と信仰圏をめぐって――」（『秦野市史研究』六、一九八六年、のちに圭室文雄編『大山信仰』〈民衆宗教史叢書二二〉、雄山閣出版、一九九二年に収録）

同　　　　『江戸の名所と都市文化』（吉川弘文館、二〇〇一年）
鈴木　正崇　『女人禁制』〈歴史文化ライブラリー一三八〉、吉川弘文館、二〇〇二年）
鈴木　道郎　「明治初期における相模大山御師の経済生活」（『地理学評論』三九―一〇、日本地理学会、一九六六年、のちに圭室文雄編『大山信仰』〈民衆宗教史叢書二二〉、雄山閣出版、一九九二年に収録）
鈴木　良明　『近世仏教と勧化――募縁活動と地域社会の研究――』〈近世史研究叢書一〉、岩田書院、一九九六年）
同　　　　「浮世絵版画と名所地――金沢八景・鎌倉・江嶋・大山――」（地方史研究協議会編『都市・近郊の信仰と遊山・観光――交流と変容――』、雄山閣出版、一九九九年）
薗田　稔　『祭りの現象学』（弘文堂、一九九〇年）
高尾　一彦　『近世の庶民文化』〈日本歴史叢書〉、岩波書店、一九六八年）
高橋　敏　『日本民衆教育史研究』（未来社、一九七八年）
高橋　陽一　「多様化する近世の旅――道中記にみる東北人の上方旅行――」（『歴史』九七、二〇〇一年）
高野　修　「相模大山講と藤沢」（『藤沢市史研究』一九、一九八六年、のちに圭室文雄編『大山信仰』〈民衆宗教史叢書二二〉、雄山閣出版、一九九二年に収録）
同　　　　「大山詣の参詣路」（『山岳修験』一八、一九九六年）
高埜　利彦　『近世日本の国家権力と宗教』（東京大学出版会、一九八九年）
同　　　　「移動する身分――神職と百姓の間――」（朝尾直弘編『日本の近世』七、中央公論社、一九九二年）
滝口　正哉　「江戸庶民信仰の娯楽化――千社札をめぐって――」（『関東近世史研究』五四、二〇〇三年）
竹内　誠　「庶民文化のなかの江戸」（同編『日本の近世』一四、中央公論社、一九九三年）
立川　昭二　『江戸老いの文化』（筑摩書房、一九九六年）
田中　宣一　「明治初期における大山講の分布」（『成城文芸』八三、一九七八年、のちに圭室文雄編『大山信仰』〈民衆宗教史叢書二二〉、雄山閣出版、一九九二年に収録）
同　　　　「相州大山講の御師と檀家――江戸末期の檀廻と夏山登拝をめぐって――」（『日本常民文化紀要』八―二、一九八二年、のちに圭室文雄編『大山信仰』〈民衆宗教史叢書二二〉、雄山閣出版、一九九二年に収録）
田中　智彦　『聖地を巡る人と道』（岩田書院、二〇〇四年）

田野　登　「「梅田牛駆け粽」考――都市生活者から見た農村行事――」（『日本民俗学』二一一、一九九七年）
谷口　榮　「かつしか江戸の景観――十方庵敬順と村尾正靖の見た川沿いの景観――」（『葛飾区郷土と天文の博物館研究紀要』九、二〇〇二年）
田村　貞雄　『ええじゃないか始まる』（青木書店、一九八七年）
　同　「近世のお伊勢参り道中日記一覧」（『地方史静岡』二九、二〇〇一年）
圭室　文雄　「岩本院における末寺支配の過程」（『明治大学教養論集』四八、一九六九年、のちに村上直編『近世神奈川の研究』、〈地方史研究叢書三〉、名著出版、一九七五年に収録）
　同　『江戸幕府の宗教統制』（〈日本人の行動と思想一六〉、評論社、一九七一年）
　同　「寺社信仰と文芸の交流」（『藤沢市史』五、一九七四年）
　同　『神仏分離』（〈教育社歴史新書　日本史一一三〉、教育社、一九七七年）
　同　「『大山不動霊験記』に見る大山信仰」（『郷土神奈川』一八、神奈川県立文化資料館、一九八六年、のちに同編『大山信仰』〈民衆宗教史叢書二二〉、雄山閣出版、一九九二年に収録）
　同　『日本仏教史　近世』（吉川弘文館、一九八七年）
地方史研究協議会編『新版地方史研究必携』（岩波書店、一九八五年）
地方史研究協議会編『都市周辺の地方史』（雄山閣出版、一九九〇年）
地方史研究協議会編『都市・近郊の信仰と遊山・観光――交流と変容――』（雄山閣出版、一九九九年）
塚本　学　『地方文人』（〈教育社歴史新書　日本史八四〉、教育社、一九七七年）
　同　『近世再考――地方の視点から――』（日本エディタースクール出版部、一九八六年）
　同　『生きることの近世史――人命環境の歴史から――』（〈平凡社選書二一五〉、平凡社、二〇〇一年）
津田左右吉　『文学に現はれたる国民思想の研究』（『津田左右吉全集』第四～八巻、岩波書店、一九六四年、初刊は一九一六～一九二一年、洛陽堂）
　同　『シナ思想と日本』（〈岩波新書赤版三〉、岩波書店、一九三八年）
　同　今井修編『津田左右吉歴史論集』（〈岩波文庫青三三―一四〇―九〉、岩波書店、二〇〇六年）
道　元　「現世公案」（水野弥穂子校注『正法眼蔵』、〈岩波文庫青三三―三一九〉、岩波書店、一九九〇年）

遠山　茂樹　『明治維新』（〈岩波全書一二八〉、岩波書店、一九五一年）
豊島　修　『熊野信仰と修験道』（名著出版、一九九〇年）
　同　『熊野信仰史研究と庶民信仰史論』（清文堂出版、二〇〇五年）
外山　徹　「高尾山信仰の興隆期と薬王院の動向」（村上直編『近世高尾山史の研究』、名著出版、一九九八年）
　同　「近世における高尾山信仰」（村上直編『近世高尾山史の研究』、名著出版、一九九八年）
内藤　湖南　「日本文化研究　応仁の乱に就て」（大正十年八月史学地理学同攻会講演、『内藤湖南全集』第九巻、筑摩書房、一九六九年）
中井　信彦　『幕藩社会と商品流通』（〈塙選書一一〉、塙書房、一九六一年）
　同　『大原幽学』（〈人物叢書〉、吉川弘文館、一九六三年）
　同　『転換期幕藩制の研究——宝暦・天明期の経済政策と商品管理——』（塙書房、一九七一年）
　同　『歴史学的方法の基準』（〈塙選書七八〉、塙書房、一九七三年）
　同　『色川三中の研究』伝記篇（塙書房、一九八八年）
　同　『色川三中の研究』学問と思想篇（塙書房、一九九三年）
長沢　利明　「浅草の針供養——東京都台東区浅草淡島堂——」（『日本民俗学』一七八、一九八九年）
　同　「針供養と奪衣婆——東京都新宿区新宿・正受院——」（『西郊民俗』一二四、一九八八年、のちに改題して同『江戸東京の庶民信仰』、三弥井書店、一九九六年に収録）
波平恵美子　「日本民間信仰とその構造」（『民族学研究』三八—三・四、一九七四年）
　同　『ケガレの構造』（青土社、一九八四年）
　同　『ケガレ』（〈民俗宗教シリーズ〉、東京堂出版、一九八五年）
西垣　晴次　『ええじゃないか——民衆運動の系譜——』（新人物往来社、一九七三年）
　同　『お伊勢まいり』（〈岩波新書黄二五二〉、岩波書店、一九八三年）
　同　「大山とその信仰」（『郷土神奈川』一三、神奈川県立文化資料館、一九八三年、のちに圭室文雄編『大山信仰』〈民衆宗教史叢書二二〉、雄山閣出版、一九九二年に収録）
西川　長夫　「ロマン主義を考える三つの視点」（西川長夫他編『ロマン主義の比較研究』、〈立命館大学人文科学研究所研

西海　賢二　究叢書七〉、有斐閣、一九八九年）
同　『武州御嶽山信仰史の研究』（名著出版、一九八三年）
同　『近世遊行聖の研究――木食観正を中心として――』（三一書房、一九八四年）
西田直二郎　『日本文化史序説』（改造社、一九三二年）
西山　克　『道者と地下人――中世末期の伊勢――』（〈中世史研究選書〉、吉川弘文館、一九八七年）
西山松之助　「化政期における江戸の生態」（『地方史研究』八―六、一九五八年）
同　「後期江戸町人の文化生活」（伊東多三郎編『国民生活史研究五　生活と道徳習俗』、吉川弘文館、一九六二年）
同　「江戸の町名主斎藤月岑」（『江戸町人の研究』四、吉川弘文館、一九七五年）
同　編著『江戸町人の研究』全六巻（吉川弘文館、一九七二～一九七八年）
同　『江戸っ子』（〈江戸選書一〉、吉川弘文館、一九八〇年）
同　「嘉永文化試論」（『日本常民文化紀要』第七輯、一九八一年）
根崎　光男　「「江戸十里四方」の地域的特質」（『地方史研究』三八―五、一九八八年）
根本　行道　『相模大山と古川柳』（東峰書房、一九六九年）
羽賀　祥二　『史蹟論――十九世紀日本の地域社会と歴史意識――』（名古屋大学出版会、一九九八年）
萩原　龍夫　『巫女と仏教史――熊野比丘尼の使命と展開――』（〈明治大学人文科学研究所叢書〉、吉川弘文館、一九八三年）
橋本　和也　『観光人類学の戦略――文化の売り方・売られ方――』（世界思想社、一九九九年）
橋本健一郎　「双六に見る旅案内――北斎画『鎌倉、江ノ島、大山、新板往来雙六』を中心として――」（『神奈川県立博物館研究報告』一二、一九八五年）
林　基　「宝暦――天明期の社会情勢――」（『岩波講座　日本歴史　近世四』（岩波書店、一九六三年、のちに同『続百姓一揆の伝統』、新評論、一九七一年に収録）
速水　融　『近世農村の歴史人口学的研究――信州諏訪地方の宗門改帳分析――』（東洋経済新報社、一九七三年）
同　『近世濃尾地方の人口・経済・社会』（創文社、一九九二年）

原　淳一郎「江戸庶民の社寺参詣――相模国大山参詣を中心として――」（『地方史研究』二八〇、一九九九年）
同「近世名所寺院の経営と宣伝活動――成田山新勝寺における江戸庶民との接点――」（『千葉史学』三五、一九九九年）
同「大山参詣をめぐる社寺参詣者の動向――藤沢・江ノ島・鎌倉との関連で――」（『史学』七〇―二、二〇〇一年）
同「近世期名所のセット化と富士・大山参詣」（『日本歴史』六三七、二〇〇一年）
同「近世参詣地名所における参詣者意識――江戸十里以上の江の島参詣――」（『交通史研究』五一号、二〇〇二年）
同「川崎大師平間寺の隆盛と厄除信仰」（『民衆史研究』六四、二〇〇二年）
同「近世後期江戸近郊名所にみる庶民信仰と文人層――病気治癒の現世利益――」（『関東近世史研究』五三、二〇〇三年）
同「大山参詣に見る近世の旅――旅日記の分析を通じて――」（『郷土神奈川』四二、神奈川県立図書館、二〇〇四年）
同「近世寺社参詣における御師の役割――大山御師の檀廻を通じて――」（『史学』七三―二・三、二〇〇四年）
同「近世における参詣行動と歴史意識――鎌倉の再発見と懐古主義――」（『歴史地理学』四七―三、二〇〇五年）
同「寺社参詣における書物の機能――鎌倉参詣と『新編鎌倉志』――」（『旅と日本『発見』――移動と交通の文化形成力――』〈国際日本文化研究センター国際研究集会報告書〉、二〇〇七年）
同「金沢八景参詣と在地出版・江戸資本」（高埜利彦・西田かほる・青柳周一編『シリーズ近世の宗教と社会第一巻、吉川弘文館、二〇〇七年）
原口　清『日本近代国家の形成』（〈日本歴史叢書〉、岩波書店、一九六八年）
原田　敏明『日本古代思想』（中央公論社、一九七二年）
尾藤　正英「日本における歴史意識の発展」（『岩波講座　日本歴史』二二別巻一、岩波書店、一九六三年）
同『日本の歴史第一九巻　元禄時代』（小学館、一九七五年）

同　「近世社会の特色——文化の普及について——」（愛知大学綜合郷土研究所『近世の地方文化』、名著出版、一九九一年）
平川　新　『伝説のなかの神——天皇と異端の近世史——』（吉川弘文館、一九九三年）
平野　恵　「十九世紀江戸・東京の植木屋の多様化——近郊農村型から都市型へ——」（地方史研究協議会編『江戸・東京近郊の史的空間』、雄山閣、二〇〇三年）
比留間　尚　「江戸の開帳」（西山松之助編『江戸町人の研究』二、吉川弘文館、一九七三年）
同　「さまざまな行動文化」（竹内誠編『日本の近世』一四、中央公論社、一九九三年）
深井　甚三　「関所破りと女旅」（『交通史研究』二七、一九九一年）
深谷　克己　『綱ひきする歴史学——近世史研究の身構え——』（校倉書房、一九九八年）
福江　充　『近世立山信仰の展開——加賀藩芦峅寺衆徒の檀那場形成と配札——』（〈近世史研究叢書七〉、岩田書院、二〇〇二年）
藤谷　俊雄　『「おかげまいり」と「ええじゃないか」』（〈岩波新書青版六八〇〉、岩波書店、一九六八年）
古島　敏雄　「信州中馬の研究——日本近世陸上運輸史の一齣——」（『古島敏雄著作集』第四巻、東京大学出版会、一九七四年、初刊は一九四四年）
星野　英紀　「比較巡礼論の試み——巡礼コミュニタス論と四国遍路——」（仏教民俗学会編『仏教と儀礼』、国書刊行会、一九七七年、のちに同『四国遍路の宗教学的研究——その構造と近現代の展開——』、法藏館、二〇〇一年に収録）
堀　一郎　「女人禁制」（『ことたま』一六—二、ことたま社、一九五〇年、のちに『堀一郎著作集』五、未来社、一九八七年）
同　『民間信仰』（〈岩波全書一五一〉、岩波書店、一九五一年）
同　『我が国民間信仰史の研究』一・二（創元新社、一九五三・一九五五年）
同　「「聖」と「俗」の葛藤」（『自由』一四—三、一九七二年、のちに『聖と俗の葛藤』、平凡社、一九七五年に収録）
前田　元重　「大山詣りと江島・鎌倉——江戸から幕末——」（『国文学　解釈と観賞』三一—六、一九六六年）

松岡　俊　「幕末明治初期における相模大山御師の思想と行動――神仏分離を中心として――」（『伊勢原の歴史』五、一九九〇年、のちに圭室文雄編『大山信仰』〈民衆宗教史叢書二二〉、雄山閣出版、一九九二年に収録）
松本　四郎　「幕末・維新期における都市の構造」（『三井文庫論叢』四、一九七〇年）
同　「江戸市中の住民構成」（『三井文庫叢書』四、一九七〇年）
同　『日本近世都市論』（東京大学出版会、一九八三年）
三浦　家吉　『富士信仰と富士講』（甲文堂）
三浦　周行　『日本史の研究』第一輯（岩波書店、一九二二年）
同　『日本史の研究』第二輯（岩波書店、一九三〇年）
三木　一彦　「江戸における三峰信仰の展開とその社会的背景」（『人文地理』五三―一、二〇〇一年）
水江　漣子　「初期江戸の案内記」（西山松之助編『江戸町人の研究』三、吉川弘文館、一九七四年）
同　『江戸市中形成史の研究』（弘文堂、一九七七年）
南　和男　『江戸の社会構造』（〈塙選書六七〉、塙書房、一九六九年）
同　『幕末江戸社会の研究』（吉川弘文館、一九七八年）
同　『幕末江戸の文化――浮世絵と風刺画――』（塙書房、一九九八年）
宮家　準　『山伏――その行動と組織――』（〈日本人の行動と思想二九〉、評論社、一九七三年）
同　『宗教民俗学』（東京大学出版会、一九八九年）
宮地　直一　『熊野三山の史的研究』（国民信仰研究所、一九五四年）
宮田　登　「岩木山信仰――その信仰圏をめぐって――」（和歌森太郎編『津軽の民俗』、吉川弘文館、一九七〇年）
同　『近世の流行神』（〈日本人の行動と思想一七〉、評論社、一九七二年、のちに一部増補して『江戸のはやり神』、〈ちくま学芸文庫〉、筑摩書房、一九九三年）
同　「江戸町人の信仰」（西山松之助編『江戸町人の研究』二、吉川弘文館、一九七三年）
同　『江戸歳時記――都市民俗誌の試み――』（〈江戸選書五〉、吉川弘文館、一九八一年）
宮本　常一　『忘れられた日本人』（未来社、一九六〇年、のちに同『宮本常一著作集』一〇、未来社、一九七一年並びに〈岩波文庫青三三―一六四―一〉、岩波書店、一九八四年）

村上　重良『近代民衆宗教史の研究』（法藏館、一九五八年（第二版一九六三年））
同『国家神道』〈岩波新書青版七七〇　Ｃ一五〉、岩波書店、一九七〇年）
同「明治維新と原口照輪」（田中久夫編『不動信仰』、〈民衆宗教史叢書二五〉、雄山閣出版、一九九三年）
同『新宗教――その行動と思想――』（〈日本人の行動と思想二〇〉、評論社、一九七九年）
同『国家神道と民衆宗教』（吉川弘文館、一九八二年（二〇〇六年復刊））
森岡　清美『新宗教運動の展開過程――教団ライフサイクル論の視点から――』（創文社、一九八九年）
安池　尋幸「中世・近世における江戸内海渡船の展開――富津・野島間の渡船の場合――」（『神奈川県史研究』四九、一九八二年、のちに圭室文雄編『大山信仰』〈民衆宗教史叢書二二〉、雄山閣出版、一九九二年に収録）
安丸　良夫『日本の近代化と民衆思想』（青木書店、一九七四年）
同『神々の明治維新――神仏分離と廃仏毀釈――』（〈岩波新書黄版一〇三〉、岩波書店、一九七九年）
同『近代天皇像の形成』（岩波書店、一九九二年）
柳川　啓一「聖なるものと俗なるもの」（『伝統と現代』一三、一九七二年、のちに同『祭と儀礼の宗教学』、筑摩書房、一九八七年に収録）
柳田　國男『海南小記』（大岡山書店、一九二五年、のちに同『柳田國男全集』一、〈ちくま文庫〉、筑摩書房、一九八九年）
同『禁忌習俗語彙』（国学院大学方言研究會、一九三八年）
同『日本の祭』（弘文堂書房、一九四二年、のちに同『柳田國男全集』一三、〈ちくま文庫〉、筑摩書房、一九九九年）
同『国史と民俗学』（〈民俗選書〉、六人社、一九四四年、のち同『定本柳田國男集』二四、筑摩書房、一九六九年）
簗瀬　一雄『社寺縁起の研究』（勉誠社、一九九八年）
山口　昌男「王子の受難――王権論の一課題――」（古野清人教授古稀記念会編『現代諸民族の宗教と文化――社会人類学的研究――』、社会思想社、一九七二年）
山田　忠雄『一揆打毀しの運動構造』（〈歴史科学叢書〉、校倉書房、一九八四年）

山本　英二　「浪人・由緒・偽文書・苗字帯刀」（『関東近世史研究』二八、一九九〇年）
同　「甲斐国『浪人』の意識と行動」（『歴史学研究』六一三、一九九〇年）
山本　光正　「近世神奈川の交通について」（村上直編『近世神奈川の研究』、〈地方史研究叢書三〉、名著出版、一九七五年）
同　「旅日記にみる近世の旅について」（『交通史研究』一三、一九八五年）
同　「旅と関所──旅日記を中心としてみた庶民男子の関所通行──」（『国立歴史民俗博物館研究報告』三六、一九九一年）
湯浅　隆　「江戸の開帳における十八世紀後半の変化」（『国立歴史民俗博物館研究報告』三三、一九九一年）
横田　冬彦　「益軒本の読者」（横山俊夫編『貝原益軒──天地和楽の文明学──』、〈京都大学人文科学研究所共同研究報告〉、平凡社、一九九五年）
同　「近世民衆社会における知的読書の成立」（『江戸の思想』五、ぺりかん社、一九九六年）
同　「近世村落社会における〈知〉の問題」（『ヒストリア』一五九、一九九八年）
吉岡　清司　「大山信仰と納太刀」（『海上町史研究』一六、一九八一年、のちに圭室文雄編『大山信仰』〈民衆宗教史叢書二二〉、雄山閣出版、一九九二年に収録）
吉岡　孝　『八王子千人同心』（〈同成社江戸時代史叢書一五〉、同成社、二〇〇二年）
吉田　伸之　『巨大城下町江戸の分節構造』（山川出版社、二〇〇〇年）
同　『近世巨大都市の社会構造』（東京大学出版会、一九九一年）
若尾　政希　『「太平記読み」の時代──近世政治思想史の構想──』（〈平凡社選書一九二〉、平凡社、一九九九年）
同　「政治常識の形成と『太平記』」（『歴史評論』六一一、二〇〇一年）
同　「近世人の思想形成と書物──近世の政治常識と諸主体の形成──」（『一橋大学研究年報社会学研究』四二、二〇〇三年）
同　『安藤昌益からみえる日本近世』（東京大学出版会、二〇〇四年）
和歌森太郎　『修験道史研究』（河出書房、一九四三年）
渡辺　勝彦　「江戸と名古屋の名所とその景観」（『自然と文化』二七、一九八九年）

渡辺　照宏『不動明王』（〈朝日選書三三五〉、朝日新聞社、一九七五年）

【国外著者参考文献】（アルファベット順）

ロバート・N・ベラー著、島薗進他訳『心の習慣――アメリカ個人主義のゆくえ――』（みすず書房、一九九一年（原典一九八五年））
ピーター・L・バーガー著、薗田稔訳『聖なる天蓋――神聖世界の社会学――』（新曜社、一九七九年（原典一九六六年））
ピエール・ブルデュー著、石井洋二郎訳『ディスタンクシオン――社会的判断力批判――I・II』（藤原書店、一九九〇年（原典一九八四年））
クリストフ・シャルル著・白鳥義彦訳『「知識人」の誕生――一八八〇―一九〇〇――』（藤原書店、二〇〇六年）
エミール・デュルケーム著、古野清人訳『宗教生活の原初形態』上（〈岩波文庫二九四二―二九四四〉、岩波書店、一九四一年（原典一九一二年））
ミルチャ・エリアーデ著、堀一郎訳『永遠回帰の神話――祖型と反復――』（未来社、一九六三年（原典一九四九年））
ミルチャ・エリアーデ著、風間敏夫訳『聖と俗――宗教的なるものの本質について――』（〈叢書・ウニベルシタス一四〉、法政大学出版会、一九六九年（原典一九五七年））
ミルチャ・エリアーデ著、堀一郎訳『生と再生――イニシェーションの宗教的意義――』（〈UP選書七五〉、東京大学出版会、一九七一年（原典一九五八年））
オルテガ・イ・ガセット著、神吉敬三訳『大衆の反逆』（〈ちくま学芸文庫〉、筑摩書房、一九九五年）
アルノルド・ファン・ヘネップ著、綾部恒雄・綾部裕子訳『通過儀礼』（弘文堂、一九九五年（原典一九〇九年））
スーザン・B・ハンレー著、指昭博訳『江戸時代の遺産――庶民の生活文化――』（〈中公叢書〉、中央公論社、一九九〇年）
エリック・ホブズボウム、テレンス・レンジャー編著、前川啓治・梶原景昭他訳『創られた伝統』（〈文化人類学叢書〉、紀伊國屋書店、一九九二年（原典一九八三年））
H・N・マックファーランド著、内藤豊・松本武之訳『神々のラッシュアワー――日本の新宗教運動――』（社会思想社、

一九六九年）
エドマンド・R・リーチ著、青木保・井上兼行訳『人類学再考』（思索社、一九七四年（原典一九六一年））
エドマンド・R・リーチ著、青木保・宮坂敬造訳『文化とコミュニケーション――構造人類学入門――』（〈文化人類学叢書〉、紀伊國屋書店、一九八一年（原典一九七六年））
C・レヴィ＝ストロース著、荒川幾男他訳『構造人類学』（みすず書房、一九七二年（原典一九五八年））
ニコラス・ルーマン著、土方昭・三瓶憲彦共訳『宗教社会学――宗教の機能――』（新泉社、一九八九年（原典一九七七年））
ルドルフ・オットー著、山谷省吾訳『聖なるもの』（〈岩波文庫青四二八〉、岩波書店、一九六八年（原典一九一七年））
タルコット・パーソンズ著、富永健一他訳『宗教の社会学――行為理論と人間の条件第三部――』（勁草書房、二〇〇二年（原典一九七八年））
バーレン・L・スミス編、三村浩史監訳『観光・リゾート開発の人類学――ホスト&ゲスト論でみる地域文化の対応――』（勁草書房、一九九一年（原典一九八九年））
ジョセフ・M・キタガワ編、堀一郎監訳『現代の宗教学』（東京大学出版会、一九七〇年（原典一九六七年））
ヴィクター・ターナー著、梶原景昭訳『象徴と社会』（〈文化人類学叢書〉、紀伊國屋書店、一九八一年（原典一九七四年））
ヴィクター・ターナー著、冨倉光雄訳『儀礼の過程』（新思索社、一九九六年（原典一九六九年））
ジョン・アーリ著、加太宏邦訳『観光のまなざし――現代社会におけるレジャーと旅行――』（〈りぶらりあ選書〉、法政大学出版局、一九九五年（原典一九八九年））
マックス・ウェーバー著、大塚久雄訳『プロテスタンティズムの倫理と資本主義の精神』（〈岩波文庫白三四―二〇九―三〉、岩波書店、一九八九年（原典一九〇五年、原書初版一九二〇年））
マックス・ウェーバー著、清水幾太郎訳『社会学の根本概念』（〈岩波文庫白三四―二〇九―六〉、岩波書店、一九七二年（原典一九二二年、同著『経済と社会』巻頭論文の抽出訳））
マックス・ウェーバー著、武藤一雄・薗田宗人・薗田坦訳『宗教社会学』（（同著『経済と社会』第二部第五章）、創文社、一九七六年（原書初版一九二二年、原典一九七二年））

ブライアン・R・ウィルソン著、中野毅他訳『宗教の社会学――東洋と西洋を比較して――』〈叢書・ウニベルシタス〉、法政大学出版局、二〇〇二年（原典一九八二年）

【市町村史・市町村発行史料集】（五十音順）

『厚木市史』近世資料編二・村落一（一九九三年）
『伊勢原市史』資料編　古代・中世（一九九一年）
『伊勢原市史』資料編　大山（一九九二年）
『伊勢原市史』資料編　続大山（一九九四年）
『浦和市史』民俗編（一九八〇年）
『江戸の参詣講――挑灯と講中札にみる霊場信仰――』（秦野市、一九九五年）
『お伊勢参り』（大宮市立博物館、一九九三年）
『大宮市史』五民俗・文化財編（一九六九年）
『越生の歴史』近世史料（一九九三年）
『小田原市史』史料編近世三藩領二（一九九〇年）
『小山町史』七近世通史編（一九九八年）
神奈川県図書館協会郷土資料編集委員会編『神奈川県郷土資料集成』第六輯紀行篇（神奈川県図書館協会、一九六九年）
神奈川県図書館協会郷土資料編集委員会編『神奈川県郷土資料集成』第七輯紀行篇続（神奈川県図書館協会、一九七二年）
神奈川県図書館協会郷土資料編集委員会編『神奈川県郷土史料集成』第一〇輯絵草紙篇（神奈川県図書館協会、一九六九年）
『神奈川県史』資料編九近世六（一九七四年）
『神奈川県史』各論編五民俗（一九七七年）
澤寿郎編『鎌倉近世史料　長谷・坂ノ下編』（鎌倉市教育委員会、一九七五年）
『鎌倉市史』近世近代紀行地誌編（吉川弘文館、一九八五年）

『鎌倉市史』近世史料編一（吉川弘文館、一九八六年）
『川口市史』民俗編（一九八〇年）
『川崎市史』資料編二近世（一九八九年）
『君津市史』民俗編（一九九八年）
『近世史資料』（双葉町教育委員会、一九八六年）
『群馬県史』資料編二六民俗二（一九八二年）
『群馬県史』資料編二七民俗三（一九七五年）
『江戸幕府寺院本末帳集成』上（雄山閣出版、一九八一年）
『下北沢』世田谷区民俗調査第八次報告（一九八八年）
『新修世田谷区史』（一九六二年）
『裾野市史』七資料編民俗（一九九七年）
『世田谷区史料』第四集（一九六一年）
『世田谷区寺院台帳』（世田谷区立教育委員会、一九八四年）
『世田谷区史料叢書』一四（一九九九年）
『多摩市史』民俗編（一九九七年）
『長野県史』通史編第五巻近世二（一九八八年）
成田山新勝寺史料集編纂委員会編『成田山新勝寺史料集』三（大本山成田山新勝寺、一九九二年）
成田山新勝寺史料集編纂委員会編『成田山新勝寺史料集』六（大本山成田山新勝寺、二〇〇二年）
『成田市史』中世・近世編（一九八六年）
『成田市史』近世編史料集五上（一九七六年）
『成田市史』近世編史料集五下（一九八〇年）
『成田市史』民俗編（一九八二年）
『秦野市史』別巻民俗編（一九八五年）
『東松山市史』資料編第五巻民俗編（一九八三年）

『藤沢市史』二（一九七三年）
『藤沢市史』五（一九七四年）
『富士吉田市史』史料編五近世三（一九九七年）
『府中市郷土資料集』四（一九八〇年）
東京都立大学学術研究会編『目黒区史』資料編付録（一九六二年）
『南足柄市史』二資料編近世一（一九八八年）
『南足柄市史』八別編寺社文化財（一九九〇年）

【参考史料】（五十音順）

「雨降山乃記」（坂本栄昌、寛政三年）、宮内庁書陵部所蔵
大住郡戸田村小塩家文書（資料番号八）（一七）（三二一、ただし後欠）、神奈川県立公文書館所蔵
大島建彦編『江戸神仏願懸重宝記』（国書刊行会、一九八七年）
「江都近郊名勝一覧」（松亭金水作、弘化四年刻成、安政五年再版）、国立国会図書館所蔵
「江都自慢」、国立国会図書館所蔵
『江戸惣鹿子名所大全』（藤田理兵衛、元禄三年／江戸叢書刊行会編『江戸叢書』三・四、名著刊行会、一九六四年）
『江戸名所花暦』（岡山鳥、文政十年／〈ちくま学芸文庫〉、筑摩書房、二〇〇一年）
『江ノ島箱根旅行記』（文政元年）、神奈川県立金沢文庫所蔵
『絵本江戸土産』（歌川広重画、金幸堂、嘉永三年序）、東京大学史料編纂所所蔵
「延喜式神名帳」（神道大系編纂会編・坂本太郎監修『延喜式神名帳註訳』〈神道大系・古典註釈編七〉、一九八六年）
「大山敬慎講社定宿」、大山阿夫利神社所蔵
「大山地誌調書上」、東京大学史料編纂所所蔵写本
「大山道中張交図絵」（安政五年）、神奈川県立博物館所蔵
『大山廻富士詣』（十返舎一九、文政五年）、東京大学図書館所蔵
鹿児島県維新史史料編さん所編『鹿児島県史料　旧記雑録追録』六（一九七五年）

「鎌倉江ノ島大山新板往来雙六」、神奈川県立金沢文庫所蔵
「鎌倉攬勝考」（植田孟縉、文政十二年／『新編相模国風土記稿』第六巻〈大日本地誌大系二四〉、雄山閣、一九八〇年）
「嘉陵紀行」（村尾嘉陵、文政十二年／江戸叢書刊行会編『江戸叢書』一、名著刊行会、一九六四年）
『紀伊国名所図会』初・二編（高市志友編著、文化八年刊〈版本地誌大系九〉、臨川書店、一九九六年）
『紀伊続風土記』（仁井田好古編、文化十二年〈海部郡〉／歴史図書社、一九七〇年）
「北口講社　定宿附」（明治十二年）、日野市ふるさと歴史館所蔵
「嬉遊笑覧」（喜多村信節、文政十三年序／『日本随筆大成　別巻嬉遊笑覧』三、吉川弘文館、一九七九年）
「狂歌江都名所図会」十五・十六編（天明老人撰、立原広重画、安政三年／『世田谷地誌集』、世田谷区立郷土資料館、一九八五年）
「月園翁旅日記上、雨降山の日記」（源真澄、天保六年）、国立国会図書館所蔵
『元禄世間咄風聞集』（〈岩波文庫黄二七〇—一〉、岩波書店、一九九四年）
『皇學館大學史料編纂所資料叢書第一輯　神宮御師資料——内宮篇——』（一九八一年）
『皇學館大學史料編纂所資料叢書第三輯　神宮御師資料——外宮篇二——』（一九八四年）
『郊遊漫録』（英祥著、斉藤幸孝撰〈江戸地誌叢書七〉、有峰書店、一九七四年）
『滑稽富士詣』（仮名垣魯文、万延～文久年間／古典文庫、一九六一年）
「再板増補江都總鹿子名所大全」（奥村玉華子、寛延四年）、国立国会図書館所蔵
花咲一男編『再版増補江戸惣鹿子名所大全』（奥村玉華子、寛延四年／渡辺書店、一九七三年）
「拾遺續江戸砂子附録江戸分間圖」（菊岡沾涼、享保二十年、五冊）、東京大学史料編纂所所蔵
『新撰富士詣』（晋米齋玉粒撰書、文政六年）、慶應義塾大学図書館所蔵
『新訂江戸名所図会』全六冊（斎藤幸雄・幸孝・月岑編、天保五～七年／〈ちくま学芸文庫〉、筑摩書房、一九九六～一九九七年）
粕谷宏紀監修『新訂東海道名所図会』上・中・下巻（〈新訂日本名所図会集一・二・三〉、ぺりかん社、二〇〇一年）
『新訂東都歳時記』上下（斎藤月岑、長谷川雪旦・雪堤画、天保九年／筑摩書房、二〇〇一年）
『新編鎌倉志』（貞享二年）、東京大学史料編纂所所蔵

『新編鎌倉志』（『新編相模国風土記稿』第六巻〈大日本地誌大系二四〉、雄山閣、一九八〇年）
『新編相模国風土記稿』全六巻（天保十二年／雄山閣、一九八〇年）
『新編武蔵風土記稿』全十二巻（文政十一年／雄山閣、一九七〇～一九七一年）
白石通子・小林博子編『鈴木藤助日記――武州橘樹郡長尾村――』一・二（二〇〇一～二〇〇三年）
網野宥俊編・内藤貞太郎註『浅草寺志』上巻（松平冠山編、文化十年／浅草寺出版部、一九三九年、のちに復刻、名著出版、一九七六年）
「相州大山参詣独案内の道の記」、国立国会図書館所蔵
『相州大山順路之記』（寛政元年）、東京国立博物館蔵
『相中留恩記略』（福原高峰撰、長谷川雪堤画、天保十二年／有隣堂、一九六七年）
「相馬日記」（高田与清、文化十四年）、成田山霊光館所蔵
「続飛鳥川」（『日本随筆大成』第二期一〇、吉川弘文館、一九七四年）
「閭里歳時記」（川野辺寛、安永九年／『続日本随筆大成』別巻一一、吉川弘文館、一八八三年）
「続江戸砂子恩故名跡志」（菊岡抬涼、享保二十年／『江戸砂子』、東京堂出版、一九七六年）
『誹風柳多留』一～三（〈川柳集成〉、岩波書店、一九八五年）
『柳多留拾遺』上（〈岩波文庫黄一二六〉、岩波書店、一九八六年）
「当世座持話」（西村吾友、明和三年／『洒落本大成』四、中央公論社、一九七九年）
「水濃行邊」（平秩東作、明和二年）、国立国会図書館所蔵
『甲子夜話』（松浦静山、文政四～天保十二年／〈東洋文庫〉、平凡社、一九七七～一九七八年）
略縁起研究会編『略縁起　資料と研究二』（勉誠出版、一九九九年）
中野猛編『略縁起集成』二（勉誠社、一九九六年）
『紀伊国名所図会』初・二編（〈版本地誌大系九〉、臨川書店、一九九六年）
法政大学多摩図書館地方資料室委員会編『高尾山薬王院文書』一（法政大学、一九八九年）
法政大学多摩図書館地方資料室委員会編『高尾山薬王院文書』二（法政大学、一九九一年）
「東海道駅路の鈴」（宝永六年）、国立国会図書館所蔵

「東海道神奈川台町休泊御定宿」、横浜市立歴史博物館所蔵
『東海道五十三次細見図絵　神奈川　道中風俗』（初代歌川広重、村鉄版、弘化年間）、神奈川県立博物館所蔵
『東海道名所記』（浅井了意、万治二年／〈東洋文庫〉、平凡社、一九七九年）
「東海道名所図会」（秋里籬島編、竹原春朝斎等画、寛政九年／『日本図会全集』六、日本随筆大成刊行会、一九二八年）
「東都遊覧年中行事」（幽篁庵（久松祐之）編、嘉永四年）、東京国立博物館所蔵
成田山新勝寺文書、成田山霊光館所蔵
「成田山略縁起」（元禄十六年）、成田山仏教図書館所蔵
「成田の道の記」（寛政十年）、成田山仏教図書館所蔵
『日本庶民生活史料集成』三（三一書房、一九六九年）
『日本庶民生活史料集成』五（三一書房、一九六八年）
『日本庶民生活史料集成』八（三一書房、一九六九年）
『日本庶民生活史料集成』一二（三一書房、一九七一年）
『日本庶民生活史料集成』一六（三一書房、一九七〇年）
『日本図会全集』六（日本随筆大成刊行会、一九二八年）
『幕末御触書集成』五（岩波書店、一九九四年）
江戸両国吉川町大黒屋平吉版「坂東順礼獨案内」、明治大学蘆田文庫所蔵
平野雅道家文書（II、M、四）、藤沢市文書館所蔵
平野出見旧蔵資料（文書類六八）、藤沢市文書館所蔵
『武江年表』一・二（〈東洋文庫一一六・一一八〉、平凡社、一九六八年）
「武江遊観志略」（龍尾園尋香（般若道人）、安政六自序）、国立国会図書館所蔵
「富士大山道中雑記」（天保九年）、神奈川県立金沢文庫所蔵
『富士山道知留辺』（梅園松彦、万延元年刊）、東京国立博物館および国立国会図書館所蔵
『房総文庫』一（房総文庫刊行会、一九三〇年）
三觜勝彦家文書（文書番号Ⅰ、E、四二）（文書番号Ⅰ、M、四九）、藤沢市文書館所蔵

「毛利十一代記　巻之百二　清徳公記」、東京大学史料編纂所所蔵冊子本
大島建彦〔他〕編『遊歴雑記』〈影印本〉（十方庵敬順、文化十二年／三弥井書店、一九九五年）
「遊歴雑記」（江戸叢書刊行会編『江戸叢書』三～七、名著刊行会、一九六四年）
駿東郡須走村米山豊彦家文書、小山町立図書館所蔵
「わすれのこり」（四壁庵茂鳥、安政元年）、国立国会図書館所蔵
角筈村渡辺家文書、慶應義塾大学古文書室所蔵

あとがき

筆者は、神奈川県の秦野市に生まれ育った。少し年配の方なら、すぐに煙草を思い浮かべていただけるところである。我が家の畑にかぎらず一メートルも掘れば、すぐに富士山噴火による火山灰にぶち当たる。そんな不毛の地であるから煙草作りが盛んとなった。我が家でも、私が生まれる少し前までは煙草農家だった。そのため母屋の天井はとても高く作られている。誰だったか我が家を見て豪農と言ったことがあるが、それは間違いである。例えば群馬県の尻焼温泉近くの赤岩では養蚕のために特徴的な造りをした農家の集落があるように、我が家も秦野という土地の風土が作り出した建造物なのである。我が家にかぎらずどこの農家も同じような構造をしている。曾祖父は煙草作りの名人だったようで、秦野市史にも名前が見えるが、子供の頃ある一定の年齢以上の老人には「金治さんの曾孫さん」で通用していた。会ったこともない曾祖父がやけに有名人であるのも秦野ならではであろう。近代には、茨城県水府、鹿児島県国府と並び称され、とりわけ技術では他地域を先導していた秦野だが、今では煙草農家は消滅し、僅かに「たばこ祭り」だけが名残をとどめているいうのは何とも寂しい限りである。

祖先は、武田氏に使えた原美濃守虎胤と祖父から聞かされてきた。一応系図も存在している。確かにその由緒は『新編相模国風土記稿』に掲載されてはいるが、歴史学者として提示できる根拠は他にはない。ただしこうした口伝によって、筆者が歴史に興味を持つ一因となったことは確かである。祖父からの影響という点ではもう一点。よく近隣の親戚を連れ回されたことである。私の祖父は吉沢村

（現平塚市）の名主であった久永家から養子に来ている。したがって、祖父が連れて行く親戚とは、原家にとって普段つきあいがある家ではなく、久永家の親戚である。しかも親戚といっても全て相模川以西（ほぼ平塚・伊勢原）に固まっている。こうした狭い範囲ながら、遠く久しい親戚を回りつつ、近隣の縁日、儀礼を回れたことは今でも私の財産になっている。今覚えば、大磯の「コウノマチ」が一緒に回った最後のような気がする。古代史や民俗学の方ならどなたでもご存じの行事である。そうしたなかで毎年欠かさず行っていたのが大山である。祖父と一緒ではさすがに山頂までは行かなかったが、昔の様子などを聞きながら参詣したことが思い出である。大山には、元御師で大山薪能の盛行に尽力した川上浅次さんが久永家の親戚で、そんな縁で薪能を鑑賞したり大山の話を伺ったりしている。こう思うと、私の年代では珍しく随分と農村の香りのなかで育ったのではないだろうか。私の部落では子供の頃には、「ジジンコウ」や「セイノカミサン」「どんどやき」といった行事が行われ、それがどういう由来であるかも知らずに参加していた。近くには、これまた民俗の世界では大変有名な白笹稲荷があり、初午には何万人という人が訪れていた。私の卒業した小学校の前にはずらりと屋台が立ち並び、朝から皆そわそわしていた。この日ばかりは小学校も昼過ぎで終わり、夕方には友人と屋台に繰り出していた。こうした体験が、今の研究に入っていく大きな要素であったことは間違いない。何よりも家の前にきれいな三角形の形をした山がそびえ立っていたことも大きかった。我が家の畑に行けば、大山をはじめとする丹沢山地だけでなく、富士山、足柄、箱根が見渡せ、数十メートル足を伸ばせば江ノ島も見ることができる。こうした環境は研究テーマを決めるに当たって大きく左右している。

近世史に入るきっかけは、慶應義塾大学の日本史概説で田代和生先生の講義を受講したことである。

先生とは全く違う専門分野を選択しながら、長年ご指導いただき、大変感謝している次第である。とくに研究者としての心構え、論文のイロハなどから懇切丁寧に根気よくご指導いただいている。兎角文化や思想を重視しがちな私にとって、「人は儲からなければ動かない」という経済を重視する先生の歴史観は刺激的で、多少なりとも本書に反映されているはずである。私が所属した頃の田代研究会では、大学院の先輩が多く活気があった。そのなかでも、磯田道史、田原昇、島田倫子、倉持隆といった諸先輩方、奇しくも同級生となった日本銀行の藤井典子氏、そして重田麻紀、金澤裕之、中村佳史らの楽しい後輩諸氏から受けた学恩は計り知れない。なおアナログに愛着を感じる私にとって、博論をまとめる際、パソコンに強い中村君の存在は心強かった。とくに感謝したい。また他大学院に進んだ深瀬公一郎、高山慶子といった同級生とも公私を問わずお付き合いさせていただき、大きな励みとなっている。さらには、丸島和洋、吉岡拓の両後輩との出会いも私にとって大きい。ともに辛口で貪欲な二人に突き上げられた部分も大きい。互いに裏の裏まで知っている仲間である。

近年、私なりに三田史学とはいかなるものか追究したいという思いが生まれ、他学部に在籍しながら日本史を専門とする同世代の研究者同士で研究会を行っている。この会では上記の仲間はもちろん、門松秀樹、柏原宏紀、児玉圭司といった政治史・法制史を専門とする諸氏にも中心的存在となって運営していただいている。とくに門松秀樹氏は、高校一年時以来の長いつきあいである。奇しくも同じ大学へ進み、同じく日本史を専門とし、同じサークルに所属し、同じく大学院へも進んできた。大学時代には北は秋田、西は高知まで門松家の自家用車で旅をしたし、出逢って以来その博識と、誠実さに助けられたことが幾度となくあった。大事な友人である。

私が大学院に入学したその年に田代先生が研究休暇を取られた関係で、代わりにご指導いただいたのが深井雅海先生である。授業では徳川幕府の奥日記を一年間輪読しつつ討論を重ねた。分からないことがあると、常に学生と一緒になって考え込まれる真摯な姿と、無理な推論は避け史料に忠実にあろうとする姿勢は今でも大変印象深い。また本書の母体である博士論文の提出にあたっては、史学科日本史専攻の三宅和朗、柳田利夫、長谷山彰、中島圭一、浅見雅一の諸先生方に、様々なご意見を頂戴した。誤字・脱字のご指摘までいただき、とても丁寧にお読みいただいたことが伝わり、大変恐縮している次第である。

また博士論文の審査の労をとって頂いたのが、宮家準、佐藤孝之両先生である。宮家先生は、私が学部時代・修士課程時代に、先生の「宗教学」「宗教社会学」の講義を拝聴しており、文化人類学・宗教社会学・宗教学・修験道などの知識の多くはこの講義を礎としている。また佐藤孝之先生とは、地方史研究協議会神奈川大会の準備委員会で報告を依頼され、その報告後の懇親の席でお話ししたのが最初の思い出である。その後地方史の事務局で佐藤常任委員長のもとで働かせていただき、そのご縁で日本学術振興会特別研究員の受け入れ教官となっていただいて、東京大学史料編纂所に三年間身を置いた。今のところ全く先生のためにご奉仕出来ていないのが恥辱の至りである。なお、宮家先生より、博士論文提出にあたって、三田哲学会・木曜会の合同例会の席で、博士論文の公開発表の場を与えていただいた。この際にお世話いただいた鈴木正崇先生、この場に限らず数々の研究例会や大会報告などで必ずといって良いほどお越し頂いて、貴重なご意見を伺っている西海賢二先生にも、この場を借りて感謝申し上げたい。

佐藤先生、西海先生との出会いは、地方史研究協議会である。卒業論文発表会の席でご報告させていただいてからちょうど十年になる。その間、神奈川大会の実行委員、事務局、常任委員を拝命しており、この会で多くの方の知己を得た。地方史の神奈川大会の実行委員会のあと、横浜からの帰り道が同じ路線のため、何度か数次会のお誘いをいただいた久保田昌希先生をはじめとした方々との出会いは、私の研究者人生のなかでもっとも貴重な財産である。野村兼太郎という大学の大先輩以来地方史に深く関わらせていただいている者として大変責任を感じている。本年は林英夫、児玉幸多両先生が亡くなられ、感慨深い一年ともなった。林先生には、神奈川大会の実行委員会の懇親の席で隣になり、長くお話しさせて頂き、帰り際「よく頑張ってるね」と大いに励まして頂いた思い出がある。これは私が頑張っていたからではなく、その頃ちょうど大学院の歴史人口学の授業で『近世農村工業史の基礎過程』を輪読していて記憶が鮮明であったからであったが。

同じく地方史で知り合った白井哲哉氏には、日頃より色々と気に掛けて頂いている。本書の成果の礎にもなっている国際日本文化研究センターでの報告は、白井氏のお誘いによるものである。当センターの国際研究集会では、白幡洋三郎、故園田英弘、浅見和彦、錦仁、原田信男といった諸分野の先生方をはじめ、海外の日本研究者との交流の機会に恵まれたことは幸運であった。白井氏をはじめ、澤博勝、西田かほる、青柳周一の各氏からお誘いいただいて参加させていただいている宗教と社会研究会では、高埜利彦先生をはじめ、今後近世史を担っていかれるであろう多くの若手研究者と知り合う機会となった。

近年は交通史研究会の方々とも親しくさせて頂いている。交通史での諸報告をお世話頂き直接的に研究の目標ともなっている鈴木章生氏は勿論のこと、国立歴史民俗博物館の山本光正先生との出会いも大きい。山本先生には何かとお声かけいただき、研究について励まして頂いている。また先生からお誘いいただき参加している国立歴史民俗博物館の展示プロジェクトの席上、ないしはその後の酒宴において常光徹、桜井邦夫、小野寺淳、加藤貴、老川慶喜、鈴木勇一郎、平山昇ほかの方々と「旅」について議論する機会が与えられていることはとても有意義な時間となっている。また現在私とほぼ同世代の旅・旅行・参詣の研究者が増えている。高橋陽一さん、平山昇さんをはじめとして今後も「旅」に関わる研究を盛んにしていければと切に考えている。

本書の刊行に際して、恩師田代先生には、花園大学の鈴木康子先生共々仲介の労を執っていただき重ねて感謝申し上げる次第である。思文閣出版には拙い博士論文を母体とした本書の出版を快く引き受けてくださった。当初窓口となっていただいた原宏一さん、編集担当の永盛恵さんのお二人には御礼申し上げたい。とりわけ永盛さんには、隅々まで目を配るだけでなく、細かな配慮をいただき感謝の念に堪えない。

最後に草場の蔭から私の博士論文を首を長くして待っていた祖父を初めとして、これまで私を支えてくれた家族に感謝を述べたい。

なお本書の刊行に際して、財団法人鈴渓学術財団の平成十九年度の刊行助成を受けている。また本書の内容の一部は、日本学術振興会特別研究員研究奨励費に基づいている。

索　　引

【事　　項】

す・せ

そ

た

ち

つ

て

と

な

に・ね・の

【地名・寺社名】

お

か

き

く・け

【史料名】

さ行

た行

な行

は行

ま・や・ら・わ行

◆著者略歴◆

原　淳一郎（はら　じゅんいちろう）

1974年神奈川県秦野市生まれ
2003年慶應義塾大学大学院文学研究科博士課程修了（文学博士）
2004年より2007年まで日本学術振興会特別研究員PD（東京大学史料編纂所）
現在，慶應義塾大学・宇都宮大学・獨協医科大学において非常勤講師

近世寺社参詣《きんせいじしやさんけい》の研究《けんきゆう》

平成19（2007）年9月20日発行

著　者　原淳一郎
発行者　田中周二

発行所　株式会社　思文閣出版
606-8203　京都市左京区田中関田町2-7
電話075（751）1781（代）

印刷・製本　株式会社　図書印刷　同朋舎

ISBN978-4-7842-1363-4 C3021

原　淳一郎（はら　じゅんいちろう）…山形県立米沢女子短期大学准教授

近世《きんせい》寺社《じしゃ》参詣《さんけい》の研究《けんきゅう》（オンデマンド版）

Digital Publishing

2016年7月1日　発行

著　者　　原　淳一郎
発行者　　田中　大
発行所　　株式会社 思文閣出版
〒605-0089　京都市東山区元町355
TEL　075-533-6860　FAX　075-531-0009
URL　http://www.shibunkaku.co.jp/

装　幀　　上野かおる（鷺草デザイン事務所）
印刷・製本　株式会社 デジタルパブリッシングサービス
URL　http://www.d-pub.co.jp/

AJ581

ISBN978-4-7842-7013-2　C3021　Printed in Japan